中央财政支持高等职业学校提升专业服务能力项目成果教材

农业项目管理实务

吕　娜　主编

中国农业大学出版社
·北京·

内容简介

项目管理作为一种先进的管理模式在农业项目的管理中得到广泛应用，并取得了良好的经济效益。本书的主要内容涵盖了项目管理知识体系的五个阶段和九大知识领域。为了突出农业项目特色，在案例选取以及实践训练环节强调农业项目背景。此外，加入了农业项目前期的准备工作和农业项目后期的验收与交接管理的内容，使内容更加全面，符合现实中农业项目管理的需要。结构编排上，本书将内容设计成13个模块，每个模块又分解成若干个具体的任务，体现任务驱动型课程的要求和特点，力求在任务中将理论和实践充分融合，达到学用一体。可作为高等职业院校农业经济管理类专业教材，也可供从事农业项目管理的人员参考。

图书在版编目(CIP)数据

农业项目管理实务/吕娜主编. —北京：中国农业大学出版社，2013.8(2023.1重印)
ISBN 978-7-5655-0790-8

Ⅰ.①农… Ⅱ.①吕… Ⅲ.①农业综合发展-项目管理 Ⅳ.①F304.1

中国版本图书馆CIP数据核字(2013)第176210号

书　　名 农业项目管理实务
作　　者 吕　娜　主编

策划编辑 康昊婷　伍　斌　　**责任编辑** 张苏明
封面设计 郑　川　　**责任校对** 王晓凤　陈　莹
出版发行 中国农业大学出版社
社　　址 北京市海淀区圆明园西路2号　　**邮政编码** 100193
电　　话 发行部 010-62818525,8625　　读者服务部 010-62732336
编辑部 010-62732617,2618　　出　版　部 010-62733440
网　　址 http://www.cau.edu.cn/caup　　**e-mail** cbsszs@cau.edu.cn
经　　销 新华书店
印　　刷 北京溢漾印刷有限公司
版　　次 2013年8月第1版　2023年1月第3次印刷
规　　格 787×1 092　16开本　17.25印张　430千字
定　　价 49.00元

前 言

项目管理是一门很具活力的新兴学科。经历近代到现代的发展，项目管理已从国防建设和建筑领域拓展到制造业、信息业、农业以及政府管理等各个行业；项目管理者从仅仅是项目的执行者转变为具有战略眼光和经营技巧的项目组织与协调者，从某一领域的专门人才转变为多学科领域的复合型人才。

项目管理经过几十年的发展已经形成了比较完善的知识体系，涉及很多方面，包含了许多内容，正如法学、医学、会计和农学等其他科学一样，这一知识体系也有赖于项目管理实践者和研究者继续对它加以应用和提高。整个项目管理知识体系不仅包括那些已经被求证过的理论知识和已经被广泛应用的传统经验，而且还容纳了新的理论知识以及还没有被充分应用的先进经验。

农业作为我国经济的第一产业，为我国国民经济的迅速发展提供了坚实的物质基础。如何解决农业农村农民问题始终是我国政府和社会各界关注的重要课题，党的十八大明确指出"解决好农业农村农民问题是全党工作重中之重"，随着现代化、工业化、城镇化进程的不断深入以及新农村建设的开展，农业面临着一个空前的发展机遇，按照传统的管理理念和方法显然已经不适合现代农业发展的要求，农业需要树立先进管理理念，引进现代管理技术已成为农业建设水平提高的主要途径。近些年，随着各种农业项目的不断出现和发展，项目管理作为一种先进的管理模式已经较为广泛地应用到农业项目的管理当中，并取得了良好的经济效益。

本书的主要内容首先依据美国项目管理协会(PMI)项目管理知识体系的九大知识领域和五个过程而设计。之所以这样选取内容，是因为PMI所发布的项目管理知识体系是相当完整和权威的，已被广泛接受和采纳。项目管理一般的知识、原理和方法是通用的，但是本书又为了突出农业项目，在案例选取尤其是实践训练环节都是以农业项目为依据的。其次，本书加入了农业项目前期的准备工作，包括农业项目可行性研究、农业项目评估与决策等内容，也加入了农业项目后期的验收与交接管理的内容，从而使得内容更加全面，更加能够满足现实中农业项目管理的需要。本书打破传统的章节编排格式，将农业项目管理的内容设计为13个大的模块，再把每一个模块分解成若干个具体的任务，这样的安排体现了任务驱动型课程的要求和特点。

本书在编写过程中始终将"能力培养"放在核心位置，每一部分的内容都对应有具体的能力目标和要求，教学内容的安排都将围绕相应的项目管理能力而展开，符合高等职业教育的指导思想和要求。

本书在编写过程中，得到了北京农业职业学院经济管理系各位领导、同事的大力支持和帮助，在此表示诚挚的感谢。

本书在编写过程中，参阅了大量专家、学者的相关专著、教材、论文及实践素材，在此表示诚挚的谢意！

由于编者水平有限，本书难免存在疏漏和不当之处，恳请读者批评指正。

编　者
2013 年 5 月

目　录

模块一　了解农业项目管理

知识目标

掌握项目、农业项目的概念、特点和分类；

掌握项目管理的概念、特性，农业项目管理的概念、作用；

了解项目的生命周期和项目阶段的划分，以及各个项目阶段的工作任务；

了解项目的九大知识领域和五个过程的基本内容。

能力目标

能够区分项目和一般工作；

能够确定某个项目的项目干系人；

能够运用项目组织结构相关知识和原理，思考和认识如何进行项目组织结构的选择。

项目管理作为21世纪最先进的管理模式正在不同行业、不同产业得到广泛的运用，为企业和社会组织带来了巨大的经济和社会效益。项目管理的应用在20世纪80年代仅限于建筑、国防、航天等行业，迅速发展到今天已经大量应用于计算机、电子通信、金融业甚至政府机关等众多领域。自20世纪80年代项目管理被引入我国后，其优异的管理效率引起了人们的关注和重视，在我国各行各业获得了空前的发展。

20世纪80年代开始，伴随着我国农业投入资金量的不断增加和国际金融组织及各类外资对我国农业项目投资的不断加大，项目管理在我国农业领域逐渐得到了应用，其显著的经济效益和社会效益已震动了整个农业领域。

农业作为我国经济的第一产业，为我国国民经济的迅速发展提供了坚实的物质基础。如何解决农业农村农民问题始终是我国政府和社会各界关注的重要课题，党的十八大明确指出"解决好农业农村农民问题是全党工作重中之重"，随着现代化、工业化、城镇化进程的不断深入以及新农村建设的开展，农业面临着一个空前的发展机遇，按照传统的管理理念和方法显然已经不适合现代农业发展的要求，农业需要树立先进管理理念，引进现代管理技术已成为农业建设水平提高的主要途径。近些年，随着各种农业项目的不断出现和发展，项目管理作为一种先进的管理模式已经较为广泛地应用到农业项目的管理当中，并取得了良好的经济效益。

任务1　什么是农业项目？

一、什么是项目？

项目的历史悠久，埃及的金字塔、中国的古长城等是世界公认的早期成功项目的典范。今天项目以各种各样的形态出现在人类生产生活的各个方面，项目无处不有。

那么到底什么是项目？人们每天所做的工作和开展的活动都可以称之为项目吗？要回答这个问题，必须对项目的概念有一个科学、准确的把握。项目的概念可以从许多不同的角度归纳，这包括从项目的投资者、业主(所有者)、用户、承包商(实施者)、项目团队、政府监管部门等不同干系人的角度，从建筑、软件开发、新产品试制、提供服务、管理咨询等不同专业领域的角度，以及其他各种各样的角度。但是对于现代项目管理理论而言，项目的概念是从非常广义的角度归纳的。

(一)项目的概念与特性

一般认为，项目是一个组织为实现自己既定的目标，在一定的时间、人员和资源约束条件下，所开展的一种具有一定独特性的一次性工作。项目是人类社会特有的一种经济活动，是为创造特定的产品或服务而开展的一次性活动。因此只要是人类创造特定产品或服务的活动都属于项目的范畴。所以，项目可以是建造一栋大楼，建设一个油田，或者建设一座水坝，像国家大剧院的建设、天津大港油田的建设、三峡工程建设都是项目；项目也可以是一项新产品的开发，一项科研课题的研究，或者一项科学试验，像调频空调的研制、艾滋病新药的研究、转基因作物的实验研究都是项目；项目还可以是一项特定的服务，一项特别的活动，或一项特殊的工作，像组织一场婚礼、安排一场救灾义演、开展一项缉毒活动等也都是项目。

1. 项目的定义

对于项目的定义，人们从不同的角度给出了许多不同的定义，其中有代表性的有如下几种：

美国项目管理协会(Project Management Institute，PMI)的定义是：项目是为完成某一独特的产品、服务或任务所做的一次性努力。

质量管理专家朱兰(J. M. Juran)提出，一个项目就是一个计划要解决的问题。该定义告诉我们，项目管理要在计划的基础上进行，目的是要解决问题。

《成功的项目管理》一书的作者杰克·吉多(Jack Gido)认为，项目就是以一套独特而又相互关联的任务为前提，有效利用资源，为实现一个特定的目标所做的努力。

国际标准化组织(ISO)从项目管理过程角度对项目的定义是：项目是由一系列具有开始和结束日期、相互协调和控制的活动组成的，通过实施活动而达到满足时间、费用和资源等约束条件和实现项目目标的独特过程。

项目可以是一个组织中各个层次的任务或努力，它们可以只涉及一个人，也可以涉及几百人，有的甚至要涉及成千上万人，并涉及多个组织或各级政府。有的项目仅用 100 个工时即可完成，有的项目则需要成千上万个工时才能完成。有的项目可能只涉及一个组织中的某个单位，有的项目则可能跨越组织界限或由多个组织共同实施(合资性或合作性项目)。

现代项目管理所涉及的项目包括各种各样的一次性、独特性的任务，典型的项目包括：

(1)新产品或新服务的开发项目。例如，新型家用电冰箱、空调器的研制开发项目和新型旅游服务开发项目。

(2)技术改造与技术革新项目。例如，现有设备或生产线、生产场地的更新改造项目和生产工艺技术的革新项目。

(3)组织结构、人员配备或组织模式的变革项目。例如，一个企业的组织再造项目或一个政府机构的职能转变与人员精简项目。

(4)新型交通工具的设计项目。例如，新型燃料家用小汽车的设计项目、磁悬浮列车的设计项目、铁路高速列车的设计项目。

(5)科学技术研究与开发项目。例如,纳米技术与材料的研究与开发项目、生命科学的技术与理论研究和开发项目。

(6)信息系统的集成与开发项目。例如,国家金税工程、金卡工程等经济信息系统和国家金网工程等通信信息系统的集成与开发项目,企业的管理信息系统、决策支持系统、基于知识的信息系统的集成与开发项目。

(7)应用软件的开发项目。例如,会计软件、游戏软件、办公软件、操作软件、教育软件等各种各样的软件的开发项目。

(8)建筑物、设施或民宅的建设项目。例如,政府办公大楼、学校教学和行政管理大楼、商业写字楼、大型旅馆饭店、民用住宅、工业厂房、商业货栈、水利枢纽、物流中心等的建设项目。

(9)政治或社会团体组织和推行一项新行动。例如,希望工程项目、光彩工程项目、农村经济体制改革项目、申办奥运会项目、组织国庆阅兵项目。

(10)大型体育比赛项目或文艺演出项目。例如,奥运会比赛项目、世界杯比赛项目、国庆晚会演出项目、春节晚会演出项目、救灾义演项目、巡回演出项目、系列大奖赛项目。

(11)开展一项新经营活动的项目。例如,有奖销售活动、降价促销活动、大型广告宣传活动、新型售后服务推广活动。

(12)各种服务作业项目。例如,替客户组织一场独特的婚礼、为客户安排一次独特的旅游、为客户提供一份特殊的保险。

2.项目的特性

各种不同专业领域中的项目在内容上可以说是千差万别,各种不同的项目都有自己的独特性,但是在本质上各种现代项目是具有共同特性的,不管是科研项目、服务项目还是房地产开发项目,它们从根本上具有许多共同的特性。这些特性可以概括如下:

(1)目的性。项目的目的性是指任何一个项目都是为实现特定的组织目标服务的。因此,任何一个项目都必须预先设定组织的目的和项目的目标。这些目标包括两个方面,其一是度量项目工作本身的目标,其二是度量项目产出物的目标。前者是对项目工作而言的,后者是对项目的结果而言的。例如,对一项建筑物的建设项目而言,项目工作的目标包括项目工期、造价、质量、安全等各方面工作的目标,项目产出物的目标包括建筑物的功能、特性、使用寿命、安全性等指标。在许多情况下项目的目的性是最为重要和最需要项目管理者注意的特性。

(2)独特性。项目的独特性是指项目所生成的产品或服务与其他产品或服务都有一定的独特之处。通常一个项目的产出物,即项目所生成的产品或服务在一些关键特性上与其他的产品和服务必然是不同的。每个项目都有某些方面的事情是以前没有做过的,是独特的。人们建造了成千上万座办公大楼,这些大楼在某个或一些方面都有一定的独特性,包括不同的业主、不同的设计、不同的位置和方位、不同的承包商、不同的施工方法和施工时间等。当然许多生产或服务业务项目会有一些共性的东西,但是它们并不影响整个项目的独特性。

(3)一次性。项目的一次性(也被称为“时限性”)是指每一个项目都有自己明确的时间起点和终点,都是有始有终的,而不是不断重复、周而复始的。项目在其目标已经达到时终结,没有任何项目是不断地、周而复始地持续下去的。项目的一次性并不在于项目持续时间的长短,许多项目会持续许多年,但是无论如何一个项目都是有始有终的,都是有自己的生命周期的。当然,项目的生命周期与项目所创造出的产品或服务的全生命周期是不同的,多数项目本身相对是短暂的，而项目所创造的产品或服务是长期的。例如，国家大剧院项目的建设是相对短暂的，但是国家大剧院的寿命是相对长远的；微软的DOS操作系统开发项目的研制时间是相对短暂的，而该系统本身的寿命是相对长远的。这主要是因为项目是一次性的，而项目产出物的使用和运营是重复性和长期性的。

(4)制约性。项目的制约性是指每个项目都在一定程度上受客观条件的制约。客观条件对于项目的制约涉及各个方面，其中最主要的制约是资源的制约。这包括人力、财力、物力、时间、技术、信息等各方面的资源制约。首先，任何一个项目都是有时间限制的(项目的工期限制)；其次，任何一个项目都有预算限制(项目的成本或造价限制)；另外，一个项目的人员、技术、信息、设备条件、工艺水平等都是有限制的。这些限制条件和项目所处环境的一些制约因素构成了项目的制约性。项目的制约性是决定一个项目成功与失败的关键特性。如果一个项目在人力、物力、财力、时间等方面都很宽裕，制约很小，那么其成功的可能性就会非常高；相反，如果一个项目在各方面的资源制约非常严重，那么它成功的可能性就会大大降低。

(5)其他特性。由于项目的目的性、独特性、一次性和制约性这些特性的存在，导致了项目的其他一些特性的出现。这包括项目的不确定性、项目过程的渐进性、项目成果的不可挽回性、项目组织的临时性和开放性等。其中，项目的不确定性主要是由于项目的独特性造成的，因为一个项目的独特之处多数需要进行不同程度的创新，而创新就包含着各种不确定性；其次，项目的一次性也是造成项目不确定性的原因，因为项目活动的一次性使得人们没有改进工作的机会，所以使项目的不确定性增高；另外，项目的环境多数是开放的和相对变动较大的，这也是造成项目不确定性的主要原因之一。项目组织的临时性和项目成果的不可挽回性主要是由于项目的一次性造成的。因为一次性的项目活动结束以后，项目组织也就解体了，所以项目组织就是临时性的。同时，因为项目活动是一次性的不是重复性的，所以项目成果一旦形成多数是无法改变的。

(二)项目与日常工作的区别

项目与日常工作的不同点主要体现在由谁负责、实施组织、管理方法、是否持续、是否常规、实施目的、考核指标等方面。项目是由项目经理负责，项目组织来实施，管理过程中使用变更管理方法，项目是一次性的，不具有持续性，项目是独特的，不具有常规性，项目实施目的是特殊的，考核指标以目标为导向。而与此相反，日常工作则是由部门经理负责，职能部门实施，管理方法保持连贯，日常工作是经常性的，具有常规性，实施目的是一般目的，考核指标重在工作效率和有效性。

项目与日常工作的相同点是都是由人来完成，都受制于有限的资源，在管理过程中都需要计划、实施和控制。

思考：下面的活动或工作中，哪些是项目，哪些不是项目？

一次生日聚会

奥林匹克运动会

为客户提供优质服务

公司计划在2013年销售20套以上的电话银行系统

为某银行客户的电话银行系统提供售后服务

建立售后服务热线

管理售后服务热线，接听客户电话，解决客户问题

为某银行客户开发、安装移动电话银行系统

负责移动电话银行系统的销售工作

(三)项目的分类

在实际管理过程中，根据不同的划分标准，项目可以有不同的类别，如表 1-1 所示。

表 1-1 项目按不同标准划分的类型

分类依据	项目类型
项目规模	大型项目、中型项目、小型项目
复杂程度	复杂项目、简单项目
项目结果	产品性项目、服务性项目
所属行业	农业项目、工业项目、教育项目、科技项目
用户状况	有明确用户项目、无明确用户项目，私人项目、社会项目
是否形成固定资产投资	基本建设项目、非基本建设项目
盈利能力	竞争性项目、基础性项目、公益性项目

一般来说，项目又会划分为如下一些层次：

(1)大型项目(program)。大型项目是指统一管理的一组相互联系的项目，以获得按单个项目管理无法获得的效益。大型项目一般设有大型项目经理(program manager)，他们不仅负责单个项目的管理，而且负责多个项目在不同时间的协调工作。例如一年的期刊、报纸制作就是大型项目，因为每期制作都是一个项目。

(2)项目(project)。项目是指为创造独特的产品或服务而进行的一次性努力，一般有独立完整的生命周期，有能交付的独立产品，由项目经理(project manager)负责实施。

(3)子项目(subproject)。项目经常被分为几个更容易管理的部分或子项目。这些子项目常分派给组织内部的单位或发包给组织外部的承包人。子项目和其他项目一样要有可交付成果，区别在于子项目的成果通常是局部性的、阶段性的，不像项目成果能够独立地完整地发挥效用和效益。不过，这个区别也是相对的，取决于对顾客需求的效用和效益的界定。例如：

施工项目中的地基处理、上部结构、内装修等都是它的子项目。

软件开发项目中的系统分析、流程设计、编程、测试等都是它的子项目。

药剂研制项目中的新药配制、动物试验、临床试验等都是它的子项目。

一般来讲，子项目是项目的子集，项目是计划的子集。不过，有的时候计划也可以是某个大项目的子集，如某环境治理项目中可以包括一个为进行公众环境意识宣传教育而设立的环保杂志出版计划。

(4)活动或任务(activity or task)。活动是项目过程中的工作单元。一个活动通常具有预计的时间、预计成本和预计资源需求。活动通常细分成单个任务。活动或任务是构成项目的大量工作。

(5)工作包(work package)。活动或任务由工作包组成，工作包是活动或任务的组成部分。

(6)工作单元(work unit)。工作单元是工作包的组成部分，也是项目最基础的组成单元。

二、什么是农业项目?

【案例导入】

浙江兰溪签约20个农业项目　总投资达22.34亿元

当前不少浙商把目光放在了农业上,在2013年6月8日下午举行的兰溪浙商"创业创新"农业产业化项目专题推荐会暨签约仪式上,兰溪一口气拿下了4个农业科技合作项目及16个农业产业化项目,总投资达22.34亿元。

在推荐会上,有高校和省内农业科研院所专家教授,还有知名农业龙头企业以及兰溪籍在外经商的企业家等700多人参加,他们有的为兰溪农业提供"智",有的提供"金",才让一些好的项目能够做起来,并产生效益,比如投资12.8亿元的万亩香榧种植及综合开发,投资1.8亿元的石门山开发种植,投资1.5亿元的中草药种植等,这些大大小小的项目,在很多浙商眼里都是香饽饽。

来源:钱江晚报

http://society.people.com.cn/n/2013/0609/c136657-21801494.html

农业项目管理作为一门学科,还是近几十年的事。从20世纪三四十年代美国田纳西州的开发及其后可行性研究的开展(1930—1945年),这一系统地运用农业项目分析和管理的理论和方法,至今也不过是60余年的历史。农业项目分析方面最具代表性且在世界各国农业项目分析中被广泛应用的参考著作,是世界银行经济发展学院出版的J·P·吉廷格先生的著作《农业项目的经济分析》。我国在经济工作中引进项目、项目投资评估等概念是20世纪80年代随着我国经济对外开放政策的实行而发生的。

(一)农业项目的概念与特点

1.农业项目的概念

就农业项目的概念来讲,J·P·吉廷格先生在其书中把农业项目定义为"所谓农业项目就是企业运用各种资源以获得利润的全部复杂活动。我们一般把农业投资项目看成是一个运用资金以形成固定资产,再由它们在一段时期内提供效益的投资活动"。我国学者结合我国农业投资的实际,对此给出的定义是:农业项目一般是指农业基本建设项目。它不同于农业的简单再生产,而是指在农、林、水、气部门中,为扩大农、林、牧、副、渔业长久性的生产规模,提高其生产能力和生产水平,能形成新的固定资产的经济活动。

然而在经济实践活动中,农业项目在范围和内容方面都远远突破了上述定义。比如一个旨在提高人们科学文化技术水平的人员培训项目,虽然不形成任何有形的固定资产,但它对提高农业再生产能力,获得更多的利润有很大的作用,已是农业项目中的重要内容。

综上所述,我们一般认为农业项目是通过增加人力、物力、财力和科技的投入,改善生产条件,增加生产手段,提高综合生产能力,在预订的时间和空间范围内达到预期效益的一种扩大再生产的经济行为。作为农业项目,应符合以下标准。

(1)农业项目必须是扩大再生产的经济行为。农业项目的投资不是作为维持简单再生产而发生的诸如种子、化肥等日常费用支出,而是通过增量投入,增加生产手段,改善生产条件,提高农业综合生产能力的扩大再生产的经济行为。

(2)农业项目必须有具体的建设内容和明确的效益目标。如改造多大规模的中低产田,修建多少水利设施等。同时,还要明确投资项目的效益目标。不能只提脱贫致富、增产增收等定性的弹性指标,而应明确规定参加项目的农民人均收入从多少提高到多少等。这些项目指标都是刚性的、数量化的,以便指导项目的实施和效果检查,真正达到投资项目强国富民的目标。

(3)农业项目要有确定的开发治理区域范围和明确的项目建设起止时间。作为一个农业项目,有明确的投资、生产、获益的时间顺序,有特定的地理位置和明确的地区范围。比如一个农业水利灌溉项目,投资打井、修渠、灌溉用于农业生产并获得效益,它有先后时间顺序,有特定的灌溉受益的地区范围。同时,作为一个项目还应有明确的建设起止时间,要在规定的时间内完成,不能无故拖延。否则,项目投资效益难以保证,甚至会将一个项目拖垮,使投资行为归于失败。

(4)农业项目必须有确定的参加项目建设并且从中受益的一定数量的农户。他们在同一项目的经济活动中,为了共同的经济利益(同时包含他们自身的利益)而协同工作。比如说大面积改造低洼易涝地及坑塘为养鱼池,农民从中得到利益,同时变废地为有用地,提高了土地的生产率,也为社会带来好处。在这一经济活动中,这一地带的农民愿意为其经济利益而确定为项目参加者,并共同承担着项目建设的全部责任和风险。

(5)农业项目必须有可靠的投资资金来源和切实可行的投资计划安排。没有资金的投入,就没有项目。项目资金的筹集、分配、运用、管理,是项目管理的核心问题。对于农业外资项目来说,外资来源与国内配套资金来源都应落实;对于国内国家农业投资项目来说,国家投资与地方配套资金来源要落实,并做切实可行的投资计划安排,保证资金及时足额投入项目建设,项目才能成立并正常顺利地进行。

(6)农业项目应有明确的投资主体和健全的组织管理机构。任何一个农业项目都应建立风险约束机制,投资主体是投资决策者、效益享受者和风险承担人。健全的科学合理的项目组织机构才能保证项目管理工作的高效率,促进项目目标顺利实现。

(7)农业项目应有一个相对独立的执行单位。作为一个农业项目,它是农业发展总体规划中,在经济上、技术上、管理上能够实行独立设计、独立计划、独立筹资、独立核算、独立执行的业务单位。作为一个独立业务单位,它有相对的完整性,不容分割。

2. 农业项目的特点

农业项目的特点是与农业生产本身的特点密切相关的。正确认识这些特点,对于把握农业项目管理的重点具有重要作用。

(1)农业项目综合性强。与工业项目相比较,许多农业项目与周围的自然条件、生态环境联系更为紧密。常常是一业为主多种经营,植物、动物、微生物生产相互结合,农、林、牧、副、渔并举,才能取得更好的经济效果。因此,农业项目管理中,既要注意一个农业项目的独立性,又要考虑该农业项目与其他方面的关系,注意到它的综合性。

(2)农业项目受资源的限制性比较强,尤其是土地,它是生产中不可代替、不可增加、不可搬移的重要生产资料,有许多项目受此限制。特别是在我国人多地少的情况下,任何一项农业项目的管理都要特别重视土地资源的经济有效的利用。

(3)农业项目的效益具有较大的不稳定性。农业再生产过程是社会经济再生产与自然再生产交织进行的过程,生产受自然因素尤其是气候因素的变化影响较大,因此农业项目的效果往往带有较大的不稳定性。为此,一方面农业项目要本着实事求是、因地制宜的原则,因时因地因对象确定投资方向、数量和时间;另一方面在对项目进行评估时还应特别注意农业项目投资敏感性的分析,预测不确定因素的变化带来的后果。

(4)农业项目涉及内容广泛,大多数项目见效慢、时间长。如大型的水土保持项目,要在一段相当长的时期内才能显出效果,然而它对于农业扩大再生产具有长效的作用,是造福子孙后代的投资行为。也有的农业项目见效较快,如农产品加工项目的投资,可以当年见效。因此,在农业项目管理中,尤其是可行性研究中,要注意农业项目投资的长效性和速效性同时并存的特点,不可因某些农业项目的回收期长而加以否定。对那些对农业扩大再生产具有关键意义的长效项目应站在战略的高度给予投资。另外,农业项目也应长效性、速效性相结合,以求更好的效益。

(5)农业项目与农民利益紧密相关。许多农业项目的参加者是分散而独立经营的农户,可以说,在很多情况下农业项目面对着千家万户的农业经营者,这就增加了农业项目的复杂性与重要性。在农业项目评估中,既要注意项目能给农民带来真正的利益,又要注意项目投资为国民经济带来的好处。一项重大的农业投资项目,它既造福于社会,为国民经济增长做出贡献,同时又给千家万户的农民带来实惠,提高农民的生活水平,刺激他们的生产积极性,其意义十分重大。

【案例体会】

东川大力推广农业综合开发项目　5 000 亩*冬早蔬菜致富乡亲

2013年6月10日,记者来到东川区汤丹镇洒海村,只见昔日狭窄坑洼,“晴天一身灰,雨天一身泥”的机耕路已变成一条宽阔的水泥路。村民们正忙着摘番茄,然后装车拉向昆明、贵阳等蔬菜市场。

东川区农开办主任张德能指着一排排大棚介绍,这是东川区2012年农业综合开发项目之一,分别位于汤丹镇洒海村和中产河村,种植面积分别是4 450亩和550亩,总投资590万元,其中中央288万元、省115万元、市158万元、群众投工折资29万元。

项目于今年2月动工,5月底通过东川区专家组验收。共新建灌溉渠14.77千米;排水沟深5米,全长2.9千米;新建机耕道2.75千米;科技示范推广2 000亩,技术培训2 000人次。

洒海村村民谭小平说:一条条水沟把5 000亩田连在一起,原来浇不到水的田都浇上了清泉,原来排不掉水的涝地也排出了水,种上了新鲜的蔬菜。走进大棚,一股热浪扑面而来。大棚中可见番茄、辣椒、茄子、黄瓜及甜玉米等蔬菜。村民吕春学说,这些田原来种水稻,每亩一年只有500至1 000元的收入,现在种上了蔬菜,不到半年自己就赚了10 000元,照这样计算,一年可以赚20 000元。

洒海村党支部书记刘德云说:“在农技中心技术人员的指导下,村民们通过增施农家肥可以有效地改善土壤理化性状和提高土壤肥力。同时,合理施用化肥、减少农药的施用量,可以降低农业生产成本,同时避免因施用过量化学品造成环境污染,促进农田生态系统的良性循环和农业可持续发展。”

目前,5 000亩蔬菜基地每天都有10吨以上的蔬菜分别销往昆明及贵州、四川等地。截至5月底,已有320多吨洋葱和20余吨毛豆分别销往广西、广州、四川和东北三省,为村民增收近700万元。

---

* 亩为非法定计量单位,1亩=1/15公顷。

张德能说:“项目通过水利工程改善灌溉条件,提高项目区种植效益。冬早蔬菜项目实施后,农民亩增收 1 750 元,总增收 263.2 万元。”

东川通过对项目区水利基础设施的建设和优良作物品种的推广应用,以及农业科技培训等一系列综合措施,确保了农作物的灌溉,提高了土地复种指数,土地潜力得到进一步开发;农民的农业科技水平增强,粮食产量和品质大幅度提高,达到了农民增收致富的目的。

来源:昆明日报

http://yn.yunnan.cn/html/2013-06/10/content_2764251.htm

结合以上案例,深入体会并理解农业项目的概念及特点。

(二)农业项目的分类

农业项目按照不同的标准可以划分为不同的类型。

(1)按总投入量规模大小划分,农业项目有大型项目、中型项目、小型项目之分。大、中、小是个相对的概念,根据不同的生产力水平发展程度而不同。但不论是大、中、小项目中的哪一种,都应该是扩大再生产的投资行为。小项目也是扩大再生产活动,只是规模小而已,但与维持原生产规模的简单再生产有着本质的区别。

(2)按投资使用性质划分,农业项目有新建、改建、扩建、重建、迁建、更新改造等类型。新建项目是指对全新项目的投资;改建、扩建项目是在原有基础上进行改、扩建而发生的投资,比如扩大乡镇企业规模的项目;重建项目是指报废工程的恢复建设,比如大型水利灌溉工程由于自然或人为原因造成报废而重新修复;迁建项目是由于项目改换地区而发生投资,比如奶牛场从某一地迁至另一地;更新改造项目是原有项目的更替和内涵扩大而发生投资,比如原有乡镇企业的更新改造。

(3)按照投资使用的途径划分,农业项目可分为:农垦项目,如开发利用土地资源等;种植业项目,如改变耕作制度、推广农业新技术等;农业机械化项目;林业项目,如大面积植树造林、发展特种经济林项目等;畜牧业项目,如改良草原、改良畜禽品种等;渔业项目;农副产品加工项目;农田基本建设项目;文教卫生、开发智力项目,如兴办农业技术学校、培训农业技术人员和农民等。

(4)按形成的结果划分,农业项目可分为有形项目和无形项目。有形项目的结果能增加农业生产经营过程的固定资产,如土木工程的建设、农业机械设备的增加、水库水渠的修建、农用公路电网通讯网的建设等,都会形成有形的结果,并发挥其在扩大再生产中的作用。无形项目的结果不形成有形固定资产,如兴办教育、培训干部和农民等方面的智力投资项目等,这种项目虽然不形成有形的财产,但它仍然在扩大再生产中有着不可忽视的重大作用。

(5)按资金来源划分,农业项目可分为国家投资项目、地方投资项目、引进外资项目、联合投资项目等种类。国家投资项目指由国家财政投资兴办的农业项目。地方投资项目指地方筹资兴办的农业项目。引进外资项目指外国政府、外国私人企业集团或国际机构如世界银行、联合国粮农组织、农业发展基金组织等提供的无偿援助、无息贷款、有息贷款资助的项目等。联合投资项目则有不同形式的联合,如中央、地方合资项目,中央、地方、个人合资项目,地方横向联合投资项目,中外合资项目等。

(6)按照项目投资的方式,可将农业项目分为竞争性项目、基础性项目和公益性项目三大类。

竞争性项目主要指投资收益比较高、市场调节比较灵敏、具有市场竞争能力的项目。竞争性项目以企业作为基本的投资主体，主要向市场融资。融资方式主要是通过商业银行进行间接融资，也可按国家规定通过发行企业投资债券、股票，或联合投资等方式，进行直接融资。

基础性项目主要指建设周期长、投资大而收益较低、需要政府扶持的基础设施项目，以及直接增强国力的符合经济规模的支柱产业项目。基础性项目大部分属于政策性投资范围，主要由政府集中必要的财力、物力，通过经济实体进行投资，同时广泛吸引地方、企业及外商参与投资。

公益性项目主要指科技、教育、文化、卫生、体育、环保等事业的投资项目。公益性项目投资主要由政府用财政资金安排，同时广泛吸引社会各界资金参与。

农业项目按投融资方式划分，以上三类项目都有，但可以肯定由国家财政全部包干的投资项目会越来越少，甚至完全不复存在。面向市场融资，有借有还，承担风险，讲求农业投资的效益是十分重要的。为了提高农业投资的经济效益，做好投资决策前的准备工作，搞好投资项目的可行性研究和评估就显得更加必要和重要。

【阅读与思考】

黄山区生态农业观光园项目

项目所属地区：黄山市黄山区。

项目背景及建设条件：黄山重视生态建设，大力发展高效生态农业、外向型农业和城市服务型农业。黄山北大门农业综合开发示范区总面积 27 000 亩，计划总投资 6.6 亿元，是安徽省六大农业综合开发示范区之一。该项目依托黄山北大门农业综合开发示范区而建，拥有农田、荒地约 1 000 亩，建成后将对调整黄山地区农村产业结构，推进黄山旅游业国际化，促进黄山经济和社会发展起到十分重要的作用。

项目建设内容及规模：

1. 高新生态农业产业园项目：该项目总投资约 6 000 万元人民币，引进现代农业工程技术，建设以温室、高档智能化大棚为特征的现代设施农业，发展现代种植业，建设农业集约化生产、产业化经营的样板，有机农产品的生产基地。规划设置四大功能区块：高新农业生产示范区、农产品精加工产业区、科普教育(展示、观光)区、办公生活区。

2. 高效生态农业观光园：该项目总投资约 1 亿元人民币，按照“生态、农业、健康、休闲”理念，建设农业生产、科研、休闲、观光、娱乐、会务等功能于一体的综合性生态型农业休闲园。拟建设精品农业生产园、休闲农艺园、黄山珍稀物种资源园和管理生活园。

3. 三口农业产业园：项目总投资约 2 亿元人民币，引入高科技品种、技术，改良水稻品种，发展超级水稻种植；利用地方优越的土壤和林木资源，建立苗木基地；利用现代化科技设备技术，满足人们日益多元化的蔬菜需求，建立无公害蔬菜基地；引入科技种植技术，栽植新型观赏竹品种，并发展游憩项目；同时发展珍奇品种禽类特种养殖。

4. 民艺风情天地项目：该项目总投资约 3 000 万元人民币，规划面积 50 亩。包括各地民艺风情展演(常年)、休憩游廊、浮雕展览、农耕文化、竹编微雕等民间工艺销售展示、音乐喷泉等。

5. 农乐园项目：该项目总投资约 6 000 万元人民币，建设独具黄山特色的农家乐项目为主的大型农事参与体验园区。建仿古民居形式的轩辕山庄 1 座、农家院落 4 座，用于接待住宿。

结合周边林地、农田、菜地为游客提供参与性强的种植、采摘、耕作、饲养、加工等自助农事活动，使游客享受到吃黄山菜、赏黄山戏、购黄山物的乐趣，形成源于乡村而又高于乡村的文化氛围。

6. 森林拓展基地项目：该项目总投资约为 2 000 万元人民币，在项目区内开设野营、户外生存技能、青少年培训基地、户外拓展锻炼等。

7. 科研基地、商业、社区项目：该项目投资约为 2 亿元人民币，在项目区内建设农业项目科技研发中心、学术交流中心、会所，商业、低密度住宅、高档精品住宅、社区，旅游纪念品展示、销售中心等。

合作方式：独资、合资、合作等方式。

来源：http://www.huaxia.com/hs-tw/sjwx/2010/03/2444980.html

思考：

1. 该农业项目对促进黄山地区经济和社会发展将起到哪些作用？

2. 通过案例，了解现代农业项目的丰富形式和内容。

【典型案例】

世界银行贷款可持续发展农业项目概况

一、建设项目的地点及相关背景

1. 项目地点

国家发改委和财政部拟利用世界银行（以下简称世行）贷款 2 亿美元在辽宁、江西、湖南、重庆、新疆和甘肃 6 省、自治区、直辖市（以下简称省）34 个县区实施可持续发展农业项目，把农业生产适应和减缓气候变化作为切入点进行项目设计，以建立应对气候变化的、可持续的农业生产体系为目标，围绕高标准农田建设，着力推进农业生产方式转变，探索农业生产可持续发展新途径和新模式。

2. 项目背景

农业是国民经济的根本基础。新中国成立以来特别是改革开放 30 多年来，我国农业发展取得了举世瞩目的成就，对我国社会经济的持续稳定发展起到了重要支撑作用。同时也应该看到，我国农业基础设施仍很落后，生态环境系统脆弱，农业环境局部改善与整体恶化的形势并没有得到根本改变，农业资源消耗过大等问题比较突出。特别是受全球气候变化影响，我国农业可持续发展正在并将在较长时期内面临着严峻的考验与挑战。

根据《中国应对气候变化国家方案》预测，受全球气候变化影响，我国农业生产不稳定性将增加，产量波动将进一步增大；农业生产布局和结构将出现一定变动，种植制度和作物品种将发生改变；农业生产条件也将发生变化，农业成本和投资需求将会大幅增加；全球气候变化对我国水资源分布和利用也将产生较大影响。近年来，全球气候变化对我国农业产生的负面影响日益显现，如自然灾害多发、频发、重发趋于常态化，灾变规律变化，不可预见性增强，导致粮食生产风险越来越大，等等。

走可持续发展之路是我国农业发展的根本要求。党的十七届三中全会明确提出要按照高产、优质、高效、生态、安全的要求，加快转变农业发展方式，提高土地产出率、资源利用率、劳动生产率，增强农业抗风险能力、国际竞争能力和可持续发展能力。到 2020 年，我国要基本形成资源节约型、环境友好型农业生产体系，农业可持续发展能力不断增强。

二、建设项目概况

1.建设单位

财政部国家农业综合开发办公室。

2.建设内容

项目将围绕9.4万公顷高标准农田建设,通过水资源高效利用措施,示范、推广适应与减缓气候变化的农业和林业措施,以及机构发展与支持等方面的综合投入,建设若干不同特色、具有代表性的农业生产体系样板。为实现世行项目适应和减缓对气候变化影响的目标,项目主要分为三项内容:

(1)水资源高效利用措施。按照因地制宜、旱涝兼治的要求配套建设田间水利、田间道路等基础设施,改善项目区生产条件。通过加强农田水利基础设施建设,提高农田的排灌功能,加大有效灌溉面积,以减少水旱灾害的影响,增强对气候变化的适应能力。

6省项目区共开挖疏浚沟渠4 520千米,防渗渠道2 806千米,修建渠系建筑物30 911座,新建或维修机电排灌站281座,改建机井828眼,架设农电线路250.8千米,修建小型蓄水工程914座,修建量水建筑物1 092座,修建田间道路2 245千米、低压管道828千米、移动式地面软管198千米,发展喷灌3 186公顷、微滴灌8 120公顷。

(2)示范、推广适应与减缓气候变化的农业和林业措施。通过实施土壤改良,开展新品种、新技术的示范推广和田间病虫害综合防治、农田林网建设,推进适应现代化的种植方式,降低碳排放,减少对环境的负面影响。

6省项目区共平整土地11 346公顷,平衡施肥41 435公顷,深松土壤26 806公顷,秸秆还田21 364公顷,田间有机肥堆肥设施1 577座,田间病虫害防治面积58 655公顷,发展温室大棚754 500米^2,建设农田林网和生态林网2 361公顷,开展实用性课题研究12项,新品种、新技术示范推广431个(项)。

(3)机构发展与支持。开展针对项目组织管理机构、农业专业合作组织、受益农户、镇村干部及技术人员等的培训和考察活动,配备项目必需的办公设备,增强项目参与者的适应和减缓意识,提高项目管理水平和能力。

6省项目区扶持农民专业协会45个、农民专业合作社152个,组建农民用水户协会165个,开展农民培训12 383.5人月,开展技术援助782.5人月,项目管理人员赴国内外考察1 184人月,国内培训1 148.4人月,购置办公设备654台(套)等。

3.生产工艺

项目属于农业综合开发土地治理项目,项目完全在原有农业耕地范围内进行,不改变土地利用性质。项目建成后,运营期主要生产活动仍为农业生产,包括小麦、玉米、水稻等主要粮食作物种植和棉花、花生、油菜及蔬菜等经济作物种植。具体生产工艺包括播种、作物生产期管护及收获等主要环节。

4.生产规模

本项目建设高标准农田94 066公顷,发展节水灌溉面积65 681.32公顷,发展无公害、绿色农产品种植面积16 875公顷,建设农田防护林及生态林2 466.07公顷,属于农业综合开发土地治理项目。

5.建设周期

建设项目施工时间尽量避开农业生产,不占农时。本项目建设期为2014—2019年,项目分5年实施，各项目县一般有2～4个项目区，根据实际情况按照年度项目实施计划逐步施工。

6. 项目投资

本项目总投资主要分为三部分：基本费、预备费和世行贷款先征费。其中，基本费包括土建工程费、设备及安装费、工程建设其他费用。预备费包括基本预备费和价格预备费。

项目总投资：197 277万元。其中：基本费177 440万元，预备费19 522万元，世行贷款先征费315万元。

【实践训练】

农业项目基本情况调研

1. 实训要求：找一个你熟悉的农业项目，了解该项目的基本情况。

2. 实训目的：通过此次实训，加深对农业项目的了解，掌握农业项目的分类情况以及特点，提高学生对农业项目调研的能力。思考农业项目对当地农业、农村、农民收入的作用。

3. 实训组织：全班同学按每组3～5人进行分组，要求每组制订切实可行的调研计划。

4. 实训实施：学生自主联系或任课教师统一联系一个项目组织，在任课教师的指导下，深入展开调研活动。

5. 实训考核：每组撰写一篇1 500字左右的调研报告，内容包括该农业项目的建设目的、建设内容、建设目标、预期收益、投资主体、项目干系人等，该农业项目中是否存在难点和问题，有何建议等。教师对调研计划和调研报告进行考核评定并给出成绩。

任务2　什么是项目管理及农业项目管理？

一、什么是项目管理？

（一）项目管理的概念

项目管理的含义，单从字面理解即是对项目进行管理。这一最原始的概念，至少说明了项目管理的两大内涵：项目管理属于管理学范畴以及项目管理的对象是项目。

随着项目及其管理实践的发展，项目管理的内涵得到了较大的充实和扩展，当今的项目管理已是一种新的管理方式、一门新的管理学科的代名词。也有人说，当今的项目管理是管理科学和其他科学理论与方法在项目上的综合运用、创新和发展。

一般认为，项目管理是运用各种知识、技能、方法与工具，为满足或超越项目干系人对项目的要求与期望所开展的各种管理活动。从这个定义中我们需要关注以下要点：

第一，项目管理的根本目的是满足或超越项目干系人的需求和期望。那么什么是干系人呢？项目干系人（stakeholder）是指积极参与项目或其利益在项目执行中或成功后受到积极或消极影响的组织和个人。项目干系人可以分为广义项目干系人和狭义项目干系人，其中狭义项目干系人是指项目当事人，具有法律角色和责任。

（1）项目当事人。项目当事人是指项目的参与各方。简单项目的当事人也简单。如假日旅行只有自己参与，生日家宴只有主人和客人两方参与。大型复杂的项目往往有多方面的人参与，例如业主、投资方、贷款方、承包人、供货商、建筑/设计师、监理工程师、咨询顾问等。他们往往是通过合同和协议联系在一起，共同参与项目。在这种情况下，项目参与各方往往就是相应的合同当事人。业主通常都要聘用项目经理及其管理班子来代表业主对项目进行管理。实际上项目的各方当事人需要有自己的项目管理人员。项目当事人之间联系如图 1-1 所示。

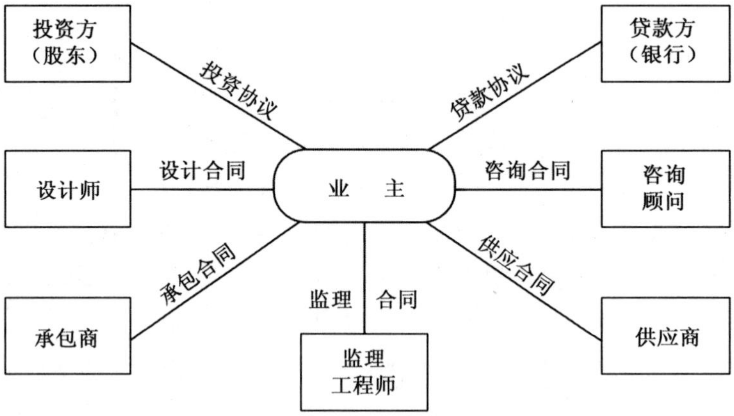

图 1-1　项目当事人之间联系示意图

（2）项目干系人。项目干系人包括项目当事人和利益受该项目影响（受益或受损）的个人和组织，也可以把他们称作项目的利害关系者。除了上述的项目当事人外，项目干系人还可能包括政府的有关部门、社区公众、项目用户、新闻媒体、市场中潜在的竞争对手和合作伙伴等，甚至项目班子成员的家属也应视为项目干系人。

主要的项目干系人有项目经理、高级管理层、委托人、项目团队、监督执行者、股东、客户、最终用户。

项目经理：①领导者，保证项目的成功完成；②和相关的各方进行沟通；③有效地进行协调；④制订项目计划，包括预测；⑤制订项目团队的结构以管理项目；⑥确定项目所涉及的风险。

高级管理层：①给项目分配资源，例如资金和人力；②提供战略指导；③必要时参与项目。

委托人：项目交付成果的最终使用者。

项目团队：①给项目经理提供支持；②给某些工作提供特定的技能；③一起工作以完成任务；④与委托人沟通，使工作在成本预算内完成；⑤按照项目的工期、质量和成本要求工作。

监督执行者：有些情况下可以同时是项目委托人或发起人。不管是谁，他必须掌握控制项目的权力并且能树立项目的良好形象。

股东：和项目有利益关系的任何个人或团体。可以是项目经理、项目发起人、项目委托人或任何团队成员。

客户：项目要交付的对象，也是产生项目需求的来源。

最终用户：项目交付产品的最终使用者。很多情况下，项目的客户和最终用户往往并不是同一个对象。

现在我们可以看到，项目不是无缘无故产生的，它源于干系人的某种需要，客户和项目发起者往往是最重要的干系人。当然这些不同的干系人对项目的期望也未必一致，这就导致项目的最终结果很可能是他们之间的一种平衡。表 1-2 就反映出不同干系人对待项目的不同期望。

表 1-2　不同干系人的期望、责任和常犯错误

	最终用户	客户	项目发起者	项目团队
期望	创造价值，产品易用	创造利润，进度、成本、质量都需要最佳	创造利润，不出差错，获得客户认可	感兴趣的工作，自我价值体现，个人成长，工作被认可
责任	确认需求	明确目标及优先级，减少变更，确认需求	提供资源，对外协调	按照计划执行项目
常犯错误	总是希望用较少的代价获得更多的价值	没有考虑到目标之间的约束因素，过度关注进度，经常产生变更	关注成本和进度甚于质量	忽视客户需求，工作追求完美，忽视商业需求，不会寻求平衡

一般项目的相关利益者需要满足或超越的需求与期望主要涉及下述方面：

（1）对项目本身的要求与期望。这是所有的项目相关利益者共同要求和期望的内容。例如对项目范围、项目工期（时间）、项目造价（成本）和项目质量等方面的要求与期望。

（2）项目有关各方各自不同的需求和期望。这是不同的项目相关利益者的需求和期望，包括项目的业主、供应商、承包商、协作商、项目团队、项目所在社区、政府管辖部门等各个方面的需求与期望。

（3）项目已识别的需求与期望。这是已经由项目的各种文件明确规定出的项目需求和期望。例如已经明确的项目工期、项目成本和项目质量等方面的要求与期望，以及对于项目工作的一些要求和期望等。

（4）项目尚未识别的需求和期望。这是项目各种文件没有明确规定出但却是项目相关利益者想要实现的需求和期望。例如潜在的环保要求、残疾人特殊需要、更低的项目成本、更高的项目质量等。

第二，项目管理的根本手段是运用各种知识、技能、方法和工具去开展各种各样的管理活动。为实现使项目能够最大限度地满足或超越项目所有相关利益者的需求和期望，就必须开展各种各样的管理活动。项目管理活动与一般的运营管理活动的原理和方法有所不同，因为二者管理的对象不同。前者管理的是具有一次性、独特性和相对不确定性的项目工作，后者管理的是重复性、常规性和相对确定性的日常运营工作。因此，项目管理需要运用各种知识、技能、方法和工具，既包括独特的项目工期管理（也叫时间管理）、质量管理、造价管理（也叫成本管理）、风险管理等方面的各种知识、技能、方法和工具，也包括项目本身所涉及的具体专业领域的专门知识、技能、方法和工具，同时还包括一般管理中的计划、组织、领导、协调、控制等一系列的具体知识、技能、方法和工具。其中，“知识”是指人类对以前的成功经验和对于客观规律的认识和总结；“方法”是指按照这些客观规律去分析问题和解决问题的程序和做法；“工具”是指分析和解决具体问题手段；而“技能”则是指人们掌握和运用知识、方法和工具的能力。由于项目管理十分复杂和困难，涉及的活动和问题非常广泛，所以项目管理需要运用“各种”知识、技能、方法和工具，去开展“各种各样”的管理活动，以最终实现时项目能够满足或超越项目有关各方的“要求与期望”这一根本目标。

【实践训练】

项目干系人分析

1.**实训要求**:找一个你熟悉的项目,了解项目的基本情况,尤其是项目各个干系人的情况。

2.**实训目的**:通过此次实训,加深对项目干系人的了解,识别项目干系人的不同需求和期望,认识不同干系人对项目的不同影响。

3.**实训组织**:全班同学按每组3～5人进行分组,要求每组制订可行的调研计划,提交项目干系人的分析情况。

4.**实训实施**:由学生自主联系或教师统一联系一个组织,建立联系,了解其开展的某一项目,在任课教师的指导下,进行实际调研、分析。

5.**实训考核**:每组撰写项目干系人的分析报告,内容包括该项目涉及的干系人都有哪些,各个干系人的需求和期望是什么,他们在项目中起着什么作用,对项目的影响如何。在此基础上,进而提出满足不同干系人需求的措施。教师对分析报告、调研计划和掌握资料、学习程度进行考核评定并给出成绩。

(二)项目管理的基本特性

项目管理的基本特性包括如下几个方面:

(1)普遍性。项目作为一种创新活动普遍存在于人类的社会生产活动之中,我们现有的各种文化物质成果最初都是通过项目的方式实现的,现有的各种运营活动都是各种项目的延伸和延续,人们的各种创新的想法、建议或提案或迟或早都会转化成项目,并通过项目的方式得以验证或实现。由于项目的这种普遍性,使得项目管理也具有了普遍性。在人类社会中,小到个人的婚礼,大到阿波罗计划都是项目,都需要项目管理。同时,不管是企业、政府、社团的还是个人的项目(如住宅建设)都需要开展项目管理。

(2)目的性。项目管理的另一个重要特性是它的目的性,一切项目管理活动都是为实现“满足或超越项目有关各方对项目的要求与期望”这一目的服务的。其中“有关各方对项目的要求”是一种已经明确和规定清楚的项目目标,而“有关各方对项目的期望”是一种有待识别、未明确的、潜在的项目追求。项目管理的目的性不但表现在要通过项目管理活动去保证满足或超越那些项目有关各方已经明确提出并清楚地规定出的项目目标,而且要通过项目管理去识别、满足和超越那些尚未识别和明确的潜在需要。例如,一个私人别墅的建设项目,业主会提出一些要求和目标,但是由于业主并不是建筑专业人士,所以他提出的要求会在一些方面存在着疏漏或不足,但是他期望房子建得尽量好,越好他越满意,尤其在房子的结构和功能方面,这就要求项目的设计者和施工者要努力运用自己的专业知识和技能去找出这些期望的内容,并设法满足甚至超越这些期望。

(3)独特性。项目管理的独特性是指项目管理既不同于一般的生产服务运营管理,也不同于常规的行政管理,它有自己独特的管理对象(项目),有自己独特的管理活动,有自己独特的管理方法和工具,是一种完全不同的管理活动。虽然项目管理也会使用一般管理的一些原理和方法,但是项目管理活动有自己独特的规律和独特的原理与方法。例如,项目计划管理中的关键路径法,项目设计管理中的三段设计法,项目造价管理中的全造价管理方法等。

(4)集成性。项目管理的另一个特性是它的集成管理特性。项目管理的集成性是相对于一般运营管理的专门性而言的。在一般运营管理之中，分别有生产管理、质量管理、成本（造价）管理、供应管理、市场营销管理等各种各样的专业管理，它们是针对一个企业或组织的不同生产经营活动而开展的管理。这种专业管理是由于运营的重复性和确定性允许将对其的管理进一步详细分工而形成的，但是项目管理要求的是管理的集成性，虽然项目管理也有一定的分工，但是项目管理要求必须充分强调管理的集成性特性。例如，对于项目工期、造价和质量的集成管理，对于项目、子项目的集成管理等。

（5）创新性。项目管理的创新性包括两层含义，其一是指项目管理是对于创新（项目包含有许多创新之处）的管理，其二是指任何一个项目的管理都没有一成不变的模式和方法可供参考，必须通过管理创新去实现对于具体项目的有效管理，必须通过创新去实现一个具体项目的管理目标。在现实生活中，比如是一个工业或民用建设项目，尽管以前有类似的建设项目，但是由于是新的建设地点、新的业主、新的建设材料与施工方法等各种新的因素，仍然需要各种各样的管理创新。

另外，项目管理还有许多其他的特性。当然，尽管项目管理有许多特性，但是它与一般运营管理也有一些共性。例如，项目管理的科学性与一般运营管理的科学性从原则上是一致的，只是在内容和方法上不同，其中项目管理的科学性主要涉及对于项目的系统性管理、对于项目的工程性管理、对于项目的客观性管理等方面。项目管理的艺术性与一般运营管理的艺术性也是一致的，只是在内容和方法上有所不同，这主要是因为项目的相关利益者多，相关利益者对于项目的要求和期望不同，甚至有时会存在矛盾和对立的要求与期望，所以项目管理的艺术性主要体现在对于项目相关利益者的协调和沟通、项目团队的建设与领导等方面。

（三）项目管理与一般企业管理的关系

由于项目的独特性，项目管理中许多知识都是独一无二的，或者说几乎是独一无二的（如关键路径分析和工作分层结构），然而项目管理与其他管理方式又有相同之处。图1-2为项目管理与一般管理的关系图。

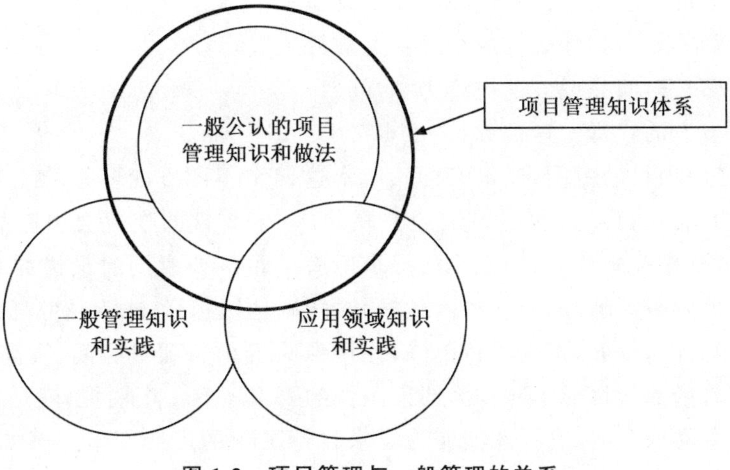

图1-2　项目管理与一般管理的关系

项目管理既区别于一般管理，又必须采用一般管理中的一些基本理念、方法和手段。项目管理既是一门科学又是一门艺术，之所以被看做一门科学，一方面是因为项目管理是以各种图表、数学计算以及其他手段为依据的，另一方面是因为项目管理也受到政治因素、人际关系以及组织因素的制约，需要相互沟通、相互协调以及谈判解决矛盾这样的管理艺术。

项目管理与一般企业管理的区别表现如下：

(1)对象。项目管理的对象是具体项目，一般企业管理的对象则是企业的生产经营过程和生产要素。

(2)目标。项目管理的目标是确保项目能够成功。所谓成功是在满足各项约束条件下达到项目的目标。项目的目标特性是相当突出的，没有目标就不能称其为项目。而一般企业管理的目标是使每个作业都能高效率地展开，以求企业达到一定的经济效益。

(3)内容。项目管理内容包括项目的整体管理、项目的范围管理、项目的质量管理、项目的费用管理和项目的时间管理等。一般企业管理其内容也许更丰富、涉及面更广。

(4)过程。项目管理非常强调其过程性。一般来讲，项目都有一个生命周期，项目的过程管理也就是项目在整个生命周期中的管理，它包括项目的启动、计划、实施、控制、收尾的整个过程。一般企业管理强调的是创造一个稳定的环境，使各项作业能以最高效率进行，侧重于每个作业点的效率。

(5)责任。项目管理强调对整个项目负责，项目组织中所有的人无一例外。一般企业管理中强调分工，强调做好自己的本职工作，即责任在其规定的作业范围内。

(6)手段。项目管理中所采用的手段，一般不同于普通的企业管理方法。比如在时间管理中，项目管理主要用计划评审技术(PFRT)或关键路径法(CPM)。

(四)项目的目标与约束

完成一个项目首要的任务是明确项目的目标。项目目标的最初来源一定是干系人所表述的需求和期望，其中最主要的两类干系人是客户和发起人。不严格的项目目标可以用任何描述性的语言来表述，但是完整而严格的项目目标则必须能够回答以下四个方面的问题：

(1)项目要完成的内容是什么？这在项目管理里面被称为“范围”。

(2)完成的产品需要达到什么样的指标？这被称为“质量”。

(3)项目需要多长时间完成？这被称为“时间”。

(4)项目需要多大的代价？这被称为“成本”。

项目的目标是对项目的范围、质量、时间、成本这四个不同方面要素的完整表述。这四个要素并不是独立的，而是相互之间有一定的关联的，一个要素的变化会引起另外一个要素变化。由于这些要素是相互制约的，因此无法寻求所有的目标要素同时最优的结果。我们期望的目标总是：项目范围越大越好，质量越高越好，时间则越短越好，成本越低越好。但事实上这些因素往往是负相关的，例如，扩大项目范围，往往意味着延长项目时间、提高项目成本；提高项目质量，也意味着增加项目成本。作为约束条件的要素还有一个前提，就是该要素是可以变动的，也就是比较容易取舍的，这样才能作为寻求目标平衡的可变变量。例如，时间目标可以提前或者推后；成本目标可以增加资源，也可以减少资源；质量目标可以提高要求，也可以降低要求。范围虽然也可以简单地增减，但在某些行业中，项目最终交付的往往是完整的、不可分割的物质产品，只有保持完整的项目范围才满足基本要求。比如在建筑业中，半栋楼是没有意义的。因此，范围目标是否可以调整依赖于项目的行业特征。

传统的项目管理仅仅把时间、成本和质量看作三个互相制约的约束条件，也就是说必须在这三个项目目标之间进行平衡，其原因就是在那些早期的项目中，范围往往不作为容易调整的因素。但是在一些新兴的领域中，如软件行业，范围因素却是最主要的约束条件之一。

项目管理的核心问题就是对项目质量、进度与费用的折中控制，就是要在有限的时间、空间、预算范围内，将大量的人力、物力组织在一起，有条不紊地实现项目目标。任何项目在实施过程中，时间、人力、物力等任何资源都不可能是无限的，而对质量的要求也不会是无止境的。所以在项目实施过程中，如何掌握好质量、进度以及成本之间的关系是每一个项目管理人员始终要考虑的问题，争取在给定的资源限制内做到质量最好，成本最低，进度又最快。其中，进度和费用控制是项目控制的主要目标，质量控制是达到费用/进度最佳控制的基础。如何去协调好这三者的关系，是每一个项目以及项目管理人员的终极目标。

(五)项目管理知识体系

现代项目管理知识体系是 PMI(美国项目管理协会)从 1984 年开始研究，1996 年推出并投入使用，2000 年新版修订，并以此为蓝本制定了 ISO 10006 标准的一整套现代项目管理的程序、技术、工具和方法。根据 PMI 的理论体系，项目管理包含九大知识领域、五个过程。

1. 九大知识领域

这九大知识领域分别是四个核心知识领域、四个辅助知识领域和一个整体管理。

(1)核心知识领域。包括：

● 项目范围管理：是指对项目包括什么与不包括什么的定义与控制的过程。这些过程用于确保项目组和项目干系人对作为项目结果的项目产品以及生产这些产品所用到的过程有一个共同的理解。

● 项目时间管理：确保项目准时完成所必需的过程，由活动定义、活动排序、活动历时估算、进度计划编制和进度计划控制构成。

● 项目成本管理：确保在批准的预算范围内完成项目所需的各个过程，由资源计划编制、成本估算、成本预算和成本控制构成。

● 项目质量管理：确保项目达到其质量目标所需要实施的一系列过程，由质量计划编制、质量保证和质量控制构成。

其实，项目管理的核心知识领域就是构成项目目标的四个要素。也就是说，项目管理就是确定和细化范围、时间、成本和质量这四个目标，然后围绕这四个目标的实现进行监督和控制。除非项目的目标构成因素发生变化，否则项目管理的核心知识领域是不会发生改变的。

(2)辅助知识领域。指那些有利于项目目标实现的过程活动，它们包括：

● 项目人力资源管理：管理项目最重要的资源——人力资源的过程，由组织的计划编制、人力资源组建和人力资源建设构成。

● 项目沟通管理：管理项目信息的过程，确保项目信息合理收集和传输所需要实施的一系列措施，由沟通计划编制、信息发送、绩效报告和管理收尾构成。

● 项目风险管理：管理项目所遇到的不确定性，由风险管理计划、风险识别、风险评估和风险监控构成。

● 项目采购管理：管理那些从执行组织外部购买项目所需产品和服务的过程，由采购计划编制、询价计划编制、询价、供方选择、合同管理和合同收尾构成。

(3)项目整体管理。作为一个整体性的大框架在项目生命周期中集成和协调所有其他项目管理知识领域所涉及的过程,由项目计划制订、项目计划实施和综合变更控制构成。

2. 五个过程

按照过程本身的作用分为启动过程、计划过程、执行过程、控制过程、结束过程。各过程及其相互间的关系如图 1-3 所示。

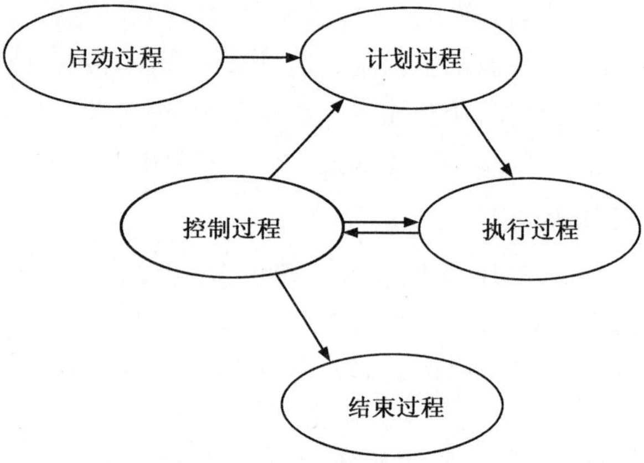

图 1-3　项目管理过程

(1)启动过程。认识到一个项目或阶段应该启动并负责开始执行。

(2)计划过程。制订并调整一个可实施的、用于完成项目所实现商业目标的计划。

(3)执行过程。协调人力和其他资源去完成计划。

(4)控制过程。通过监督和核查项目的进展,并在必要时采取正确的处理措施,来保证项目的实现。

(5)结束过程。使项目或阶段的结果接收正式化,并将这种接收变为有序的结束。

由此可见,这九大知识领域和五个过程其实就是管理中的一个专业的问题和一个过程的问题。表 1-3 显示项目管理的过程和知识体系的关系。

表 1-3　项目管理的过程和知识体系

知识体系	启动	计划	执行	控制	收尾
整体管理	—	项目计划执行	项目计划执行	整体变更控制	—
范围管理	启动	范围计划、范围定义	—	范围验证、范围变更控制	—
时间管理	—	项目活动定义、活动安排、活动时间估计、进度发展和进度控制	—	进度控制	—
成本管理	—	资源计划编制、成本估算、成本预算	—	成本控制	—
质量管理	—	质量计划编制	质量保证	质量控制	—

续表 1-3

知识体系	启动	计划	执行	控制	收尾
人力资源管理	—	组织计划编制、人员获取	队伍开发	—	—
沟通管理	—	沟通计划编制	信息发布	执行状况报告	管理收尾
风险管理	—	风险计划编制、风险识别、定性风险分析、定量风险分析、风险应对计划	—	风险监督和控制	—
采购管理	—	采购计划编制、询价计划编制	询价、供货方选择、合同管理	—	合同收尾

我们学习项目管理知识，主要学习两个方面的内容：

一是项目管理的过程，也就是说，如果实施一个项目的话，应该按照哪些过程来开展活动。

二是支撑过程实施的技术、工具和方法。过程仅仅描述了应该“做什么”，但是没有定义“怎么做”。不同类型的项目，项目管理过程是类似的。但是不同领域的项目，支持项目管理实践的技术、工具和方法是不一样的。

(六)项目阶段和项目生命周期

项目是在一定的时间内，在既定的资源约束下，为实现预定目标的一次性工作任务。任何项目都需要经历若干个先后衔接的阶段，我们把这些阶段的时间总和称之为项目的生命周期。

根据周期理论，可以把项目周期划分为若干个目的明确的阶段，每个阶段结束都设定一个用于检查的里程碑，以确保该阶段活动达到了预定的目的。里程碑也叫阶段出口，是项目进度的检查点，为了验证项目阶段所完成工作活动和工作结果是否符合要求，根据检查结果来决定项目是否进入下一个阶段。图 1-4 为项目阶段和里程碑示意图。例如，需求过程中的里程碑如图 1-5 所示。

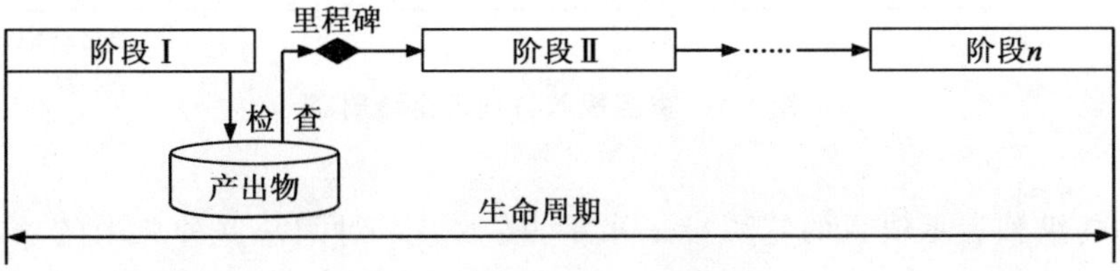

图 1-4　项目阶段划分和里程碑

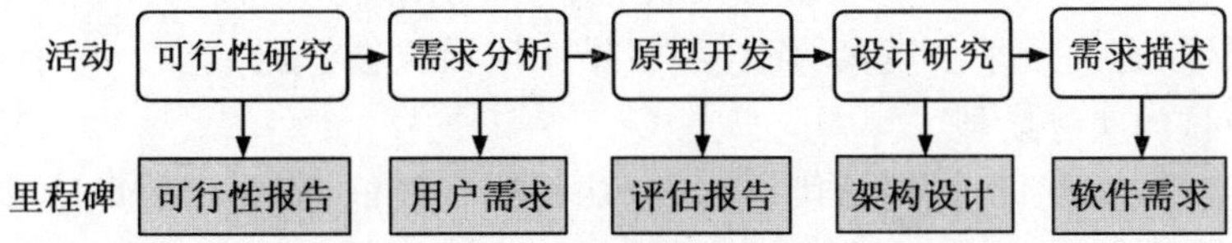

图 1-5　需求过程中的里程碑示意

在实践中，项目的阶段划分和具体的应用领域相关。每一领域的项目都有其特定的习惯性的阶段划分要求。而且在同一个应用领域中，两个类似项目的生命周期阶段划分也会有很大的不同。例如，一家公司的软件开发项目将“系统设计”作为项目的一个阶段，而另一家公司可以将“系统设计”划分成“功能设计”和“详细设计”两个独立的阶段,这样两个软件开发项目的生命周期就会有较大不同了。有的项目的阶段可以达到九个或十几个。如果我们不考虑特定领域,单纯从项目管理的角度一般可以把项目划分成四个阶段即项目的启动阶段、计划阶段、实施阶段、收尾阶段。

启动阶段:识别和把握市场机会,确定项目的商业需求,提出项目建议书,进行一些前期的可行性研究。

计划阶段:明确和细化项目的目标,包括项目范围、进度、成本和质量目标,制订实现目标的工作计划。经过评审并被确认的计划将作为后续项目实施活动的基线。

实施阶段:按照计划进行项目实施。本阶段不仅要对项目实施活动进行控制,而且在必要的时候还要变更项目计划。

收尾阶段:项目干系人对项目成果进行验收,归纳和整理项目文档。

从项目管理角度来说,项目的四个阶段和五个过程的名字很相像。这主要是由于项目阶段就是按照某一时期主要活动的任务来划分的。

大多数项目的生命周期具有以下共同的特点,如图 1-6 所示。

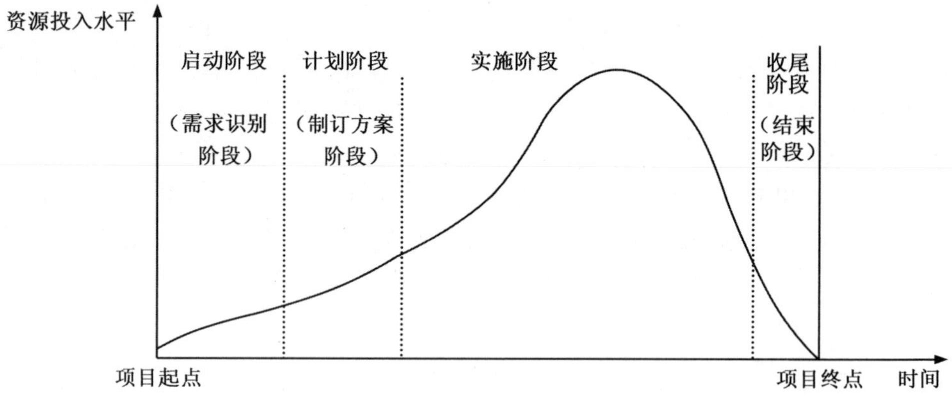

图 1-6　资源投入与项目生命周期

图 1-6 中的纵轴表示项目的资源投入水平,横轴表示时间。这种典型的项目生命周期描述方法适用于多数项目,但是它有些粗略。一般而言,这种典型的项目生命周期描述具有下列特性(所谓特性是指图 1-6 所显示的特殊属性):

(1)需求的变动。从图 1-6 中可以看出,在项目初期阶段,有关项目成本(或叫造价)和人员方面的需求很低,越到后来会越高,而在项目结束阶段又会急剧减少。一个项目的资源投入最大的阶段是项目的实施阶段。

(2)风险的变动。在项目初期阶段,项目成功的概率较低,而项目的风险和不确定性很高。随着项目的进展,项目成功的概率会大大升高,而风险和不确定性大大降低。

(3)影响力的变动。在项目的初始阶段,项目相关利益者对于项目最终产出物的特性和项目成本的影响力最高,随着项目的进展,这种影响力会很快降低。在项目后续阶段,这种影响力主要体现在项目成本的变更和项目错误的改正上。

需要特别注意的是,还需要区分项目生命周期与产品生命周期这两个概念。例如,将一种新的台式计算机推向市场的工作是一个项目,这一项目有自己的生命周期,但是这种新推出的台式计算机也有它自己的产品生命周期(即由投入期、成长期、成熟期和衰退期所构成的产品生命周期)。

(七)项目管理的历史

现在通行的看法认为,项目管理是第二次世界大战后的产物,主要是战后重建和冷战阶段为国防建设项目而创建的一种管理方法。项目管理的发展基本上可以划分为两个阶段:20 世纪 80 年代之前被称为传统项目管理阶段,80 年代之后被称为现代项目管理阶段。

1. 传统项目管理阶段

从 20 世纪 40 年代中期到 60 年代,项目管理主要应用于发达国家的国防工程建设和工民建工程建设方面。此时采用的传统项目管理方法被认为主要是致力于项目预算、规划和为达到特定目标而借用的一些运营管理的方法,是在相对较小的范围内所开展的一种管理活动。当时的项目经理仅仅被看作是一个执行者,他们只是被动地接受一项给定的任务或项目,然后不断接受上级的指令,并根据指令去完成自己负责的项目。从 60 年代起,国际上许多人对于项目管理产生了浓厚的兴趣,随后建立的两大国际性项目管理协会,即以欧洲为主的国际项目管理协会(International Project Management Association,IPMA)和以美国为首的美国项目管理协会(Project Management Institute,PMI),以及各国相继成立的项目管理协会,为推动项目管理的发展发挥了积极的作用,做出了卓越的贡献。但是在这一传统项目管理阶段中,发达国家的国防部门对于项目管理的研究与开发仍然占据主导地位,他们创造的许多项目管理方法和工具一直沿用至今。例如,由美国空军最早开发的项目计划评审方法(Project Evaluation and Review Technique,PERT)、美国国防部提出并推广的项目工期与造价管理规范(Cost/Schedule Control Systems Criteria,C/SCSC)等一大批项目管理的方法和工具现在仍然在广泛地使用。

2. 现代项目管理阶段

20 世纪 80 年代之后项目管理进入现代项目管理阶段。随着全球性竞争的日益加剧,项目活动的日益扩大和复杂,项目数量的急剧增加,项目团队规模的不断扩大,项目相关利益者的冲突不断增加,降低项目成本的压力不断上升等情况的出现,迫使作为项目业主的一些政府部门与企业,和那些作为项目实施者的政府机构与企业先后投入了大量的人力和物力去研究和认识项目管理的基本原理、开发和使用项目管理的具体方法。特别是进入 90 年代以后,随着信息系统工程、网络工程、软件工程、大型建设工程以及高科技项目开发等项目管理新领域的出现,促使项目管理在理论和方法等方面不断地发展和现代化,这使得现代项目管理在这一阶段获得了快速的发展和长足的进步。同时,项目管理的应用领域在这一阶段也迅速扩展到社会生产与生活的各个领域和各行各业,并且在企业的战略发展和日常经营中的作用越来越也重要。例如,欧洲的 ABB 公司作为一个处于领先地位的全球性工程公司,其绝大部分工作都要求开展项目管理;IBM 公司是世界上最大的计算机制造商之一,它公开承认项目管理是对其未来发展起关键作用的因素;摩托罗拉公司是世界上最成功的通信设备和服务供应商之一,它在 90 年代中期启动了一个旨在改善其项目管理能力的计划,使公司获得了很大的发展。今天,项目已经成了社会创造精神财富、物质财富和社会福利的主要方式,所以现代项目管理也就成了发展最快和使用最为广泛的管理领域之一。

现代项目管理在这一时期的高速发展主要表现在两个方面。其一是项目管理的职业化发展,其二是项目管理的学术发展。在职业化发展方面,这一阶段的项目管理逐步分工细划,并形成了一系列的项目管理专门职业，这包括各种专业的项目经理、造价工程师、营造师等，并且形成了一系列的项目管理职业资格认证体系。这包括：美国项目管理协会（PMI）和国际项目管理协会（IPMA）主持的项目管理专业人员职业资格认证，美国造价工程师协会（Association of American Cost Engineers，AACE）主持的造价工程师资格认证，英国皇家特许测量师协会（Royal Institute of Chartered Surveyor，RICS）主持的工料测量师、营造师资格认证等。这些工作极大地推动了项目管理职业的细分和职业化发展。例如，PMI 开展的"项目管理专业人员"（Project Management Professional，PMP）资格认证，IPMA 开展的项目管理专业人员资格认证（分为 A，B，C，D 四个级别，其中 A 级是工程主任级证书，B 级为项目经理级证书，C 级为项目管理工程师级证书，D 级为项目管理技术员级证书，不同资格证书的要求各异，获得证书者分别可负责大项目或国际项目、一般项目、一般项目主要工作和一般项目工作的管理），虽然这些项目管理人员资格认证的侧重有所不同，方法有所不同，但是都为推进项目管理的职业化发展做出了很大的贡献。现在，项目经理已经不再被认为是项目的执行者，他们拥有了正式的头衔和更大的权利与责任。他们不仅要实施项目，而且要参与项目决策，要与项目业主或客户一起高效率地工作，全面开展项目管理，并且要对项目的经济财务结果负责。现在的项目经理已经成为真正的项目负责人和企业中的主角并且是一项非常热门的职业。根据统计数据，在美国从事项目管理工作的初级工作人员的年薪在 4.5 万～5.5 万美元，中级人员在 6.5 万～8.5 万美元，高级人员为 11 万～ 30 万美元，比一般技术人员和管理人员都要高出一定比例。

现代项目管理这一阶段在学术发展方面主要体现在项目管理专业教育体系的建立和项目管理理论与方法的研究方面。在现代项目管理阶段，国际上有许多大学相继建立和完善了项目管理专业的本科生和研究生教育体系，美国的大学不但设立有项目管理的硕士学位，而且这种硕士学位大有取代工商管理硕士（MBA）专业学位的趋势。在这一阶段有许多项目管理的研究机构也先后建立了起来，这些研究机构、大学、国际和各国的项目管理专业协会以及一些大型企业一起开展了大量的项目管理理论与方法的研究。像 PMI 提出的项目范围管理、项目集成管理、项目获得管理、项目风险管理以及项目管理知识体系（Project Management Body of Knowledge，PMBOK）、AACE 提出的全面造价管理（total cost management）、项目风险造价管理，以及其他学会和机构推出的挣值管理（earned value management）、合作伙伴式管理（partnering management）等都是在这一阶段创立和发展起来的。通过这一阶段的学术发展，到今天现代项目管理在项目的范围管理、时间管理、成本管理、质量管理、人力资源管理、沟通管理、采购管理、风险管理和整体管理等方面已经形成了专业化的理论和方法体系。同时，在这一阶段，国际标准化组织还以 PMI 的项目管理知识体系指南等文件为框架，制定了 ISO 10006 这一关于现代项目管理的标准。所有这些现代项目管理在职业化发展和在学术性方面的发展，使得项目管理的理论和方法取得了长足的进步和很大的发展。

二、什么是农业项目管理？

在了解了项目、农业项目以及项目管理的基本知识和相关内容的基础上，我们可以对农业项目管理有一个界定。所谓农业项目管理是指在农业项目活动中运用专门的知识、技能、工具和方法，使农业项目能够实现或超过项目干系人的需求和期望。

为了把握农业项目管理的概念，需要进行以下几点说明：

(1)管理的对象是农业项目,农业项目是指那些通过投资、实施能够提高农业综合生产能力的扩大再生产的经济行为;

(2)管理的手段和工具一般具有通用性,但是根据农业项目的具体特点也会有所差别;

(3)管理的目的是实现或超过项目干系人的需求和期望,一般来说,农户是农业项目的基本受益对象,也是最主要的干系人。

我国对项目管理的系统研究以及行业实践起步较晚,应用于农业领域更晚一些。从20世纪80年代起,伴随着我国农业投入资金量的不断增加和国际金融组织以及各类外资对我国农业项目投资的不断加大,项目管理方法在我国农业领域得到了逐渐应用,虽然应用的广度和深度还与实际需要有一定差距,但其显著的经济效益和社会效益已经震动了整个农业领域。真正称得上项目管理的农业项目应该始于1982年世行贷款华北平原建设项目,该项目在国内农业领域首先采用国际招标,实行项目监理和项目工程管理,缩短了工期,降低了造价,提高了质量,取得了明显的经济效益。此后,我国大部分农业外资项目实行了项目管理。

现阶段我国已进入快速发展现代农业、解决"三农"问题以及新农村建设的特殊历史时期,农业、农村面临着前所未有的发展机遇。农业项目作为农业发展、新农村建设的载体和依托被越来越多的人所认识,农业项目所带来的经济效益和社会效益引起了人们的广泛关注,做好农业项目管理的重要性越来越突出。现在除了以各级政府为主体所进行的农业基础设施建设项目以及传统的一些农业种植业、养殖业项目,各种各样的农业项目也不断地以新的形式和面貌出现,越来越多的经济主体投资于现代农业项目,项目管理的知识和体系将更加广泛地应用于我国的农业项目管理实践中。

任务3　如何选择合适的项目组织结构?

一、什么是项目组织?

(一)什么是组织?

组织是我们生活中经常会遇到的词。对于组织的一般含义,不同的学者从不同的角度出发提出了不同的观点。从广义上说,组织是指由诸多要素按照一定方式相互联系起来的系统。从这个角度看,组织和系统是同等程度的概念。这个定义包含生物学中有机体的组织如皮下组织、肌肉组织,动物的群体组织,人的组织等。从狭义上说,组织就是指人们为实现一定目标,相互协作结合而成的集体或团体,如党团组织、工会组织、企业、军事组织等。狭义的组织专指社会管理中的人群。本部分所涉及的组织概念均指狭义的组织。

综合起来讲,组织是具有某种目的的群体,在这个群体中,人们相互作用,运用知识和技能在特定关系模式中一起工作。从组织的定义中可以得出它的特点:目的性、专业化分工、依赖性和开放性。

组织的类型有不同的划分方法。根据不同的领域可以分为经济组织、政治组织等;根据活动的性质可以分为公共组织和非公共组织;根据结构的正式程度可以分为正式组织和非正式组织;也可根据其结构形式分为职能式组织、项目式组织、矩阵式组织等。

(二)什么是项目组织?

1.项目组织的概念

项目组织是指为了完成某个特定的项目任务而由不同部门、不同专业的人员所组成的一个特别的临时性组织,通过计划、组织、领导、控制等过程,对项目的各种资源进行合理配置,以保证项目目标的成功实现。

2.项目组织的特征

项目组织作为组织的一种类型,具有一般组织所具备的特征。由于项目与项目管理的特殊性,项目组织又具备以下特点。

(1)临时性。项目组织是为完成项目而组建、为项目而服务的组织。一旦项目结束,成功地实现了项目目标,项目组织的使命也就完成,项目组织随着项目的结束而解散。

(2)任务导向性。项目组织是为了满足顾客的需求,以项目为组织单元,围绕任务来配置各种资源的组织。因此,项目组织是面向任务而建立起来的,所有项目管理的目标都指向要完成的工作任务。

(3)柔性与灵活性相结合。项目组织与其他类型的组织相比具有较大的柔性和灵活性。项目组织中的成员来自不同的部门,项目组织的主体和成员会随着项目的进展而发生变化,各个项目相关者之间的联系都是有条件的、松散的。项目组织没有明确的组织边界,项目相关者及其个别成员在某些事务中属于某项目组织,在另外的事务中可能又属于其他组织。

(4)既强调领导又重视团队合作。项目经理是项目的负责人,是沟通和协调项目所有利益相关者的核心人物,对项目组织的组建、项目实施的进度与费用控制、项目目标的实现起重要作用。但影响项目成功的另外一个关键因素是必须具有有主动性、创造性的项目团队。项目的成功需要成员之间团结一致、密切配合,更强调团队的协作精神。

(5)组织成员目标各异,忠诚度不够。由于项目组织成员是由不同部门、不同层次的人员构成,项目组织成员的需求各异,参加项目组的目的各不相同,因此各自目标差别很大。同时由于项目组织的临时性,当项目结束时项目组织就面临着解散,缺乏长期稳定感,可能刚刚适应项目工作就要考虑项目结束后自身的发展问题,造成项目组织成员对项目和项目目标的忠诚度不够,不能全身心地投入到项目工作中去。

二、什么是项目组织结构?

一个项目一旦确立,就面临两个重要的组织问题:一是项目的组织结构如何,即项目与公司的关系是怎样的;二是项目内部如何组织。

任何一个组织都是为完成一定的使命和实现一定的目标而设立的,由于每个组织的使命、目标、资源条件和所处的环境不同,所以组织结构也会不同。同时,在生命周期的不同阶段也会要求有不同的组织结构。所以人们实际上无法找到一种适合于各种组织的和这些组织不同生命周期的理想组织结构。对于项目组织的管理而言,由于不同的项目有不同的目标,要求有不同的项目组织,所以人们同样无法给出一个适合于各种项目的组织结构。而且,项目组织与运营组织的组织结构是不同的。项目组织是为一次性独特任务设立的,是一种临时性的组织,在项目结束以后它的生命就会终结;而运营组织是为永续经营一种商品或劳务,为持续周而复始地完成一项长期的使命而设立的,是一种长期性的组织,一般不会在短期内终结。

本部分内容将全面讨论项目组织的主要类型和特性。一个项目的组织结构通常受项目的目标、项目的任务、项目所能获得资源的多少、项目的各种制约条件、项目所处的环境等各种条件的影响和限制。项目组织的组织结构从大类上可以按照从面向功能到面向项目的程度划分为职能式、矩阵式和项目式三类。其中的矩阵式组织结构又可以分为弱矩阵式、均衡矩阵式和强矩阵式三类。如图 1-7 所示。

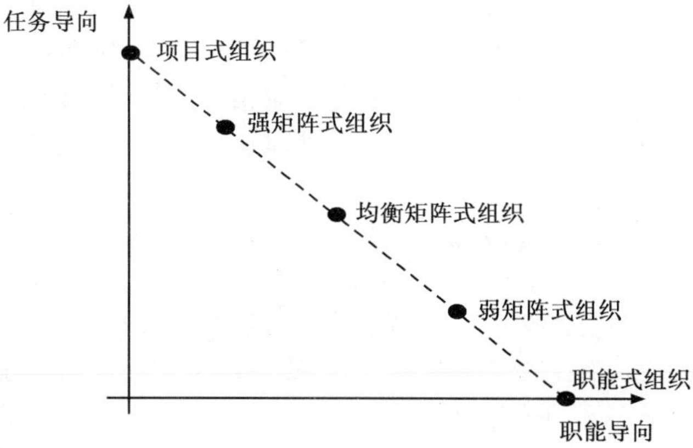

图 1-7 项目组织形式

(一)职能式组织结构

1. 职能式组织结构的概念

职能式组织即指随着企业规模的不断扩大、业务量的增加和企业的目标、管理、系统的需要,企业开始设立专业职能人员和相应的部门,将相应的专业管理职责和权力赋予职能部门,各职能部门在专业职能范围内拥有直接指挥下级工作部门的权力,主要适用于运营性企业或组织,例如现有的加工制造型企业、交通运输企业和金融服务企业多数是这种组织结构。

职能式组织是一种比较传统的、经典的组织结构,显现如同军队般控制式的金字塔结构,高层管理者位于金字塔的顶部,中层和低层管理者则沿着塔顶向下分布,公司的经营活动按照市场调研、研发、设计、生产、销售、服务和财务等职能划分成部门。图 1-8 是一个制造业公司典型的职能式组织结构图。

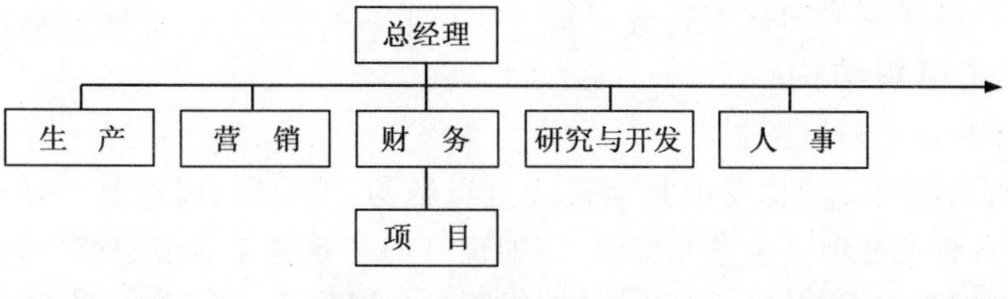

图 1-8 职能式组织结构

这种组织也有自己的项目,这种项目的组织或项目团队是按照传统的职能部门组成的,多数项目组织或团队的成员是局限在一个职能部门之中的人员。通常,在这种项目组织中,项目经理和项目的管理人员都是兼职的,一般也不从职能组织的其他部门选派专职的项目工作人员，而且项目经理的权力和权威性也很小，甚至很少使用项目经理这一头衔，而是称其为项目协调人或项目头等。例如，在一个纯职能式的组织内部进行新产品的开发工作时，创意一般源自营销部门，由营销部门设立该产品的市场调研项目。然后由研发部门立项分析创意在技术上的可行性并负责设计产品原型。工程设计部门再立项研究产品的工艺路线，这时项目成员仅包括工程部门人员。最后，将设计变为样品即有关制造方面的问题，则由生产部门来负责并执行。在这一过程中，如果需要协调，须经各部门成员逐层上报至本部门经理，由他们向总经理通报，然后由总经理再将答案回馈，由部门经理逐层下达。这种组织结构中，特定的职能安排人们从事某种特定的活动，从而有效地将专业力量集中。这种直线职能式组织虽然很适合那种稳定的生产运营性企业，但是对于开展项目管理是十分不利的。

2. 职能式组织结构的优点

(1)强大的技术支持。同一部门的专业人员在一起，便于在知识、技能和经验上交流进步，这就使项目获得部门内所有的知识和技术支持。

(2)人员使用灵活。项目团队所需要的某一方面的专业或技术人才可以从相应的职能部门选择，当某个特定的成员有工作任务冲突时，职能部门又可以灵活地挑选其他成员去代替，而且，技术专家可同时被不同的项目使用。

(3)便于人员控制。由于每名员工都有唯一的一个直接领导，因此便于管理。

(4)职能部门为本部门的员工提供了一条明确的职业生涯发展道路。

3. 职能式组织结构的缺点

(1)具有一定的狭隘性。职能部门有它自己的日常工作，项目不是活动和关心的焦点，项目及客户的利益往往得不到优先考虑，因此项目的整体目标是第二位的。决策时并非出于对整个项目最佳利益的考虑，而往往以各职能部门的利益为主。

(2)部门间协作较难，横向联系薄弱。

(3)责任不明确，协调混乱。具体某一个项目团队成员可能来自不同的职能部门，兼有双重身份，这种性质决定了没有人愿意主动承担责任和风险，而且由于项目团队成员受职能经理的指派，具有较强的流动性，更使责任难以明确。

(4)项目经理可能是职能经理，也可能是某部门的一般成员，对于跨部门的项目主要起协调作用，没有足够的权力控制项目的进展。这是因为，由于项目团队成员在行政上仍为原来所在的职能部门工作，项目经理必须要与职能部门的领导协调一致，当双方对某个特定成员的需要产生冲突时，往往难以协调。

(二)项目式组织结构

1. 项目式组织结构的概念

与职能式组织结构截然相反的是项目式组织结构。项目式组织是一种模块式的组织结构，主要适合于各种业务项目企业和组织，例如现有的建筑施工企业、软件开发企业和管理咨询企业等多数是这种组织结构。项目从公司组织中分离出来，作为独立的单元，有其自己的技术人员和管理人员。有些公司对项目的行政管理、财务、人事及监督等方面作了详细的规定，而有些公司则在项目的责任范围内给予项目充分的自主权，还有好多公司采取了介于这两者之间的做法。图 1-9 是一个项目式组织结构图。

在这种组织中的雇员多数属于某个项目团队，而项目团队通常是多种职能人员组合而成的。这种组织也会有一定数量的职能部门，由这些部门负责整个企业的一些职能管理业务。

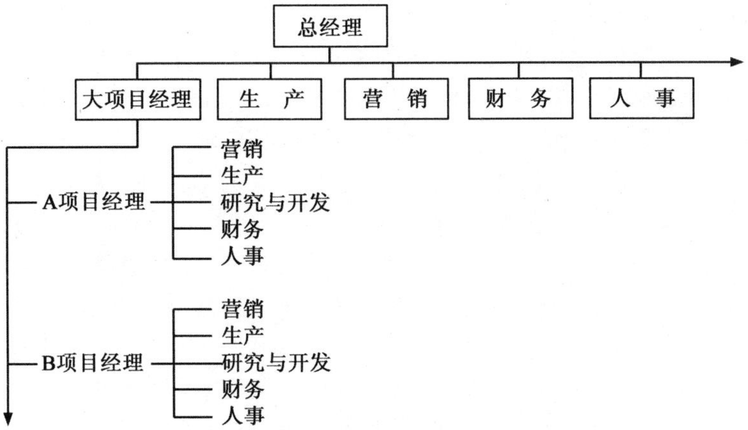

图 1-9　项目式组织结构

例如企业的人力资源管理、财务管理和后勤管理等方面的工作。项目式组织的职能部门是纯职能性的，这些职能部门不行使对项目经理的直接领导，只是为各种项目的开展提供支持或服务。在这种组织中，企业或组织的大部分资源都投入到各种业务项目工作中。这种组织的主要经营活动是开展各种业务项目。在这种组织中，绝大多数人员（相同专业的和不同专业的员工）分属于不同的项目组织或项目团队，多数是专职的项目工作人员，只有少数是临时抽调的项目工作人员。这种组织的项目经理都是专职的，而且在整个组织中十分独立和具有权威性。这种组织的项目团队由专职的项目经理、专职的项目管理人员、专职的项目工作人员和少量临时抽调的兼职项目工作人员构成（这些兼职的项目工作人员多数是一些特殊性的专业人才）。例如，一个管理咨询公司中专门负责组织再造的项目团队不但有专职的项目经理和项目管理人员，而且会有专职的项目工作人员，同时这种项目团队在实施组织再造这类特殊行业的项目时，还会从本公司或外公司聘用少量熟悉这一特殊行业作业流程和专业知识的人员参加项目团队的工作。项目其组织非常适合于开展各种一次性的项目工作，所以它是多数从事业务项目经营活动的企业所采取的主要的组织结构和模式。

2. 项目式组织结构的优点

(1)结构简单，权责明确，利于统一指挥管理。从项目经理到基层管理人员、执行人员，每一项目成员都有自己明确的权限和责任，便于统一协调、指挥。项目经理对项目全权负责，享有最大限度的决策管理自主权，可以充分调用项目内的资源，从而在进度、成本和质量等方面的控制比较有效。

(2)目标明确且单一。项目成员能够明确理解并集中致力于项目目标，整个组织为共同的目标努力，团队精神得到更充分的发挥。项目成员的个人利益与项目的成败紧密联系在一起，能最大限度地调动全体项目成员的积极性，从而齐心协力，共同完成项目。

(3)沟通途径简洁，交流更方便。项目经理享有很大的权威，能在需要时集权管理，便于命令的下传上达，避免推诿；项目经理还可避开职能部门直接与高层管理人员沟通，提高了沟通速度，减少或避免了沟通中的失真与错误。

(4)反应更迅速。权力的集中使决策的速度得以加快，对用户的需求和高层的意图做出更快的响应。由于项目经理的全权负责，高层管理者获得更多的时间去进行行政决策。

3. 项目式组织结构的缺点

(1)管理成本高，资源配置效率低。每一个相对独立的项目组织都有自己的职能部门，这样同一职能机构不仅总组织中有，每一项目组织中也有，由此就引起了人员、设施、设备等的重复配置。出于项目各阶段的工作重心不同，项目团队成员在各阶段的忙闲度也不同，经常出现某一组织的专家和人才空闲的情况，这样一方面影响了员工工作的积极性，另一方面也造成了人才的浪费。这种结构不适于人才匮乏或规模较小的企业。

(2)相对封闭的项目环境，不利于项目与外界的沟通，不同的项目组较难共享知识、经验和人才，而且还会引发行政管理上的一些弊端，“他们对我们的问题不理解”已成为无视上级意见的轻松借口。

(3)员工缺乏一种事业上的连续性和保障。项目一旦结束，项目团队成员就不知会到什么部门工作，因此员工不能清楚地看到自己职业发展前景，有时他们会担心项目结束后的生计，从而将项目的结束推迟，使项目难以及时完成。

(4)各个分项目组织在组织目标、战略发展等方面可能与总公司不一致，各个分项目组织之间也往往难以协调，这将有碍于统一指挥和总公司的战略发展。

项目式组织结构常见于一些规模大、项目多的公司，多见于建筑业和航空航天业。在一些进度或成本特别是进度有严格约束的项目中也经常采用。

(三)矩阵式组织结构

1. 矩阵式组织结构的概念

矩阵式组织是一种直线职能式组织和项目式组织的混合物，这种组织既有日常运营的直线职能式组织结构，又有为完成专门任务的项目性组织，适合于既有日常运营业务又有项目工作的企业或组织。例如，各种综合性医院、高等院校和科研机构就属于这种类型的组织。矩阵式组织结构正是为了最大限度地发挥项目式和职能式组织的优势，尽量避免其弱点而产生的一种组织方式。事实上，职能式组织和项目式组织是两种极端的情况，矩阵式组织是两者的结合，它在职能式组织的垂直层次结构上，叠加了项目式组织的水平结构。

作为职能式组织和项目式组织的结合，矩阵式组织可采取多种形式，这取决于它偏向于哪个极端。根据混合程度的不同，又可以分为强矩阵式组织、弱矩阵式组织和均衡矩阵式组织。矩阵式组织既保留有直线职能式组织的一些特点，也有许多项目式组织的特点。矩阵式组织的主要特色是，在这种组织中保留了各种各样的专业职能部门，这些部门构成了矩阵式组织中矩阵的“列”，同时又建立有一系列专门的项目团队，这些项目团队构成了矩阵式组织中矩阵的“行”。矩阵式组织可以从不同的职能部门抽调各种专业的人员去组成一个项目团队，而当这种项目团队的任务结束以后，这些人员又可以回到原来的专业职能部门。例如，高校或科研机构会有不同的院系和研究室去完成日常的教学和科研工作，但是在需要的时候也会从各个院系或研究室抽调专门人员组成项目团队去完成一些特定的课题研究，同样在课题结束以后相应的项目团队会解散，项目团队的人员会回到各自原来的院系或研究室。这些就是一种典型的矩阵式组织。通常，矩阵式组织的直线职能部门是长久性组织，而项目团队是临时性组织。

(1)弱矩阵式组织。这种矩阵式组织与直线职能式组织相似，所以在许多方面的特性与直线职能式组织是一致的。但是在这种组织中，有正式设立的项目团队，这种项目团队有一部分人员是专职从事项目工作的，虽然这是临时性的，但是在项目开展的过程中这部分人是专门从事项目工作的。当然，这种项目团队并不是非常正规的和正式的，项目经理的权威性较低，项目经理的角色主要是协调者或促进者的角色，有的甚至还是兼职，项目管理人员多数是兼职的，而且他们的权力也是十分有限的。由于这种组织中的项目团队临时性很强，权力和影响力较弱，获得各种资源的权利有限，主要的资源被投入到了组织的直线职能部门。这种组织的组织结构如图 1-10 所示。

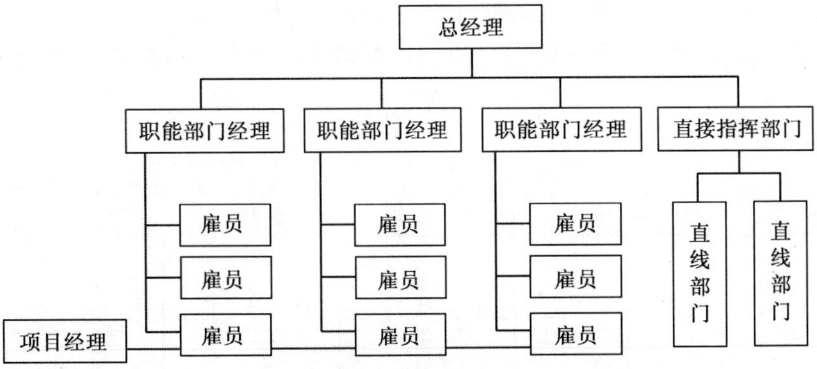

图 1-10 弱矩阵式组织结构

(2)均衡矩阵式组织。这种矩阵式组织是直线职能式组织体制和项目式组织体制两种体制相对均衡的一种组织，所以它兼有直线职能式组织和项目式组织两方面的特性。在这种组织中，不但有正式设立的项目团队，而且这种项目团队有较大一部分人员是专职从事项目工作的。这种组织中的项目团队既有专职的项目管理人员，也有兼职的项目管理人员。这种组织的项目经理可以是专职的，也可以是兼职的，他们的权力比直线职能式组织中的项目经理大，但是比项目式组织中的项目经理小。在项目开展的过程中这种组织获得各种资源的权利也是介于直线职能式组织和项目式组织的项目团队之间的。所以这种组织被称为均衡矩阵式组织。这种组织的组织结构如图 1-11 所示。

图 1-11 均衡矩阵式组织结构

(3)强矩阵式组织。这种矩阵式组织与项目式组织相似，所以在许多方面的特性与项目式组织是一致的。在强矩阵式的项目组织中，有专职的项目经理，有专职的项目管理队伍，项目经理具有较大的权力。在这种组织中的直线部门只是一些相对不很重要的生产部门，他们所获得的资源和具有的权力相对都比较弱。例如,像大型软件公司中的通用软件生产部门,出版社自有的印刷厂等就属于这类直线部门。这种组织中有正式设立的项目团队,这种项目团队的绝大多数人员是专职从事项目工作的,虽然他们的项目团队也是临时性的,一旦项目完成项目团队就会解散,但是组织中有很多人是专门从事项目工作的。这种组织中项目团队的项目经理是专职的,项目管理人员一般也是专职的,而且他们的权力是很大的,他们获得各种资源的权利也较大。这种组织的主要资源被投入到了组织的项目团队中,这一点与项目式组织非常相似。所以这种组织被称为强矩阵式组织。这种组织的组织结构如图 1-12 所示。

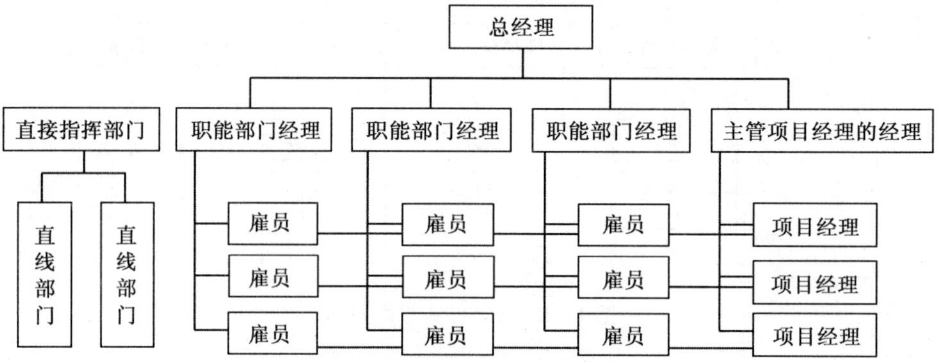

图 1-12　强矩阵式组织结构

2. 矩阵式组织结构的优点

(1)项目是工作的焦点。有专门的人即项目经理负责管理整个项目,负责在规定的时间、经费范围内完成项目的要求。矩阵式组织具有项目式组织的长处。

(2)人力资源可以共享。由于项目组织是覆盖在职能部门上的,它可以临时从职能部门抽调所需的人才,所以项目可以分享各个部门的技术人才储备。当有多个项目时,这些人才对所有项目都是可用的,从而可以大大减少像项目式组织中出现的人员冗余。

(3)适应性更强。对客户要求的响应与项目式组织同样快捷灵活,而且对公司组织内部的要求也能作出较快的响应。公司内部的项目必须适应公司的要求,否则项目难以取得成功。矩阵式组织的项目中会有来自行政部门的人员,他们会在公司规章制度的执行过程中保持与公司的一致性,这至少可以增加公司领导对项目的信任。

(4)可以照顾到多个项目。当有多个项目同时进行时,公司可以平衡资源以保证各个项目都能完成其各自的进度、费用及质量要求。公司可以在人员及进度上统筹安排,优化整个系统的效率,而不会以牺牲其他项目去满足个别项目的要求。

(5)项目式组织和职能式组织是两个极端的情况,而矩阵式组织在这两者之间具有较广的选择范围。职能部门可以为项目提供人员,也可以只为项目提供服务,从而使得项目的组织具有很大的灵活性。所以矩阵式组织可以被许多不同类型的项目所采用。

3. 矩阵式组织结构的缺点

(1)责权有分离迹象。在职能式组织中,职能部门是项目的决策者,在项目式组织中,项目经理是项目的权力中心,而在矩阵式组织中,权力是均衡的。由于没有明确的负责者,项目的一些工作就会受到影响。当项目成功时,大家会争抢功劳,而当项目失败时,则又会争相逃避责任。在按矩阵方式组织的项目中,项目经理主管项目的行政事务,职能部门经理主管项目的技术问题。这种做法说起来简单,但项目经理在执行过程中要将项目和职能部门的责任及权利分清楚,却不是件容易的事。项目经理必须就各种问题,如资源分配、技术支持及进度等,与部门经理进行谈判。项目经理的这种谈判、协调能力对一个项目的成功是非常重要的,如果项目经理在这方面没有很强的能力,那么项目的成功将受到怀疑。

(2)增加了多个项目的协调难度。多个项目在进度、费用和质量方面能够取得平衡,这既是矩阵式组织的优点,又是它的缺点,因为这些项目必须被当作一个整体仔细地监控,这可是一项艰难的工作。而且资源在项目之间流动容易引起项目经理之间的争斗,每个项目经理都更关心自己项目的成功,而不是整个公司。

(3)有可能出现多头领导。矩阵式组织违反了命令单一性的原则,项目成员至少有两个上司,即项目经理和部门经理。当他们的命令有分歧时,会令人感到左右为难,无所适从。项目成员需要对这种窘境有清楚的认识,否则他会无法适应这种工作环境。

三、项目组织结构的选择

选择项目的组织结构,即使是对一个有经验的专业人士来说,也是一个非常困难的事情,往往要视具体情况而定,而且有时也需要一定的经验和直觉。几乎没有可普遍接受的、步骤明确的方法来告诉人们怎样决定需要什么类型的组织结构以及如何建立这种组织结构。我们能做的就是充分考虑项目的具体特性、各种组织方式的特点以及公司的文化氛围等,然后做出我们所认为的最合适的选择。

首先,需要了解不同项目组织结构的特点。通过前面的分析,我们可以看到不同的组织类型中,项目经理的权限、组织中全职参与项目工作的职员比例各不相同,具体内容如表 1-4 所示。

表 1-4 主要项目组织结构的特点

特征	组织形式				
	职能式	矩阵式			项目式
		弱矩阵式	均衡矩阵式	强矩阵式	
项目经理的权限	很少或没有	有限	小到中等	中等到大	很高甚至全权
全职工作人员的比率	几乎没有	0～25%	15%～60%	50%～95%	85%～100%
项目经理任务	兼职	兼职	全职	全职	全职
项目经理的常用头衔	项目协调员	项目协调员	项目经理	项目经理	项目经理
项目管理行政人员	兼职	兼职	兼职	全职	全职

其次,需要了解决定组织选择的因素。

在项目组织结构的选择中,没有能适用于所有情况的万能方法,最好的方法是能够适应于项目运转环境中关键因素的方法。一般地,职能式组织适宜于规模较小的、以技术为重点的项目,而不适宜时间限制性强或要求对变化快速响应的项目。另外,如果一个项目需要在某类设备或厂房上进行大量的投资,那么最好采用职能式组织结构。

如果一个公司中包括多个相似项目,如多个建筑项目,则应选择项目式组织结构;另一方面,长期的、大型的、重要的和复杂的项目,更应采用项目式组织结构。

如果一个项目需要利用多个职能部门的资源而且技术相对复杂,但又不需要技术人员全职为项目工作,这时,矩阵式组织结构是最好的选择,特别是当几个项目需要同时共享这些技术人员时。但应注意到矩阵式组织结构的管理是复杂的,对项目经理来说是一种挑战。在做出项目组织结构的选择之前,必须首先搞清楚项目需要完成哪些任务。为此需要做一个初步的项目计划,主要包括:

(1)确定项目要完成的主要成果;

(2)列出与每个成果相关的主要任务;

(3)对每项任务,确定负责完成它的相关职能部门,并且考虑如何将这些任务最佳地集成起来;

(4)要考虑具体完成某项任务的人员需具备的资格,该项任务所需要的技能,以及所涉及的客户等;

(5)考虑公司的内外部环境因素,如公司的文化,与项目有关的各部门之间的关系等。

综合以上各种因素并结合每种组织形式的特点,就能为项目选择一个较为有效的组织结构。

【典型案例】

华为公司研发组织模式变迁

一、华为公司研发组织的变迁和发展

1988 年华为公司创立于中国深圳,从成立到现在,20 多年的时间里,华为公司高速稳健发展,2011 年公司销售收入达 2 039 亿元人民币,实现净利润 116.5 亿元人民币。华为在印度、美国、瑞典、俄罗斯以及中国的北京、上海和南京等地设立了多个研究中心,65 000 多名员工中的 48%从事研发工作。华为长期坚持不少于销售收入 10%的研发投入,并坚持将研发投入的 10%用于预研,对新技术、新领域进行持续不断的研究和跟踪。华为研发组织的发展变迁分为三个主要阶段:

第一阶段:职能式研发组织模式,1988—1995 年

初期的华为研发组织结构完全是职能式研发组织,分为中研、中试和生产三大部门,部门工作是交接,不是协同,部门间扯皮严重,产品设计人员不懂生产过程;无项目管理,无可行的计划;成本、质量、沟通等管理基本没有;无产品数据管理,无版本管理,文档不标准,文档质量差;没有技术管理,无企业标准,设计只对一个个产品,不考虑复用,造成极大混乱;无企业知识库,同样的错误经常反复出现。造成的后果表现为产品设计缺陷多,设计经常升级,试验跟不上,到处“救火”,30%的收入用于“救火”。

第二阶段:弱矩阵式项目研发组织模式,1995—2000 年

华为研发组织通过向弱矩阵式研发组织过渡,职能组织结构变化不大,仍分为中研、中试和生产三大部门,有产品经理(相当于项目经理),负责产品中研、中试和生产;对项目进行管理,开始进行计划,有项目管理雏形;建立企业标准、CBB 和基本开发过程,流程重组;后续部门为研发设计制定出许多规范、标准、核检表;开始有简单数据管理、版本管理、更改管理、质量管理。华为公司通过向弱矩阵式项目研发模式转变,使产品开发质量有了很大提高。

第三阶段:强矩阵式项目研发组织模式,2000 年至今

职能组织结构变化明显,打破原部门设置,建立企业管理平台、技术平台、运作支持平台三

大类部门；实行全面的项目管理，建立许多跨部门矩阵组织；建立起企业知识库，企业资源有规划引入；建立起基本企业标准；建立了企业基本标准过程，可以定制过程更加合理的流程体系；完善了技术管理。华为公司有了良好的项目管理环境，实现了公司范围内跨部门协作，极大地提高了华为公司产品在全球市场的竞争力。

二、华为公司的研发组织模式重点介绍

华为公司研发组织中有许多项目团队，在产品开发上主要有产品管理团队、产品规划团队和产品开发团队。产品管理团队负责产品开发决策；产品规划团队负责公司产品市场调研分析和具体产品项目任务书；产品开发团队负责产品开发的整个过程，从立项，到产品开发，到将产品推向市场，再到量产的项目管理。华为公司研发组织中项目团队的共同特点主要包括：包含许多跨功能的部门；明确的使命、角色和职责；聚焦于项目目标和团队管理；管理体系中明确的定位；灵活、有效的沟通；与其他团队有明确的交互关系。

三、华为公司研发项目管理组织模式的特征要素

(1)为适应市场竞争的变化，不断优化完善产品研发项目管理组织体系，达到不断提升研发竞争力的效果。

(2)通过加强产品规划团队的建设，保证产品开发的市场导向。

(3)通过跨部门决策团队和产品开发团队的建立，加强了公司内研发资源的协同和合作。

(4)建立完善的有效沟通机制，提高跨部门团队开发效率。

来源：http://wenku.baidu.com/view/fe2877d426fff705cc170a0a.html

【实践训练】

项目组织结构调研

1.**实训要求**：找一个或两个你熟悉的农业组织，针对其中开展的两个项目展开调研，了解其项目的组织结构。

2.**实训目的**：通过此次实训，加深对项目组织结构的理解，掌握项目组织结构的不同形式和特点。

3.**实训组织**：全班同学按每组3～5人进行分组，要求每组制订切实可行的调研计划。

4.**实训实施**：由学生自主联系或任课教师联系农业组织，在任课教师指导下展开调研，了解其不同项目的组织结构情况。

5.**实训考核**：每组撰写一篇1 000字左右的调研报告，内容包括调研项目的基本情况；两个项目分别采用的组织结构形式，并进行比较；现组织结构形式对于项目的开展有何益处，存在哪些问题，并提出可行建议。教师对调研计划和调研报告以及掌握资料、学习程度进行考核评定并给出成绩。

模块二 农业项目可行性研究

知识目标

掌握农业项目可行性研究的含义、作用、主要内容；

了解农业项目可行性研究的方法；

了解农业项目可行性研究三个阶段的任务；

掌握农业项目可行性研究的基本程序；

掌握农业项目可行性研究报告的编写步骤。

能力目标

能够针对某一农业项目进行可行性分析，并学会编写可行性研究报告。

【案例导入】

近年来，北京市海淀区黄土店村周围的环境发生了很大的变化。村子四周高楼林立，大道上昼夜车水马龙，而黄土店的村民还住着两层的简易平顶房，室内生活条件非常差。简陋的小村形象与飞速发展的北京城的整体环境格格不入，严重影响了北京的首都形象。此外，村民们的生活正受到日益严重的城市噪声、废气和尘埃等污染的影响。因此，无论从规范市政建设的角度，还是从改善村民居住和生活条件的角度，对黄土店村进行拆迁改造，都是当务之急的重要工程。

当然，像黄土店村拆迁这样的项目是否可行，价值大小，需要进行一次全面的评价。这就需要项目经理和部分项目成员对项目的可行性进行评价，这种评价的过程就是项目的可行性研究。

项目可行性研究，就是指对项目在技术上是否可能、经济上是否有利、建设上是否可行所进行的综合分析和全面科学评价的技术经济研究活动。具体地讲，项目可行性研究也就是在项目决策前对与项目有关的工程、技术、经济等各方面条件和情况进行调查、研究、分析，对各种可能的方案进行分析比较，并且对项目建成后的经济效益进行预测和评价的一种科学分析方法。

项目可行性研究主要是为了解决以下一些问题：项目在技术上是否可行，在经济上是否有生命力，在财务上是否有利可图，需要的资金是多少，能否筹集到全部所需资金，需要多长时间才能建设完成，需要多少物力和人力资源等。如果项目可行性研究的结论表明项目的建设条件可靠，采用的技术先进适用，经济上有生命力，财务上有利可图，显然这就是一个可以进行实际操作和运行的优良项目；反过来，这些条件不成立的话，这个项目就必须放弃。

来源：伍春来、王振雨编著《项目管理》，经济管理出版社 2004 年 7 月版

20 世纪 30 年代，美国在开发治理田纳西河流域时首次试用了项目可行性研究方法，并取得了明显的效果。其后，随着科学技术的迅速发展，这一研究方法不断得到改进和完善，逐步

形成了一套具有一定的科学理论、一定工作程序和工作方法的学科体系，而且其研究和应用范围也在不断扩大。在农业项目可行性研究的实践中，世界银行发挥了极大的作用。1972 年世界银行出版了 J·P·吉廷格撰写的《农业项目的经济分析》，第一次将项目可行性研究的理论和方法引入农业。世界银行在 50 多年的贷款实践中，逐步认识到农业落后确实是发展中国家亟待解决的一大问题。资助发展中国家发展经济，必须与农业发展紧密结合起来，才能使他们逐步摆脱贫困落后的面貌。因而世界银行对农业项目贷款的比重也逐年增长。1960 年农业项目贷款仅占世界银行全部贷款总额的 7%，到 1985 年就增加到 40%以上。50 多年来，世界银行对农业项目的投资管理积累了丰富的实践经验，形成了一套完整而又严格的项目管理制度、程序和方法。同时，在农业项目的可行性研究中，特别关注农民在项目中的经济效益。随着我国农业科学技术和农村经济的高速发展，农业项目的概念和范围不断拓宽，世界银行对我国提供农业项目贷款的内容和规模也在扩大。但是，农业是一个自然人工生态系统，农业项目生产周期长，涉及面广，因素众多，工作繁乱，实施难度大，与自然浑然一体，具有明显的农业生产的基本特征。因此，农业项目可行性研究与一般项目可行性研究在内容、形式上有所不同，侧重点也大不一样。本模块着重就农业项目可行性研究的内容、程序和农业项目可行性研究报告的编写进行介绍。

任务 1　什么是农业项目可行性研究？

根据项目生命周期的项目阶段的划分，项目启动阶段是项目管理活动的第一步。启动阶段属于项目前期活动，其中主要内容是识别和把握市场机会，确定项目的商业需求，提出项目建议书，进行前期的可行性研究。可行性研究是农业项目管理必不可少的重要环节。

一、农业项目可行性研究的含义

简单地说，可行性研究就是研究、评价一个项目从技术和经济两方面看是否可行，从而为决策者提供是否选择该项目进行投资的依据。农业项目可行性研究的任务是综合论证一个农业项目在市场发展的前景，技术上的先进和可行性，财务上的实施可能性，经济上的合理性和有效性以及是否具有一定的生态效益。

项目建议书经过审定批准后，对选定的项目就要开始进行认真的准备工作，提出项目可行性研究报告，为项目评估奠定基础。项目可行性研究是项目准备和项目评估的第一个步骤，它提供足够的信息以决定某个项目在技术、组织管理、社会、商业、财务、经济等方面是否可行，是否可着手进一步制订计划。可行性研究要把项目的目标明确规定下来，要把为实现同一目标的可选择方案列举出来，并加以比较，排除拙劣的备选方案，明确回答有无更为可取的备选方案，保证所选方案能使项目符合客观自然环境和社会，从而为国民经济带来更高效益。

项目可行性研究是一项复杂细致的工作，它需要搜集大量的有关资料进行科学的分析和论证。花费的时间比较长，有的需要一年半甚至两年。所需时间长短与项目规模的大小、项目的性质、项目分析人员的经验与能力、项目区现有的文化水平及经营管理水平等因素有关。

我国国家计划委员会 1983 年正式颁发了《关于建设项目进行可行性研究的试行管理办法》，提出：可行性研究是建设前期工作的重要内容，是基本建设程序中的组成部分。凡编制可行性研究的建设项目，不附可行性研究报告及审批意见的，不得审批设计任务书。可行性研究的任务是根据国民经济长期规划和地区规划、行业规划要求，对建设项目在技术、工程和经济上是否合理和可行进行全面分析、论证，做多方案比较，提出评价，为编制和审批设计任务书提供可靠的依据。国家计委的规定主要针对工业项目，但对农业投资项目也是有指导和参考意义的。

二、农业项目可行性研究的作用

投资一个项目，目的就在于最大限度地获得经济效益和社会效益。任何投资决策的盲目性或失误，都可能导致重大的损失，特别是重大项目的决策正确与否，其影响所及会是整个国民经济的结构和规模。投资项目进行可行性研究的主要作用表现为：

(1)可行性研究是科学的投资决策的依据。任何一个投资项目成立与否，投资效益如何，都要受到社会的、技术的、经济的等多种因素的影响，对投资项目进行深入细致的可行性研究，正是从这三方面对项目进行分析、评价，从而积极主动采取有效措施，避免因不确定因素造成的损失，提高项目经济效益，实现项目投资决策的科学化。

(2)可行性研究是项目设计的依据。在现行的规定中，虽然可行性研究是与项目设计文件的编制分别进行的，但项目的设计要严格按批准的可行性研究的报告内容进行，不得随意改变可行性研究报告中已确定的规模、方案、标准、厂址及投资额等控制性指标。项目设计中的新技术、新设备也必须经过可行性研究才能被采用。因此，我国建设程序规定，可行性研究是建设程序中的一个重要阶段，要在设计前进行并作为项目设计的依据。

(3)可行性研究是项目实施的依据。只有经过项目可行性研究论证，被确定为技术可行、经济合理、效益显著、建设与生产条件具备的投资项目，才能被列入国家或地方的投资计划，允许项目单位着手组织原材料、燃料、动力、运输等供应条件和落实各项投资项目的实施条件，为投资项目顺利实施做出保证。

(4)可行性研究是项目评估的依据。在可行性研究报告中，具体地分析了项目建设的必要性和可行性，做出最终决策，并选出最优方案。项目评估是在可行性研究的基础上进行的，通过论证、分析，对可行性研究报告进行评价，提出项目是否可行，是否是最好的选择方案，为最后做出投资决策提供咨询意见。

(5)可行性研究是项目筹集资金的依据。可行性研究还详细计算项目的财务、经济效益、贷款清偿能力等详细数量指标以及筹资方案和投资风险等，因此银行就可对可行性研究报告进行审查和评估后，决定对该项目是否贷款以及贷款金额。例如，世界银行等金融组织都视项目的可行性研究报告为项目申请贷款的先决条件。

(6)可行性研究是签订有关合同、协议的依据。项目的可行性研究是项目投资者与其他单位进行谈判，签订订货合同、原材料供应合同、销售合同的重要依据。

(7)可行性研究既作为环保部门审查项目环境影响的依据，也作为向项目所在地政府和规划部门申请建设执照的依据。

三、农业项目可行性研究的内容

就农业项目的一般意义而言，其规范化研究的内容有：项目市场与规模分析、项目技术与方案分析、项目建设条件与选址布局分析、项目组织管理分析、项目财务效益分析、项目经济效益分析、项目社会效益分析、项目投资风险分析。它们共同构成农业项目可行性研究体系，并且每一项都影响着项目系统的论证效果和项目投资决策。

(一)农业项目市场与规模分析

概括市场评估内容主要有以下几个方面。

(1)市场供求分析。市场需求分析主要包括市场需求对象、需求数量、需求结构、需求状况、需求的未来趋势、购买能力、消费心理、消费行为、消费习惯、消费偏好、潜在需求等因素。市场供给分析主要包括供给数量、产地分布、生产规模、市场容量、饱和程度、竞争对手的经济实力、经营能力、技术水平、设备状况、产品性能和质量、服务手段、市场占有率、替代产品和新产品的潜在势头等方面。通过项目市场供求调查和预测，确定项目供求缺口，推断项目产品市场占有率。

(2)市场价格预测。价格是市场中一个极重要的因素，市场价格反映供求关系的变化，直接决定和影响投资项目的财务经济效益。项目投入产出物市场价格分析和预测，要在市场供求分析的基础上，调查市场价格的历史和现状，分析市场价格的影响因素，预测其发展变化趋势。

(3)市场空间定位。随着世界经济一体化和我国加入 WTO，农产品不仅面临更大的市场竞争压力，也面临更大的市场空间。为此，必须从世界、国家、地方三个层面上研究项目市场的空间范围，从项目投入物和产出物两个方面来确定市场半径，特别是对我们较为陌生的世界市场，必须认真研究其运行规则和贸易政策。由于农产品生产的地域性和季节性，要求项目的原料生产基地必须定位在适生或优生地区，项目产品的销售市场定位在需求量大、购买力强的城镇。

(4)项目产品研究。产品研究是市场供求研究的进一步深化，产品研究包括两个层次：一是产品生命周期的研究，二是对具体产品功能与特性的评价。前者是产品适应市场的时限，后者是产品适应市场的能力。一方面，项目产品的生命力决定该产品是否供不应求；另一方面，它又取决于产品的品种、规格、式样、性能、价格和生命周期。通过项目产品研究，一方面要为项目的生产运作设计出一个科学合理的产品生产方案，另一方面要为项目的后续产品开发提出战略规划。

(5)市场营销策略。市场营销研究主要是对项目产品销售对象、营销渠道、营销方式进行选择，并结合市场实际和竞争对手的情况，制定科学的营销策略，通过细分策略、组合策略、渠道策略、竞争策略、促销策略等宣传项目产品，树立企业形象。目前，农业项目产品营销方式主要有订单农业、科技推广示范、各类农业专业协会、各地农业科技博览会、商贸会、网络营销和国际贸易等。

(6)项目规模确定。项目规模是指项目的生产规模，它是项目建成后新增的生产能力，而生产能力规模实际又与项目的投资规模、工程建设规模、土地面积规模、生产管理人员规模、产品产出规模等密切相关。项目规模的确定主要是寻找项目市场需求与市场供给的缺口，根据总费用最低法、成本效益曲线法和分步综合法确定项目的合理规模或生产能力，提高项目的规模效益。

农业项目市场与规模分析重点在于市场调查、市场预测和规模确定，目的是通过市场研究明确项目建设的必要性、投资方案、产品方向和合理产出规模。因此，它是整个项目系统分析的基础和各种数据信息的源头。

(二)农业项目技术与方案分析

农业项目运作应以先进的农业科技创新成果、生产技术方案、现代化的生产设备和标准化技术操作为基础。在通常情况下,项目所采用的技术和方法已经过一定规模的试验并证明是成功的,也就是说项目所投入的技术最起码是成熟技术。因此,项目技术与方案分析一个重要目的是设计本项目的技术与方案,分析其技术的适用性、可靠性、先进性和各种技术经济措施的有效性。为此,农业项目技术与方案分析主要有以下几个方面:

(1)项目技术的特色和趋势。

(2)项目技术的可行性和适应性。

(3)项目科研、生产的技术路线。

(4)项目设备、技术设施方案配置。

(5)项目工程方案设计。

(6)项目的生态环境保护和安全生产要求。

(三)农业项目建设条件和选址布局分析

农业项目有一般项目的特点,但也有其自然方面的独特性。和一般工业项目、商业项目比较起来,农业项目建设条件和选址布局要求更为严格。其基本内容主要表现在以下几个方面:

(1)农业项目的自然条件分析。包括地形、地貌、植被、土地土壤、水源、农户习惯、耕作制度等。

(2)农业项目的资源条件分析。包括植物、动物、矿产、水、劳动力等资源及其与项目的关系。

(3)农业生产现状及水平分析。包括种植的作物种类、产量、饲养牲畜种类及产量,农林牧副渔生产发展的情况以及发展潜力,农业机械化情况,农业病虫害及防治情况,旱、涝、风、雹等灾情。

(4)综合农业技术条件分析。包括种子改良、畜禽良种、化肥、农药、种植方式、轮作制度、栽培方法、机械化措施、农产品加工措施等方面的技术采用情况。

(5)农业项目的基础设施条件分析。包括农田水利建设,农产品流通重点设施建设,商品粮棉生产基地,用材林生产基础和防护林建设,农业教育、科研、技术推广和气象基础设施等,为农业项目的正常开展提供保障。

(四)农业项目组织管理分析

作为一个项目,必须有独立的项目组织管理机构,项目开展的结果好坏,很大程度上取决于负责这些项目的组织管理机构的状况及内部机制。尤其在不少农村地区,科学文化水平落后,往往严重缺乏有经验的管理人员,服务体系不健全,服务设施落后,工作水平低,数据资料及信息严重不足,这些现象的存在更增加了项目组织管理方面分析的重要性。项目组织管理方面的可行性研究着重分析以下几个方面的内容:

(1)项目机构的工作效率。即要充分考虑项目所在地区的社会文化格局、现有行政管理机构、劳力组织形式、农民的文化水平及传统习惯等方面的因素,使项目机构工作效率更高。

(2)项目机构与国家或地区有关机构组织的关系。即项目的独立组织管理机构拥有多大的权力,和当地的其他政府机构或各有关业务部门存在何种联系,能否合作共事,有无利害冲突。项目分析人员应在准备过程中提出建议措施,把这类冲突摩擦减小到最低程度。

(3)项目管理机构设置的科学性。包括具有合理的内部机构;具有一定水平的能够胜任工作的管理人员、监督人员;合格的技术人员;必要的培训;有效的信息交流渠道;能和农学院、农业科学研究院、农业技术推广站等科技单位保持良好的协作关系;项目执行过程中的信息反馈及根据实际情况修改计划的应变能力。

项目的组织管理还要注意考虑参加项目的农民的文化、技术及管理水平,有无必要安排专门帮助农民学习掌握新技能的农技推广员,人员培训计划是否切实可行。

(五)农业项目财务效益分析

任何一个项目的开展,首先都要关心有没有足够的资金来保证完成项目,并能够保证以后继续经营和保持这个项目,这个项目能够给参加者带来多大的经济利益。在劳力资源相对丰富而资金相对缺乏、个人收入水平低的农村地区,开展一个项目首先考虑上述问题就更为突出和重要。这种从项目参加者的立场出发,围绕着参加者们的利益而进行的项目效益分析,称之为财务分析。它是从参加者这一微观环境对项目进行的分析。具体分析应考虑以下几个方面:

(1)项目对受益者在财务上所产生的影响。包括各种生产成本投入,农户必须偿还的到期贷款,农户从项目经营中获得的收入,进而确定收入减去支出后有多少剩余可用来偿还农户的劳力、投资、管理技能等方面的付出。经过分析及采取各种可行的措施后,如果能保证农民与无项目状态相比较有较高的增量净收益,则可以说服农民承担开展项目的风险,吸引农民积极参加项目建设。

(2)农户预算是确定贷款条件的基础,财务分析在农户预算的基础上要对贷款作进一步的分析:

①贷款的种类:生产设备性贷款、长年生产费用贷款、营运费用的季节性短期贷款等。

②贷款数量:农户自有投资占多大比重,贷款占多大比重,金额多少。

③贷款优惠条件:宽缓期的规定,利率的高低,偿还办法及期限等,要足以鼓励农户参加项目。

④贷款回收:能否从项目增加的收益中迅速及时地回收贷款,并将这部分收益再借给其他农户,或再投资于其他部门,扩大投资的经济效益。

(3)进一步分析政府为鼓励农户参加项目所采取的刺激手段的作用。采取某些刺激手段后,农户收益会发生什么变化,变化的方向(增多或降低)、幅度及发生的时间,价格变化的趋势及对农户收益的影响;政府政策变化的可能性及其对农户收益的影响;项目在新情况下要继续经营,是否需要提供新的补助以资刺激。

(4)项目行政管理的财务分析,需要多少资金,用于什么方面,什么时候使用,有无资金来源,项目管理服务是否收费,收费标准及方法,其本身的收入能否弥补支出,有无专门的贷款或资助。

(5)综合以上分析,财务分析要从整个项目的角度考虑,为项目编制一份“项目财务分析现金流量表”,分析项目预计生命周期内历年的效益流入(又称现金流入,包括政府拨款、贷款、补贴、项目产出收入等)和成本流出(又称现金流出,包括项目投资、经常性费用支出、偿还拨款及贷款本息的支付等),并分析计算项目的财务增量净效益和财务内部收益率。

(6)最后,还要分析项目对国家财政的影响,说明为了开展项目,政府必须给予项目的贷款和补贴,贷款和补贴能否从项目收入中弥补,如不足以弥补,对今后国家预算会产生何种影响。

总而言之,财务分析是站在项目参加者这个微观经济单位的立场上,分析考虑项目是否有利可行。不能给参加者带来切身利益的项目,是不能吸引农户参加的,因而也是没有生命力的。

(六)农业项目经济效益分析

农业项目经济效益分析也称项目国民经济分析,它是站在国家经济系统的角度来分析项目。分析项目是否对项目参加者能带来利益固然十分重要,但对于决策来说,更重要的还要考虑项目能否对整个国民经济的发展做出重大贡献;它的贡献是否和它必须耗用的资源相称。很明显,财务分析从个别参加者的角度来考虑问题,经济分析则从社会的角度来考虑问题,它们是互相联系、互相补充的。

从整个国民经济利益出发对项目进行经济分析,主要应考虑以下几个方面内容:

(1)拟建的项目对国民财富的增加起什么作用,也就是说要分析说明项目究竟给国民经济的发展带来什么好处。对一个农业项目来说,最重要的是要分析它究竟给国家带来多少财富增量。

(2)要分析说明有限的资源是否得到了最有效的利用。经济资源相对来说总是有限的,尤其在农村地区,土地资源、水资源、资金资源等更是紧缺。对于整个国家来说,存在多种利用资源的方式,我们需要选择一种最有效地利用资源、对促进国民经济发展最有意义的方式。

(七)农业项目社会效益分析

我国农业项目的社会效益分析通常是指以国家的各种社会政策为基础,分析项目对实现国家和地方的社会发展目标所做的贡献和产生的影响,以及与社会相适应的一种系统的分析方法。农业项目社会效益分析的内容如下:

(1)项目与社会相互影响因素分析;

(2)项目的技术贡献;

(3)项目的就业贡献;

(4)项目对农业结构的优化;

(5)项目基地农民效益分析;

(6)项目对生态环境的影响。

项目可通过宣传、动员教育来改变受益者与当地政府的态度、行为与组织结构,从而促使项目可行。也可以通过修改项目中不足之处,使项目与社会习俗、社会利益、社会组织、社会战略、国家大政方针相适应。

(八)农业项目风险分析

项目风险是指可能导致项目损失的不确定性。为了实现项目目标,必须对项目进行风险管理。一般而言,农业项目风险分析可从以下三个方面入手:

(1)项目风险辨识。找出影响项目目标顺利实现的主要风险因素,并识别出这些风险究竟有哪些基本特征、可能会影响到项目的哪些方面。

(2)项目风险分析评价。对于项目风险的影响和后果进行评价和估量。一般常采用风险定性分析和风险定量分析两种方法。

(3)项目风险对策。在项目风险识别和风险评价的基础上,对项目风险提出处理意见和方法。

在进行了上述八项分析之后，还应对这八个方面的分析结论进行综合归纳，多目标选择，最后提出农业项目可行性研究的结论性意见和建议。

四、农业项目可行性研究的方法

农业项目可行性研究的方法很多，主要有成本-效益分析法、增量分析法等。本部分着重介绍成本-效益分析法。现代成本-效益分析法又叫项目现金流量分析法，它作为项目可行性研究最主要和最基本的方法，已被理论与实践所证实。

(一)传统的成本-效益分析法

成本效益分析法是由法国工程师杜庇首创的。它的基本思想是把一个项目的净生产量与相应的市场价格相乘，作为该项目所产生的社会效益下限，同时，在这个下限的基础上，再加上某些消费者享受到的消费者剩余(即消费者为获取商品或服务所愿意支付的最高费用与实际支付费用的差额)增量，成为项目的社会总效益，作为上限。以项目社会总效益的大小(或上下限的范围)，作为项目分析的评价标准。可见，最初的成本-效益分析法是建立在福利经济理论的基础上，它的分析计算都和西方福利经济理论融为一体，但这种方法在实际项目的计算上存在一个问题，即所用的市场价格与社会价格出入较大。为了解决这个问题，传统的成本-效益分析法又以国内市场价格为基础，利用影子价格对商品和服务的市场价格进行转换(或修正)。但这种方法毕竟由于它的局限性，随着项目可行性研究的发展，逐渐被现代成本-效益分析法所代替。

(二)现代成本-效益分析法

现代成本-效益分析法与传统的成本-效益分析法相比，最显著的差别是依据项目可行性研究的实际需要进行了科学的创新，形成了一套科学完整的项目研究的方法论体系。首先，现代成本-效益分析法的成本和效益的意义、范围根据项目分析的需要进行了扩充，认为：在项目经济分析中，凡是减少国民收入的就是成本(即项目对国民经济的代价)，凡是增加国民收入的就是效益(即项目对国民经济的贡献)，由于国民经济由社会总产品构成，社会目标是增加全部最终产品和服务的总量。所以，凡是直接减少最终产品和服务的就是成本，凡是直接增加最终产品和服务的就是效益。但由于经济生活的复杂性，当项目中使用了某些中间产品或服务时，就会形成假象。例如，用水泥砌一条灌溉渠道，尽管没有减少可供使用的最终产品和劳务，但却减少了可供使用的中间产品。把水泥用于灌溉项目所产生的后果是把水泥从国民经济的其他用途方面转移过来。从而减少了其他商品的生产，再通过一系列的活动，最终必定会使最终产品和劳务(或国民收入)减少。因此，项目中使用水泥，对整个国民经济来说是一种成本。同样，在效益方面，砌渠道可以增加供水量，小麦的产量也因此而增加。经过一系列的活动，最终就会增加面包的总产量。所以，高质量的渠道可以增加国民收入，渠道项目具有效益。项目论证就是通过经济分析，估算整个社会所获得的国民收入增加的数额，也就是说，要确定在国民收入方面效益是否超过成本，以及超过多少。为此，必须对项目的外部效果(间接效益和间接成本)进行内部化处理，将它们纳入到同一个项目系统之中，通过成本和效益对等分析，判断项目的经济可行性。其次，现代成本-效益分析法考虑到项目计划与国家计划的不可分性，把生产和分配效果一体化，按对价格的调整采用了新的分析方法，即将项目的物品分为外贸物品和非外贸物品两种，外贸物品根据口岸价格，使用外汇来衡量其价值；非外贸物品则根据国内价格使用国内货币来衡量价值。两种价格通过影子汇率来转换。再次，为了便于操作计算，现代成本-效益分析法以项目为对象，依据项目相对应的支出和收入两个方面汇集现金流量，通过全部投资现金流量表，形成项目现金流量分析。采用现金流入量、现金流出量、净现金流量、累计现金流量、净现值、累计净现值、投资回收期、内部收益率等指标进行分析比较，判断项目的可行性。项目现金流量法不仅是对现代成本-效益分析法的创新和发展，而且根据项目可行性研究的层次和范围形成了不同的方法系统，如站在项目单位立场上的财务效益分析系统、站在国民经济立场上的经济效益研究系统、站在社会进步立场上的社会效益评价系统。由于经济效益分析和社会效益分析都是以财务效益分析为基础的，因此，下面主要介绍农业项目财务效益分析中的成本-效益分析法或现金流量法。

任务2　如何进行农业项目可行性研究？

农业项目可行性研究与一般项目可行性研究在内容、形式上有所不同，侧重点也大不一样，只有按照科学的程序认真地进行，才能达到预期的目的。

一、农业项目可行性研究所要回答的问题

(1)建设一个什么样的农业项目？要求该项目达到什么目标？

(2)为什么要建设这个农业项目？即项目建设的必要性和依据是什么？

(3)项目资源与市场前景如何？建多大规模合适？

(4)项目建在何处？哪里最佳？建设和生产运作的条件如何？

(5)采用什么样的技术方案、农艺措施，技术先进性如何？

(6)何时开始投资，何时建成，何时收回投资？

(7)需要多少资金？采用何种方式筹措资金、偿还借款？

(8)项目生产运营的管理模式、组织机构、经营机制和政策环境如何？

(9)项目财务、经济、社会、生态综合效益如何？

(10)农业项目可行性研究有何结论？

二、农业项目可行性研究的阶段性

任何一个项目都要经历产生、发展和终结的过程。我们把农业项目从开始到结束所经历的时间称为项目生命周期。一般农业项目大体分为三个时期：投资前期(论证决策期)、投资建设期和生产运营期。其中，投资前期是指从项目提出到投资决策这一阶段。从农业项目管理角度看，这一阶段主要是进行项目选定(立项)、项目准备(可行性研究)、项目评估、项目审批和项目的最终决策。由于项目可行性研究在项目论证决策期具有基础性重要作用，因此，人们为了确保可行性研究的科学性，也对它作了阶段性工作划分，具体分为机会研究阶段、初步可行性研究阶段和详细可行性研究阶段。

(1)机会研究阶段。机会研究阶段又叫投资机会鉴定，或项目初选，是可行性研究的初期阶段。其主要研究任务是在既定地区或部门内，通过资源调查和市场分析，寻找投资机会和方向，初选投资项目并判断项目有没有深入研究的价值和必要性，如果有进一步研究的价值，提

出需要进行可行性研究的项目建议书。这一阶段调查工作比较粗略，可以利用现有资料和概略的市场调查及预测资料，用简单的估算方法，提出初选农业项目。

(2)初步可行性研究阶段。初步可行性研究阶段又叫预可行性研究阶段。经过机会研究后的初选项目，还不能决定其取舍，需要进行预可行性研究，预可行性研究是机会研究的继续和深化。通过对产品市场、资源条件、生产资料供求、生产规模、工艺技术、产品运销等状况作进一步研究分析，对初选项目作进一步筛选，阐明项目是否有发展前途和生命力，有无进一步详细研究的必要，最后提出预可行性研究报告。

(3)详细可行性研究阶段。本阶段是要对前一阶段筛选的农业项目进行深入全面的技术经济论证，并编制出可行性研究报告，为进行项目决策提供充分依据。本阶段主要任务是对与项目有关的市场信息，资源、能源与运输条件、外部协作与原材料供应情况，最佳农艺、工艺技术及相应配套措施，项目规模、选址与布局，组织管理、人员培训、投资预算和资金来源，以及财务、经济、社会、生态效益等进行全面准确的分析、计算和论证，阐明农业项目在技术上的先进性、经济上的合理性和生态上的可行性。提出在不同条件下几种不同方案并加以比较选优，综述农业项目的详细内容，形成可行性研究报告。

农业项目可行性研究各阶段的目的、任务和要求见表 2-1。

表 2-1　农业项目可行性研究阶段划分与各阶段研究深度

工作阶段	目的与任务	投资估算精度	所需时间/月
机会研究	寻找投资机会，提出项目建议书	±30%	1
初步可行性研究	对初选项目作初步估算，作专题辅助研究，筛选方案，提出预可行性研究报告	±20%	1～3
详细可行性研究	对项目进行全面深入的技术经济论证，编写可行性研究报告	±10%	3～6

三、农业项目可行性研究程序

项目可行性研究属项目的前期论证工作，它的目的是为项目单位和项目投资者拿出一份技术可行、经济合理、社会需求的项目可行性研究报告。从农业项目系统看，由于农业项目因素众多、内容复杂、项目周期长、自然影响大、工作烦乱、操作困难，因此，农业项目可行性研究必须遵循科学的程序。

(1)筛选农业项目，提出项目建议书。筛选农业项目主要有如下几条依据：一是农业发展规划和产业方向；二是资源与市场前景判断；三是技术研发与科技示范的成果；四是企业家与技术专家的实践经验；五是商业、经济、社会、生态效益。项目建议书的内容包括：①项目投资建设的必要性；②项目建设和生产运营的初步设想（建设内容、投资规模、产品方案、生产技术路线）；③项目资金筹措和投资概算；④项目综合经济效益估算。项目建议书往往是企业家和技术专家智谋的结果，也是社会进步、经济发展的基本起点。

(2)编制研究计划，组建论证小组。根据可行性研究对象、研究阶段、研究目的、研究内容及工作进度，编制论证计划，明确各阶段的工作任务，并监督论证人员按计划如期完成任务。依据项目所涉及的专业技术内容和研究工作量的大小组建论证小组，一般包括各类专业技术人员、工程设计人员、经济效益专家和熟悉项目单位或项目区的工作人员。一般小项目 3～5

人，中等项目10～20人，大型项目30～50人，特大项目100人以上。同时，项目可行性研究对项目论证人员也有较高的素质要求。

(3)开展项目调研，收集基础数据。项目调研主要包括项目单位和项目两大方面。项目单位调研主要是对项目建设单位的基本情况、生产技术、经营资源、组织管理和财务状况进行调查，明确项目建设单位的实力和水平，这对扩建和技术改造项目尤为必要。对项目调研主要对项目可行性论证的有关政府产业发展政策和国家关于各类项目可行性研究报告论证指南、编写大纲进行学习，掌握精神实质；对项目投入物、产出物的市场供求、市场价格、市场结构、市场缺口、市场占有率、规模定位、购销渠道等市场性调查；对项目的厂址选择、产品特点、生产技术、建设条件、工程造价、生产成本、技术服务等技术性调查；另外，还有对项目宏观产业环境、投资环境、农业生态环境、社会文化环境及政治环境的调查。通过多方面的调查预测，获得项目必要的基础数据。

(4)分析项目基本数据，形成项目可行方案。在收集到必要的资料后，应及时整理分析项目的各种技术经济数据，按照项目可行性研究的各种表格要求汇集填写，计算各种技术经济评价指标(包括静态指标和动态指标、专项指标和综合指标)，做出财务效益、经济效益和社会生态效益分析结论，提出切合实际的项目选址布局方案、生产技术方案、工程建设方案、投资与资金筹措方案、产品规模与结构方案、各类效益比较分析方案、风险分析方案以及确保这些方案可行的具体措施。

(5)编写项目可行性研究报告，报请相关部门审阅。在项目基本数据分析和可行方案的基础上编写项目可行性研究报告，主要包括项目的市场与规模分析，项目的建设条件与选址布局分析，项目的生产技术与工程方案分析，项目的组织管理与劳动定员分析，项目的总投资与资金筹措分析，项目的财务效益、经济社会效益、生态环境效益分析，项目的风险分析。同时，对农业项目还应根据农、林、牧、副、渔五大产业的特点做出必要说明，如水资源的利用情况、原料基地的建设、农民收入的分析等。项目可行性研究报告完成后，按规定的审批权限报送政府主管部门和投资法人审批以争取资金支持。

图2-1是我国一般建设项目可行性研究的工作程序，对农业项目可行性研究也有一定的参考性。

四、农业项目可行性研究的要求

要使农业项目的可行性研究能够为项目的投资决策提供依据和具有一定的质量，可行性研究应达到以下要求：

(1)可行性研究应具有科学性、公正性。可行性研究是一项政策性、技术性和经济性很强的综合研究工作，为保证它的公正性、科学性和客观性，在可行性研究工作中，必须坚持实事求是，在调查研究和科学预测的基础上，进行方案分析和比较，按客观实际情况进行分析论证和评价。

(2)承担可行性研究的单位应具有相应的条件和资格。为保证可行性研究的质量，必须要求承担研究和编制任务的单位具有丰富的实践经验、雄厚的技术力量和相当的资质。

(3)可行性研究的深度应达到一定的标准和要求。虽然可行性研究的内容、深度因项目的具体要求会有所侧重和不同，但其基本内容应做到完整和有说服力，研究深度应参照国家发改委颁布的《有关建设项目进行可行性研究的试行管理办法》《建设项目经济评价方法与参数》和

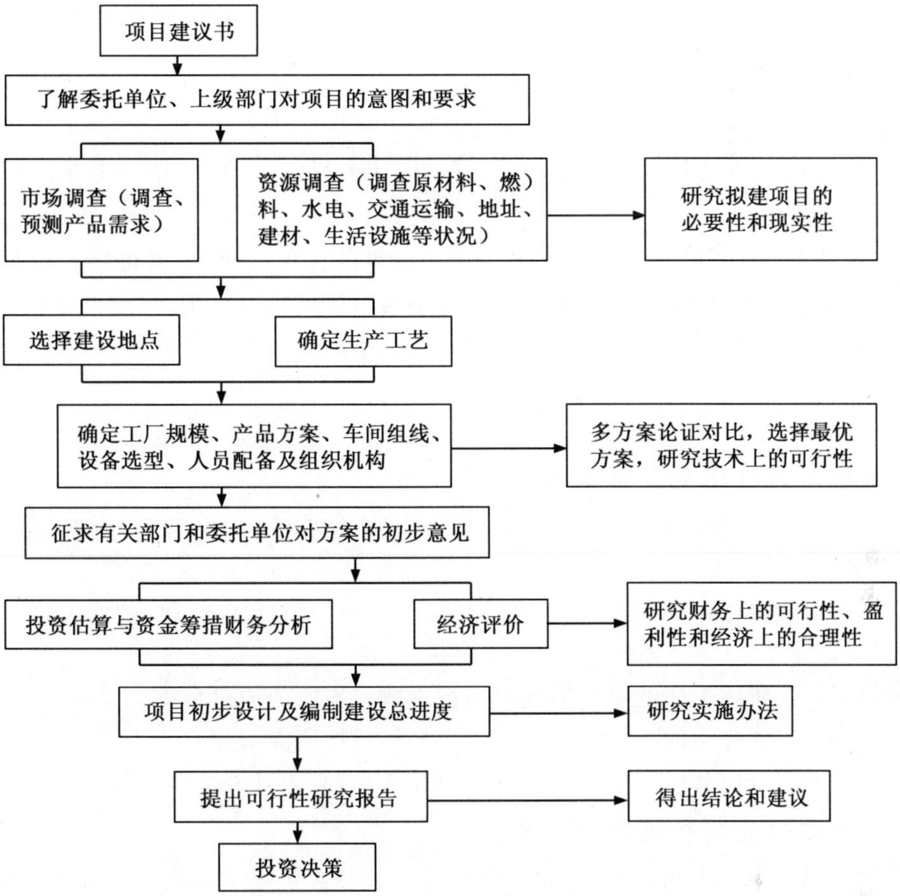

图 2-1　一般建设项目可行性研究程序

《投资项目可行性研究指南》等文件中规定的要求。

(4)落实可行性研究的费用来源。在国外，科学性研究的费用一般占到项目投资的1%左右，这是因为科学性研究是一项牵涉面广、要求高、专业性强的工作。所以，在我国科学性研究的费用来源应是由项目的投资者按项目投资额的一定百分比(根据项目的特点确定)计提支付。落实好科学性研究的费用，有助于更好、更细致、更深入地开展可行性研究工作。

【扩展阅读】

《国家农业综合开发资金和项目管理办法》第三十三条明文规定如下：

农业综合开发项目可行性研究报告应由具备相应资质的单位编制或组织有关专家编制。

可行性研究报告的主要内容包括：

(一)土地治理项目：项目背景，包括自然、社会、经济等现状；水土资源评价；项目建设的必要性及可行性；治理范围、地点、规模；工程量及主要工程、农艺措施；项目区现状及工程平面布置图；投资估算及筹资方案；经2/3以上农户签字同意或村民代表大会通过的农民筹资投劳计划及自愿开发证明材料；综合效益评价；组织实施和运行管理。

(二)产业化经营项目：项目背景及必要性，建设条件，建设单位基本情况，市场分析与销售方案，项目建设方案，投资估算与资金筹措，财务评价，环境影响评价，农业产业化经营与农民增收效果评价，项目组织与管理。

任务3 如何编写农业项目可行性研究报告？

可行性研究报告是投资项目可行性研究工作成果的体现，是投资者进行项目最终决策的重要依据。为保证可行性研究报告的质量，对承担可行性研究的机构、编写可行性研究报告的工作程序都有明确要求和规定，可行性研究报告的基本内容也有一定的规范。

一、承担可行性研究的机构

（一）承担可行性研究工作的单位

承担可行性研究工作的单位必须是具有法人资格的咨询单位或设计单位，同时它还应具备以下四个条件：

（1）承担可行性研究的单位必须经过国家有关机关的资质审定，取得承担可行性研究的资格。

（2）承担可行性研究工作的单位必须对可行性研究报告的质量负责。

（3）未经资质审定确认的单位或个人不得承担可行性研究工作。

（4）如果有多个单位共同完成一项可行性研究工作，必须有一个单位负总责。

（二）建设单位在可行性研究中的工作

（1）提供依据。在可行性研究中，建设单位要准备或提供已有的各种基础资料，包括拟建地区环境资料；国家或地区关于工业建设的法令、地方规章；市场调查报告；主要工艺技术资料等。

（2）委托有资格的设计或咨询单位进行可行性研究工作并签订有关合同。建设单位首先应向承担任务的单位提出委托书，明确委托项目的建设意图、设想、质量，主要的技术经济论证指标，提供可行性研究工作所需的有关文件及基础资料的时间。其次，双方应通过签订合同，明确权利与责任，合同内容一般包括：进行该项可行性研究工作的依据；研究工作范围和内容；研究工作进度和交付文件时间；有关研究费用的规定和支付方法；合同双方的责任与协作方式；违约的处理等。

（3）监督。合同签订后，建设单位要协作工作，监督工程项目建设的进度和质量。

二、可行性研究报告的编写步骤

（1）签订委托协议。可行性研究报告编写单位与委托单位就可行性研究报告编写工作的范围、重点、深度要求、完成时间、费用预算和质量要求交换意见，并签订委托协议，据以开展可行性研究各阶段的工作。

（2）组建工作小组。根据委托项目可行性研究的工作量、内容、范围、技术难度、时间要求等组建项目可行性研究工作小组。工作小组人员必须从参与项目实地考察准备工作的人员中选定。由于项目可行性研究涉及面广，因此需要若干专家或专业人员协同工作，包括：对口专业工程技术人员，如农艺师、园艺师、水利工程师、畜牧专家等；财务与会计方面的专家；经济管理方面的专家；市场分析专家；机械工程技术人员及土木工程技术人员等。

(3)制订工作计划。内容包括研究工作的范围、重点、深度、进度安排、人员配置、费用预算及报告编写大纲，并与委托单位交换意见。

(4)调查研究、收集资料。各专业组根据报告编写大纲进行实地调查，收集整理有关资料，包括向市场和社会调查，向行业主管部门调查，向项目所在地区调查，向项目涉及的有关企业、单位调查，收集项目建设、生产运营等各方面所必需的信息资料和数据。

(5)方案编制与优化。在调查研究、收集资料的基础上，对项目的建设规模与产品方案、场址方案、技术方案、设备方案、工程方案、原材料供应方案、总图布置与运输方案、公用工程方案、环境保护方案、组织机构设置方案、实施进度方案以及项目投资与资金筹措方案等研究编制备选方案，进行方案论证比选优化后，提出推荐方案。

(6)项目评价。对推荐方案进行环境评价、财务评价、国民经济评价、社会评价及风险分析，以判别项目的环境可行性、经济可行性、社会可行性和抗风险能力。当有关评价指标结论不足以支持项目方案成立时，应对原设计方案进行调整或重新设计。

(7)编写报告。项目可行性研究的各专业方案在经过技术经济论证和优化之后由各专业组分工编写。经项目负责人衔接协调综合汇总，提出报告初稿。

(8)与委托单位交换意见。报告初稿形成后，与委托单位交换意见，修改完善，形成正式报告。

三、可行性研究报告的编写依据

一个拟建项目的可行性研究，必须在国家有关的规划、政策、法规的指导下完成，同时，还必须要有相应的各种技术资料。可行性研究工作的主要依据包括：

(1)国家经济和社会发展的长期规划，部门与地区规划，经济建设的指导方针、任务、产业政策、投资政策和技术经济政策以及国家和地方法规等；

(2)经过批准的项目建议书和在项目建议书批准后签订的意向性协议等；

(3)由国家批准的资源报告，国土开发整治规划、区域规划和工业基地规划，对于交通运输项目建设要有有关的江河流域规划与路网规划等；

(4)国家进出口贸易政策和关税政策；

(5)拟建厂址当地的自然、经济、社会等基础资料；

(6)有关国家、地区和行业的工程技术、经济方面的法令、法规、标准定额资料等；

(7)由国家颁布的建设项目可行性研究及经济评价的有关规定；

(8)包含各种市场信息的市场调研报告。

四、可行性研究报告的基本内容

可行性研究报告一般包括四个部分：文字报告、附表、图纸和附件。

(一)文字报告

(1)封面。封面要突出项目执行单位、可行性研究承担单位及各自的负责人，以及可行性研究负责人资格审查单位，最后列出项目建议书的批准单位和批准文号。

(2)目录。一般应列出章、节两级目录，如果报告规模较大，可以列出章、节、点三级目录，以便查找。

(3)正文。是报告的主体部分,一般包括以下组成部分:

①项目概论。简单描述项目背景,项目目标和主要内容,投资概算及主要技术经济指标,给出项目的总括情况。

②市场研究与项目产品方案。分析项目在市场营销方面是否可行,详细分析项目产品方案的设计依据。

③项目位置选择与项目规模。分析项目的地域范围及最佳规模确定的依据条件以及是否可行。

④项目技术方案与技术评价。分析项目技术是否可行。

⑤项目组织管理。分析项目组织管理方面是否可行,列出落实的组织管理框图。

⑥项目实施进度安排。分析项目实施的时间要求及可行性,列出项目进度安排日程表。

⑦投资估算和资金筹集。根据项目建设内容分项估算投资需求,资金来源的渠道、数量及到位时间,列出资金需求及供给的平衡表。

⑧项目财务评价。列出项目财务现金流量表及有关分析表,分析说明项目在财务方面是否可行。

⑨项目国民经济评价。列出项目经济现金流量表及有关分析表,分析说明项目在经济方面是否可行。

⑩项目生态效益及社会效益评价。分析项目在环境保护及社会方面是否可行。

⑪结论和建议。综合以上分析,给出项目是否可行的结论性意见,并提出相关建议。

(二)附表

一份规范的项目可行性研究报告应有有关的附表,为文字报告部分所涉及的各种结论提供计算的依据。附表一般包括:

(1)固定资产投资明细表;

(2)基本建设投资估算表;

(3)流动资金估算表;

(4)投资总额及资金筹措表;

(5)产品销售收入及销售税金估算表;

(6)投入、产出主要物品价格表(财务价、经济价分列);

(7)原材料、燃料、动力消耗及人工费用估算表;

(8)生产成本和费用估算表;

(9)利润表(或损益表);

(10)借款还本付息估算及偿还安排表;

(11)项目财务、经济现金流量表。

(三)图纸

一般应有项目位置布局地图、不同方案的总平面布置图、技术工艺流程图、项目进度条形图、组织机构系统图等。

(四)附件

主要是专家评审意见及有关技术鉴定书,主管单位审批意见,有关可行性研究工作依据的各种文件、来往函件、会议纪要、调查报告及项目的各种合同协议以及其他必要的附件。

以上所述项目可行性研究报告的内容是比较规范和全面的，实际工作中应根据实际情况的要求有所调整，突出重点，照顾全面。但一般重大投资项目可行性研究报告的各项内容都应具有一些小型投资项目，其内容则可视情况酌减。

下面选择了世界银行农业综合开发项目的可行性研究报告编写大纲，作为农业项目可行性研究报告编写大纲的范例。

世界银行农业项目可行性研究报告编写大纲

1. 总论

1.1　项目背景

1.1.1　项目名称

项目名称应该标准化，明确，简明扼要，中文不超过10个字，英文不超过4～5个词，名称必须含有以下3个要素：①县市名称。②主要产品或产品系列名称，如牛奶、花卉、蔬菜等。③关键技术转让形式(如市场、示范区、以农户为中心的生产基地、检测中心等)。比如：杨凌种子市场、杨凌奶牛养殖基地等。

1.1.2　项目单位概况

(1)技术依托单位概况，技术依托单位与项目单位的关系。

(2)项目单位的描述：①公司注册时间、注册资金、公司法人、股东名单、公司股本结构；②公司的财务状况、效益、债务等；③公司的发展史、提供的产品和服务、科技推广、“三农”问题方面的工作经历；④对于商业性投资，应简要说明其经营理念(即公司靠什么赚钱)。

(3)公司存在的主要问题是什么，哪些问题是公司本身不能解决的。

1.1.3　可行性研究报告编写依据

一般包括三方面的依据：政策依据(文件等)、参数依据(标准等)和资料依据(统计、调查等)。

1.1.4　项目提出的理由与过程

政府项目：公益性等；企业项目：赢利、解决原料问题、改善生产等。

1.2　项目概况

1.2.1　项目地点(建设地点，后面要附简图)

1.2.2　建设规模与目标(对项目建设内容的高度总结和提炼)

1.2.3　建设条件(现有基础，水、电、交通等条件)

1.2.4　项目投入总资金效益情况

1.2.5　主要技术经济指标

1.3　问题与建议

2. 市场分析与预测

2.1　产品市场供应预测

2.1.1　国内外市场供应现状

2.1.2　国内外市场供应预测

2.2　产品市场需求预测

2.2.1　国内外市场需求现状

2.2.2　国内外市场需求预测
2.3　产品目标市场分析
2.4　价格现状与预测
2.4.1　产品国内市场价格分析
2.4.2　产品国外市场价格分析
2.5　市场竞争力分析
2.5.1　产品市场优、劣势
2.5.2　产品目标市场占有份额
2.6　市场风险分析

3. 建设规模与产品方案

3.1　建设规模(分产业)
3.2　产品方案(分产业)

4. 场址选择

4.1　场址所在地位置现状
4.1.1　地点与地理位置
4.1.2　土地所有权及占用面积
4.1.3　土地利用现状
4.1.4　技术改造项目现有场地利用情况
4.2　场址建设条件
4.2.1　地形、地貌、地震情况
4.2.2　工程地质与水文地质
4.2.3　气候条件
4.2.4　水质条件
4.2.5　城镇规划及社会环境条件
4.2.6　水、电、气条件
4.2.7　防洪、防潮、排涝设施条件
4.2.8　环境保护条件
4.2.9　项目所在地法律支持条件
4.2.10　征迁地、移民安置条件
4.2.11　施工条件
4.3　条件比选
4.3.1　建设条件比选
4.3.2　建设投资比选
4.3.3　运营费用比选

5. 技术方案、设备方案和工程方案

5.1　技术方案
5.1.1　技术的来源、专利状况、成熟度、知识产权保护
5.1.2　种植业、养殖业、加工生产技术与流程
5.1.3　推荐方案的生产技术与流程及主要技术经济指标

5.2　主要设备方案
5.2.1　种植业主要生产设备
5.2.2　养殖业主要生产设备
5.2.3　农副产品主要生产设备
5.2.4　推荐方案主要设备表
5.3　工程方案
5.3.1　主要建筑物及结构方案
5.3.2　建筑安装工程量及材料供应
5.3.3　技术改造工程量及材料供应
5.3.4　原有主要工程情况
5.3.5　主要建筑物工程一览表

6.原材料及燃料供应

6.1　种植业品种及种子供应
6.2　养殖业良种供应
6.3　饲料供应
6.4　农药供应
6.5　肥料供应
6.6　兽药供应
6.7　燃料供应
6.8　主要原材料和燃料价格现状及预测
6.9　主要原材料和燃料年需要量供应表

7.项目总体布置

7.1　总体布置
7.1.1　项目组成及总平面布置
7.1.2　分项工程的组成及总平面布置
7.1.3　总体布置图及主要技术经济指标
7.2　场内外运输
7.2.1　场外运输量及运输方式
7.2.2　场内运输量及运输方式
7.2.3　运输设施及设备
7.3　公用工程
7.4　辅助工程

8.节能与节水

8.1　节能与节水措施
8.2　能耗与水耗指标分析

9.环境影响评价

9.1　环境现状
9.2　项目对环境影响分析
9.3　环境保护设施情形投资

9.4 环境影响评价

10. 组织机构与人力资源配置

10.1 组织机构

10.1.1 项目法人组建方案

10.1.2 管理机构的组建方案和体系图

10.1.3 机构适应性分析

10.1.4 项目经营模式(公司与农民的关系)

10.2 人力资源配置

11. 项目实施进度

11.1 建设周期

11.2 项目实施进度

11.3 项目实施进度表(横线图)

12. 投资估算与资金筹措

12.1 投资估算

12.1.1 建设投资估算

12.1.2 流动资金估算

12.1.3 项目投入总资金估算表

12.2 资金筹措及使用计划(资本金:企业非借款的资产,包括现金、实物,是自筹资金中的一部分,农业项目一般要求至少20%)

13. 财务评价

13.1 基本数据及参数

13.2 销售收入估算(编制表格)

13.3 成本费用估算(编制总成本与分项成本费用估算表)

13.4 财务报表(按总项目与分项目两级编制)

13.5 财务评价指标

13.5.1 盈利能力分析

13.5.2 偿债能力分析(借款偿还期或利息备付率和偿债备付率)

13.6 不确定性分析

13.6.1 敏感性分析(编制表格)

13.6.2 盈亏平衡分析(绘图)

14. 社会评价

14.1 项目对社会的影响

14.2 项目适应性分析

14.2.1 不同群体的态度与参与度

14.2.2 各级组织的态度与支持度

14.2.3 地区文化状况对项目的适应程度

14.3 社会风险分析

14.4 社会评价结论

15. 项目风险分析

15.1　风险识别

15.2　风险分析

15.3　防范措施

16. 结论与建议

16.1　推荐方案总体描述

16.2　推荐方案优缺点分析

16.3　结论与建议

【实践训练】

编写农业项目可行性研究报告

1. **实训要求**：找一个你熟悉的行政村，了解该村的经济发展情况，了解该村现有的农业项目情况，结合所学知识，为该村选择一个农业项目，并进行可行性分析。

2. **实训目的**：通过此次实训，加深对农业项目的了解，把握农业项目可行性分析的概念、作用、内容、程序，学会编写简单的农业项目可行性研究报告。

3. **实训组织**：全班同学按每组 3～5 人进行分组，要求每组制订切实可行的调研计划。

4. **实训实施**：由学生自主联系或任课教师联系一个行政村，在任课教师的指导下，进行具体的调研活动。

5. **实训考核**：每组撰写一篇 2 000 字左右的可行性研究报告，内容和格式依据一般农业项目可行性研究报告的内容和格式的要求。教师对调研计划和农业项目可行性研究报告进行考核评定并给出成绩。

模块三　农业项目评估与决策

知识目标

掌握农业项目投资评估的概念、任务；

理解农业项目评估与可行性研究的关系；

掌握农业项目评估的内容、工作程序和评估原则；

了解农业项目评估的方法；

掌握农业项目投资决策的概念；

了解农业项目投资决策的难点；

了解农业项目投资决策的方法。

能力目标

把握农业项目评估与决策的基本方法和程序，能够对简单的农业项目进行评估。

【案例导入】

世界银行贷款可持续发展农业项目通过评估

2012年7月6日至16日，世界银行对农业综合开发世界银行贷款可持续发展农业项目进行了预评估。世行预评估团实地考察了新疆维吾尔自治区项目区，随后在北京听取了国家农发办以及辽宁、江西、湖南、重庆和甘肃5省市项目实施计划编制情况汇报，并分组就项目建设内容与投资安排、经济分析与评价、财务与采购管理、环境影响评价、病虫害管理、大坝安全、少数民族等内容进行了充分讨论。预评估为进一步完善项目实施计划，顺利开展项目评估奠定了基础。

2012年9月19日至27日，世界银行派团对农业综合开发世界银行贷款可持续发展农业项目进行了评估。

来源：http://www.mof.gov.cn/mofhome/guojianongcunzonghekaifa/zhengwuxinxi/gongzuodongtai/201208/t20120821_677160.html

http://www.mof.gov.cn/pub/guojianongcunzonghekaifa/zhengwuxinxi/tpbd_28/201210/t20121015_687721.html

农业项目评估是由投资决策部门或贷款机构对拟建农业项目的必要性、可行性、合理性及效益、费用进行的审核和评价。农业项目评估与决策主要表现在两个方面：一是审核评价，即从质和量的角度审查农业项目的必要性、可行性和效益性；二是选优决策，即从项目单位上报的可行性研究报告中遴选出最佳的技术方案、建设方案和投资方案，为农业项目最终决策提供可靠、科学的依据。

任务1　什么是农业项目评估？

一、农业项目评估的概念

农业投资项目评估源于农业投资学中的投资决策问题，在西方国家它属于农业工程经济学的内容，在我国它被看作是农业技术经济学的一个分支。它是现代技术、经济、管理学科发展的产物，经过几十年的实践，农业投资项目评估学已发展成为一门具有完整理论体系和方法论的综合性应用学科。它以国家计委、农业主管部门和投资金融机构为主体，以拟建农业项目为对象，以社会效益、生态效益、国民经济效益和项目单位的商业效益为目标，在农业项目可行性研究的基础上，通过有无项目、定性与定量、静态与动态、微观与宏观、统计与预测等综合方法与比较分析，决策农业项目可行性程度、投资建设规模、资源配置、项目方案设计、系统运行、经济效益等审核、评价的全过程。它是农业项目管理决策的重要环节，一般由国家发改委、农业部、科技部、财政部、西部开发办等农业主管部门和投资金融机构通过其委托的投资决策咨询公司来执行。

由于项目评估能为项目投资带来利益，减少和避免投资风险，被国内外公认为是一种成功的经验和决定项目命运的关键。一般投资机构都愿意花费大量的人力、物力和时间投入这一决策前的研究论证工作。一般大型项目的评估需1～2年，中、小型项目需要半年左右，评估费用大型项目约占总投资的0.1%～1%，中、小型项目占总投资的1%～3%。同时，农业项目评估工作对评估人员的素质也有较高的要求。一般在农业项目评估前必须成立一个有较高水平的评估师、经济师、会计师、农艺师以及农业专业技术人员组成的评估小组，展开项目评估工作。

二、农业项目评估的任务

农业项目评估是一项综合性、逻辑性很强的细致工作，它的任务是在各专项评估内容分析、审查的基础得出最后的结论。它要回答以下几方面的问题：

(1)拟建农业项目是否必要，规模是否合理，是否符合国家长远农业发展目标和技术、产业政策规划；

(2)产品是否适销对路，是否具有竞争能力；

(3)建设条件和生产条件是否具备，主要原材料、燃料、动力、运输条件能否保证，建设地点和厂址选择是否合适；

(4)项目技术是否先进、适用、经济和安全可靠；

(5)投资估算是否正确，筹资方案是否合理，资金来源有无保证，贷款有无偿还能力；

(6)比较项目财务效益、国民经济效益和社会效益的高低，并确定投资效益的大小；

(7)相关项目是否同步建设和协调配套，引进技术和技术改造与现有企业的生产技术条件能否协调一致；

(8)经过多方案比较是否属于最佳方案，投资风险性是否比较小；

(9)在农业项目综合分析的基础上，对投资建设和生产运营管理提出评估决策建议。

农业项目评估的主要任务，一是对农业项目的必要性和市场的评估，这是项目能否确立的前提和项目评估的基础；二是生产建设条件、技术设计方案和投资与资金筹措方案的评估，这是项目是否可行和能否顺利建成的保证；三是企业、国家和社会效益的评估，这是判别项目取舍或是否重新设计的重要依据；四是对影响效益的经济政策和经济管理体制进行评估，这是为完善项目争取更好效益和提高决策水平的重要环节。

三、农业项目评估与可行性研究的关系

项目评估处于项目前期工作的关键阶段，它是在项目准备完成以后，组织有关方面专家对项目进行实地考察，并着重地从国家宏观经济的角度全面系统地检查项目涉及的各个方面，对项目准备提出的可行性研究报告的可靠程度做出评价，它对于项目是否执行有至关重要的作用。

项目评估与项目可行性研究有着密切的关系。项目可行性研究是项目评估的基础，没有项目的可行性研究，就没有项目评估；不经过项目评估，项目的可行性研究也不能最后成立，二者是紧密相连的。项目评估和可行性研究都是投资前期决策工作的组成部分，二者之间存在着一定的共性；同时二者由于分属不同的管理周期，它们又存在着一定的差异。二者的共同点包括：

(1)二者的工作性质相同。

(2)都是项目投资决策前期的工作，为项目投资决策提供经济依据。作为投资决策的重要工作内容，它们的结论对项目的命运有决定性的作用，直接影响项目投资的成败。

(3)目的一致。项目评估和可行性研究工作的目的都是提高决策的科学化、民主化和规范化水平，减少投资风险，避免决策失误，提高投资的效益。

(4)基本原理、方法和内容相同。两者都是采用国家统一的、规范化的评价方法和经济参数、技术标准等对项目进行全面的技术经济论证分析，通过统一的评价指标体系，评判项目是否可行。分析的内容都包括项目的建设必要性、生产建设条件、财务效益、国民经济效益和社会效益等。

但是，项目评估和项目可行性研究又是两个不同的概念。它们的不同点在于：

(1)发生的时间不同。按照项目管理的程序，可行性研究在前，项目评估在后，可行性研究报告是项目评估的对象和基础，项目评估是项目可行性研究工作的延续，两者顺序不能颠倒。

(2)从事工作的单位不同。项目可行性研究多数由项目单位委托设计部门或技术部门进行，较多地受项目单位的制约影响。有的项目可行性研究较多地偏重技术及财务效益，这也是由于可行性研究工作者站在各自的立场上从事工作而造成的。项目评估则是由决策机关或向项目提供贷款的金融机构委托有关专家组进行，它较少受项目单位的影响，而是站在宏观的国民经济的立场上来审查项目的经济效益。

(3)工作的侧重点和细致程度不同。项目评估侧重于项目的经济效益和偿债能力分析。可行性研究更加侧重项目的建设必要性和生产建设条件分析。可行性研究内容细致全面，而项目评估时在项目准备的基础上有所侧重地进行评价，通常要对项目的技术、组织、财务、经济四大方面作重点审查评估，尤其侧重于经济评价。

(4)需要的时间不同。由于可行性研究内容全面细致，构成项目准备的核心内容，所费时间较长，一般要花半年到1年的时间，有的甚至花2年时间。而项目评估工作，如果准备工作

做得好的话，则可以较快完成。一般用3～4周进行实地考察，再用4～5个月进行分析并完成项目评估报告。

(5)决策意义不同。项目评估对可行性研究工作的质量和可行性研究报告的可靠程度要做出评价，提出修改意见或要求重新进行可行性研究，有的评估机构还享有决策的权力。可以说项目评估比项目可行性研究更接近于决策，更具有权威性。

任务2　如何进行农业项目评估？

一、农业项目评估的内容

项目评估是在可行性研究的基础上，根据有关政策、法律法规、方法与参数，从项目(或企业)及国家的角度出发，贷款银行或有关机构对拟建投资项目的规划方案进行全面的技术经济论证和再评价，以判断项目方案的优劣和可行与否。项目评估的结论是投资决策的重要依据。

为了使投资决策的依据较为充分，项目评估主要从项目建设必要性、项目建设条件、开发方案评估、投资效益评估以及对有关政策和管理体制的建议等五个方面对项目进行全面的技术经济论证。下面对各项评估内容作一介绍，在实际的项目评估工作中，根据项目特点会有所侧重。

(一)项目必要性评估

这是项目评估首先要解决的问题，应认真审查项目可行性研究报告关于项目必要性的论证，并着重调查研究和评估以下内容：

(1)企业(或项目)概况及其发展目标。对于纯粹的新设项目，只需说明提出项目的背景；对于由现有企业开发的项目，则需要同时说明企业的概况和提出项目的缘由。这类背景资料包括项目发起者的身份、财务状况，企业的经营现状、组织机构及其运作模式，目前的技术水平、资信程度；项目的服务目标及其对企业的影响；项目大致的坐落位置、未来所在地的地理条件、基础设施条件、一般的人文社会条件等。

(2)与项目有关的政府政策、法律法规和规章制度。项目是否符合国家经济开发的总目标、开发规划和产业政策，是否有利于增强农村地区经济活力，促进农业可持续发展，项目在这方面起什么样的作用；项目是否有利于合理配置和有效利用资源，并改善生态环境。此外，了解与项目有关的法律法规和规章制度，是明确项目存在的外界条件，任何违反现有法律体系和制度的项目，即使勉强成立也无法长久地存在下去。

(3)项目的市场需求分析和生产规模分析。即项目产品是否适销对路，符合市场的需求，有发展前途；项目提供的产品(或服务)为社会需要，这是项目建设的核心问题。项目的市场分析应在调查的基础上，就项目产品(或服务)供需双方的现状进行全面的描述，并在预测市场整体未来发展变化趋势的基础上，结合项目本身的竞争能力，确定项目合理的生产规模。

(4)项目投资的总体效益，尤其要看项目开发建设能否给农村地区经济发展和整个国民经济带来好的效益和大的贡献，从而判定项目投资建设的必要性。

(二)项目建设条件评估

任何项目都是在特定的条件下进行，它决定了项目实施是否可能。一个理论上分析研究认为很好的项目，如果所要求的条件不具备，项目仍然很难成功。因此，在评估中要重视项目条件的研究评价。主要内容有：

(1)资源条件评估。着重评价项目所需资源是否落实，是否适合项目要求，有无利用条件和开发价值。

(2)项目所需投入物资供应条件评估。着重检查评价项目建设所需的原材料、燃料、动力资源等是否有条件保质保量按项目要求及时供应，供应渠道是否通畅，采购方案是否可行。

(3)项目产品销售条件评估。这是保证项目效益实现的重要内容。要重点评价主要产业产品生产基地的布局是否合理，产品的销路如何，销售条件如市场、交通、运输、贮藏、加工各方面的条件是否适应项目要求。

(4)科学技术条件评估。重点评价科技基础设施及科技人员力量等条件，农民文化程度及接受新技术的能力，适应项目所采用的新工艺、新技术、新设备使用方面的能力以及改善措施。

(5)政策环境条件评估。要着重评价国家对本农业投资项目内容有什么特殊优惠政策，项目开展有无良好的政策环境条件。

(6)组织管理条件评估。要着重评估项目组织管理机构是否健全、是否合理高效；项目组织方式是否合适；科技培训及推广措施是否落实，是否能为项目的顺利实施提供良好的组织管理条件。

(三)开发方案评估

项目开发方案评估涉及项目的规模及布局、产业结构、技术方案、工程设计以及时序安排。

(1)项目规模及布局评估。重点评价项目开发的格局及范围大小，布局的地域范围及合理性，涉及多少农户，项目规模与项目具备的资源条件、技术条件等各种条件是否相适应。

(2)产业结构评估。重点评价项目的产业结构和生产结构是否合理，是否符合产业政策，是否有利于增强农村经济发展的综合生产能力。

(3)技术方案评估。重点评价项目技术方案所采用的农艺、工艺、技术、设备是否经济合理，是否符合国家的技术发展政策，是否能节约能源、减少消耗并取得好的效益，是否符合农村实际情况。

(4)工程设计评估。重点是根据项目的要求，审查工程设计的种类、数量、规格、标准，进行不同设计方案的比较，做出设计合理性的鉴定。

(5)时序评估。重点评估项目周期各阶段在时序上安排是否合理；项目的资金投入、物资设备采购及投放是否安排就绪、符合项目时间要求；项目实施的时间进度是否科学合理，达到最佳时间安排。

(四)投资效益评估

这是项目评估的核心内容，以上的许多评估内容也都是为了保证项目有好的效益，围绕着效益这一核心内容来进行的。项目投资效益评估主要注重以下几个方面：

(1)基本经济数据的鉴定。这是效益评估的基本依据，一定要经鉴定，确定其科学合理程度，如各项投入成本的估算，项目效益的估算，有无项目比较增量净效益的估算，基本经济参数如贴现率、影子汇率、影子工资等的确定是否科学合理。

(2)财务效益评估。重点评价项目建设对项目参加者带来的利益大小。如参加项目农民收入提高的状况，项目单位财务投资利润率、贷款偿还期、投资回收期、净现值及财务内部报酬率等。

(3)经济效益评估。重点评价项目建设对整个国民经济带来的利益大小。如有限资源是否得到了合理有效的利用,经济净现值、经济内部报酬率是否达到要求。

(4)社会生态效益评估。农业项目既要注意各种资源如土地、水、气候等各种资源的开发利用,又要特别注意生态效益。因此,必须结合具体项目的目标和内容,选择适当的指标,如就业效果、地区开发程度、森林覆盖率、水土保持等指标,进行分析评价。

(5)不确定性及风险分析评价。农业项目受自然及社会的制约涉及不确定性因素较多,风险也比较大,使得项目的效益不稳定。究竟一个项目可行与否,在评估中应注意项目的敏感性分析。各种不确定性因素发生变化后项目的财务效益和经济效益相应会发生什么变化,变化的程度有多大,项目农户及单位有无承受力,都应做出分析判断,尽量选择风险性小的项目。

(五)对有关政策和管理体制的建议

农业是国民经济的基础,是国家重点发展的产业,因此有相应的扶持政策,农业投资项目如何利用这些政策,还应作什么修改和补充,以利于项目的顺利进行,评估中应对此提出建议。如物资供应政策,价格政策,产品收购政策,补贴、利率、税收政策,资源开发政策,产业发展政策,管理体制等,都应做出评价和建议。

(六)评估结论

在完成以上评估内容后,要综合各种主要问题做出项目总评估,并提出结论性意见。主要内容包括:项目是否必要;项目所需条件是否具备;项目开发方案是否科学合理;项目投资是否落实,效益是否良好,风险程度有多大;项目开展应有什么政策措施;评估结论性意见,明确表明同意立项,或不同意立项,或可行性研究报告及项目方案需作修改或最新设计,或建议推迟立项,待条件成熟后再重新立项。表明以上四类结论性意见的同时,应简要说明理由,供决策者参考。

项目评估工作结束,应做出项目评估报告。报告的格式与内容基本和可行性研究报告相似。

二、农业项目评估的工作程序

项目性质不同,其评估程序也不尽相同,但一般应经历以下程序:

(1)准备。开展项目评估的有关机构,如贷款银行或中介咨询机构,在明确项目评估的任务以后,应开始准备组织人员,了解与项目有关的背景情况。

(2)成立评估小组。根据项目的性质成立项目评估小组或评审专家组,确定项目负责人,就评估的内容配备恰当的专业人员,明确各自的分工。一般评估小组中应包括相关的工程技术专家、市场分析专家、财务分析专家及经济分析专家,如果需要的话,还可配备法律专家、环境问题专家、社会问题专家等。评估小组的成员可以完全来自机构内部,但为了评审结论的科学、可靠和全面,更应重视从机构外部寻找专家,尽量使评估小组的每一个成员都是各自领域的权威人士,至少是专业人士。

(3)制订工作计划。成立评估工作小组以后,应根据评估工作的目标制订工作计划,包括每一项任务的人员配备、应达到的目的、总的工作进度计划,以保证评估工作的进程符合决策方的要求。

(4)开展调查,收集并整理有关资料。尽管在评估的对象即可行性究报告中已经提交了相关的文件资料,但是为了保证评估结论的真实、可靠,还应该对所提交的资料进行核实审查。在评估过程中,开展独立的调查工作是必不可少的,通过调查收集与项目有关的文件资料,以保证资料来源的可靠和合法。对不符合要求的应进行修订和补充,以形成系统、科学的文件资料。

(5)审查评估。根据获得的文件资料,按照项目评估的内容对项目进行全面的技术经济论证。在论证过程中,如果发现有关资料不够完备,应进一步查证核实。

(6)编写评估报告。在完成分析论证的基础上,评估小组应编写出对拟建项目可行性研究报告的评估报告,提出总结性意见,推荐合理的投资方案,对项目实施可能存在的问题,提出合理的建议。

(7)报送评估报告并归档。评估小组作为决策的参谋或顾问,在完成评估报告以后,需将评估报告提交决策当局,作为决策者制定最终决策的依据。同时,应将评估报告归入评估机构内部的项目档案,供以后开展类似项目的评估时参考,以不断提高评估工作的质量。

三、农业项目评估工作的基本原则

为了保证评估工作的质量,项目评估必须严格遵守以下基本原则:

(1)科学性原则。评估结论的可靠与否,首先取决于评估方法和指标体系科学与否,不恰当的方法和指标会导致不合理甚至与实际完全相反的结论。随着对项目评估理论研究的不断深入,一些新的方法和指标可能会替代原有的方法和指标;同时,项目的性质不同,在评估方法和指标体系方面也会有一定的差异,这要求在评估方法和指标体系的选择上应力求科学合理。

(2)客观性原则。尽管评估的对象是拟建项目,但项目能否成立必须从实际的客观环境、社会环境、经济发展水平、文化传统、民族习惯等条件出发,实事求是地分析项目成立的可能性。

(3)公正性原则。评估人员的立场对评估结论有相当的影响,为了防止结论的偏差,评估人员应尽可能采取公正的立场,尤其应避免在论证开始以前就产生倾向性意见,更不能持法律禁止的立场开展评估工作。

(4)面向需求的原则。项目的产生源于社会的需求,不符合需求的项目没有生命力。许多事实证明,投入使用后运行不佳的项目往往就是因为失去了社会的需求。因此,在项目评估中应特别注重对社会需求的分析。

(5)投入与产出相匹配的原则。尽管项目在追求投资效益时,会以尽可能低的投入获得尽可能高的回报,但是项目功能的实现,必须要有配套的投资,过分地要求利润最大化将导致对项目辅助投入的忽视,使项目的主要功能无法完全实现,而今后不得已的追加投资只能收到事倍功半的效果。因此,项目的投入必须符合产出的要求。

(6)资金时间价值的原则。资金的使用会随着时间的推移产生不同的价值,投资者对投资的回报都有一定的预期,项目能否在回报投资的同时实现自我增值是任何项目评估都关注的核心问题,对资金的动态考察是明确项目投资回报和经营业绩的重要途径。

四、农业项目评估的方法

农业项目评估从方法论来讲，基本原理是比较法（亦称对比法），就是对项目投产后实际效果与决策时期的目标进行比较，从中找出差距，分析原因，提出改进措施和意见，进而总结经验和教训，提高对项目评估的再认识。项目评估的定量分析方法一般有下列四种方法。

（1）效益评估法（亦称指标计算法）。通过反映项目标准、决策、实施和运营各阶段实际效益指标的计算，来衡量和分析农业项目投产后所取得的实际效益。效益评估法是把项目产生的实际效果或产出，与项目实际发生的成本或投入加以比较，进行盈利分析。在农业项目评估阶段，效益指标（包括经济、财务、社会和生态等效益）的计算完全是以统计的实际值为依据，进行统计分析，并相应地使用可行性研究中曾使用过的经济参数进行效益计算，以便在计算口径一致，前后条件可比的情况下判断项目决策是否正确。

（2）影响评估法（亦称指标对比法）。通过农业项目建成后产生的客观影响与立项时预期目标的比较，或与国内外同类农业项目的相应指标进行对比，衡量项目实际效果与预测效果或其他同类项目效果之间的偏差，从差异中发现农业项目存在的问题，从而判断项目决策的正确性。例如通过计算项目实际投资利润率变化就可以在一定程度上反映出项目实际投资效益与预测投资效益之间的偏差程度。因此，影响评估的大量工作是测定和调研农业项目所产生的各种现时影响和效果，不仅从中找出项目实际效果与项目目标之间的差距，更重要的是要对今后类似项目的决策提出有效措施与建议。

（3）过程评估法。过程评估法是把农业项目从立项决策、设计、采购直到建设实施各程序环节的实际进程与事先制订好的计划、目标相比较，通过全过程分析评价，找出主观愿望与客观实际的差异，发现导致农业项目成败的主要环节和原因，使今后同类项目的实施计划与目标制订得更切合实际。过程评估按现行建设程序划分为：前期工作中的决策过程评估，设计工作和建设准备阶段的评估，建设实施到竣工验收阶段的评估；以及交付使用后生产经营与效果的评估。对过程评估各阶段的调研分析要做详细记录、整理，形成数据和资料，为最终进行项目决策提供依据。

（4）系统评估法。在农业项目专项评估工作的基础上，将农业项目决策的多个目标和各种评估方法有机地结合起来，进行系统评价分析工作，才能获得最佳的评估结果。实际上，评估中最大的影响因素是项目效益，而效益评估是从成本与效益分析角度判断项目决策目标是否正确。决策目标是否准确与决策过程是否科学相关，而项目效益又与设计、施工质量、工期进度和投资估算是否准确等不可分割，因此，需要采用更为科学和结合实际的系统综合评估法。系统评估法主要有系统多目标决策、系统分层法和灰色系统模拟评判法等。

上述评估方法相互之间是密切联系的，必须全面理解和综合应用，才能达到农业项目评估的客观、公正和科学的要求。

【扩展阅读】

《国家农业综合开发资金和项目管理办法》第三十五条明文规定如下内容：

国家农发办和省级农发机构应按职责分工组织项目评估，对拟建项目可行性研究报告采取定量分析和定性分析相结合，动态分析和静态分析相结合的方法，对项目建设的必要性、技术可行性、经济合理性、资金配套与偿还能力的可靠性进行审查和综合评价，为项目确立提供决策依据。

国家农发办和省级农发机构应对产业化经营项目申报单位附报的社会中介机构出具的审计报告、城郊新建项目征用土地的批准文件以及干旱地区中低产田改造项目申报单位附报的水利部门出具的水资源条件鉴定意见等进行审查和评价。

项目评估采取专家评议、现场答辩、实地考察等形式。对虚报材料或财务经营状况不清的，实行一票否决。

项目评估应建立责任制，明确专业评估人员的评估责任。评估人员应对评估项目的技术可行性、经济合理性等作出客观真实的评价。因评估结论失实影响项目正确决策的，评估人员及其所属评估机构应当承担相应责任。

任务3　什么是农业项目投资决策？

一、农业项目投资决策的概念

农业项目投资决策是指人们在农业经济活动中投放资金形成各种资产或农业生产力的有关决定。在西方国家主要指有关资本支出（主要是项目支出）的决定，在我国主要是指（项目）固定资产投资所作的决定。由于农业项目是一种投入大量资金并对较长时间的效益和风险发生影响的活动，所以，农业项目投资决策是一种长期性、战略性的决策。

农业项目投资决策正确与否，主要应看它是否有利于国民经济的增长、农村社会福利的提高和农业企业（项目单位）效益的增加。要使农业项目投资决策科学合理，满足以上三方面的效益准则，就必须在农业项目投资决策前，对投资对象——农业项目，进行严密、系统、科学的技术经济论证，即项目可行性研究和项目评估，为投资决策寻找科学的理论依据和实践经验。农业项目的论证过程，也就是农业项目投资决策的过程。

二、农业项目投资决策的层次

我国农业项目投资决策大体上可分为以下三个层次：

一是有关国民经济、社会总体发展战略和长期规划的重点农业项目投资决策，主要是对重点农业项目固定资产规模、投资方向、投资分配、投资区位等所作的决定。这是国家的宏观农业投资决策，一般是由中央政府委托地方政府或中央政府直属单位执行。诸如我国的农业科技园项目、农业“十二五”重点建设项目、农业高科技计划与攻关项目、农业产业化项目等。

二是有关部门、行业或区域、地方发展规划的大中型农业项目投资决策，这是地方中观投资项目决策，主要由地方政府的直属单位执行。诸如地方农业工程项目、农业结构调整项目、农业科技示范与推广项目、退耕还林项目等。

三是有关农业企业中、小型项目投资决策，属微观投资决策，主要由农业企业和农村集体经济组织执行。诸如农业企业的基本建设项目、市场经营性项目、技术改造性项目等。

以上三个不同层次的投资决策，相互影响，共同构成了我国农业项目投资决策的系统网络。宏观投资决策是微观投资决策的前提条件，无论是新的农业基本建设项目还是老的农业企业技术改造项目，都应当在国民经济和社会发展总体规划以及地区、行业规划的指导下进行，以利于微观决策的方向和效益与宏观决策的方向和效益相一致，并力求避免和减少微观投资决策的盲目性。同时，微观投资决策应该让农业企业自己到市场上去了解社会需求并承担风险，做到农业生产建设投资与社会需要的直接衔接。可以说农业项目投资决策是不同投资主体最直接和最具体的决策。

这里，凡以贷款为主的农业项目单位或投资主体，如中央政府、地方政府、农业企业等，都只是农业项目的间接投资决策者，但他们是农业项目建设、营运的直接组织者和受益者。而身居其后的世界银行和国家银行（投资银行、建设银行、工商银行、农业银行等），才是直接的项目投资决策者。尽管项目单位在项目建设中或多或少地要投入一定量的自有资金，但项目的大部分投资都来自于国家的专业银行。随着我国经济体制改革，国家专业银行将成为独立的金融企业，他们所承担的项目投资风险将远大于项目单位所承担的风险。因此，国家银行和投资人才是名副其实的农业项目直接投资决策者。

任务 4　如何进行农业项目投资决策？

一、农业项目投资决策的难点

农业项目投资决策的难点，主要表现在如下三个方面：

(1)具有较强的选择性。市场经济下的投资主体，总是以利润最大化为其投资目的，由于历史、政治、经济等原因形成了社会行业间和区域经济的不平衡。因此，尽管行业间和区域间存在这样或那样的壁垒，但作为以利润最大化的农业项目投资决策，总是想方设法绕过行业壁垒，向高利润率的行业或地区渗透。但社会行业多种多样，农业项目区域复杂，可供投资决策的方案为数众多，这就使农业项目投资决策成为了多难选择。

(2)具有较强的应变性。所谓应变性主要指投资决策对象（农业项目）的运动性。市场导向下的农业项目投资决策对象，绝非固定不变的事物，而是具有相对运动性和人为操纵性的。正是投资对象的运动性，导致了农业项目决策的高度应变性。

(3)具有较大的风险性。农业项目决策都是事先的决定，绝非事后的结果。一笔巨额资金，一旦投入，再想抽回是绝对不可能的。因此，不论投资决策多么谨慎，客观上都将存在风险。通常，农业项目决策的风险性主要表现在以下几个方面：①投资规模风险，即大规模的投资项目比小规模的投资项目有更多的风险；②投资区域风险，国外直接投资项目比国内投资项目具有更大风险；③投资方式风险，即独资建设项目比合伙投资项目有更大的风险；④投资的行业风险，即不能发挥行业优势的投资项目比能发挥行业优势的投资项目有更大的风险；⑤投资环境风险，即不利的自然环境和投资环境比有利的环境有更大的风险。总之，投资项目风险性的存在，为农业项目投资决策增加了难度。

二、农业项目投资决策风险的控制模式

农业项目投资的最终目标是实现资本增值，而资本增值一般需要完成一个较为完整的投资过程，这一过程包括投资决策、投资操作、项目运营和收益实现四个阶段。风险贯穿于农业项目投资过程中的每一个阶段，因此，对农业项目投资过程中每一个阶段的风险控制是最终实

现资本增值目标的常规手段。农业项目投资过程中的四个阶段，对实现资本增值目标的风险影响是逐级递减的，投资决策阶段是农业项目投资过程中风险最高的阶段。

任何项目都存在风险，而投资者只能接受他能理解和能承担的风险，因此农业项目投资决策前需要找出这些风险，以及带来这些风险的缺陷，并对其影响程度进行判断。项目风险是指项目实现资本增值的不确定性，而项目缺陷是指由于项目各组成要素本身或各组成要素之间客观存在的、可能给投资带来风险的缺点和不完整性。项目缺陷是投资风险的根源。

伴随着理性投资风格的盛行，投资决策的审慎性这一最为原始的投资准则日益受到重视，投资者在进行投资决策时，将投资决策分为项目论证和项目评估两个阶段。项目论证阶段是分析项目优势要素，并测算投资收益；项目评估阶段是分析项目缺陷要素，度量投资风险。只有经过这两个相反的论证和评估过程，并进行收益与风险之间的平衡判断后，投资者才会做出最终的投资决策。这就是农业项目投资决策风险控制的常规模式。因此，要做好农业项目投资决策，解除难点，提高项目投资决策的科学性，就必须深入细致地研究、运用项目的可行性研究和项目评估科学，使项目可行性研究和项目评估工作成为项目投资决策的基础工具。

三、农业项目投资决策的方法

无论国内国外，任何项目的可行性研究和项目评估，无一例外地着重从经济效益角度去进行和完成。一般是通过有关经济指标的计算和分析去判断项目的价值和前景，但这并不是完美无缺和万无一失的。如果单纯依据经济评价结果进行项目决策，就很可能出现一些意想不到的问题。尤其是对农业项目的评价，不只是从经济效益角度（这当然是主要的），而且还包括生态效益、社会效益等方面，从更广泛的角度进行综合评价。这是农业项目评价工作的新发展，是应科学技术和社会进步需要而出现的，有助于提高农业项目决策的科学性，使项目的确立更接近实际。

从系统工程的观点看，农业是一个由自然、社会、经济、生态等因素组成的综合系统，是建立在生物资源、土地资源、绿色能源和农业科学技术利用基础之上的自然再生产和经济再生产交织在一起的生产过程。它与周围环境有着密不可分的联系，从而决定了农业项目具有综合性和地域性特点。由于农业具有这样一些众所周知的特点，所以，在农业项目的评估决策中，应当充分重视综合效益分析，否则，有些项目暂时看来有利可图，但不一定有利于生态效益和社会效益的提高；有的项目虽然经济效益不十分理想，但却有利于社会效益、生态效益的发挥，从长远观点看，确立这样的项目或许更有意义。所以，农业项目，尤其区域性、综合性很强的农业项目，不仅应从经济效益角度，而且应从生态、社会以至于整个系统功能方面进行综合研究，这对全面认识和掌握项目特征，进而做出正确决策，无疑是十分有益的。当然，也不排除对于个别农业项目可以采取像工业项目或者引进项目那样，只主要进行经济效益评价的做法，这有时是必要的，但对于大多数农业项目来讲，从经济效益、生态效益、社会效益和系统功能等方面进行综合评价更具有现实意义。农业项目的选择与决策，一般应在两个或两个以上设计方案（或项目）基础上，通过综合经济效益分析，从中选出可供决策采用的最优方案来，这是比较科学的做法。系统层次综合决策法正是从多目标、多方案和农业项目系统出发的研究。

【实践训练】

农业项目评估

1. **实训要求**：结合上一模块实践训练项目可行性研究的结果，针对该项目进行农业项目评估，并做出决策。

2. **实训目的**：通过此次实训，加深对农业项目评估相关知识的理解，包括农业项目评估的内容、程序、原则和方法等，并具备一定的知识运用能力。学会撰写简单的农业项目评估报告。

3. **实训组织**：全班同学按每组3～5人进行分组，要求每组制订切实可行的调研计划，并进行简单的任务分解。

4. **实训实施**：以每组学生为主体，在任课教师的指导下，在前期项目可行性研究的基础上，进一步调研、分析，展开项目评估。

5. **实训考核**：每组撰写一篇1 500字左右的农业项目评估报告，并得出具体的决策建议。教师对调研计划和农业项目评估报告以及掌握资料、学习程度进行考核评定并给出成绩。

模块四　农业项目整体管理

知识目标

掌握农业项目整体管理的概念、特征；

了解农业项目整体管理的过程及每一过程的主要任务；

了解项目整体计划的概念、作用、编制过程；

了解项目整体变更控制的程序；

了解项目收尾活动的工作内容。

能力目标

能够制定简单农业项目的项目章程和项目初步范围说明书；

能够运用项目整体变更控制系统进行项目整体变更控制。

项目整体管理是项目管理中的一项全局性和综合性的工作。为满足或超越项目干系人的需求和期望，项目整体管理在相互冲突的目标和众多的目标中权衡得失。项目整体管理必须依赖项目管理其他知识领域的活动，同时又是项目成功的关键。

【案例导入】

烟草工程建设项目综合管理

浙江中烟工业有限责任公司杭州制造部“十一五”易地技术改造项目是由国家烟草局批准的浙江省重点工程项目，投资30多亿元，占地17公顷，分为联合工房、动力中心及办公生活区三个功能区，涉及土建、烟草设备、钢结构、玻璃幕墙、地下工程、景观绿化等多个专业，设计、监理、勘察、审计、总包、专业分包、设备供应商等几十家单位。针对项目规模巨大、技术复杂、专业众多、涉及单位数目庞大的特点，项目管理过程中运用集成管理思想，建立了集成管理概念模型，在运用过程中取得了一定成果。

大型烟草工程建设项目集成管理是对烟草工程建设项目全过程中的各种集成行为的管理。烟草建设项目的全过程是指项目从最初概念的形成到工程实体的建成，通常包括决策、计划与设计、施工和结束四个阶段。

1. 计划、设计阶段的集成管理

烟草建设工程项目计划、设计阶段的主要工作是将建筑工程项目的设想变成可实施的蓝图。浙江中烟工业有限责任公司杭州制造部“十一五”易地技术改造项目在深化设计阶段就将三家总包单位纳入到设计团队中，结合三家总包单位各自的施工特点，对设计中的重点项目进行了优化，避免了施工阶段大量的工程变更，将项目各利益相关方的需求集成起来，并转化为项目设计和计划过程中的一系列工程特性或服务标准，从而确保了项目尽可能地满足利益相关者的需求。

2. 施工阶段的集成管理

浙江中烟工业有限责任公司杭州制造部"十一五"易地技术改造项目施工阶段管理的重点是围绕着费用、质量、进度逐步展开的，这三者彼此密切相关，在整个项目实施过程中，三大要素之间的综合协调异常关键。项目施工过程中涉及三家总包单位、三家监理单位、数十家专业分包及设备供应商，牵涉上百个合同，如何将众多的参与方协调管理，是摆在业主方指挥部面前的一道难题。指挥部在结合现有管理方式的同时，引进新中大软件公司，构建了项目信息管理门户，实现了信息化办公，有效地集成了各参与单位的智力，促进了信息的有效流动，极大地提升了项目管理的效率，增强了各参与方的联系，节约了管理成本。

3. 结束阶段的集成管理

本项目的结束阶段不仅要做好竣工验收工作，而且还应重视各项技术的集成管理。在本项目中集成管理的重点是对工程项目实施过程中所采用的各项技术进行有效集成，从而可以为烟厂以后的建筑工程项目管理提供可靠的依据。

4. 烟草建设工程项目全过程的集成管理

建筑工程项目集成管理是提高项目管理水平的重要途径，只有实现了工程项目各个层面和各方面的综合集成，才能真正实现项目管理的综合效益，实现这个开放复杂系统"整体大于部分之和"和所谓的系统功能的"涌现"。由于工程项目综合集成所具有的高度复杂性，每一种集成都是无止境的，实现这一战略目标不可能是一蹴而就的行为，而是一个长期的历程。但只有实现了上述综合集成，才能充分发挥所有相关资源的作用，达到各方的共赢。

任务1 了解农业项目整体管理

一、什么是农业项目整体管理？

（一）农业项目整体管理的概念

农业项目整体管理（project integration management）是指在农业项目的整个生命周期内，汇集项目管理的知识领域，对所有项目计划进行整合执行及控制，以保证项目各要素相互协调一致，并成功地完成项目。它从全局的、整体的观念出发，通过有机地协调项目各个要素（范围、进度、成本、质量和资源等），在相互影响的项目各项具体目标和方案中权衡和选择，尽可能地消除项目各单项管理的局限性，从而最大限度地满足项目干系人的需求和期望。项目整体管理如图4-1所示。

（二）农业项目整体管理的特征

（1）综合性管理。项目管理其他知识领域都是针对项目某一特定方面的目标而开展的管理工作，这些工作分别由不同的部门和不同的项目管理人员来完成，因此需要协调和统一。项目整体管理涉及为了满足或超过项目干系人的需求和期望而对竞争性的目标进行权衡，需要从整体出发，综合每个单项项目管理的所有方面，平衡项目各个方面之间的冲突，对它们的目

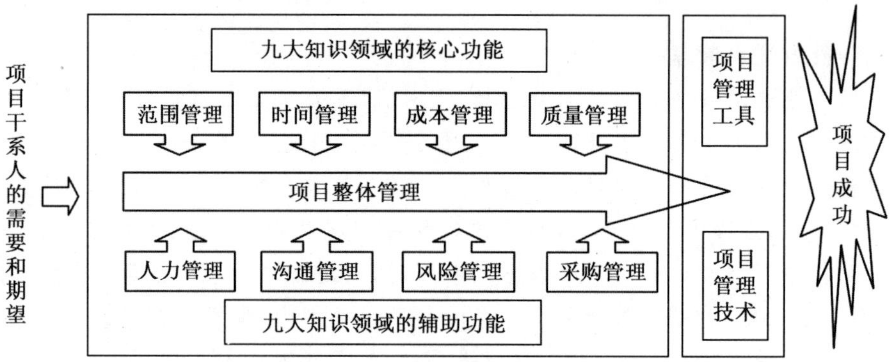

图 4-1　项目整体管理示意图

标、工作和过程进行统一协调以实现项目的整体目标。

(2)全局性管理。为了最大化地实现项目总体目标,项目整体管理需要从全局出发协调和控制项目各个方面和各项局部工作变动,消除项目各单项管理的局部性,有时甚至可以不惜牺牲或降低一些项目的单项目标,它以协调统一项目各方面的单项管理为主要内容。

(3)系统性管理。系统性是指项目整体管理把项目作为一个整体系统来考虑,将项目的内外部影响因素相结合,不仅要对系统内部进行管理和控制,还要兼顾来自于外部环境的影响因素、问题等,并对之进行管理和控制。

(4)项目综合管理主要由项目经理来完成。项目整体管理对于项目的成功起着关键作用,项目经理是项目整体管理的责任者,也是项目的综合协调者。在项目管理过程中,项目团队成员完成各自的管理工作,而项目经理要综合全局,把项目的各项工作集成为一个整体。作为集成者,项目经理应该对竞争性的目标进行权衡和决策。

二、农业项目整体管理的过程

在 2004 年版《项目管理知识体系指南》中项目整体管理的内容包括七个过程:制订项目章程,制订项目初步范围说明书,制订项目管理计划,指导与管理项目执行,监控项目工作,整体变更控制和项目收尾,如图 4-2 所示。

图 4-2 是按照项目的阶段划分来对应整体管理的各个活动的,包括启动阶段、计划阶段、实施阶段和收尾阶段。农业项目整体管理也划分为这样四个阶段。

(1)启动阶段的活动是指企业在项目正式确立之前的活动,主要包括制定项目章程和制订项目初步范围说明书两个过程。

(2)项目计划阶段所包含的管理活动是最多的,这也是传统意义上管理活动最重要的特征,事前需要周密地进行计划。项目整体管理过程中的“制订项目管理计划”是一个“大帽子”,它总括了各个知识领域中和计划相关的活动。

(3)项目实施阶段有三个过程:指导和管理项目执行、监控项目工作、整体变更管理。“指导和管理项目执行”过程引导项目按照计划实施,这主要是针对项目的工程活动的,因为它们占据了项目最主要的资源消耗。“监控项目工作”过程主要是取得反映项目实施绩效的数据,

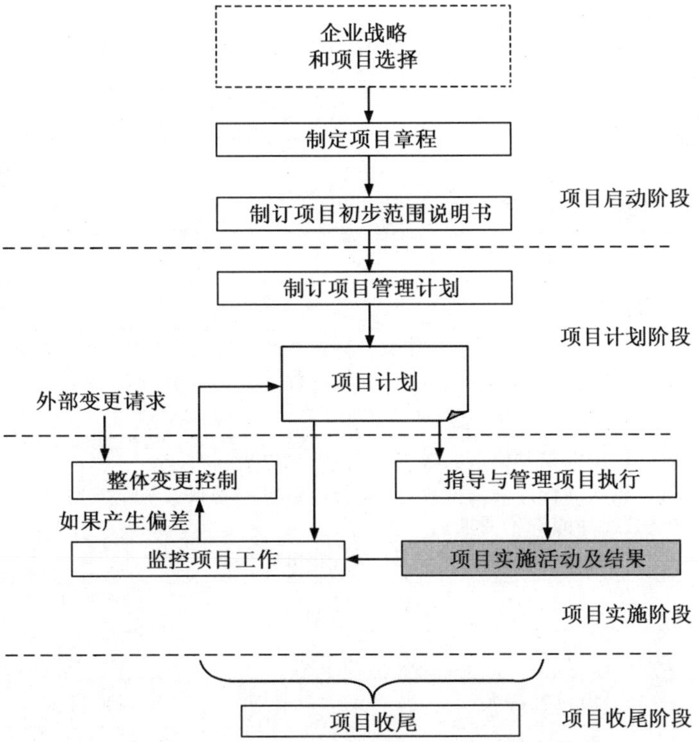

图 4-2　2004 年版项目整体管理过程

并和计划进行比对。如果出现了偏差,则意味着要么实施出现了问题,需要改进实施效率;要么计划制订得不现实,需要进行计划变更。同时,项目目标也有可能在实施过程中发生变化,这些都会由"整体变更管理"过程所控制。

(4)项目收尾阶段的活动是项目整体管理的最后一项内容,标志着项目的整体结束。

任务 2　制定项目章程

项目章程是一份正式的项目文件,其作用是使项目干系人对项目目标正式认可,并且批准项目实施。

项目章程多数由项目出资人或项目发起人制定和发布,它给出了关于批准项目和指导项目工作的主要要求,所以它是指导项目实施和管理工作的"根本大法"。项目章程的编制和发布者可以是项目业主,也可以是项目的用户以及政府、社会团体等项目的发起组织。项目章程规定了项目经理的权限及可使用的资源,所以项目经理多数应该在项目章程发布的时候就确定下来,以便他们能更好地参与确定项目的计划和目标。项目章程一般是在人们做出了项目起始决策以后才能编制和发布的,因为人们首先要决策是否要开展项目和项目的主要指标和要求等,然后才会制定出项目章程。

项目章程本身的内容非常简单,更详细的项目信息需要从"项目初步范围说明书"中得到,所以其形式意义大于实际意义。表 4-1 是项目章程的一个示例。

表 4-1 项目章程示例

<table>
<tr><td>项目名称</td><td colspan="2">信息技术更新项目</td></tr>
<tr><td>项目经理</td><td colspan="2">Kim</td></tr>
<tr><td>联系方法</td><td colspan="2">691-2784 knguyen@abc. com</td></tr>
<tr><td>启动时间</td><td colspan="2">2013 年 3 月 4 日</td></tr>
<tr><td>计划完工日期</td><td colspan="2">2013 年 12 月 4 日</td></tr>
<tr><td>项目目标</td><td colspan="2">以公司新标准为准,在 9 个月内为公司所有职员(大约 2 000 人)更换软硬件。新标准请查阅附表。更新会涉及服务器、中型机以及网络的软硬件设施。预算购买软、硬件成本为 1 000 000 美元,劳务费为 500 000 美元</td></tr>
<tr><td>方法</td><td colspan="2">更新信息技术现有设备的数据库信息,确定更新需求;
对项目成本进行详细的估算,并向公司信息主管报告;
发布软、硬件的询价要求;
尽量使用内部职员进行项目的计划、分析和实施</td></tr>
<tr><td colspan="3">角色与职责</td></tr>
<tr><td>姓名</td><td>角色</td><td>职责</td></tr>
<tr><td>A</td><td>项目发起人</td><td>监督项目</td></tr>
<tr><td>B</td><td>信息主管</td><td>监督项目、调配人员</td></tr>
<tr><td>C(Kim)</td><td>项目经理</td><td>项目计划与实施</td></tr>
<tr><td>D</td><td>信息技术运营主任</td><td>提供指导</td></tr>
<tr><td>E</td><td>人力资源副总</td><td>安排人员</td></tr>
<tr><td>F</td><td>采购部主任</td><td>购买软、硬件</td></tr>
<tr><td colspan="3">签名:</td></tr>
<tr><td colspan="3">评述:这个项目必须在 9 个月内完成。信息主管 B
我们保证足够的人员安排,承诺对项目的支持。人力资源副总 E</td></tr>
</table>

一般来说,一个农业项目章程可以包括农业项目名称、指定或者委派的项目经理、农业项目的起止时间、农业项目目标的简明阐述、项目干系人列表、项目的制约因素以及项目的假设因素等。

【实践训练】

制定项目章程

1. **实训要求:**阅读下面案例资料,制定农业项目章程。

2. **实训目的:**通过此次实训,加深对项目启动阶段活动的了解,能够根据项目资料,制定简单的项目章程。

3. **实训组织**：全班同学按每组 3～5 人进行分组，要求每组查找相关的资料，掌握充实的基本知识和信息。

4. **实训实施**：由任课教师提供案例资料（见下），组织学生在课堂上进行讨论并拟定项目章程。

5. **实训考核**：每组提交一份项目章程，内容和格式依据一般项目章程的内容和格式的要求。教师结合学生的资料准备情况和制定的项目章程进行考核评定并给出成绩。

【案例资料】

云南保山启动现代农业蔬菜发展项目

现代农业生产发展（蔬菜）项目位于保山市隆阳区，项目总投资 478.8 万元，属 2012 年中央财政支持项目，预计于 2013 年 6 月底全面建成。该项目建设内容包括菜地水利道路工程、园艺设施、工厂化育苗设施等。

项目实施后，将建设完成 3 000 亩无公害商品蔬菜生产基地，年生产蔬菜苗 600 万株，年产商品蔬菜 675 万千克，比项目实施前增加 135 万千克；总产值 1 620 万元，比项目实施前增加 135 万元；项目区农民户均增收 1 040 元，人均增收 260 元，项目区农民可收到较好的经济效益。

保山是云南省重要的商品蔬菜生产地。目前，保山蔬菜种植面积达到 40 万亩，年产蔬菜 45 万吨以上，是南菜北运的主要产地之一。主要生产品种有番茄、黄瓜、无筋豆、茄子、大白菜、青菜、青蚕豆、青豌豆、马铃薯、食用菌、青辣椒等。

任务 3　编制项目初步范围说明书

一、项目初步范围说明书的概念

项目初步范围说明书就是初步界定农业项目范围的一种文件，它初步描述了项目目标、项目产出物和项目工作的特征、边界、验收标准与控制方法等内容。项目选择过程最终都是确定那些需要实施的项目，这一活动的结果需要记录在"项目初步范围说明书"中，其中最重要的部分就是选定的农业项目目标。

项目目标的要素由范围、质量、时间和成本决定，这四个目标又以范围为核心。"范围"是回答"项目需要完成什么"，"质量"是确定"完成的结果需要达到什么要求"，"时间"和"成本"目标则决定项目达到上述目标的代价，后三个目标显然都是在确定"范围"目标基础之上的要求。所以在项目初期，项目目标主要表现为以范围为核心的要求，就是项目应该完成什么。"项目初步范围说明书"是项目干系人观点达成一致的结果。

二、项目初步范围说明书的内容

项目初步范围说明书的具体格式和要求与各个组织及其所处行业领域的项目特征有关，一般来说至少应该包括以下几项内容：

(1)项目商业目标。描述促使项目建立的商业需求。这部分内容大都来源于项目启动阶段所作的战略规划、市场机会的识别以及进行项目选择的依据。这些条件是项目目标的前提和项目存在的基础,但它们是项目的外部因素,很可能也不在项目可控制范围内。由于项目的实施和目标的实现都需要一个过程,所以这些关键性的条件是不是会发生变化的,这就成为组织分配资源的一个重要依据。在外部商业环境变化越来越快、越来越难以预测的情况下,组织需要对这些变化保持高度的敏感性。可能很多项目在创立的时候相当正确,但由于错过最佳的时机而变得无效。

(2)项目制约因素及假设。列出项目的制约条件,以及针对不确定性环境的前提假设。项目条件是指确定性的项目约束因素,项目假设条件是指对不确定性项目约束因素的人为假定。由于此时人们无法得到完备的项目信息,所以必须对信息不完备的项目条件作出假定。这包括对于项目资源、条件和工作等方面的假设。

(3)项目可交付成果总述。列出项目要交付给客户的所有成果。这实际上是约定项目的范围目标,是项目活动最主要的结果。可交付成果可以专指那些需要最后交付客户的结果,也可以包括那些生产过程中的中间结果。

(4)符合的规范与要求。列出交付成果应该达到的要求,以及实施过程中应该遵循的规范、标准。这实际上是约定项目的质量目标。

(5)验收标准。确定对结果进行验收所应遵循的规范和标准。

(6)进度里程碑。确定项目的时间进度,这是对项目的时间目标进行约定。

(7)成本估计。确定项目所需要的总成本,这是对项目的成本目标进行约定。

项目初步范围说明书的核心是约定项目目标,而在这一阶段又以范围目标为主。理论上,范围目标的界定需要清晰、准确,但在现实中,项目成果的接收方(或称买方)和成果的实施方(或称卖方)在这一关键问题上的认识是不对等的。目标约定得越明确,显然对买方越有利,但具体到操作上,却是卖方比买方更具有专业能力。对卖方来说,并没有直接的动力去准确约定"买方想要的",因此,卖方倾向于将目标定得模糊些。

同样,这一情况也适用于质量目标的确立上。约定交付成果应能达到的指标和要求更需要专业的技术能力,这显然不是大多数买方所具备的能力。买方能够判断的标准仅仅是"其结果是否符合我的需要",但"这个需要"却无法作为约束项目目标的技术指标,所以常常出现由于质量目标模糊而产生的项目纠纷。

鉴于范围和质量目标的这种情况,容易导致在项目初期买卖双方对目标理解的不一致和偏差。为了弥补这种偏差,需要增加"验收标准"来作为补充。这一措施可以有效减少理解偏差所带来的负面作用,但制定验收标准同样需要一定的专业技能。一般的买方不具备这样的能力,卖方也没有动力去制定一个约束自己的标准,所以大多数行业的"验收标准"是借助于第三方所制定的行业规范来实施的。

【实践训练】

编制项目初步范围说明书

1. **实训要求:**阅读案例资料,编制项目初步范围说明书。

2. **实训目的:**通过此次实训,加深对项目启动阶段活动的了解,能够根据项目资料及其相关知识,编制简单的项目初步范围说明书。

3. **实训组织:**全班同学按每组3～5人进行分组,要求每组查找相关的资料,掌握充实的基本知识和信息。

4. **实训实施**:由任课教师提供案例资料,组织学生在课堂上进行讨论并拟定项目初步范围说明书。

5. **实训考核**:每组提交一份项目初步范围说明书,内容和格式依据一般项目初步范围说明书的内容和格式的要求。教师结合学生的资料准备情况和制订的项目初步范围说明书进行考核评定并给出成绩。

任务 4 制订项目整体计划

一、什么是项目整体计划?

管理活动最基本的原则就是:任何工作开展之前必须先做周密的计划。一个项目的最终目的是实现由范围、质量、时间和成本四个要素所定义的项目目标,所以需要制订实现和满足这四个目标的范围计划、质量计划、进度计划和成本计划。同时人力资源、沟通、风险和采购管理活动也有助于项目目标的完成,所以也必须对这几个方面的活动做出计划和安排。由于项目的单项计划是按照各自的目标编制的,如项目成本计划是为项目成本管理服务的,因此,必须对项目的各单项计划进行整体管理,将它们有机地联系起来。

项目整体计划是以项目各单项计划为基础,从项目全局出发把项目的各个单项计划作为一个子系统进行整体管理,协调所有其他计划,以指导项目执行和控制的整体文件。由于项目整体管理是把项目的单项管理的各项工作视为一个有机的整体,因此,指导项目各项工作的计划必须也是整体性的。

项目整体计划的编制通常需要经过多次反复优化和修订才能完成。随着项目的不断进展,项目的一些不明朗因素逐渐显现出来,项目的各单项计划逐渐确定下来,继而项目的整体计划也就逐渐确立。在项目的最初阶段,项目整体计划只是一个轮廓,随着项目的执行和不确定因素的确定,项目整体计划逐渐细化,最终形成了一个指导项目整体的文件。例如,初始项目整体计划工作所给出的初始项目整体计划文件,可能只包括对于资源需求的一般说明,甚至连项目完工的日期还尚未确定。但是,到最后的项目整体计划工作完成时所形成的项目整体计划文件,不但要详细地反映项目所需的各种资源,并且必须明确规定出项目的完工日期、项目质量和成本等要素。

要想构建并合成一个好的项目计划,需要各方面的知识,项目经理必须懂得整体管理的艺术,应该与项目组成员及其他干系人一道制订项目计划。根据特定的项目"量体裁衣",制订相符的项目整体计划是非常重要的。

二、项目整体计划的作用

(1)指导项目整体实施。如同项目的单项计划指导单项项目的实施一样,项目整体计划指导着项目整体的实施,不同点在于项目单项计划是专门针对项目各个方面进行管理,而项目整体计划则是针对整个项目的。它是项目组织为了达到项目的各种目标,建立和健全项目的有效管理与控制系统,完善和提高项目组织的管理功能,有效地实施项目的方案,及时发现项目工作中的偏差，积极采取各种纠正偏差的措施，从而保证项目有效实施的依据。在所有项目实施依据中，项目整体计划是最主要的和第一位的项目实施依据。

(2)作为项目业绩评估和管理控制的基础。通常，项目控制工作都需要根据项目整体计划去建立各种控制和考核的标准。这主要包括两方面的标准，一是考核项目工作成果的标准，二是项目产出物的管理与控制标准。这两方面的管理与控制标准都是根据项目整体计划而制定的。因此，项目整体计划可作为上级机构制定业绩考核和管理控制标准的基础。

(3)激励和鼓舞项目团队的士气。在项目整体计划中包括项目的整体目标、项目任务和工作范围、项目的进度安排和质量要求、项目的成本预算要求、项目的风险控制和变动控制要求与措施、项目的各种应急计划等。这些不但对项目组织的工作作出了规定，而且其中的项目目标、各个里程碑等对项目团队也有一定的激励和鼓舞的作用。

(4)作为项目相关干系人之间信息沟通的平台。项目相关干系人只有了解项目的整体计划，它们之间才可以进行有效的沟通和协调，从而有利于项目目标的顺利实现。

(5)作为协调项目工作的指导性文件。项目整体计划就是对项目的各种单项计划进行综合协调的文件，这一文件规定了协调和统一项目各种工作的目标、任务、时间、范围、工作流程等，因此，它可以指导项目工作的协调统一，解决项目各方面所出现的冲突。

三、项目整体计划的内容

项目整体计划一般包括项目的整体介绍、项目的组织描述、项目所需的管理程序和技术程序，以及所需完成的任务、时间进度和预算等。

(一)项目整体介绍和概述

①项目名称；

②项目以及项目所需满足要求的简单描述；

③发起人的名称；

④项目经理与项目组主要成员；

⑤项目主要交付成果；

⑥重要资料清单；

⑦有关定义和缩写词的说明。

(二)项目组织情况描述

①组织结构图；

②项目责任；

③其他与组织或过程相关的信息。

(三)项目的管理方法和技术描述

①管理目标；

②项目控制；

③风险管理；

④项目人员；

⑤技术过程；

⑥文件控制。

(四)项目任务描述

①主要工作包；

②主要可交付成果；

③与工作有关的其他信息。

(五)设备采购与资源供应说明

①所需设备和资源的名称和数量的清单；

②得到设备和资源所需要的时间；

③设备和物资必需的设计、制造和验收等时间；

④设备和物资进货来源。

(六)项目进度信息

①进度概要；

②进度细要；

③进度监督；

④与进度有关的其他信息。

(七)项目整体的财务预算

①预算概要；

②预算细要；

③与预算有关的其他信息。

(八)应急计划

①意外需要；

②应急措施。

(九)软件支持

①培训支持；

②行政支持；

③其他支持，包括项目考评、文件、批准或签署、系统测试、安装等支持方式。

四、项目整体计划编制过程

项目整体计划编制分为项目整体计划的前期准备工作、项目整体计划的编制工作、项目整体计划的输出工作三个阶段。

(一)项目整体计划的前期准备工作

这是收集有关信息，为项目整体计划的制订确定前提条件的阶段。在这一阶段中，项目组织需要收集各种各样的信息：项目各种专项计划的结果文件，各种有关的历史信息资料，项目组织的各种组织政策与规定，项目的各种限制条件和假设前提等。

1. 项目的各种专项计划

项目各种专项计划工作所编制的专项计划文件是编制项目整体计划最为重要的信息，项目各种专项计划所规定的目标、任务和各种数据都需要集成到项目的整体计划之中。例如，项目的质量计划、时间计划、成本计划和资源采购计划都需要在项目整体计划中进行综合。项目各种专项计划文件中还包括像工作分解结构(WBS)之类的基础信息文件和各方面的相关支持细节信息等内容。另外,在一些项目整体计划的制订过程中,还很需要一些特殊的专业领域方面的信息。例如,在软件开发项目的整体计划编制中,需要收集和输入有关用户信息需求和现有系统硬件等方面的信息,而大多数建筑项目的整体计划编制都需要考虑资金的时间价值,所以要收集和输入有关现金流量、行业基准收益率和贴现系数等方面的信息或数据。

2.历史信息与数据资料

在项目整体计划的编制中还需要输入各种历史信息与数据资料,以便在制订项目整体计划时能够有一个基本的参照基准。通常这类信息包括以下几个方面。

(1)过去完成的类似项目的历史信息与数据资料。这是指项目组织或其他的项目组织在过去的时间里所完成的类似项目的各种历史信息与数据资料,包括这些历史项目的计划文件、组织信息、绩效报告、控制结果、经验教训等各方面的信息与数据资料。

(2)项目前期所生成的各种资料与数据。这是指项目组织在编制项目整体计划之前已经收集和加工处理的各种数据资料。这包括项目本身的前期工作信息资料和其他组织前期尝试类似项目的信息资料。例如,对于某种新产品的开发项目而言,项目组织从开始提出想法,一直到编制项目整体计划之前所形成的各种资料,其他组织甚至公开媒体所发布的各种相关研究结果的资料与数据。

(3)编制各专项计划时所收集的信息和数据资料。这些信息与数据资料是在制订项目各个专项计划中收集和使用过的信息资料。它们在整体计划编制中可以用来验证项目的各种前提条件和评价与比选各种项目整体计划的备选方案等。这些信息资料是制订各个专项计划的依据,也是编制项目整体计划的依据。特别是在项目整体计划编制中需要对专项计划进行变更时必须参照这些数据资料,并将它们作为依据。

3.组织政策与规定

任何一个项目的组织(包括项目业主/客户和项目组织)都会有自己的方针政策和规定,它们会直接影响到项目的计划工作和实施工作,所以在制订项目整体计划时必须充分考虑组织的政策与规定,并以此作为项目整体计划编制的依据之一。因此,组织方针政策和规定也是项目整体计划编制中所需的信息之一。这方面的政策和规定主要包括以下几点。

(1)质量管理与控制方面的政策。项目相关组织有关质量管理过程控制和质量保障与持续改善方面的政策和规定是制订项目整体计划的重要依据之一,因为这方面的政策和规定直接影响到项目整体计划有关项目的质量、工期和成本的要求和安排。

(2)员工管理与绩效评价政策。项目组织有关员工管理和绩效评价的政策和规定也是制订项目整体计划的依据之一。这包括员工内部招聘、外部招聘和解雇的方针政策和员工绩效评价与激励方面的政策和规定。因为这方面的政策和规定不但会直接影响对项目人力资源的管理,而且会直接影响项目整体计划的安排与编制。

(3)财务管理与合同管理等方面的政策。项目组织有关财务管理与合同管理等方面的政策和规定同样是制订项目整体计划的重要依据。这个项目的政策和规定主要包括组织财务管理与控制的报告制度、费用和支出的审计规定、财务账户管理政策办法、合同管理方法与程序等各方面的组织政策与规定。

4.限制因素与条件

限制因素与条件是限制项目管理者在制订项目整体计划中做出更多选择的各种因素和条

件。在项目整体计划编制的过程中，只有将这些因素和条件作为计划编制的前提条件信息，才能够制订出切实可行的项目整体计划。例如，项目业主/客户事先确定的项目预算就是一个限制项目管理者在项目范围、项目资源、项目团队和项目工期安排等方面选择的最根本的限制因素。通常，一个项目涉及各种采购合同、契约关系等制约条件时，项目管理在编制项目整体计划过程中的选择程度就会受到很大的限制。

5. 假设前提

从项目计划管理的角度看，假设前提是指那些将被假定是已知的、真实的和确定的条件，并使用它们去制订项目整体计划的前提条件。例如，项目团队的某个关键成员，如软件开发项目中的高级系统分析师，科研项目中的首席科学家等，投入项目工作的日程是不确定的，但是，在制订项目整体计划的时候，项目管理者必须假定这一关键成员投入项目工作的日程，并将其看作是一种已知的、真实的和确定的前提条件。当然，这种假设前提对于项目整体管理而言，常常会包含一定的风险性，因为它们实际上是不确定的，并且有一定程度的未知成分。

（二）项目整体计划的编制工作

项目整体计划的编制工作是以项目各单项计划为基础，结合所收集的各种信息，运用各种整体计划方法和工具，编制项目整体计划，生成项目整体计划文件的项目整体计划工作阶段。这一阶段需要运用各种项目整体计划的方法、项目管理者的技能和知识，以及项目管理信息系统和各种项目计划管理的软件包，通过反复优化的方法，最终制订出项目整体计划。

1. 项目整体计划编制的工具与技术

（1）项目规划方法。在项目计划制订期间，项目规划方法是用于引导项目团队工作的一种结构分析方法。它可能是越来越简单的标准模板和图纸，或者是越来越复杂的一系列模型（如蒙特卡罗的风险分析表）。多数项目规划方法都将项目管理的软件这种“刚性”手段和易召集的会议这种“柔性”手段结合在一起使用。

（2）参与者的技能和知识。每个参与者所拥有的技能和知识，在项目计划开发中都能得到充分的利用。项目团队必须营造一个让参与者发挥自己才干的适当环境，使项目利益相关者能够在整体计划的制订过程中贡献他们的才智和力量，充分使用他们在这方面的技能和知识。例如，对于需要大量的硬件采购进行运作的网络集成项目来说，专业采购成本工程师对确定有利的项目目标、在目标准备阶段的合同金额决定时起着主要作用；对于一个建筑工程项目，在确定项目成本、工期和计划的整体计划过程中，造价工程师在计划和分析项目成本构成和预算，以及计划的价值分析和评价项目的收益和投资回收比率等方面需要做出自己的贡献。而项目计划人员需要在项目的工期进度分析、关键路径分析等方面贡献自己的力量。特别是在那种人员数量和责任都已事先确定的技术开发项目中，所有参与项目团队的成员都需要运用自己的知识和技能，努力分析和评价项目的工作时间、所需资源、所需预算，以便确定能够达到成本限制和进度要求的项目整体计划。

（3）项目管理信息系统。项目管理信息系统（Project Management Information System，PMIS）由用于归纳、综合和传播其他项目管理程序输出的工具和技术组成。它用于提供从项目开始到项目最终完成，包括人工系统和自动系统的所有信息。在项目整体计划过程中，人们需要从事大量的信息收集、整理和加工处理工作，在这一活动中，人们会使用项目管理信息系统这一工具和其中的各种计划方法与模型。在项目整体计划编制过程中，项目管理人员需要使用项目管理信息系统去完成项目的整体计划编制工作，尤其是项目整体计划方案的反复优化工作。使用这种信息系统去编制项目整体计划，通常要比人工编制项目整体计划更为快捷和有效，特别是对于一些大型项目而言，没有这种基于计算机的人机系统，很难编制出复杂的项目整体计划。

(4)挣值管理。在项目计划的编制过程中，应经常考虑范围、时间、成本和绩效等因素的综合影响，挣值管理是一项非常有用的工具。

2.项目整体计划编制的思路

以项目整体管理中需重点协调的项目进度、成本和质量三要素为例介绍整体计划编制的思路。项目的进度、成本和质量三者之间的关系是对立统一的。一般来说，加快项目的进度就需要增加成本，但项目的提前完工又可能会提高项目的收益；高标准的质量控制可能会增加项目的成本，并影响到项目的进度，但是高标准的质量控制却可以避免和减少项目返工的发生，从而防止因项目进度计划的拖延所引起的成本增加。因此，不能只片面强调项目的某一个方面(如进度)的管理，而是要对这三个方面(进度、成本和质量)相互协调和综合管理。

(1)项目质量和成本的整体管理计划。质量和成本两者之间存在着正向化的关系，即要提高项目的质量，就必须增加项目的成本，因此，这一整体计划需要借助价值工程原理，通过对于项目产出物的功能进行价值分析，最终确定出能使项目业主或客户获得最大价值的项目质量与成本的整体计划。

价值工程是一种识别和消除不必要成本(在不牺牲质量和可靠性的前提下)的有组织的活动，它所提出的具有创造性的方法，适用于项目的整体管理计划。价值工程中的价值是指产品或劳务的功能与成本的比值，其表达式为

$$价值=功能/成本$$

其中，功能是用户所要求的必要功能，成本是产品的寿命周期成本。价值的大小是用户对商品的功能与成本之间的关系所作的评价。用户选择商品时的依据就是这个比值，对商品是否物美价廉作出综合评价，即以最小的成本获取最大的功能。在编制项目整体管理计划时可借鉴。

上述原理，在满足项目成本和质量要求的前提下，以提高项目的价值比值为目的，综合地考虑项目质量和成本之间的关系。整体管理计划的价值比值的表达式如下：

$$价值比值=质量/成本$$

表4-2说明了提高项目价值比值的四种途径。

表4-2 提高项目价值比值的途径

途径	质量	成本	价值系数
1	↑	—	↑
2	—	↓	↑
3	↑↑	↑	↑
4	↓	↓↓	↑

注：—表示不变，↑表示增加，↑↑表示大幅度增加，↓表示降低，↓↓表示大幅度降低。

(2)项目成本与进度的整体管理计划。项目成本会随着项目进度的加快而增加，但是，如果项目的进度延迟，项目的成本也会增加，项目的成本与进度的关系如图4-3(a)所示。所以，

在整体管理成本和进度时，在满足项目要求的成本和进度范围内，选择最佳时间进度，即最好将项目的进度确定在 f 点。在项目执行中，也可能会存在多种成本-进度的函数关系，如图 4-3(b)所示(实际是 S 曲线，这里进行了线性简化)。在这种情况下，可根据项目的实际情况来选择不同的方案。例如如果项目不是很紧迫，可采取 C 方案；如果项目非常紧急，可采取 A 方案。

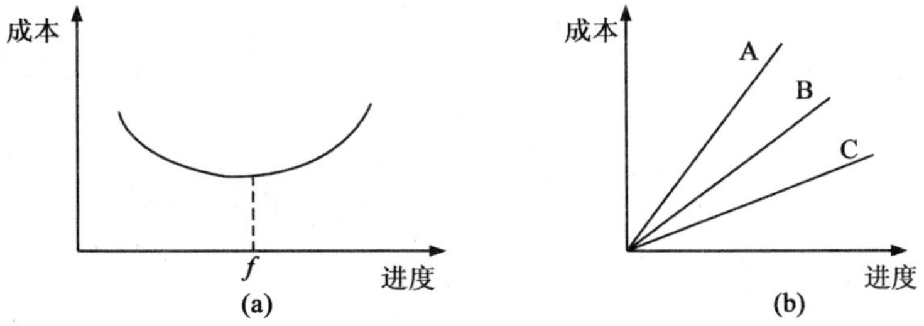

图 4-3　成本与进度的关系

(3)项目进度、质量和成本的整体管理计划。在完成上述两种双要素的整体管理以后，如果这两种计划的项目成本指标不能吻合，甚至存在冲突或抵触，就需要进一步协调项目的成本、进度和质量三者之间的关系。在这种情况下，首先固定其中一个要素的计划指标值，然后，逐步优化另外两个要素，以达到最优化的配置，从而实现项目这三个重要因素的整体管理。

(三)项目整体计划的输出工作

项目整体计划的输出工作是将已经编制出的项目整体计划和相关的各种支持细节文件，通过一定的组织程序，分发给项目组织和项目相关利益者的工作阶段。通常这一阶段的工作还包括项目整体计划的审批和发放以及项目整体计划文件的后续管理等工作。

1. 项目计划

项目计划是正式被批准的用于管理和控制项目实施的文件。它的作用在沟通管理计划中作了界定。在一些应用领域，综合项目计划是归在这个文件中的。

有许多方法可以用于组织和表示项目计划，但是它的共同特征包括在以下几个方面：

①项目证书；

②项目管理方法或战略的阐述；

③范围阐述，包括工作细目和项目目标；

④工作分解结构(WBS)，即把项目工作分解到控制系统可以操作的程度；

⑤成本估算、进度计划的开始日期和责任分配，一直分解到 WBS 的控制系统可以操作的水平；

⑥为进程和成本制定的绩效测量标准；

⑦对项目每个阶段的具有里程碑意义的事件和目标日期的记载；

⑧关键的或必需的人员；

⑨主要风险，包括制约因素和假设以及每个阶段的对应计划；

⑩辅助的管理计划，包括范围管理计划和进度管理计划等。

根据各项目的需要，其他项目规划的输出应该包含在这个正式计划中。例如为一个大的工程做的项目计划通常包括一个组织管理图表。

2. 辅助说明

为项目计划所做的辅助说明包括：

①没有包括在这个项目计划中的其他规划程序的输出；

②在项目计划开发期间产生的附加信息和文件；

③技术性文件、要求、特征和设计等方面的文件；

④有关标准文件。

应该根据需要对这些材料进行组织，使它们在项目计划实施期间更易于利用。

任务5　指导与管理项目执行

一、什么是指导与管理项目执行？

项目整体管理将项目计划和项目执行视为相互渗透、不可分割的活动。制订项目计划的主要职能就是用来指导项目实施工作。项目计划的执行是指管理和运行项目计划中所规定的工作。项目的大部分时间和项目预算都花在项目执行阶段。

指导与管理项目执行过程要求项目经理和团队执行项目计划，具体来说涉及对各专项管理活动的指导与管理，主要内容包括：

①组建项目团队（项目人力资源管理中的项目团队组建）；

②采取积极的措施打造高绩效团队（项目人力资源管理中的团队建设）；

③按照计划实施项目的工程活动，创造项目成果；

④监督项目实施过程是否遵循预先约定的规章制度（项目质量管理中的质量保证）；

⑤建立并管理项目团队对内、对外的沟通渠道（项目沟通管理中的信息发送）；

⑥对需要外购的部件和工作，选择适当的供应商（项目采购管理中的询价和卖方选择）。

以上各项活动都需要按照项目整体计划进行指导与管理，指导与管理项目执行的流程如图4-4所示。

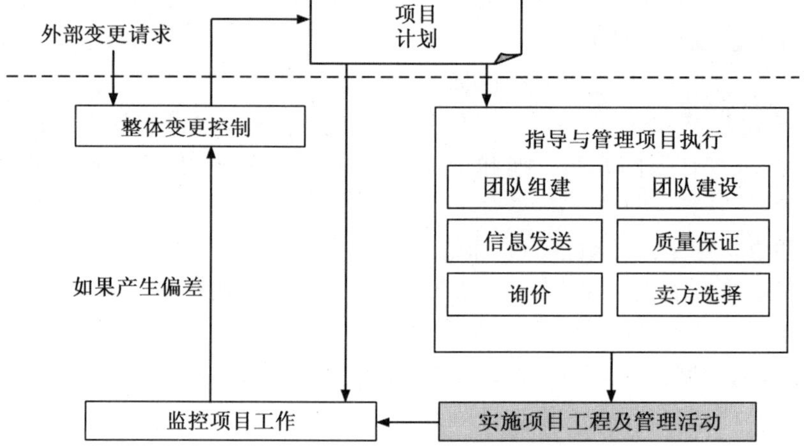

图4-4　指导与项目管理执行的流程

二、项目整体计划执行的依据

在项目整体计划执行过程中，项目组织需要获得一些依据，才能保证项目整体计划的高效、准确执行。项目整体计划执行的依据有以下几个方面。

(1)各种计划文件。各种计划文件是指项目整体计划文件、项目各种专项计划的文件(包括项目工期进度计划文件、项目成本预算计划文件、项目质量管理计划文件、项目资源采购计划文件、项目风险管理计划文件等)和项目绩效度量基准等，以及有关项目整体计划实施管理的各种标准和规范方面的文件。

(2)各种项目计划文件的支持细节。各种项目计划文件的支持细节是指有关项目整体计划文件和各种项目计划文件的支持细节文件与信息。这包括：项目产出物和项目工作的技术要求，项目的技术设计文件，项目的各种技术说明书等技术文件，以及项目的各种约束限制、现存的问题、假设的前提条件等方面的信息。这些在前面已经给出了具体的描述。

(3)项目组织的政策与规定。项目组织的政策与规定也是项目整体计划实施中的一项非常重要的信息输入。参加项目的任何一个组织或全部组织都会有各种各样的正式的、非正式的政策和规定，这些都会影响项目整体计划的实施工作。这种影响多数是正面的，是实施项目整体计划的推动力量。如果这些政策和规定对实现项目目标有妨碍或者发生冲突，一般组织会修订和改进自己的政策和规定。因此，在项目整体计划实施的全过程中，应该不断地输入这些组织的政策和规定，以推动和加速项目的实施。

(4)纠偏行动信息。纠偏行动信息是随着项目整体计划的实施而获得的各种项目实际情况与计划的偏差信息，以及开展各种纠正偏差措施方面的信息。通常，这些纠偏行动的信息会使项目组织调整项目的实施工作，从而改进项目实施的绩效，以便能够保证项目各项目标的实现。需要特别强调的是，纠偏行动信息在这里作为项目整体计划实施过程的一项信息输入，它同时也是项目整体计划实施过程中前一个阶段的管理控制过程的一项信息输出。实际上，在项目整体计划的实施过程中，人们首先对前一阶段的实施工作进行度量，然后再将实际度量结果与项目整体计划的指标和绩效基准进行比较，从而找出实施工作实际结果与控制标准之间的差距，差距找到以后还要进一步分析产生差距的原因，并根据原因设计和确定需要采取的纠偏措施，然后根据这些信息再去改进项目整体计划的实施工作。所以，项目整体计划实施中的纠偏行动方面的信息是这一过程中不断更新的一项动态信息。

三、项目整体计划执行的原则

(1)系统性原则。项目是一个整体，项目整体计划的实施工作也是一个整体，要保证项目实施工作能够按期、按整体计划要求去完成，在项目实施管理上就必须坚持系统管理的原则。系统管理的原则是指项目各项管理工作都应该从整体目标出发，按照整体计划的要求，使项目的各个团队和群体的工作能够相互衔接、协调合作，构成一个项目计划实施的有机系统体系，以保证项目整体计划实施的成功。

(2)透明度原则。在项目整体计划付诸实施之前，项目组织要进行技术、组织、管理等各方面的“交底”，以提高项目实施管理工作的透明度，因为项目整体计划是与各个专项计划紧密联系的，需要项目的管理者与实施作业者都十分清楚，并且能够在此基础上提出具体实施的技术、组织措施和办法。同时，在项目实施过程中项目的管理人员要及时通报和交换项目实施的信息,以便实施者能够获得必要的信息去调整和改进自己的工作。所以在项目整体计划的实施中,高度透明也是一项很重要的管理原则。

(3)管理制度化原则。项目整体计划的实施是一项执行性的工作,必须有管理制度作为保证,不能带有随意性,也不能以主观去代替客观的管理规律,这样就需要在项目实施中贯彻管理制度化的原则。项目整体计划的实施管理一定要有一套管理规范或标准,这包括规范的项目实施管理规章制度和规范的项目实施管理程序与方法等。

(4)统一指挥与适度授权的原则。项目组织也是一个整体,在项目整体计划的实施中,从事各项实施工作的项目团队也必须是一个整体,对于它们的指挥命令和协调与控制必须贯彻统一指挥的管理原则。同时由于项目工作的独特性和创新性,在项目实施工作的管理中还必须贯彻适度授权的管理原则。统一指挥的原则使项目组织能够形成为一个整体,适度授权的原则使项目团队有足够的自主权,以有利于积极主动地、有创造性地完成项目的实施任务。

四、指导与管理项目执行的主要工作内容

项目整体计划实施的管理工作内容包括以下四个方面。

(1)编制项目工作计划和项目任务书。项目整体计划是项目执行前编制的整体的、综合性的计划,虽然它是指导整个项目实施的主要计划,但是项目整体计划不可能面面俱到,所以要根据项目的整体计划、项目单项计划和项目的执行情况来编制项目工作计划和项目任务书,具体地指导项目执行的各个方面。

(2)记录好项目的执行情况。在项目的执行过程中,要记录好项目的执行情况并及时报告,这样才能更好地掌握项目执行的实际情况,而且还可为项目整体计划执行过程中的检查、分析、控制、协调提供信息。

(3)做好协调、控制和纠偏工作。做好协调、控制和纠偏工作主要包括两个方面:一是调度项目各项工作,采取措施排除项目执行过程中的问题,努力实现项目执行中的动态平衡;二是保证项目的执行按照项目的既定计划进行,当项目实际进展情况与项目的计划出现偏差时,要采取一定的措施来纠正偏差。

(4)做好项目整体计划的修订工作。当项目的内部或者外部出现了较大的变化时,就需要根据项目各种变化后的情况,对项目的整体计划进行修订。

五、指导与管理项目执行的工具和技术

在项目整体计划实施过程中所使用的主要管理工具和技术包括以下几个方面。

(1)普通管理技能。普通管理技能如领导艺术、信息交流和协商组织等,都对项目计划的实施产生实质性的影响。这些普通管理技能对于项目整体计划实施的管理是非常有效的工具和方法。比如,一般计划管理的方法可以在项目整体计划实施中的作业计划和计划任务书的编制中使用,一般管理控制方法可以在项目整体计划的实施过程中使用。同样,管理激励对于推动项目整体计划的实施也是非常有用的。

(2)生产技能和知识。项目组织必须适当地增加一系列有关项目生产的技能与知识的学习。这些必要的技能被作为项目规划(尤其是资源规划阐述)的一部分得以确认,并通过人员的组织过程来获取、体现。

(3)工作授权系统。项目整体计划实施中的工作授权系统是一种项目工作批准的组织程

序，这种程序是为保障项目的实施过程能够按照正确的顺序和工期完成而设立的。项目管理指导的职务授权不多，最主要的授权是工作授权，即授权你去完成一项具体任务，而不是授予一个职权。

(4)形势分析会。形势分析会是把握有关项目信息交流的常规会议。在许多项目中，形势分析会以各种不定期的和不同级别的形式召开(比如项目管理团队可有周会并通过周会或月会的形式与客户沟通)。

(5)项目信息管理及其系统。项目沟通与信息管理是项目整体计划实施过程中的一项重要管理活动。项目信息管理系统是开展项目整体计划实施管理的一种重要的方法和工具。项目信息管理是对于项目实施过程中各种实施工作的特征及其发展变化情况的各种数据、记录、情报、资料(如项目的原始记录、统计分析、技术文件等)的管理。项目信息管理系统是指为项目实施的管理活动提供所需要信息的一种有组织的系统方法、程序和设施，是对于项目实施管理所需要信息进行收集、加工、存储、传递、输出等处理的系统，并实现项目实施管理而使用的一种手段和方法。一个完整的项目信息管理系统必须具备确定信息需求、进行信息收集与加工处理、向管理者提供项目信息和对信息进行系统管理的功能。

六、指导与管理项目执行的结果

(1)工作成果。在项目计划的实施过程中，为了完成项目的目标和任务，将会开展各种各样的项目工作，这些工作将会产生一定的结果，这些结果被称为工作成果。工作成果是项目计划执行的最主要结果(或输出)。项目工作结果的信息，比如哪些可交付成果已经完成，哪些还未完成，质量标准满足的程度如何等，都将作为项目计划实施情况而被汇集和整理，项目团队根据这些信息资料进行项目的绩效分析，并编写绩效报告。

(2)变更申请。随着项目工作的进行，时常会提出变更申请。所谓变更申请是指在项目执行过程中对项目计划提出的各种改动要求，比如范围变化、项目预算变更或者进度估算变化等，都需要提出变更申请。变更申请应该详细说明变更的性质和变更对项目产生的影响，变更申请是项目变更管理的重要依据。需要注意的是，无论项目大小，变更申请必须是正式的。

任务 6　监控项目工作

一、什么是监控项目工作?

监视和控制项目工作过程是监视和控制启动、规划、执行和结束项目所需的各个过程。采取纠正或预防措施控制项目的实施效果。监视是贯穿项目始终的项目管理的一个方面。监视包括收集、测量并散发绩效信息，并评价测量结果和实施过程改进的趋势。连续的监视使项目管理团队能够洞察项目的状态是否正常，并识别任何可能要求给予特别注意的方面。

项目实施状态的透明度有利于各方人员了解进展以及和目标之间的偏差，及时采取纠正措施。所以需要一种客观的、准确的手段来表现项目的状态，这就是项目绩效度量。

项目绩效度量是指通过客观的数据来反映项目的真实状态。第一，数据是事实的客观表达，它不依赖于人的主观判断。第二，在信息传递过程中，以数字表示的客观事实不会产生偏差，特别是管理层级较为复杂的企业，这一点尤为重要，不仅降低了沟通成本，而且避免了沟通偏差。第三，量化的数据可以更加细微地反映执行中的偏差和未来趋势，及早做出准确的判断，避免决策的随意性和非客观性。

二、监控项目工作的内容和流程

具体来说，监控项目工作过程主要包括以下内容：

①产生反映项目执行绩效的报告(项目沟通管理中的绩效报告)；

②根据报告评估实施结果是否符合计划的要求，及时采取纠偏措施(核心知识领域中的范围控制、范围验证、进度控制、成本控制、质量控制)；

③及时向干系人汇报项目进展及重大决策(项目沟通管理中的干系人管理)；

④管理项目团队，保持高绩效(项目人力资源管理中的团队管理)；

⑤监控项目遇到的不确定性因素(项目风险管理中的风险监控)；

⑥管理项目外购的子合同执行(项目采购管理中的合同管理)。

监控项目工作的流程如图 4-5 所示。

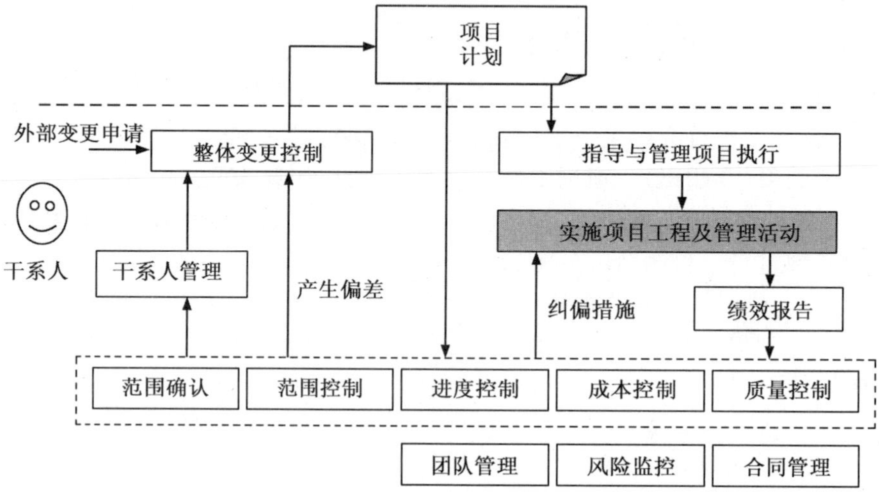

图 4-5 监控项目工作的流程

为了确保项目计划的落实，“指导与管理项目执行”过程和“监控项目工作”过程是相辅相成的。前者主要体现在“项目实施”活动之间，后者则主要体现在“项目实施”活动之后。

任务 7 整体变更控制

一、什么是整体变更控制?

项目的不确定性因素导致了项目的进展未必如计划中那样顺利，而当这种不确定性变得明确的时候，就会导致项目出现变更。为了将项目变更的影响降到最小，需要采用变更控制的方法。项目整体变更控制是针对项目单项变更控制而言的，在项目实施过程中，项目的目标、计划、任务范围、进度、成本和质量等各个方面都有可能发生变动。在项目实施过程，这些变动多数可以在项目变更的专项控制中予以解决。但是在项目整体计划的实施中，必须开展对于项目变更的整体控制，以协调和管理好项目各个方面的变动要求和各项目相关利益者提出的变动要求。图 4-6 给出了项目整体变更控制所涉及的内容及它与各个专项变更控制之间的关系。

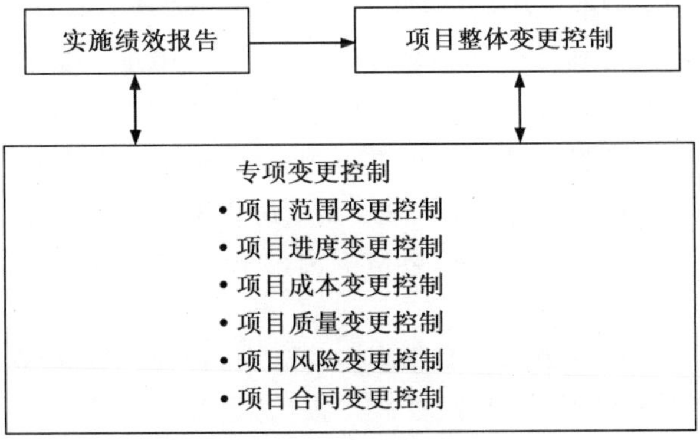

图 4-6　项目整体变更控制与专项变更控制的关系

由图 4-6 可以看出，项目变更的整体控制与项目范围变更控制、项目进度变更控制、项目成本变更控制、项目质量变更控制、项目风险变更控制、项目合同变更控制等专项变更控制是紧密相关的，它是更高一层的全局性的项目变更控制。

项目目标是项目所有活动的最终判断准则，那些可能引起项目目标变化的因素可能来自两个方面：内部和外部。

内部因素是指由于项目的实际实施绩效偏离原有计划要求，导致无法实现原定项目目标，不得不变更项目计划。

外部因素是指干系人对项目的要求发生了变化，从而引起计划的变更。

无论是外部要求变更还是内部的偏差变更都有可能导致项目的四个目标因素发生变化。在实践中，外部要求变更大多只由范围因素变更所引起；而内部偏差引起的变更则可能由于范围、时间、成本和质量各个因素所引起。

变更的最终效果是引起项目基准计划产生变化。由于项目基准计划是项目各项活动开展的基础，为了不引起混乱，它的变化必须是一个严格而受控的过程。

二、项目整体变更控制的原则

（1）尽量不改变项目业绩衡量的指标体系。项目业绩衡量的指标体系是一种行业化、标准化的体系，如果发生了改变，评价的标准就不连续，失去了客观性和科学性，所以尽量不要改变项目业绩衡量的指标体系。

（2）确保项目产出物的变化和项目任务与计划更新的一致性。即当对于项目产出物提出变动要求以后，一旦确认就必须将这种变更反映到项目的整体计划和专项计划的变更之中，就必须在项目整体计划和专项计划中具体说明在计划中是如何反映这种项目变更要求的。

(3)协调各个方面的变动。这里的协调各个方面的变动是指根据项目变更的要求,全面协调各方面的实施和管理工作。例如,项目计划进度方面的变化要求,常常会影响到项目成本,改变项目的风险特性,影响项目的产出物的质量等多个方面的连锁反应,所以必须协调这些方面的变动,以便实现项目变更的总体控制。

三、项目整体变更控制的依据

(1)项目计划。包括项目整体计划和各种专项计划,其中项目集成计划是项目整体变更控制的基线。

(2)项目的绩效报告。项目绩效报告提供了项目实施情况的数据资料。项目绩效报告可以使项目管理者能够警惕将来可能出现的由于变更所带来问题。项目绩效度量的资料来源主要有施工记录、定期检查记录、考勤记录、典型事例记录、主管备忘录、事故报告等。这也是项目整体变更控制的主要信息输入。

(3)项目变更申请。项目变更申请有很多种形式,可以是口头的或者书面,可以是直接的或间接的。项目变更申请可以由项目业主/客户提出,也可以是项目的其他干系人提出。

四、项目整体变更控制的方法

(一)项目整体变更控制系统

整体变更控制可以借助于变更控制系统来实现。项目整体变更控制系统是一套事先确定的改变项目活动并修改项目文件应遵循的程序,它的职能就是为准备提交的变更申请提供指导,对变更申请做出评价,并确定变更审批权限,管理经批准的变更的实施过程。

变更控制委员会评审是整个变更控制过程的核心。一般来说,变更控制委员会(Change Control Board,CCB)是一个项目主要的管理机构组织,由项目重要的干系人代表、各个相关组织的代表、主要的技术人员等组成。变更控制委员会评审就是评估那些被提交上来的变更申请,针对这些变更的目的、要求和影响来作出决策。

变更控制委员会评审一般是以会议的形式进行的,可以定期召开,也可以针对某一项重要的变更临时召集相关人员参加。如果变更申请得到批准,则变更将被实施。变更实施的过程中要特别关注那些可能会产生广泛影响的变更,避免在变更实施过程中出现不一致。完成变更后,需要对变更的实施结果进行验证,以确保被批准的变更得到正确的实施。

(二)项目整体变更控制流程

项目变更控制流程如图 4-7 所示。大多数的变更控制过程都是相似的。

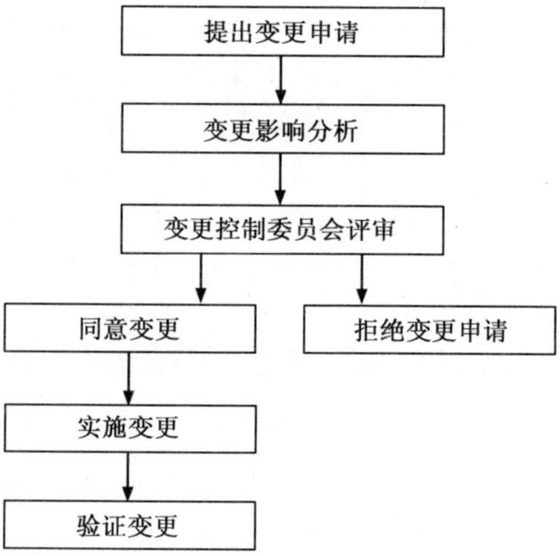

图 4-7　项目变更控制流程

1. 变更申请

一般的变更过程始于正式提出变更申请。在变更申请中，需要详细地描述变更的来源，主要是反映在项目目标的变化上。例如：

- 客户对项目范围的要求产生了变化，引起范围变更。
- 客户需求发生了变化，引起了产品的需求变更。
- 由于实施效率偏差导致了基准计划的修订。
- 通过质量检验，发现交付的产品没有达到质量目标，必须对产品实施返工从而引起的产品变更。

2. 变更影响分析

收到了变更申请后，会有专门的人员先做一个初步的分析，主要是评估变更的来源、变更的理由、变更产生的影响、变更的代价。某些变更会在这个阶段做出一个初步的处理，例如：

- 对描述不清楚的变更申请，要求重新补充信息。
- 删除那些明显错误的变更申请。
- 可以将一些简单且影响小的变更直接分配人员处理。
- 余下的变更申请会被提交到变更控制委员会进行评审。

3. 变更控制委员会评审

变更控制委员会评估变更申请，对变更的目的、要求和影响进行评审，进而做出决策。如果同意实施一项变更申请，则变更被实施，并且在会议上安排相关的变更实施责任人和相关联的协作组织。如果拒绝某一项变更申请，需要给出拒绝的理由。表 4-3 是一种项目变更审批表。

表 4-3 项目变更审批表

编号：

致________________： ____________________工程由于____________________原因，提出________ ____________________工程变更，请审查。 附件：变更内容(____________页) 工程变更提出单位(盖章) 负责人(签字)： 日期：
总监理工程师审定意见： □ 报审表格填写不符合要求，现予退回。请重新填写申报。 □ 变更理由欠充分，不同意变更。 □ 变更工程无实施的可能，不同意变更。 □ 同意变更，按协调一致意见处理。 总监理工程师(签字)： 日期：

续表 4-3

协调一致意见： □ 需作工程变更设计。请建设单位通知原设计单位编制设计变更文件；待取得设计变更文件后，再请承包单位编制工程变更施工方案报审。 □ 不涉及设计变更，请承包单位编制工程变更施工方案报审。 □ ……		
建设单位(盖章)： 负责人(签字)： 日期：	项目监理部(盖章)： 总监理工程师(签字)： 日期：	施工项目部(盖章)： 项目经理(签字)： 日期：

五、项目整体变更控制的结果

项目整体变更控制的结果是形成书面文件，主要包括如下三个方面：

(1)更新的项目计划。项目整体变更控制的第一项输出结果是更新后的项目计划。这是指对原有项目整体计划、专项计划及其相应的支持细节内容所做的修改和更新的结果。在更新了项目计划以后必须通知这一更新所涉及的项目相关利益者。

(2)项目变动行动方案。项目整体变更控制的第二项输出结果是项目变动的行动方案。这是项目整体变更控制过程中的一个重要环节，它给出了下一步在项目整体变更控制下所要采取的变动行动方案。这一输出结果应该尽快传递给这一行动的执行者，并充分监视这些变动行动方案的实施与后果。

(3)项目应吸取的教训。项目整体变更控制的最后结果是本项目实施中所存在的问题和应该吸取的经验和教训。包括：项目变更原因的说明，对于所选用的变动行动方案的说明和解释，变更带来的经验和教训。项目应吸取的教训都需要用文件的形式记录下来，并作为项目整体变更控制过程的输出结果之一保存起来。这样它们就可以成为一个项目实施过程的历史资料，以供今后的项目参考和借鉴。

任务8　项 目 收 尾

一、什么是项目收尾？

(一)项目收尾的概念

当项目完成的时候，需要执行一个收尾的活动。项目收尾过程是项目干系人和客户对最终产品进行验收，使项目或项目阶段有序地结束的过程。根据 PMI 的概念，项目收尾包括合同收尾和管理收尾两部分。

(二)项目收尾的工作内容

项目收尾是项目管理的重要环节。项目收尾活动包括以下几个内容：

(1)合同收尾是指了结合同并结清账目,包括解决所有尚未了结的事项。合同收尾需要对整个采购过程进行系统的审查,找出进行本项目其他产品或本组织内其他项目采购时值得借鉴的经验和教训。

(2)管理收尾涉及为了使项目干系人对项目产品的验收正式化而进行的项目成果验证和归档,具体包括收集项目记录、确保产品满足商业需求,并将项目信息归档,还包括项目审计。

二、项目验收

(一)项目验收的含义

项目验收又称项目范围确认或移交,是指项目结束或某一阶段结束时,项目团队将其成果交付给接收方以前,项目接收方会同项目团队、项目监理等有关方面对项目的成果进行审查,核查项目计划或项目合同规定范围内的各项工作或活动是否已经完成,以及应交付的成果是否令人满意。把项目验收情况记录在案,并经过验收各方的签字确认,形成文件。

如果项目没有全部完成而提前结束,应查明有哪些工作已经完成、完成到了什么程度、哪些工作没有完成,并将核查结果记录在案,形成项目执行情况测量文档。执行情况测量文档用于记录和分析项目执行情况的所有文档,包括建立执行情况测量框架的计划文档,在管理收尾期间应随时可查。

(二)项目验收的依据

项目验收的对象是项目的工作成果,验收标准一般选用项目合同书、国际国内的行业标准和有关政策法规与国际惯例等,这些标准应该具有权威性、科学性和公允性。

(三)项目验收的内容

项目验收包括项目质量验收和项目文件验收两部分内容。

(1)项目质量验收。项目质量验收是根据项目合同中的质量条款和指标要求,遵循相关的质量检验评定标准,对项目完成的质量情况进行测试、评定、认可和办理验收交接手续的过程。质量验收是项目接收方控制项目成果最终质量的手段,也是项目实体验收的最重要内容。项目质量验收的直接成果是产生质量验收评定报告和项目技术资料。项目成果的每一个测评项的评定记录经汇总而成的项目技术资料,是项目档案的重要组成部分。

(2)项目文件验收。项目文件验收包括项目在执行过程中形成的各种形式的文件资料,包括合同、计划、图纸、账目、报表、报告、文书、信函、单据、证书、工作日志、会议记录以及数据与程序等。项目文件是项目结束时成果验收和质量保证的重要依据,也是项目交接、维护和后评价的重要原始凭证,必须对其进行清点、编目、立卷、归档,以方便调取、检索和长久保存。对于大型项目,项目文件验收是竣工验收的前提条件。项目文件验收的范围主要有:①项目启动与计划阶段的文件;②项目执行阶段的文件;③项目结束阶段的文件。项目文件的交验方应按照合同条款有关文件验收的范围及清单进行自检和预验收,再由接收方逐一进行查验、清点、立卷、归档。对验收时认为不合格或有缺陷的科目要通知责任方弥补或更正。验收合格后交接双方要在科目文件验收报告上共同签字确认。项目文件验收的结果是形成项目文件档案和项目文件验收报告。

三、项目审计

（一）项目审计的含义

项目审计是指国家或企业的审计机构依据国家的有关法律规定或财务规定、项目组织所属企业的经营方针、经营目标、管理标准和规章制度，采用科学的方法和考核指标，对项目的实施活动进行审核检查，判断其是否合法、合理、有效益，以实现及时发现错误、防止舞弊、加强管理的目的。项目审计是正式评审项目进展和成果的一个好方法。为了保证项目审计的公正性，审计机构必须保持相对的独立性和权威性。

（二）项目审计的工作程序

项目审计工作的一般程序为：

（1）审计启动。主要内容包括：建立项目审计小组；明确审计目标和范围；收集项目有关资料；制订项目审计计划、审计调查表等。

（2）建立项目审计标准。主要指确定能够反映项目实施好坏的具体标准，具体包括：划分审计领域；对各领域建立一套评估基准；明确管理层对各个不同领域的绩效期望；建立信息收集的工作范围等。

（3）实施项目审计。主要包括：针对确定的审计范围进行检查，从中发现错误和弊端；帮助项目成员分析错误和弊端，并寻找解决措施。

（4）准备项目审计报告。主要是按照事先确定的格式，以书面的形式形成项目审计报告。

（5）项目审计终结。主要包括各种项目审计文件整理归档，对项目的整个审计文件整理归档，对项目的整个审计工作进行总结。

（三）项目审计的内容

项目审计工作要对各个阶段、各个部分的工作进行系统的调查和监督。其具体内容包括：

①项目的实施现状，是否按照项目计划完成；

②项目的未来发展趋势，项目计划是否发生重大变化，分析变更原因和可能造成的影响；

③项目的里程碑计划是否完成；

④风险评估；

⑤项目的成功和失败原因；

⑥项目审计的局限性，包括制约或影响本次项目审计工作的因素有哪些，如何消除；

⑦项目实施以前和以后的各项工作，包括项目可行性研究工作的审计，项目计划的审计，对项目组织的审计，对项目招标工作的审计，对项目合同的审计，对项目验收的审计，对项目建设经济效益的审计和对项目成员绩效的审计等。

模块五　农业项目范围管理

知识目标

掌握农业项目范围管理的概念；

了解项目范围的来源和项目范围管理的基本过程；

了解项目范围计划编制的工具和方法；

掌握工作分解结构的概念、设计方法和步骤；

掌握项目范围确认的概念、方法和技术；

了解项目范围变更的原因，掌握项目范围变更控制的概念；

了解项目范围变更控制的方法和技术。

能力目标

能够针对某一项目建立工作分解结构；

能够根据项目范围变更控制的流程，进行项目范围变更控制。

农业项目管理是一项复杂而烦琐的系统过程，要保证项目获得成功，项目执行者最需要关注的是项目计划，而范围管理是制订项目计划时首先要解决的问题。在项目实施过程中，项目范围变更和控制也是项目在正常轨道上进行的保证，因此，项目范围管理贯穿于整个项目管理过程。

【案例导入】

两个软件开发项目的不同命运

一个软件开发的项目，当时软件开发管理非常不规范，整个项目进行了 5 年，何时结束还处于不明确状态。因为用户不断有新的需求出来，每天追着开发人员解决问题，项目组就要根据用户的新需求不断开发新功能。该项目实际是一个无底洞，没完没了地往下做，项目成员“肥的拖瘦，瘦的拖死”，实在做不下去只能跑了。

同样是一个软件开发项目，比上面那个项目小些，公司对软件开发活动进行严密的管理，有相对完善的软件开发管理过程。项目在一开始就明确了用户需求，而且需求基本上是量化的、可检验的；并且制订了项目范围变更控制管理过程。在项目的实施过程中，用户的需求变更都是按照事先制订好的过程执行。最后，项目组成功交付了成果。

任务1 了解农业项目范围管理

一、什么是农业项目范围管理?

(一)农业项目范围管理的概念

项目范围是项目目标中最重要的一个目标,它定义了项目最终完成的内容,其他三个目标都是建立在范围目标的基础之上的。确定项目范围就是划定一个界限,哪些方面是属于项目应该做的,哪些又是不应该包括在内的。这个界限既包括最终要交付的成果,也包括为了实现交付成果所做的工作。项目管理里面“范围”(scope)一词有两层含义:第一,产品范围,指所交付的产品或服务应该包含什么内容;第二,工作范围,指为了实现交付的产品或服务所需要完成的工作内容。

农业项目范围管理被定义为:农业用以保证项目包含且只包含所有需要完成的工作,以顺利完成项目所需要的所有过程。这个过程要确保项目组和项目干系人对作为项目结果的产品以及生产这些产品所需要的过程有一个共同的理解。

(二)确定农业项目范围的意义

确定了项目范围也就定义了项目的边界。由于任何项目的资金都是有限度的,而实现项目的目标必然要耗费项目的资金,因此通过项目范围的界定过程,确定完成项目所必不可少的工作,以及界定出那些不必要(或无法完成)的工作,是有重要意义的。

(1)保证项目的可管理性。范围定义明确了项目的目标和主要的可交付成果,可交付成果又可被分为较小的、更容易管理的组成部分。

(2)提高费用、时间和资源估算的准确性。项目的工作边界定义清楚了,项目的具体工作内容就明确了,这就为项目所需的费用、时间、资源的估计打下了基础。

(3)确定进度测量和控制的基准。项目范围是项目计划的基础,项目范围确定了,就为项目进度计划可控制确定了基准。

(4)有助于清楚地分派任务。项目范围确定也就确定了项目的具体工作任务,为进一步分派任务打下了基础。

(5)可作为评价项目成败的依据。项目范围是按照业主或用户的需求来确定的,确定的内容编写在正式的项目范围说明书或项目参考条款中,并记录了修改或变更范围的情况,因此,提供了监督和评价的依据。

总之,项目范围的界定是重要的,它构成了问题解决过程的关键步骤,指明了人们筹划项目定义的整个过程,显示了人们是怎样达到各自目标的。项目干系人必须在项目要产出什么样的产品和服务方面达成共识,也要在如何产生这些产品和服务方面达成一定的共识。

二、项目范围的来源:需求

项目范围目标定义了整个项目需要交付的结果,可以说是项目所有活动的参照点。那么,又是什么因素决定了项目的范围呢?

以一个新型手机产品的研发项目为例，这时“产品范围”就等同于这个未来的手机产品应该具有哪些功能。比如它应该具有接打电话、收发短消息等基本通信功能。此外，年轻人可能需要自定义铃声以彰显个性；商务人士可能要求手机外观要稳重、高贵。仔细分析我们发现，产品所具有的功能其实都是为了满足客户的某种需要，这种需要最终左右了我们应该做什么和不做什么。

我们把这种需要称为需求。需求表述了客户打算利用项目成果来做什么，而项目的产品范围则定义了什么样的产品可以实现客户的需要，所以客户需求是“因”，产品范围是“果”。同时我们也注意到需求和范围之间存在着一个转化过程，两者之间是有区别的。客户不是为了仅仅拥有而购买产品，而是通过产品来实现某种目的。

现在我们知道“需求”是“范围”之源，但为什么在项目管理知识体系中没有提到需求，而在某些领域特别是IT及软件行业，非常强调需求管理却很少提及范围管理呢？

实际上在某些传统的行业中，促使项目建立的客户需求是相当明确的。例如建造一栋楼的目的就是满足客户居住的要求，这是千百年来都不变的需求，用户更关心的是造什么样的房子，这就是范围的概念。但在另外一些新兴的行业中，特别是一些IT或者软件类型的项目，项目的需求都是解决一个新的问题，甚至是创造出一种新的需要。这个时候连解决什么问题都说不清楚，又怎么能准确把握交付什么样的产品就能满足需求呢？这类项目都有一个共同的特征：项目是在需求还只是一个概念的情况下开始的，需求是很不清晰、很不准确的。项目的第一个活动就是搞清楚用户需求，然后在正确需求的基础上确定项目的产品范围及工作范围，以此作为后续项目活动的基准。需求和范围的关系如图5-1所示。

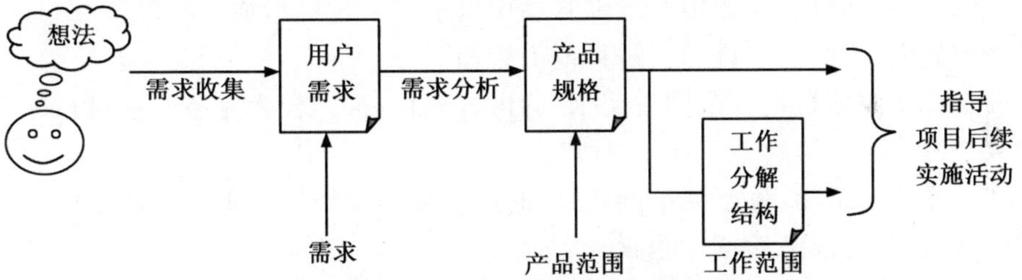

图5-1　需求和范围的关系

这个关系图看起来虽然简单，但却有几个重要的环节需要注意。

首先，需求收集活动的目的是什么？很多人会误以为需求收集就是搞清楚用户要的是什么产品。我们说到定义产品就是确定产品范围，它是在确定需求之后的活动。在这个阶段，我们应该集中力量搞清楚：

- 用户为什么需要这个产品？
- 用户打算拿这个产品解决什么问题？
- 这个产品给用户带来了什么价值？

整个需求收集活动都是围绕着用户来进行的。

其次，当我们搞清楚了用户的需求后，就需要确定创建什么样的产品可以满足用户需求，这就是需求分析活动的目的，其结果就是定义产品的规格说明书(specification)。事实上，很多成熟行业的项目都是从相对详细而准确的产品规格开始的，产品规格就定义了产品范围，而在 IT 或者软件行业中。第一个活动则早于产品规格,是从收集需求开始的,由需求再来确定规格,也就是产品范围。

我们知道,范围是项目其他活动的源头和基础,所以需要采取措施控制好这个源头。但在某些项目中,存在比"范围"还要提前的"需求"活动,所以我们就更需要控制好"需求"。"需求"控制好了,由它衍生出的"范围"也就控制好了。但有的时候项目需求变了,项目范围可能随之发生变化也可能不变化。

另外一个需要特别注意的是:获取项目需求和定义产品规格(范围)所要求的技能是不同的。获取项目需求的人员必须对要解决的问题领域也就是业务领域很熟悉,而定义产品规格所要求的技能则是技术能力。一个人在两个领域都是专家是很难的。

了解项目需求、确定项目范围有一定的先后次序,但是很多项目往往是在明确需求之前就签订了项目的实施合同。这个时候项目就承担了一定的风险,因为如果识别的需求和当初估计差距较大的话,就会导致项目产品和工作范围超出预期。有些大型项目会把需求定义工作和需求实现工作这两部分活动分开。在第一阶段,请专门的咨询公司进行需求定义,然后利用定义好的需求进行第二阶段招标,选择合适的需求实现伙伴,这种做法无疑就保证了两部分不同要求的工作都可以达到相应的要求。

三、农业项目范围管理的过程

项目范围管理就是对项目应该包括什么和不应该包括什么进行定义和控制,这个过程用于确保项目组和项目干系人对作为项目结果的项目产品和服务以及生产这些产品和服务的工作过程有一个共同的理解。农业项目范围管理由以下五个过程组成:

(1)范围计划编制:约定项目如何进行范围管理。

(2)范围定义:将"项目初步范围说明书"的内容细化,得到较为完整的项目目标,尤其是产品范围。

(3)建立工作分解结构:将产品范围逐步细分,生成项目详细的工作分解结构。

(4)范围确认:项目范围的正式验收。

(5)范围控制:控制对项目范围的变更。

其中,范围计划编制是对整个项目实施范围管理的活动进行约定。范围定义和建立工作分解结构则是在计划过程中产生准确的项目范围。以上三个活动都属于计划过程组,但范围计划编制属于管理计划范畴,而另外两个活动则是对工程活动进行计划。

范围确认和范围控制属于控制过程组。正如所有的控制过程一样,它们的作用是使得范围在执行过程中始终和客户的期望一致。范围确认要确保项目组所理解的范围和客户是一致的,范围控制则是要控制项目干系人在项目实施过程中要求变更的项目范围。

任务 2 项目范围计划编制

一、项目范围计划编制的概念

范围计划编制是制订项目如何实施范围管理的计划,就是约定项目如何去确定和生成项目的范围,如何去管理项目的范围变化,活动的结果就是"项目范围管理计划"。项目范围说明书通过定义项目目标和主要的可交付成果,形成项目小组和项目客户之间协议的基础。

二、项目范围计划编制的工具和方法

(一)项目产出物分析方法

通过对项目产出物进行分析,可以使项目业主/客户与项目组织形成对项目产出物的准确和共同的理解,从而指导人们编制项目范围计划。项目产出物分析方法包括系统分析方法、价值工程方法、价值分析方法、功能分析方法和质量功能配置技术等一系列的方法和技术。只有使用这些不同的方法和技术,从不同的角度对项目产出物进行全面的分析和界定,才能更好地指导项目范围计划的编制。

(二)收益/成本分析方法

收益/成本分析方法是指对不同的项目备选方案进行各种成本和收益的识别与确认,和对项目方案的成本(费用)与收益(回报)的全面评估的方法。其中最主要的是从项目业主/客户的角度出发的项目财务评价方法,它使用项目投资回报率、项目回收期等财务评估指标去确定备选项目方案的经济性。使用这种方法可以确定出哪个项目备选方案更为经济合理,这对编制项目范围计划有很重要的指导意义,所以它是项目范围计划编制中必要的方法。

(三)提出项目备选方案的方法

在项目范围计划的编制中,首先需要提出各种各样的项目备选方案。有许多管理技术和方法可以用于提出不同的项目备选方案,其中最常用的管理方法和技术是"头脑风暴法"和"横向思维法"。

(1)头脑风暴法。头脑风暴法是一种有利于创造性思维的集体思辨和讨论的会议方法。在典型的头脑风暴法讨论会中,一般是6～12人围坐在桌旁,一个主持人用简单明了的方式把问题提出,让每个人都了解问题之后,在给定的时间内,通过大家自由发言,尽可能多地想出各种解决问题的方案。在这种会议过程中,任何人都不得对发言者加以评价,无论是受到别人启发而提出的观点,还是自己提出的稀奇古怪的观点,任何人不允许进行批评。所有提出的方案都需要记录在案,直到最后,大家再来一起分析和评价这些建议和方案,从而找出可行的项目备选方案。

(2)横向思维法。传统的思维方法多数是纵向思维的方法。纵向思维方法是高度理性化的,是一个逐步深化的思维过程,每一步与前一步都是不可分割的关联环节。在这一过程中,每一步都必须正确有序。横向思维则没有这种限制,它不要求人们按照一种模式或程序去思维,而要求人们打破原有的框框,重构一种思维模式。它要求在处理问题时也可以不从初始状态入手(即从分析问题入手),而从解决问题的办法入手。例如,一个管理者可以根据项目的工作任务去考虑项目的备选方案,然后再倒推出要实施这一项目备选方案所需的资源和前提条件等。

(四)专家判断法

在制订项目范围计划的过程中,常常需要使用专家判断法。因为有许多项目范围界定问题涉及项目所属专业领域的专家知识，不管是对项目产出物的描述还是对项目目标的确定都会涉及许多专家知识。制订项目范围计划时还需要有一些项目管理专家提供项目管理方面的知识。

三、项目范围计划编制的结果

项目范围计划编制工作的结果主要是生成三个界定项目范围的文件。其一是项目范围综述（项目范围计划的主体部分）；其二是项目范围综述的支持细节；其三是项目范围管理计划。这三个文件是项目后续阶段管理的重要指导文件。

（一）项目范围综述

项目范围综述是未来项目决策的主要依据。项目范围综述在一定程度上能够保证本项目所有的相关利益者对于项目的范围有一个共同的理解。随着项目的展开，项目范围综述可能需要修改或者更新，以便及时反映项目范围的变更情况。项目范围综述应该包括以下内容：

（1）项目的理由。这是对项目成立的理由所做的全面描述，即对于项目能够满足各种需求的综合说明。在项目后期阶段对项目活动进行界定和取舍时，项目理由是评价项目活动合理性的根本依据。

（2）项目产出物。这是有关项目产出物的简要描述，是一份简要罗列项目产出物构成的清单和说明。从项目范围计划的角度出发，如果提供的项目产出物符合这类描述，就标志着项目已经完成。需要注意的是，任何为业主/客户额外提供的项目产出物都不应该包括在项目范围计划之内，任何未指明要提供的项目产出物均应该排除在项目范围计划之外。

（3）项目的目标。项目目标是指完成项目所必须达到的标准和指标。项目目标必须包括项目成本、项目进度和项目质量等。具体而言，一个项目的目标主要包括项目产出物的各种属性指标、项目的工期指标与项目阶段性里程碑、项目产出物的质量标准和项目的成本（造价）控制目标等。

为了使项目目标能够有效，项目业主/客户和项目组织以及所有的项目风险承担者都必须正式地认可和同意既定的项目目标。通常，由项目经理创建的项目目标文档应该成为最重要的项目文件。在这一文件中，项目目标的界定必须明确，项目目标的指标值必须明确规定，而且必须可行、具体和可以度量。不可度量的项目目标会给项目带来各种各样的风险，所以一定要避免模糊不清的项目目标。例如，“建成一所房屋”这类项目目标就太模糊了，因为人们在“建成”的意义上可能会存在不同的理解，究竟是指完成了房子的土建工程，还是包括完成项目的安装工程，还是进一步连房子的装修工程也一起完成。较好的项目目标描述应该是“用150万元，根据第16种型号的楼面布置图和说明书，在6个月之内建成这所房子的土建和安装部分，不包括室内装修”。这样，项目业主/客户与项目组织就不会在项目目标问题上产生争议了。

（二）相关的支持细节

这是指有关项目范围综述的各种支持细节文件。这些支持细节中也包括所有已识别项目的假设前提条件和限制条件。项目范围综述的支持细节内容和详细程度会随项目的专业领域的不同而变化。项目范围综述的支持细节应以能够支持项目范围管理和有利于项目管理的其他过程使用和参考为原则来组织和编写。

(三)项目范围管理计划

项目范围管理计划文件主要描述如何控制项目的范围以及如何将项目范围变更进行集成管理。大多数情况下“项目范围管理计划”并不是一个独立的文档,而很可能是“项目管理计划”中的一部分,其内容应该包括:

①根据最初的“项目初步范围说明书”编制详细的“项目范围说明书”的方法和过程。

②“项目范围说明书”被干系人评审和批准的过程。

③根据“项目范围说明书”去建立工作分解结构的方法和过程。

④对项目范围进行确认和验收的过程。

⑤对项目范围变化进行控制的过程。

一个项目范围管理计划可以是正式的或非正式的,详细的或粗略的,根据项目需求的不同而不同。它是项目集成计划中的一个专项计划文件。一份精心准备的项目范围管理计划可以作为整个项目应急计划的基础和核心。

任务3 项目范围定义

一、什么是项目范围定义?

项目范围定义是指把项目的主要可交付成果划分为更小的、更容易管理的许多组成部分。项目范围定义的目的在于提高对项目成本估算,项目工期和项目资源需求估算的准确性;为项目的绩效度量和控制确定一个基准;便于明确和分配项目任务与责任。项目范围定义的最终结果将产生项目范围说明书。项目范围说明书在项目启动阶段,也就是立项之前就已产生,主要内容是约定项目目标,其中又以范围目标为主。在项目正式启动之后,需要在初期大致约定的基础之上更加准确而详细地定义项目目标,所以范围定义活动是先前所进行的制订项目初步范围说明书活动的延续。两者的产出物都是“项目范围说明书”,但之前的活动是为了给立项提供决策依据,而现在则是为了给后续活动确定项目目标。

二、项目范围定义的内容

既然是延续性工作,所以工作都是在前面工作成果的基础上进一步细化完成的。主要内容包括:

①进一步细化项目的可交付成果,其目的是产生详细的项目产品范围。

②对项目交付成果应该达到的质量目标提出明确而清晰的要求。

③制定实施项目验收的工作过程,验收所遵循的检测标准以及通过准则。

④细化里程碑目标,以及对里程碑目标实现进行评价的准则。

⑤进一步修正项目总预算。

三、项目范围定义的方法和技术

项目范围定义是一项非常严密的分析和推导工作，因此需要采用一系列的逻辑推理和分析识别的方法和技术。在这项工作中使用的关键技术和方法主要是工作分解结构，建立工作分解结构的技术和步骤将在任务 4 中详尽介绍，这里不再赘述。

任务 4 建立工作分解结构

一、工作分解结构的概念

工作分解结构(work breakdown structure，WBS)是归纳和定义项目范围最常用的一种方法。WBS 是项目团队为了实现项目目标将项目分解成可以管理和控制的工作单元，从而可以更为容易且准确地确定它们的进度、成本以及质量要求。说得通俗一点，WBS 就是将项目进行分解的一种方法，它使得项目目标从抽象的表述转化成详细、明确且实在的工作内容，这些工作内容就变成了项目目标的具体体现。

二、工作分解结构的作用

工作分解结构以可交付物为导向，将任务进行分解以便执行项目。通过工作分解结构将项目进行分解的目的是使任务方便管理。具体来说，工作分解结构的作用如下：

①能保证所有任务都识别出来，并把项目要做的所有工作都清楚地展示出来，不至于漏掉任何重要任务。

②能清晰地给出可交付成果，明确具体任务及关联关系，为不同层级的管理人员提供适合每个层次的信息。高层管理人员处理主交付物，一线主管处理更小的子交付物和工作包，使项目团队成员更清楚任务的性质，明确要做的事情，做到胸有成竹。

③容易对每项分解出的活动估计所需时间、所需成本，可应用于计划、进度安排和预算分配，也可将小工作包的预算与实际成本汇总成更大的工作元素。

④通过工作分解，可以确定完成项目所需要的技术、人力及其他资源。

⑤为管理人员提供了计划、监督和控制项目工作的数据库，能够对项目进行有效的跟踪、控制和反馈。

⑥定义了沟通渠道，有助于理解和协调项目的多个部分。这一结构显示了工作和负责工作的组织单位，问题可以很快得以处理与协调。

工作分解结构以层级框架结构定义项目的所有元素，将项目视为一个可以分解的大工作包，整个项目是所有小工作包的总和。这种层级结构便于对项目生命周期内组织所有层次的成本、时间和技术性能进行评价。

工作分解结构是项目管理中最重要的文件之一，一个不良的工作分解结构会使项目遭殃，会导致项目夭折，项目最终成本会比估算高，并且需要重做大量的工作弥补在工作分解结构中未列出的工作。因此，建立一个好的工作分解结构，可以维护项目健康。

三、工作分解结构的层次和表述方法

一般地，项目工作分解结构的层次顺序如图 5-2 所示。

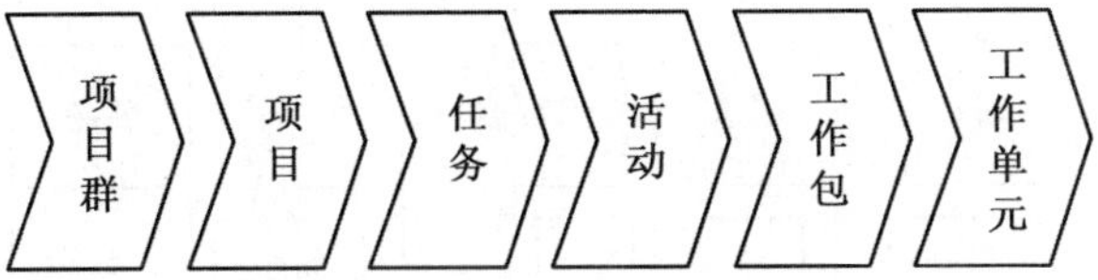

图 5-2 项目工作分解结构层次

WBS 的表述方法通常有三种：树状图表示法、气泡图表示法以及最常用的表示法——列表法。图 5-3 和图 5-4 是家庭装修项目的树状图 WBS 表示法和列表图 WBS 表示法。

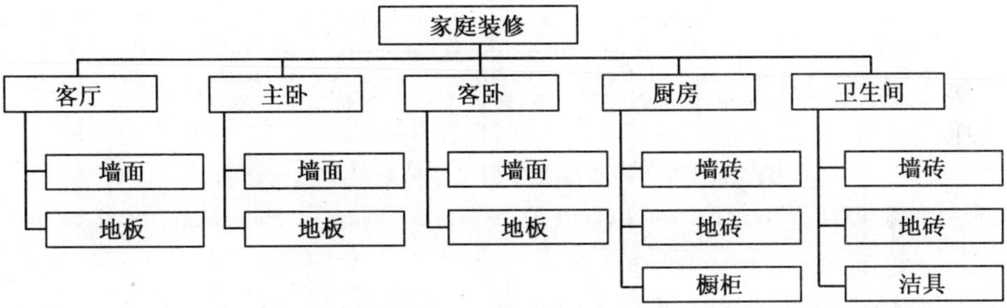

图 5-3 树状图 WBS 表示法

在很多专业应用领域中均有标准或半标准的项目工作分解结构模板。例如，美国国防部曾为国防装备项目制定了标准的工作分解结构模板，图 5-5 为其中一例。

列表法被广泛采用的主要原因是项目管理软件的普及。这类软件大都是利用列表法来创建 WBS。其目的在于和后面的管理活动有一个很好的参照对应关系。

家庭装修

1.1 客厅
1.1.1 墙面
1.1.2 地板
1.2 主卧
1.2.1 墙面
1.2.1 地板
1.3 客卧
1.3.1 墙面
1.3.2 地板
1.4 厨房
1.4.1 墙砖
1.4.2 地砖
1.4.3 橱柜
1.5 卫生间
1.5.1 墙砖
1.5.2 地砖
1.5.3 洁具

图 5-4 列表图 WBS 表示法

四、WBS 设计的方法和步骤

(一)WBS 设计的方法

WBS 是一个典型的树状分层结构，最上面一层代表整个项目，通常称之为 0 层，向下逐级分解直到最底层。理论上有三种方法来创建 WBS，即类比法、自上而下法、自下而上法。

(1)类比法，顾名思义就是利用一个类似项目的 WBS 作为构建本项目 WBS 的起点。很多专业领域的项目都有约定俗成的 WBS 模板可供参考。一个组织也可以从自己过去积累的项目中提炼和归纳出一个项目的通用 WBS 来作为今后项目的标准。

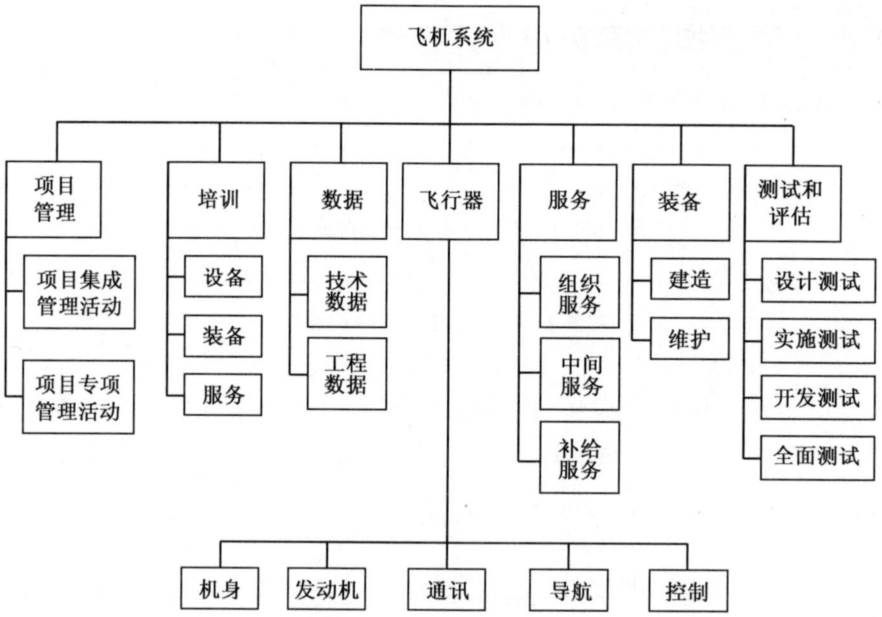

图 5-5　美国国防装备项目工作分解结构模板示例

资料来源:PMI. *A Guide to the Project Management Body of Knowledge*. PMI, 1996.

(2)自上而下法,被认为是最常规的创建 WBS 的方法。它从项目最大的单位开始,逐步分解成下一级的多个子项。这个过程就是不断增加级数,并细化工作任务。对于经验丰富的项目经理和项目组来说,由于他们具备广泛的技术知识和整体的视角,这种方法是最好的。

(3)自下而上法,是要让项目组人员一开始就尽可能地确定项目有关的各项具体任务,然后再将各项具体任务进行整合,并归总到一个整体活动或 WBS 的上一级内容当中。

(二)建立 WBS 的步骤

一个高质量的工作分解结构对项目后续工作至关重要,下面以"自上而下法"为例来介绍一种分解方法,并且展示其中的要点。

步骤一:建立 0 层,也就是以整个项目作为分解的基础。对单个项目来说这并没有什么特别意义,但是对于大型项目来说,这样做便于其中的子项目分解结构的合并操作。

步骤二:建立项目可交付的成果列表。

步骤三:对每个可交付成果进行分解,得到细分的可交付子成果。这一过程可以循环做下去,直到得到适当的颗粒度为止。

以上我们得到了一个全部由名词组成的工作分解结构,它代表了项目最后完成的所有产出物及其分解。

步骤四:对每个子成果进一步分解出完成它所需要进行的活动。也就是说经历了这些活动,我们就可以构造一个子成果。

步骤五:某些子成果的简单相加就可以构成其上一级的父成果。但有些情况下,还需要实施额外的活动才能使那些子成果构成父成果,这些活动被称为横向关联活动,如子产品的集成活动、验收活动等。

(三)WBS建立的基本原则

WBS的建立也需要遵循一些基本原则,具体有以下几点:

①WBS中的产品范围应该包含所有的中间和最终工作产品。

②WBS中的工作范围应该包含所有的项目任务和活动。那些没有被包含在WBS中的活动和任务都不会被分配相应的资源,其实施也无法得到保证。

③分解的颗粒度大小由项目特征和管理幅度来决定,没有一定的规则。一般来说,最下层的活动从1人/天到1人/周的大小都合理。太小了管理成本太高,太大了则不利于有效管理。

④在WBS的每一个节点上,可以建立账目编码(code of accounts)系统,来唯一标识和确定每一项工作单元。这样做一方面可以提高沟通的效率和准确度,从而减少管理成本;另一方面这个编码可以和进度及成本管理产生对应关系,特别有利于对项目进行准确而详细的成本预算及核算管理。

⑤可以将WBS的某一层节点及其以下的所有单元作为独立的单元来单独管理,这些单元被称为"工作包"。可以将每一个工作包分配给相应的责任人,并建立责任分配矩阵,这意味着其下所有结果或者活动将由该责任人负责。工作包的设定完全是管理层次上的需要,所以选择时没有硬性的规定。

WBS事实上也是项目管理活动和工程活动的接口点,两个部分的活动在WBS中得到了有效的关联。后续的项目管理活动都是针对WBS上的工程活动来进行的:

- 项目的时间资源被具体分配到WBS的工作单元上。
- 项目的资源投入和成本计划都被分配到WBS的工作单元上。
- 项目的范围变更必须基于WBS进行。

【实践训练】

建立工作分解结构

1.**实训要求:**阅读下面案例资料,学习相关理论知识,查阅相关资料,建立合适的工作分解结构。

2.**实训目的:**通过此次实训,加深对工作分解结构相关知识的理解,深入理解工作分解结构的作用,把握制订工作分解结构的原则和步骤等,并具备一定的知识运用能力。

3.**实训组织:**全班同学按每组3～5人进行分组,要求每组课前查阅资料、学习相关知识,并进行简单的任务分配。

4.**实训实施:**任课教师提供案例资料,在任课教师的指导下,以每组学生为主体,共同完成设计任务,建立合理的工作分解结构。

5.**实训考核:**每组提交一份该项目的工作分解结构,并进行分解原因说明。教师结合工作分解结构成果以及掌握知识情况进行考核评定并给出成绩。

【案例资料】

元旦晚会

又迎来了新年,这是世纪之交的第一个元旦,SD大学工商管理学院打算好好地筹备一场晚会,让大家共度这个有着纪念意义的节日。

工商管理学院希望在为同学们创造更多欢乐的同时,能够通过这次庆典在全市范围内扩大自己学院的声望,并与企业界建立更广泛、更直接的联系。这次活动的具体筹办工作由学院学生会全面负责,学生工作办公室的王老师负责指导和组织协调。

要扩大学院的声望,需要大力的宣传投入。他们计划在本市晚报刊登1/4版面的广告,并通过本省电视台加以宣传。晚会筹备资金一部分由学院自筹,另一部分由企业赞助。对赞助企业的宣传体现在晚报和电视台的广告上。此外,还可以与企业达成人才资源库的协议,给他们输送所需人才。

要达到上述预定目标,就意味着这次庆典活动必须是高质量、高水平的,从整体组织到每一个细节,都必须准备得周到、完善。校园游艺的场地安排,既要体现出本学院在SD大学中的重要地位,又要方便大家游乐。晚会的舞台设计、灯光、音响以及嘉宾的安排等,也要考虑周全,不能冲淡了娱乐的主题,同时还要自然而然地通过这次活动将学院的名声打出去。

为此,学生会的干部们深知自身责任重大。他们首先进行了明确的分工,由主席担任项目总负责人,实践部部长负责外联工作,副主席担任财务主管,还有其他人的责任也都进行了落实和明确。

接下来,他们进行了详细的工作分解,确定了工作范围。庆典活动主要由两大块组成:一是校园游艺活动;一是元旦晚会。

来源:刘国靖编著《现代项目管理教程》,中国人民大学出版社2004年版

任务5　项目范围确认

一、项目范围确认的概念

范围确认(scope verification)也经常被翻译成范围验证或范围核实。英文的原意确是"验证"一词,但如果参考在后续"质量管理"中所提出的"验证"(verification)和"确认"(validation)意义的区别,我们认为这里所体现的活动属于"确认"的范畴。

范围确认是项目干系人正式承认和接受项目范围的过程,相当于对项目的范围目标做出检验,以确保其是正确的。在项目范围确认工作中要审核项目范围定义工作的结果,以确保所有必需的项目工作均已正确而令人满意地包括在项目范围之中,而与实现项目目标无关的工作均未包括在项目范围之中。项目范围确认既可以是对一个项目整体的范围确认,也可以是对一个项目阶段的任务范围确认。如果项目提前中止,则在项目确认过程中应将项目完成的程度及项目的整体范围以文件的形式记录下来。项目范围确认不同于质量控制,质量控制关心的是工作结果的正确性,但是项目范围确认关心的是工作任务的正式和官方认可与接受。

二、项目范围确认的对象

项目范围确认活动不能在项目组内部实施,而是需要干系人介入。为了使项目范围得到干系人的正式确认,项目组必须形成一套正式的文件来说明。项目范围确认的对象主要包括以下的文件:

(1)项目活动和项目的可交付成果应该达到的要求。

(2)遵循什么样的过程来评价项目工作及可交付成果。

(3)判断是否达到要求的准则。

这样,项目干系人就可以在项目的目标以及如何鉴定目标完成的状态上达成一致,可以准确地评价和判断项目的工作活动和可交付成果是否符合当初的期望。同时,范围确认也为项目组的工作建立了明确的目标,有助于工作的顺利完成。

三、项目范围确认的方法和技术

项目范围确认工作就是对项目范围进行审查和确认的工作。通过对于项目范围的审查来确认项目范围是否包括了实现项目目标所需的全部工作,有没有不属于项目范围的工作包括在定义的项目范围之中,项目范围定义生成的结果是否与项目的要求相符等。项目范围审查的对象包括整个项目的范围定义,项目范围管理计划和项目工作分解结构等项目定义阶段给出的文件,以及它们的合理性和可行性。项目范围确认的方法主要是采用核检表。

(一)项目范围的核检表

项目范围核检的主要内容如下:

(1)项目目标是否完善和准确?

(2)项目目标的指标是否可靠和有效(即所需信息是否可以获得)?

(3)项目的约束和限制条件是否真实和符合实际情况?

(4)项目最重要的假设前提是否合理(即不确定性较小)?

(5)项目的风险是否可以接受?

(6)项目成功的把握是否足够?

(7)项目范围定义是否能够保证项目目标的实现?

(8)项目范围定义所能够给出的项目效益是否高于项目成本?

(9)项目范围定义是否需要进行进一步深入研究?

(二)项目工作分解结构的核检表

项目工作分解结构核检包括如下主要内容:

(1)项目目标的描述是否清楚?

(2)项目生成物(成果)的描述是否清楚?

(3)项目生成物(成果)是否都是为实现项目目标服务的?

(4)项目各项成果是否可以作为项目工作分解的基础?

(5)项目工作分解结构中的各个工作包是否都是为形成项目成果服务的?

(6)项目的目标层次描述是否都清楚?

(7)项目工作分解结构的层次划分是否与项目目标层次的划分和描述统一?

(8)项目工作、项目成果与项目目标之间的关系是否一致和统一?

(9)项目工作、项目成果、项目目标和项目总目标之间的逻辑是否正确、合理?

(10)项目目标的指标值是否可度量?

(11)项目工作分解结构中的工作包是否有合理的数量、质量和时间度量指标?

(12)项目目标的指标值与项目工作绩效的度量标准是否匹配?

(13)项目工作分解结构的层次结构是否合理?

(14)项目工作分解结构中各工作包的工作内容是否合理?

(15)项目工作分解结构各工作包之间的相互关系是否合理?

(16)项目工作分解结构各工作包所需资源是否明确与合理?

(17)项目工作分解结构中的各项工作考核指标是否合理?

(18)项目工作分解结构的总体协调是否合理?

这两种核检的方法是项目范围确认中最常采用的项目范围定义审查方法,实践证明它们在项目范围管理中是行之有效的。当然项目范围确认还有一些其他的方法,但是这些方法的基本思路与上面给出的方法是一致的。

四、项目范围确认的结果

项目范围确认工作是全面审核项目范围定义所给出的结果,以确保项目范围管理中的选择与定义正确,项目范围计划编制和项目范围定义内容的正确、合理、可行,并最终做出确认的这样一项工作。如果项目范围没有获得确认(不管是谁未给予确认),则整个项目即告中止或终结。项目范围确认的结果是对项目范围定义工作的正式接受。这种接受一般需要有正式文件予以确认。在对项目范围的正式确认活动中,要编制和发布项目业主/客户或项目委托人、发起人确认已经接受的项目范围定义和项目或项目阶段工作任务的正式文件。这些文件应该分发给所有的项目相关利益者。这种项目范围的确认和接受可能会有附加条件,尤其是在项目后期的各个阶段更是如此。

任务 6　项目范围变更控制

一、项目范围变更控制的概念

项目的范围作为其他后续管理活动和工程活动的基础,其本身必须保持稳定,它的变更必须处于一个严格受控的过程之下。项目范围变更控制(project scope control)是指当项目范围发生变化时对其采取纠偏措施的过程以及为使项目朝着目标方向发展而对某些因素进行调整所引起的项目范围变化的过程。

二、项目范围变更的原因

由于各种原因项目干系人常常要求对项目范围进行修改,即项目范围变更。造成范围变更的原因主要包括以下几个方面:

(1)项目的外部商业环境发生了变化。当初确定项目范围的一些支持性因素有了明显的改变,继续坚持原来的项目范围会导致和项目最初的商业目标发生偏离,所以必须对原有的项目范围进行更改。

(2)项目范围的初始工作存在错误或者遗漏。一些项目在最初的阶段存在着对项目认识不清和理解不够深刻等问题,随着项目的逐步深化,就会发现原有的项目范围界定存在着错误，需要进行修正。

(3)项目的客户对项目或项目产品的要求发生了变化，需要对项目范围进行变动。

(4)项目的实施技术手段有了更好的选择，需要对项目范围做出相应修改。

综上所述，无论是什么原因导致的范围变更都会对项目造成冲击。这种冲击可能导致的结果有以下几种：

(1)项目已经完成的部分工作成果会被抛弃，直接导致资源和工作量的浪费。

(2)需要对所有的管理计划根据变动的情况进行修订，这会引入一个重新制订计划的过程。

(3)需要将变动的结果通知所有受到影响的项目工作小组，并且要确保每个小组都真正地理解了变更内容。

三、项目范围变更控制的方法和技术

虽然项目的四个目标因素都可能是变更来源，但范围变更却不像其他因素变更那样容易被接受。因为范围往往被理解为项目要达成的目标，范围变动意味着项目组对项目目标的理解要发生改变。这种变更如果处在项目实施过程当中，在时间紧、任务重的双重压力下，会导致项目组人员没有足够的时间和精力去认真理解这种变更，从而埋下产生错误的根源。因此，项目范围变更必须在严格的控制程序之下进行。

(1)项目范围变更控制系统。这一系统给出了项目范围变更控制的基本控制程序、控制方法和控制责任。控制程序大都要经历变更申请、CCB评估、变更实施、变更结果的验证。具体来说，这一系统包括文档化工作系统、变更跟踪监督系统以及项目变更申请的审批授权系统。在项目的实施过程中，项目经理或项目实施组织利用所建立的项目实施跟踪系统，定期收集有关项目范围实施情况的报告，然后将实际情况与计划的工作范围相比较，如果发现差异，则需要决定是否采取纠偏措施。如果决定采取纠偏措施，那么必须将纠偏措施及其原因写成相应的文件，作为项目范围管理文档的一部分。同时，要将项目范围的变更情况及时通知项目所有相关利益者，在获得他们一致的认可之后，才可以采取项目范围变更的行动。

如果是范围变更，我们需要关注这个变更是否改变了对项目目标的理解和认识。如果有这个影响，则应该特别提醒项目经理引起重视，并且花费足够的精力在项目内部沟通这次变更所带来的变化，确保每项工作都及时调整到新的目标上来。图5-6展示了项目范围变更控制的基本程序。

(2)项目实施情况的度量。项目实施情况的度量技术也是项目范围变更控制的一种有效的技术和方法，它有助于评估已经发生项目范围变更的偏差大小。项目范围变更控制的一个重要内容就是识别已发生变更的原因，以及决定是否要对这种变更或差异采取纠偏行动，而这些都需要依赖项目实施情况度量技术和方法。图5-7为项目实施情况度量的示意图。

四、项目范围变更控制的结果

项目范围变更管理与控制的结果有两个，一个是促进了项目工作绩效的提高，一个是生成了一系列项目范围变更控制文件。这些文件包括：更新调整后的项目工期、项目成本、项目质量、项目资源和项目范围文件，以及各种项目变更行动方案和计划文件。

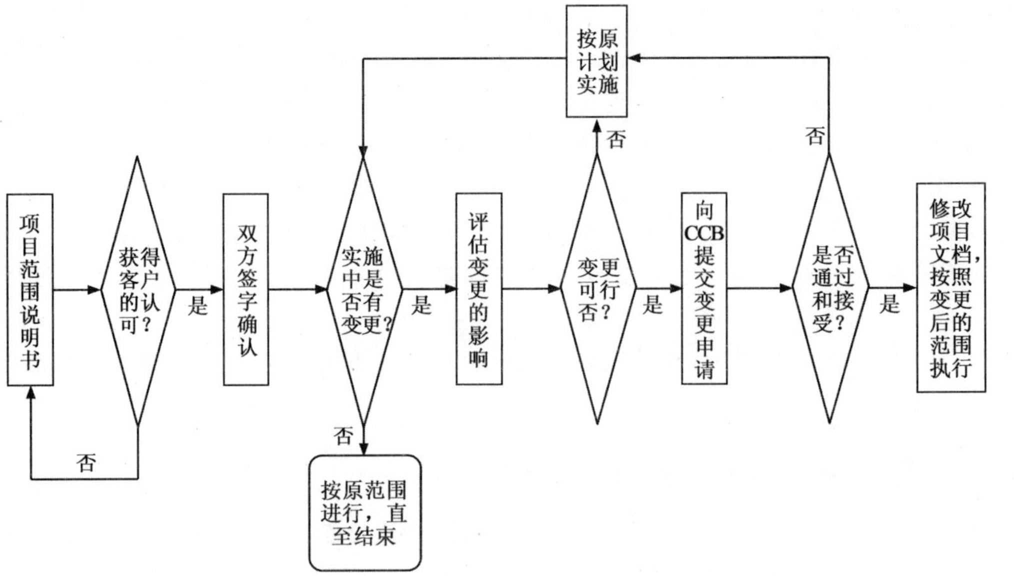

图 5-6　项目范围变更控制的基本程序

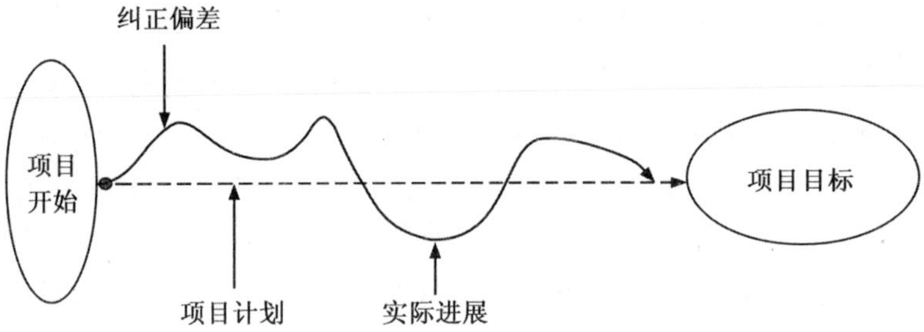

图 5-7　项目实施情况度量技术

(1)项目范围变更控制文件。项目范围变更控制文件是在项目范围的全面修订和更新中所生成的各种文件总称。项目范围通常是由项目业主/客户与项目组织双方认可的,所以项目范围的变更同样需要双方认可,并要有正式文件予以记录。项目范围变更通常还要求对项目成本、工期、质量以及其他一些项目目标进行全面的调整和更新。项目范围变更还需要在项目计划中得到及时反映,而且相关的项目技术文件也需要进行相应的更新。另外,应该将项目范围变更的信息及时告知项目的相关利益者。所有这些更新后的文件都属于项目范围变更控制文件的范畴。

(2)项目变更控制中的行动。项目变更控制中的行动包括根据批准后的项目变更要求而采取的行动和根据项目实际情况的变化所采取的纠偏行动。这两种行动都属于项目变更控制的范畴,因为它们的结果都是使实际的项目范围与计划规定的项目范围保持一致,或者是与更新后的项目范围相一致。

(3)从项目变更中学到的经验与教训。不管是何种原因,项目的变更都属于项目计划管理中的问题。所以在项目范围变更控制中人们可以发现问题,学到经验与教训。这些经验与教训均应该并需要形成文件，以使这部分信息成为项目历史数据的一部分。这既可用作本项目后续工作的指导，也可用于项目组织今后开展的其他项目。这相当于项目的一种跟踪评估和后评估的工作，一般在项目或项目阶段结束以后都需要召开经验终结或项目后评估会议。这种项目经验总结或评估会议应在项目团队内部以及与项目业主/客户之间分别召开。其目的都是评估项目绩效，确认项目收益是否已经达到，以及总结本项目的经验和教训。

(4)调整后的基准计划。项目范围变更后，必须根据范围变更文件相应地修改项目的基准计划，从而反映已批准的变更，并作为未来变更控制的新基准。

【案例分析】

阅读以下关于信息系统项目管理过程中项目范围管理方面问题的叙述，回答问题1～3。

希赛信息技术有限公司(CSAI)刚刚和M公司签订了一份新的合同，合同的主要内容是处理公司以前为M公司开发的信息系统的升级工作。升级后的系统可以满足M公司新的业务流程和范围的需要。由于是一个现有系统的升级，项目经理张工特意请来了原系统的需求调研人员李工担任该项目的需求调研负责人。在李工的帮助下，很快地完成了需求开发的工作并进入设计与编码。由于M公司的业务非常繁忙，M公司的业务代表没有足够的时间投入到项目中，确认需求的工作一拖再拖。张工认为，双方已经建立了密切的合作关系，李工也参加了原系统的需求开发，对业务的系统比较熟悉，因此定义的需求是清晰的。故张工并没有催促业务代表在需求说明书中签字。

进入编码阶段后，李工因故移民加拿大，需要离开项目组。张工考虑到系统需求已经定义，项目已经进入编码期，李工的离职虽然会对项目造成一定的影响，但影响较小，因此很快办理好了李工的离职手续。

在系统交付的时候，M公司的业务代表认为已经提出的需求很多没有实现，实现的需求也有很多不能满足业务的要求，必须全部实现这些需求后才能验收。此时李工已经不在项目组，没有人能够清晰地解释需求说明书。最终系统需求发生重大变更，项目延期超过50%，M公司的业务代表也因为系统的延期表示了强烈的不满。

问题1.请对张工在项目管理工作中的行为进行点评。

问题2.请从项目范围管理的角度找出该项目实施过程中的问题。

问题3.请进行深入讨论、分析，谈谈应如何避免类似的问题。

【案例分析】

分析案例，回答问题1～3。

伟业公司的公路大桥建设项目为何延迟？

伟业公司两年前承建了一个公路大桥项目，合同规定工期为3年，工期若有延迟，则每延迟一个月需要支付约为客户付款额2%的罚金。该项目的记录表明，目前项目进度计划只完成了50%，而且存在很多问题。该公司的上级部门鉴于可能发生的损失，对该项目进行了深入调查。调查结果发现:该项目工程设计的变更次数太多,项目技术人员不足,工作不合格的比率非常高。

问题1.作为项目经理,你认为导致该项目延迟的原因是什么?

问题2.该项目在范围管理方面存在哪些问题?症结何在?

问题3.为何说项目范围需要保持相对稳定?你认为如果需要做出项目范围变更,需要通过哪些程序?

模块六　农业项目时间管理

知识目标

掌握项目时间管理的概念和项目时间管理的基本过程；

了解项目活动界定的方法；

了解项目活动之间的关系；

掌握项目网络图绘制的方法；

了解项目活动历时估算的方法；

掌握制订项目进度计划的方法；

了解项目进度控制的方法。

能力目标

学会项目网络图的绘制方法；

能够看懂甘特图，通过其了解项目的时间进度；

能够根据项目网络图，确定项目的关键路径和历时；

能够分析项目进度延误的原因并提出解决的措施。

时间管理对于一切管理来说都是重要的。“按时、保质地完成项目”大概是每一位项目经理最希望做到的。但工期拖延的情况却时常发生。因而合理地安排农业项目时间，进行进度控制是农业项目控制的首要内容，是农业项目的灵魂。同时，由于项目管理是一个带有创造性的过程，项目不确定性很大，项目的进度控制是项目管理中的最大难点。

【案例导入】

海欧公司是一家生产家用电器的生产商。他们的目标市场是商业市场而不是政府市场。正因为如此，他们总认为在按合同交付产品的过程中可以拖延时间，这样对企业的效益也不会产生不利影响。

一次，海欧公司与美国一家连锁店签订了一份合同，由于他们在国内多年形成的习惯性做法的影响，拖延了一周的时间才把产品送到连锁店。结果，连锁店认为海欧公司违背了合同规定的交货时间，提出了退货要求，并让海欧公司赔偿一周之内由于推迟到货给他们带来的损失。

经过这次事件，海欧公司的领导层吸取了教训，对企业这种推迟交货的方式做出了改革，并采取了合理的时间进度管理，从而大大提高了企业的信誉度，企业的利润也得到了大幅度提升。

从这个案例可以看出，合理地安排项目时间是项目管理中的一项关键内容。

来源：伍春来、王振雨编著《项目管理》，经济管理出版社 2004 年 7 月版

任务1　了解农业项目时间管理

一、什么是农业项目时间管理？

每一个项目都有一个明确的进度要求，项目的管理活动必须确保项目在指定的时间内达成目标。从另外一个角度也可以理解为，时间是项目所拥有的资源之一。但是这一资源是最独特的资源，因为时间资源的消耗是不可以停止的，同时它也是不可逆转的。如何最有效地利用好这一资源就是项目时间管理的最终目标。

大多数项目都有一个相当有挑战性的时间目标和进度安排。很多项目的最终商业目标也是和时间有关的，项目中的一些变量和特征因素也是时间的函数。种种因素表明，如何高效地利用好"时间"这一独特的资源，将是项目成功的有力保证。

农业项目时间管理是项目管理的重要组成部分之一，它和农业项目成本管理、农业项目质量管理并称为农业项目管理的"三大管理"。项目的时间管理又叫项目工期管理或项目进度管理，是为确保项目按时完工所开展的一系列管理活动与过程。

二、农业项目时间管理的过程

在项目管理知识体系中，项目时间管理的目标和内容主要集中在如何为项目活动分配时间资源以及控制项目的整体进度上。项目时间管理共有六个过程：

(1)项目活动界定(activity definition)：确定为完成各种项目可交付物所必须进行的具体活动。

(2)项目活动排序(activity sequencing)：确定各活动之间的依赖关系。

(3)项目活动资源估算(activity resource estimating)：估计完成单项活动所需要的资源数量。

(4)项目活动历时估算(activity duration estimating)：估计完成单项活动所需要的时间。

(5)制订进度计划(schedule development)：编制项目的进度计划。

(6)项目进度控制(schedule control)：控制项目进度计划的变更。

从各个过程的描述中可以看出：活动定义、活动排序、活动资源和历时估算以及制订进度计划都是为了生成最终的项目进度计划，所以都属于计划过程组。进度控制则是属于控制过程组。农业项目时间管理过程如图6-1所示。

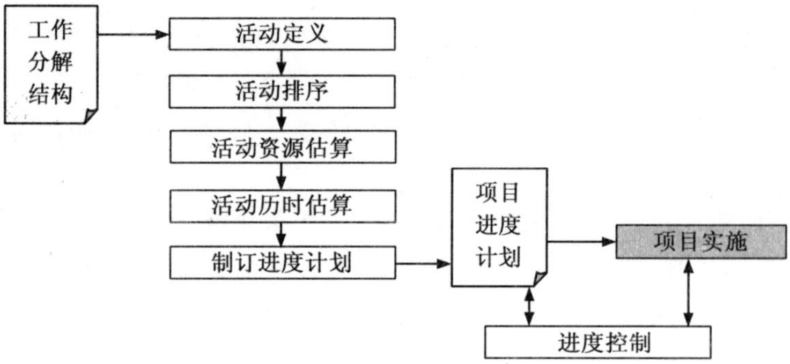

图6-1　农业项目时间管理过程

任务 2　项目活动界定

一、项目活动界定的概念

项目活动的界定是指确定为实现项目目标所必须开展的项目活动。在项目时间管理中，项目活动界定的主要依据是项目的目标、范围和项目工作分解结构。同时，在项目活动界定过程中，还需要参考各种历史信息与数据，考虑项目的各种约束条件和假设前提条件等。项目活动界定的结果是给出一份项目活动清单，以及有关项目活动清单的支持细节和对于项目工作分解结构的更新。

二、项目活动界定的依据

(1)项目工作分解结构。项目工作分解结构是分解和界定活动最基本的依据之一，它描述完成项目所要进行的活动。通过项目工作分解结构可以确定要完成的活动，检查出可能遗漏的工作任务。通过运用项目活动分解方法，可以把一些活动分解成更小、更容易控制的小活动，以便对它们进行更好的管理。

(2)范围定义。项目活动界定的另外一个基本依据是既定的项目目标和项目范围以及相关信息和资料。正确的范围定义是项目成功的关键。通过项目范围定义的信息和资料，项目团队可以正确、完整地确定项目所要进行的活动内容，从而不会遗漏一些必须开展的活动，也不会增加一些超过项目范围的活动。超出项目范围会给项目管理带来麻烦，增加不必要的开支。

(3)历史信息。在项目活动界定中还需要使用各种相关的项目历史信息。这既包括项目前期工作所收集和积累的各种信息，也包括项目组织或其他组织过去开展类似项目获得的各种历史信息。例如，在类似的历史项目中究竟曾经开展过哪些具体的项目活动，这些项目活动的内容与顺序如何，这些项目活动有什么经验与教训等，这些都属于项目的历史信息。这些信息为项目的后期进展以及今后的新项目提供了参考。

(4)制约条件。项目的约束条件是指项目所面临的各种限制条件和限制因素。任何一个项目都会有各种各样的限制条件和限制因素，任何一个项目活动也都会有一定的限制因素和限制条件。这些限制因素与条件也是界定项目活动的关键依据之一，也是界定项目活动所必须使用的重要信息。例如，一个高科技产品开发项目会受到高科技人才资源、资金、时间等各种因素和条件的限制，这些约束条件都是在界定这一项目的活动中所必须考虑的重要因素。

(5)假设条件。项目的假设条件是指在开展项目活动分解与界定的过程中，存在一些不确定的项目前提条件，要分解和界定项目活动并进一步制订项目工期计划就必须对它们作出假定，并使用这种假设的前提条件去分解和界定一个项目的具体活动。在定义项目活动的过程中，必须要考虑一些假设前提，否则项目活动的定义就无法进行。需要特别指出的是，这些项目假设条件存在一定的不确定性，会给项目带来一定的风险。

三、项目活动界定的方法

要完成一个项目，就需要确定究竟该项目需要完成哪些工作，然后分析这些工作中包含哪些具体的项目活动。项目活动界定工作的结果是形成一份所有项目活动的清单。准备一份项目活动清单可以采用不同的方法。小项目的活动界定可以让项目团队成员采用头脑风暴法，通过集思广益形成项目活动清单。大型复杂项目的活动清单，要想不遗漏细节，就需要依据项目工作分解结构，使用以下方法去分解和界定项目的具体活动。

(1)分解技术。项目分解技术是为了使项目更易管理，以项目工作分解结构为基础，按照一定的层次结构把项目工作逐步分解为更小的、更易操作的工作单元。这种方法有助于找出工作分解结构规定的可交付成果所需完成的所有活动，并且可以对这些活动进行更有效的管理。但必须要区分清楚项目产出物描述和项目活动界定，项目活动分解的结果是形成项目活动清单，而不是项目产出物描述。如图 6-2 所示。

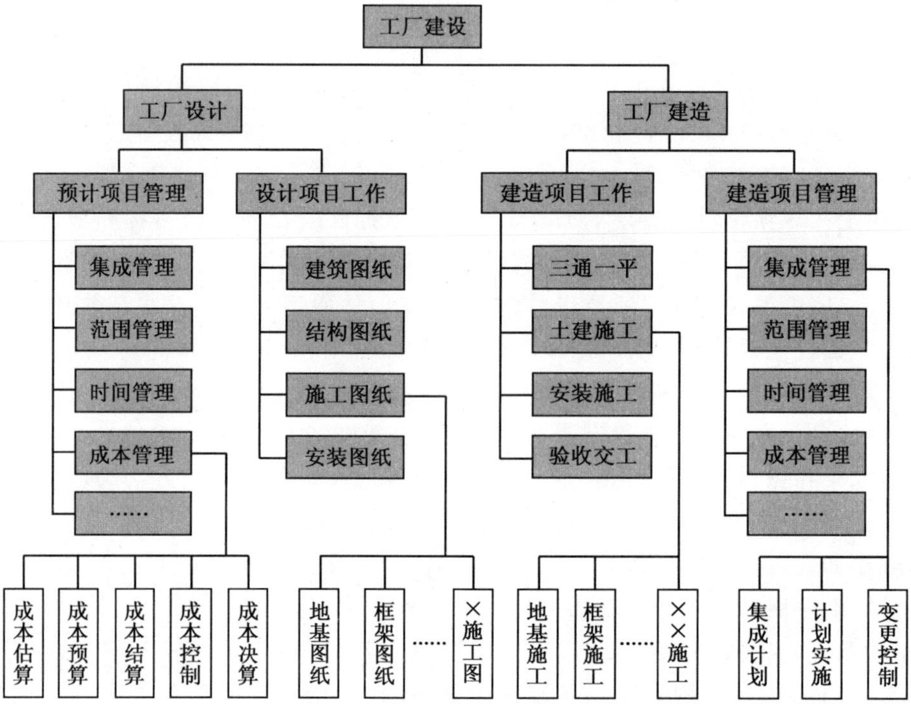

图 6-2 使用项目工作分解结构进行项目活动分解的示意图

(2)模板法。模板法也叫原型法，是使用已经完成的类似项目的活动清单或部分活动清单，作为一个新项目活动定义的模板，根据新项目的实际情况，在模板上调整项目活动，从而定义出新项目的所有活动。该方法是一种简洁、高效的技术。缺点是新活动清单会由于原有模板的限制而遗漏或多加一些项目活动，使界定的项目活动不够精确。因此，在使用这种方法的时候，一定要特别注意项目活动分解与界定原型的选用工作。如图 6-3 所示。

编号	名称/编号	名称/编号	名称/编号	名称	内容
0	工厂建设项目				
1	设计子项目				
	1.1	设计项目管理			
		1.1.1	设计成本管理		
			1.1.1.1	成本预算管理	××××
			1.1.1.2	×××××	××××
	1.2	项目设计工作			
		1.2.1	建筑图纸设计		
		××××	×××××		
2	建设子项目				
	2.1	项目实施工作			

图 6-3 项目活动清单平台示意图

四、项目活动界定的结果

项目活动界定的最终结果是给出下述信息和文件，以指导下一步的项目时间管理工作。

(1)项目活动清单。项目活动界定工作给出的最主要信息和文件是项目活动清单。项目活动清单开列出了一个项目所需开展和完成的全部活动。项目活动清单是对项目工作分解结构的进一步细化和扩展，项目活动清单中列出的活动与项目工作分解结构给出的工作包相比，更为详细、具体和具有可操作性。对于一份项目活动清单的具体要求有两条，一是要包括一个项目的全部活动内容，二是不能包含任何不属于本项目的活动内容，即与实现项目目标无关的任何活动。

(2)相关的支持细节。这是指用于支持和说明项目活动清单的各种具体细节文件与信息。这既包括给定的项目假设条件和各种项目限制因素的说明和细节描述，也包括对于项目活动清单的各种解释和说明的细节信息和文件等。这些相关的支持细节信息都必须整理成文件或文档材料，以便在项目时间管理中能够很方便地使用它们。它们通常需要与项目活动清单一起共同使用。

(3)更新后的工作分解结构。在使用项目活动分解方法界定一个项目的活动过程中，项目管理人员会发现原有的项目工作分解结构中的一些遗漏、错误和不妥的地方，这就需要对原有项目工作分解结构进行必要的增删、更正和修订，从而获得一份更新后的项目工作分解结构，这也是项目活动界定工作的结果之一。当出现这种情况的时候，还需要同时更新其他的相关项目管理文件。特别是在项目活动界定过程中，如果决定采用新的技术或方法去实施项目，或者采用新的组织结构与管理控制方法时，就必须进行这类项目工作分解结构的更新工作。否则会造成项目活动界定文件与项目其他管理文件脱节的现象，从而使项目管理陷入混乱。

任务3　项目活动排序

一、项目活动排序的概念

在项目时间管理中，项目活动界定之后，需要对每一项具体的活动进行排序，来理顺它们之间的顺序关系。项目活动排序是通过识别项目活动清单中各项活动的相互关联与依赖关系，并据此对项目各项活动的先后顺序进行合理安排与确定。为制订项目时间计划就必须科学合理地安排项目各项活动的顺序关系。

二、项目活动之间的关系

项目时间管理要求对各项活动进行排序，而排序的前提是必须理清楚每一项活动之间的相互依赖关系。在时间管理中所说的依赖关系一般都是指时间顺序上的关系。依赖关系有两种情形：强制性依赖关系和自由依赖关系。

强制性依赖关系是指两个活动之间所固有的依赖关系，它们之间通常是存在某种实际的约束条件。例如：很多产品开发项目中，设计活动完成后才能开始产品的实现活动。所以，强制性依赖关系也被称作硬逻辑关系。

自由依赖关系是指活动之间的关系是可以自由处理的，并不存在某种固定的约束。但是，可能由于下列原因人为地设定了某种依赖关系：

①由于资源的限制，无法并行操作而只能串行操作，就会随意指定一种执行顺序。

②某些情况下，存在一个某种"最佳实践"的活动顺序。

由于自由依赖关系并不是一种内在的、固有的关系，所以在某些情况下会被调整。举个生活中的简单例子，早晨刷牙有3个动作：①挤牙膏；②往漱口杯里装水；③刷牙。事实上，"挤牙膏"和"往漱口杯里装水"这两个动作之间并没有固定的先后次序。

确定活动之间的关系最终是为了描述活动的先后关系。先后关系决定活动在项目进度中的位置，一般来说有两种类型的活动，即前导活动和后续活动。

①前导活动是在另一个活动之前必须出现的活动，例如：去电影院看电影的话，买电影票就是看电影的前导活动。

②后续活动是在前导活动之后必须出现的活动，例如：同样在看电影的过程中，检票活动就是买票活动的后续活动。

活动之间的关系可以用图6-4来说明。

图6-4表示了用箭头线连接的两个活动A和B。箭头所指向的活动B依赖于箭头线尾部连接的活动A。同时，箭头连接代表活动图框的部位反映了"活动的开始"和"活动的结束"之间存在依赖关系。这样的话，活动B的"开始"或"结束"需要依赖于活动A的"开始"或"结束"，因此就存在着四种组合关系，如表6-1所示。

(1)结束后才开始(Finish—Start)：这是一类最普遍的活动类型。项目中的大多数活动之间都具有这种关系。但是要特别注意这种关系所属的依赖条件，有的是强制性依赖，有的却是自由性依赖。如果是前者，往往意味着某种产品的生产过程具有工艺上的要求，违背了这个条

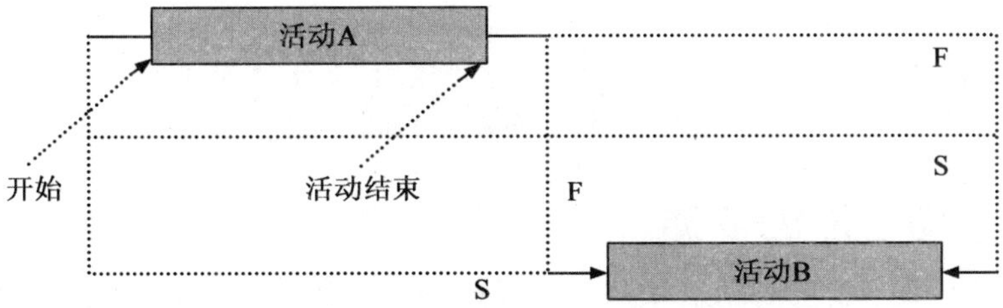

图 6-4　活动之间的关系

件会对质量产生影响。此外，在产品生产过程中并没有要求后续活动一定要在前导活动完成后马上开始，可以有一定的滞后时间，但是绝不能在前导活动完成之前开始。

表 6-1　四种活动关系类型

关系类型	表示符号	说明	图例
结束后才开始(Finish—Start)	FS	活动 A 结束后，活动 B 才能开始	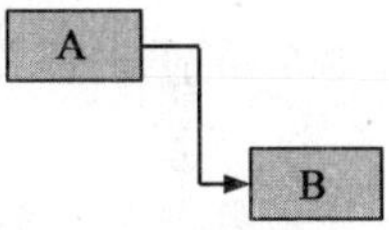
开始后才开始(Start—Start)	SS	活动 A 开始后，活动 B 才能开始	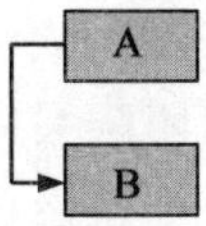
结束后才结束(Finish—Finish)	FF	活动 A 结束后，活动 B 才能结束	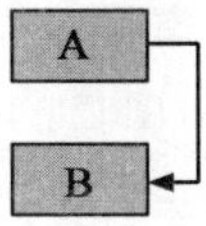
开始后才结束(Start—Finish)	SF	活动 A 开始后，活动 B 才能结束	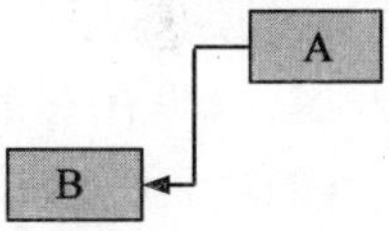

(2)开始后才开始(Start—Start)：指一个活动开始后另一个活动才能开始。这经常表示某种并行但具有一定依赖关系的活动。例如：产品的测试活动依赖于构造活动的结果，但又独立于构造活动。这里面并没有要求后续活动一定要在前导活动开始后必须马上开始，但是至少不能在前导活动开始前开始。

(3)结束后才结束(Finish—Finish)：指一个活动必须在另一个活动结束之后才能结束。这经常表示某种并行，但其产出物具有一定依赖关系的活动。这里面同样没有要求后续活动一定要在前导活动完成后必须马上完成，但至少不能比前导活动更早完成。

(4)开始后才结束(Start—Finish)：这是一种最特殊的活动逻辑先后关系，即一个活动的结束依赖于另一个活动的开始。例如：找到新的工作后，才可能放弃原来的工作。同样，一个活动开始后不意味着另外一个活动马上结束，但至少说明它不能在另一个活动开始前结束。

另外，还可以在先后关系中加入超前(lead)和滞后(lag)来进行更精确的描述：

● 超前：逻辑关系中允许提前后续活动的限定词。例如：在一个有 10 天超前时间的结束—开始(FS)关系中，后续活动在前导活动完成前 10 天就能开始。

● 滞后：逻辑关系中指示推迟后续任务的限定词。例如：在一个有10天延迟时间的结束—开始(FS)关系中，后续活动只能在前导活动完成后10天才能开始。

可以认为，超前是重叠的时间，滞后是拖后或等待的时间。

三、项目活动排序的依据

(1)项目活动清单。项目活动清单是项目活动分解与界定的工作成果，也是项目活动排序过程中的重要依据之一。

(2)项目产出物的说明与描述。项目产出物是开展项目活动的最终结果，或叫项目的产品。项目产出物的专业特性和管理特性会直接影响项目活动顺序的确定。通过对于项目产出物的特性分析可以帮助人们确定出项目活动的顺序，对照项目产出物的描述，人们可以审查项目活动排序的正确性。所以项目产出物描述也是项目活动排序的重要依据之一。

(3)项目活动之间的关系。如前所述，项目活动之间的关系分为强制性依赖关系和自由性依赖关系，在项目活动的排序中，应该根据具体的依赖关系来进行排序，如若是强制性依赖关系，则是不可违背的先后顺序逻辑关系；如若是自由依赖关系，则需根据条件选择最佳的活动顺序。

(4)外部相关性。外部相关性是指本项目活动与外部活动间的相关性。一个项目的活动是处于一定的社会经济环境下，而且项目实施中的很多项目活动需要由其他的项目实施组织或项目团队去完成，所以在项目活动排序中还必须考虑各种外部的依存关系。例如：一个农业基础设施建设项目的选址，在确定之前需要召开由政府组织的环境听证会，并需要政府或主管部门的审批，才能开展下一步的活动。

(5)项目的约束条件。项目的约束条件是指项目所面临的各种资源与环境限制条件和因素，既包括人力资源、物力资源和财力资源，也包括经济环境、法律环境和社会环境，它们会对项目活动的排序造成影响和限制。例如：在没有资源限制的情况下，两种项目活动可能可以同时开展，但是在有资源限制的条件下，它们就只能够依次进行了。

(6)项目的假设条件。项目的假设前提条件是对项目活动所涉及的一些不确定条件的假设性认定，项目的假设前提条件同样也会直接影响项目活动的排序。例如：假设施工期间会下雨，农民浇筑混凝土的活动就无法开展，需要向后推迟；假设施工期间不下雨，浇筑混凝土的项目活动就可以开展。

四、项目网络图

对活动进行排序后，就可以生成项目网络图。项目网络图以图形的方式表示出项目活动之间的逻辑关系，其作用有：

- 展示项目活动并表明活动之间的逻辑关系。
- 表明项目任务将以何种顺序继续。
- 在进行历时估计时，表明项目将需要多长时间。
- 在改变某种活动历时时，表明项目历时将如何变化。

显然，后面两个作用结合了活动历时估算活动的结果。

项目网络图的绘制方法有两种：箭线图法(arrow diagramming method，ADM)，又被称为双代号网络图(AOA)和前导图法(precedence diagramming method，PDM)，又被称为单代号网络图(AON)。两者之间的差别在于活动是表示在“节点”上还是“连接线”上。箭线图和前导图分别如图 6-5 和图 6-6 所示。

在箭线图中,箭线代表了活动,节点则代表了活动的起始点和终止点。在前导图中,用节点表示活动,用箭线表示活动之间的先后关系。如图 6-6 中,活动 A 是活动 B 和活动 C 的前导活动,活动 B 和活动 C 是活动 D 的前导活动。在实际使用中,前导图要比箭线图广泛得多。

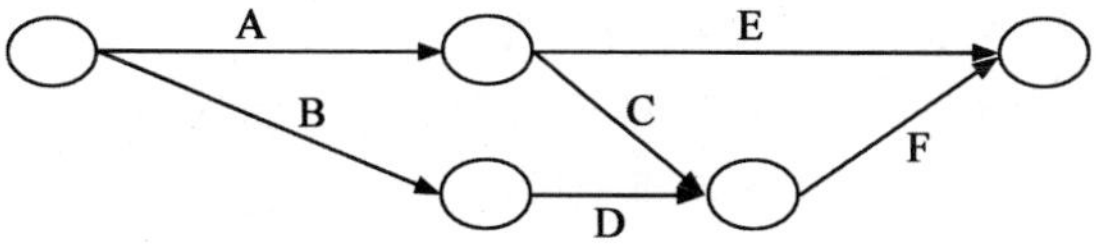

图 6-5 箭线图

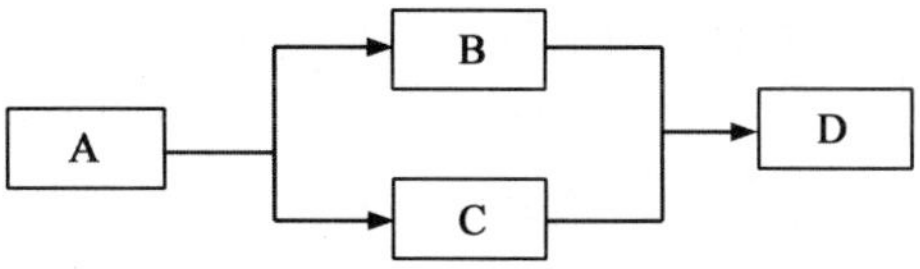

图 6-6 前导图

五、项目活动排序的结果

项目活动排序工作的结果是得到一张描述项目各种活动相互关系的项目网络图以及活动的详细关系列表。

(1)项目网络图。项目网络图是有关项目各项活动和它们之间逻辑关系说明的示意图。在前面已经讨论了项目网络图的两种基本方法。项目网络图既可人工绘制,也可用计算机绘制。它可以包括项目的所有具体活动,也可以只包括项目的主要活动。项目网络图中附带有基本排序符号和活动的简要说明。

(2)更新后的项目活动清单。在项目活动界定和项目活动排序的工作过程中,通常会发现项目工作分解结构中存在各种问题,而在项目网络图的编制过程中,通常也会发现项目活动排序中存在的问题。为了正确反映项目活动间的逻辑关系,就必须对前期确定的项目活动进行重新分解、界定和排序,以改正存在的问题。当出现这种情况时,就需要更新原有的项目活动清单,从而获得更新后的项目活动清单,而且有时还需要进一步更新原有的项目工作分解结构等文件。

【实践训练】

项目活动界定与排序

1. 实训要求:找一个你熟悉的农业项目,了解该项目的整体建设情况。

2. 实训目的:通过此次实训,加深对项目活动界定与排序相关知识的理解,包括项目界定、排序的依据和方法等,并具备一定的知识运用能力。学会针对具体的项目活动进行界定和排序。

3. 实训组织:全班同学按每组 3～5 人进行分组,要求每组查找详细的项目信息资料,并进行简单的任务分解。

4. 实训实施:以每组学生为主体,在任课教师的指导下,展开该农业项目活动界定与排序工作。

5. 实训考核:每组提交一份完整的项目活动界定和排序成果,并进行详尽的介绍和解释。教师对提交成果和掌握资料、学习程度进行考核评定并给出成绩。

任务 4 活动资源估算与历时估算

一、项目活动资源估算与历时估算的概念

活动资源估算和活动历时估算是两个相互关联的活动,所以我们放在一起讲述。

活动资源估算是对每一个识别出来的活动估算出所需要的资源数量(包括人员、设备、材料和资金等),活动历时估算则是估计该活动完成实际工作所需要消耗的时间,包括对每一项完全独立的项目活动历时估算和对于整个项目的历时估算。显然,历时估算结果和分配到该活动上的资源数目是有关联的。一个显而易见的结果就是:如果分配更多的资源,活动所需要的时间就会缩短。例如:一项活动本来需要 2 个人 10 天完成,如果分配 4 个人,该活动是否可以缩短到 5 天完成呢?

显然对不同种类的活动,其结果并不一样。某些类型的活动,大多是那些不需要资源之间协作的活动,资源数目和活动历时成反比,加倍资源可以减半时间。而很多需要资源之间协作的活动类型,资源数目增加可以引起历时减少,但并不成反比。例如前述的那项活动,可能时间减为 6 天,而不是 5 天。事实上,在需要协作支持的活动中增加资源,会导致协作上的开销增加,从而个体的工作效率是降低的。如果我们考虑活动的总价值是不变的话,增加资源会导致总体实施成本的上升。

二、项目活动历时估算的依据

(1)项目活动清单。项目活动清单列出了项目所需开展的全部活动,这是项目活动历时估算的重要依据。

(2)项目的约束条件。项目活动的约束条件是项目活动开展中所面临的各种限制因素,在项目活动历时估算中,必须全面考虑这些确定性的项目约束条件。

(3)项目的假设条件。项目活动的假设条件是项目活动开展中各种可能发生的情况,也是在项目活动历时估算中必须考虑的不确定性因素。

(4)资源需求。项目活动的时间取决于所需资源的数量和质量。大多数项目活动的时间将受到分配给该工作的资源数量的影响,如当人力资源减少一半时,工作时间一般来说会延长一倍。另外,大多数项目活动的时间也受到项目所能够得到的资源质量的影响,如对于同一个活动,技术熟练的工人花费的时间要比技术一般的工人花费的少。

(5)历史信息。在项目活动历时估算过程中,还必须参考有关项目活动历时估算的历史信息,这类信息包括:相似项目的实际项目活动历时文件,商业性项目活动历时估算数据库(一些商业管理咨询公司收集的同类项目历史信息),项目团队有关项目活动历时估算的知识和经验等。

三、项目活动历时估算的方法

(1)专家判断法。也叫德尔菲法,是目前最流行的项目估计技术。当项目涉及新技术领域

或不熟悉的领域时，项目管理人员由于不具备专业技能，通常很难作出正确、合理的时间估算，这就要借助项目管理专家的知识和经验，对项目活动历时作出权威的估算。专家判断法有一套成熟的工作程序和体系，一般来说，只要严格按照其要求进行操作，专家判断法是十分有效的。

(2)类比法。类比法意味着利用一个先前类似活动的实际时间作为估计未来活动时间的基础。当项目活动工期方面的信息有限时，可以使用这种方法来估算项目的历时，但是这种方法的结果比较粗，一般用于最初的项目活动历时估算。

四、项目活动历时估算的结果

(1)估算出的项目所需时间。项目的活动历时估算是对完成一项活动所需时间及其可能性的定量计算，根据项目各项活动的历时估算可以进一步估算出整个项目所需历时。估算出的项目活动历时应包括对项目活动历时可能变化范围的评估。例如："项目活动需要 2 周±2 天的时间"，这表示完成该项目活动至少需要 8 天，而且不会超过 12 天，最可能的是 10 天(按每周 5 个工作日计算)。

(2)项目历时估算的支持细节。这是有关项目历时估算的依据与支持细节的说明文件。其中，项目历时估算的依据给出了项目历时估算中所使用的各种约束条件和假设前提条件、各种参照的项目历史信息，以及项目活动清单、资源需求数量和质量等方面的依据资料和文件。项目历时估算的支持细节包括所有与项目历时估算结果有关的文件与说明。

(3)更新后的项目活动清单和项目工作分解结构。在项目活动历时估算的过程中可能会发现项目工作分解结构和项目活动清单中存在的各种问题，因此需要对它们进行修订和更新。如果有这种情况发生就需要更新原有的项目活动清单，从而获得更新后的项目活动清单和工作分解结构，并且要将其作为项目历时估算的工作文件与其他项目历时估算正式文件一起作为项目历时估算的工作结果而输出。

【实践训练】

项目活动历时估算

1.实训要求：在任务 3 中实践训练"项目活动界定和排序"成果的基础上，对该项目进行历时估算。

2.实训目的：通过此次实训，加深对项目活动历时估算相关知识的理解，包括项目活动历时估算的依据和估算方法等，并具备一定的知识运用能力。学会针对具体的项目活动进行历时估算。

3.实训组织：全班同学按每组 3～5 人进行分组，要求每组查找详细的项目信息资料，并进行简单的任务分解。

4.实训实施：以每组学生为主体，在任课教师的指导下，展开该农业项目的历时估算工作。

5.实训考核：每组提交一份完整的历时估算成果，并进行详尽的介绍和解释。教师对提交成果和掌握资料、学习程度进行考核评定并给出成绩。

任务 5　制订进度计划

一、制订项目进度计划的概念

制订项目进度计划是在项目活动界定、项目活动时间排序以及资源估算和历时估算的基础上所进行的分析及项目进度计划的编制与安排。项目的进度计划既是每个活动的进度安排,也是有关项目整体的进度信息。制订项目进度计划要定义出项目的起止日期和具体的实施方案与措施。

制订项目进度计划的主要目的是控制和节约项目的时间,保证项目在规定的时间内能够完成。制订项目进度计划的最终目标是建立一个现实的项目进度计划,并为监控项目的进展情况提供一个基础。

二、制订项目进度计划的依据

(1)项目网络图。项目网络图确定了项目活动的顺序以及这些活动之间的逻辑关系和依赖关系,这是制订项目进度计划的主要依据。

(2)资源需求。资源需求是指项目活动对资源数量和质量方面的需求,它对项目进度会产生一定的影响。具体来说,资源需求就是项目的各项活动在何时需要何种资源以及当项目的几项活动共用一种资源时,如何进行合理的资源平衡,从而确定如何安排项目各项活动的进度。

(3)项目作业制度安排。项目作业制度安排会直接影响到项目的时间计划编制。例如:项目进度计划的编制必须考虑项目团队一周的工作日是 5 天还是 7 天,或者按照白天作业一到两个班次还是 24 小时三班倒的制度进行安排。

(4)项目作业的制约因素。在制订项目进度计划时,必须考虑项目作业的各种制约因素,如项目业主要求项目团队交付项目产出物的时间即既定的项目起止日期、关键时间或主要的里程碑。

(5)项目活动提前或滞后的时间。项目某些活动需要提前准备的时间,也有些活动需要滞后一些时间才能开始后续活动。制订项目进度计划时要了解项目活动提前和滞后的时间。例如,对项目订购和安装设备的活动可能允许有一周的提前或两周的延期时间。

三、制订项目进度计划的方法

项目进度计划是项目专项计划中最为重要的计划之一,这种计划的编制需要反复地试算和综合平衡。项目进度计划要说明项目活动的完工日期和完成每一任务所需要的时间,并且最好能同时表示出每项活动所需要的人数。制订进度计划常用的方法有甘特图、关键路径法、计划评审技术(PERT)、图表评审技术等,这里介绍甘特图和关键路径法。

(一)甘特图

甘特图(Gantt Chart)又叫横道图、条状图,是制订进度计划最常用的一种工具,最早由 Henry L. Gantt 于 1917 年提出。由于其简单明了、直观、易于编制,成为项目管理中编制项目进度计划的主要工具。它把项目工期和进度安排两种职能组合在一起，通过日历形式列出项目活动工期及其相应的开始和结束日期，为反映项目进度信息提供了一种标准格式。

在甘特图中，项目活动在图的左侧纵向列出，时间在图的底部列出，可以依据计划的详细程度，以年、月、周、天或小时来作为度量项目进度的时间单位。图中的每个横向方框（横道）代表一个活动，如图 6-7 所示。

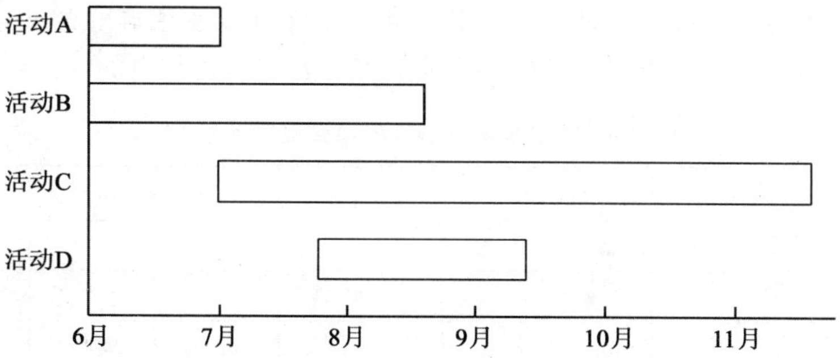

图 6-7　甘特图

由于甘特图不表示各项工作之间的关系，也指不出影响项目工期的关键所在，因此甘特图普遍适用于简单、小型项目，对于复杂、大型项目不太适用。

（二）关键路径法

关键路径法（Critical Path Method）是一种用来预测总体项目历时的项目网络分析技术。一个项目的关键路径是指一系列决定项目最早完成时间的活动。在关键路径上的活动都很"关键"，因为它们直接决定了项目的进度。每个活动都只有最少的浮动时间或时差。浮动时间或时差是指一项活动在不耽误后续活动或项目完成日期的条件下可以拖延的时间长度。

怎样确定关键路径呢？当我们完成了项目进度计划后，在项目的网络图上，存在着若干条从项目启动到项目结束之间的路径，但是对其中一条（严格来说，可能存在一条以上）路径来说，如果存在以下情况：

- 其上所有活动的时间之和就是完成项目的最短历时；
- 其上任何活动的延误都会导致项目时间的延长；
- 想缩短项目历时，就必须缩短这条路径上活动的历时。

那么，这条路径就是项目的关键路径，如图 6-8 所示。

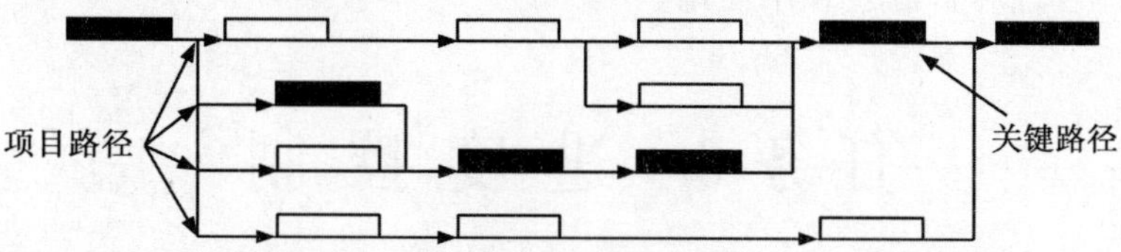

图 6-8　关键路径

现在所有的项目管理软件工具都将寻找一个项目的关键路径作为最基本的功能。它是运用某种运算法则通过计算而得出项目关键路径信息的。

四、制订项目进度计划的结果

制订项目进度计划的结果就是得到关于项目进度计划的文件，主要包括以下几个文件。

(1)项目进度计划。项目进度计划包括各项活动的计划开始时间和预计完成时间。一般在项目资源配置得到确认之前，这种项目进度计划只是初步计划，在项目资源配置得到确认之后才能够得到正式的项目进度计划。项目进度计划文件可以使用摘要的文字描述形式给出，也可使用图表的形式给出。表 6-2 就是用一种里程碑表的形式给出的一份项目进度计划书。

表 6-2　里程碑表形式的项目进度计划书

事件(里程碑)	1月	2月	3月	4月	5月	6月	7月	8月
分包合同签订		▲△	▼△					
规格书完成		▲	△	▼▽				
设计审核					▲△	▼▽		
子系统测试						▲△	▼▽	
第一单元提交							▲△	▼▽
全部项目完成							▲△	▼▽

▲和▼分别表示计划中的事件开始和结束，△和▽分别表示实际中的里程碑事件的开始和结束。

(2)项目工期计划书的支持细节。这是关于项目工期计划书各个支持细节的说明文件，包括所有已识别的假设前提和约束条件说明、具体计划实施措施的说明等。例如，在一个建设工程项目中，项目工期计划书的支持细节可以包括项目资源配置的说明、项目现金流量表、项目的物料采购计划和项目工期计划的其他一些保障措施等。

(3)项目进度管理计划。项目进度管理计划是有关项目团队如何应对项目进度的变更和有关项目实施的作业计划管理安排。这一部分内容既可以整理成正式的项目进度计划管理文件，也可以作为项目工期计划正式文件的附件，或者只是做一个大体上的框架说明即可。但是无论使用什么方式，它都应该是整个项目进度计划的一个组成部分。

(4)更新后的项目资源需求。在项目进度计划编制中会出现对于项目资源需求的各种改动，因此在项目进度计划制订过程中需要对所有的项目资源需求改动进行必要的整理，并编制成一份更新后的项目资源需求文件。这一文件将替代旧的项目资源需求文件并在项目进度计划管理、项目整体管理和资源管理中使用。

任务6　进 度 控 制

一、项目进度控制的概念

项目的进度计划为项目的实施提供了科学、合理的依据，从而确保了项目可以如期完成。但是在进度计划的实施过程中，由于外部环境的变化，项目的实施进度经常会与进度计划发生偏离，如果不能及时纠正这些偏差，就可能导致项目延期完成，甚至影响到项目目标的实现。

项目进度计划控制就是对项目进度计划的实施与项目进度计划的变更所进行的管理工作。项目进度控制就是监控项目的实际进度，将其与基准的进度计划进行对比，如果出现偏差就采取措施进行纠偏的活动。

项目进度计划控制的主要内容包括以下三个方面：

①对项目进度计划影响因素的控制(事前控制)。

②确定项目的进度是否发生了变化。项目一旦开始实施，就必须严格控制项目的进程，以确保项目能够按项目进度计划进行和完成。如果发现项目实施情况与项目计划进度之间出现了差距，而且这种差距超出了控制标准，就要找出变化的原因，并采取措施加以纠正，以保证项目进度计划的正常发展。

③对影响项目进度变化的因素进行控制，从而确保这种变化朝着有利于项目目标实现的方向发展。

二、项目进度控制的依据

(1)项目进度基准计划。项目进度计划批准后就是项目进度基准计划，它是项目进度控制最根本的依据，为衡量进度的执行情况和项目实施绩效提供了基准尺度。

(2)执行情况报告。执行情况报告旨在提供有关项目进度计划执行的实际情况以及其他的相关信息，例如：哪些活动已经如期完成，哪些活动尚未按期完成，项目进度计划的总体完成情况如何等。执行情况报告还可以提醒项目团队关注那些可能会影响进度的活动。

(3)变更申请。变更申请就是项目团队对项目进度任务提出改动的要求，可以由任何一个项目相关利益主体提出。项目进度的变更可能是要求推迟或者加快项目的进度，也可能是要求增加或减少项目活动内容。无论哪种项目进度变更要求，都是项目进度计划控制的主要依据之一。

(4)进度管理计划。进度管理计划提供了如何应对项目进度计划变动的措施和安排，包括项目资源方面的安排和各种应急措施方面的安排等，也是进行进度调整的主要依据之一。

三、项目进度控制的方法

(1)项目进度变更控制系统。针对项目进度计划变更的各种请求，进度变更控制系统规定了改变项目进度计划应该遵循的程序，包括项目进度变更的申请程序、项目进度变更的批准程序和项目进度变更的实施程序等一系列的控制程序及相应的方法。它应该作为项目整体变更控制系统的一部分，并与其有机地结合起来。

(2)偏差分析技术。偏差分析技术是一种测量和评估项目实施情况，确定项目进度计划完成程度和项目实际完成情况与计划要求的差距大小的管理控制方法。它可以在进度滞后的情况下，为如何纠正偏差提供有用的信息。这一方法的主要内容包括：定期收集项目实施情况的数据，将实际情况与项目计划要求进行比较，报告项目进度计划实施情况存在的偏差和是否需要采用纠偏措施等。这一方法要求有固定的项目进度计划实施情况报告期，固定报告期因项目的复杂程度或工期长短而不同。根据项目复杂程度和时间期限，可以将报告期定为日、周、双周或月。如果项目预计在一个月内完成，报告期应该是一天；如果项目期为 4 年，则报告期可能是一个月或半个月。在整个报告期内，需要收集两种数据或信息：一是实际执行中的数据，包括活动开始或结束的实际时间、使用或投入的实际成本；二是项目范围、进度计划和预算变更的有关信息。这些变更可能由客户或项目团队引起，或者由自然灾害、工人罢工、关键项目团队成员辞职等不可预见事情发生引起。从对项目的控制角度看，报告期越短，越有利于及早发现问题并采取纠正措施。当项目进度出现问题时，一定要缩短报告期并增加报告的频率，以便更好地控制项目进度计划的实施情况。

(3)项目执行情况的度量方法。整个项目进展中，一些活动会按时完成，一些活动会提前完成，另一些活动则会延期完成。实际进展无论快还是慢都会对项目的未完成部分产生影响，特别是已完成活动的实际完成时间，不仅决定着网络图中其他未完成活动的最早开始与结束时间，而且决定着总时差。因此，项目执行情况是项目进度控制的最基本资料，它为确定项目的实际进度与计划进度之间的差距，并为度量这种差距是否达到应采取纠偏措施的程度提供了依据。它包括项目的实际执行情况的数据和其他相关信息。度量执行情况的方法主要是趋势分析法和实地考察法。

(4)补充计划的编制。由顾客、项目团队或不可预见事情引起的变更会对整个项目进度计划产生影响。几乎没有项目能够完全按照预定的项目计划实施，这就要求项目团队根据进度变化的情况随时更新项目活动目录、活动时间估计、活动排序以及进度计划等。补充计划就是根据出现的进度计划变动情况，修订原有的项目进度计划，将变更融入进度。补充计划的编制包括四个基本步骤：首先分析项目实施进度并找出存在的问题，接着确定应采取哪些具体的纠偏措施，然后制订补充计划，最后实施新的计划安排。例如，当顾客提出变更要求时，承包商或项目团队应该估计变更对项目预算和进度的影响，在实施之前征得顾客对项目进度和预算修改建议的同意，所有额外任务、修改后的时间估计、原材料和劳动力费用均应列入计划。有的变更是由于最初制订计划时忽略的活动引起，比如项目团队忘记将“开发培训教材”和“为新系统进行培训”列入计划。

(5)项目管理软件。对项目进度控制来说，项目管理软件也是一种有效的工具，特别是对一些复杂的项目而言。项目管理软件可以绘制网络图，确定项目关键路径，创建甘特图、PERT 图等，并可用来报告、浏览和筛选具体的项目进度管理信息。

四、项目进度控制的结果

(一)更新后的项目进度计划

在项目进度计划的实施过程中，要根据各种变化和计划采取的纠偏措施对项目的进度计划进行相应的修订、更新，并将更新的项目进度计划分发给有关的项目干系人。项目进度计划更新主要有以下几个方面。

(1)关键活动调整。关键活动没有机动时间，其中任一活动持续时间的缩短或延长都对整个项目工期产生影响。因此，关键活动的调整是项目进度更新的重点。以关键活动的实际进度较计划进度落后的调整为例，为保证项目按期完成，就要缩短后续关键活动的持续时间。要在原计划的基础上，采取组织措施或技术措施缩短后续活动的持续时间以弥补时间损失，通常采用网络计划法进行调整。

(2)改变某些活动的逻辑关系。若实际进度产生的偏差影响了总工期，则在活动之间的逻辑关系允许改变的条件下，改变关键路径和超过计划时间的非关键路径上有关活动之间的逻辑关系，达到缩短时间的目的。但这种调整应以不影响原计划工期和其他活动之间的顺序为前提，调整的结果不能形成对原计划的否定。例如，可以将依次进行的活动变为平行或相互搭接的关系，以缩短时间。

(3)重新编制计划。当采用其他方法仍不能奏效时，则应根据时间要求，将剩余活动重新编制网络计划，使其满足工期要求。例如，某项目在实施过程中，由于地质条件的变化，造成已完工工程的大面积塌方，耽误工期 6 个月。为保证该项目能在计划工期内完成，在认真分析研究的基础上，重新编制网络计划，并按新的网络计划组织实施。

(4)非关键活动调整。当非关键路径上某些活动的持续时间延长，但不超过其时差范围时，则不会影响项目工期，进度计划不必调整。为了更充分地利用资源、降低成本，必要时可对非关键活动的时差作适当调整，但不能超出总时差，并且每次调整均需进行时间参数计算，观察每次调整对计划的影响。

(5)增减活动项目。由于编制计划时考虑不周，或因为某些原因需要增加或取消某些活动，则需要重新调整网络计划，计算网络参数。增减活动项目只能改变局部的逻辑关系，而不应影响原有计划中总的逻辑关系。

(6)资源优化。当供应满足不了需要时，应进行资源调整。资源调整的前提是保证工期不变或使工期更加合理。

(二)纠偏措施

这里的纠偏措施是指为纠正项目进度计划实施情况与原有计划要求之间的偏差所采取的具体行动。如果项目实际进度滞后于基准计划，就不得不采取一些措施来缩短后续工作的历时。我们知道，影响项目整体最终进度的活动是那些处于关键路径上的活动。有两种方法可以进行历时压缩(duration compression)，一种叫“赶工”(crashing)，另一种叫“快速跟进”(fast tracking)。

“赶工”就是给项目关键路径上的活动增加资源，来缩短其活动历时。事实上，很多领域的项目活动时间和成本之间并不是一个线性的换算关系。举例来说，一个人需要 10 天完成的工作，并不能保证 10 个人在一天内完成。如果是这样的话，缩短历时只是调整了单位时间内资源投入的数量，并不增加项目总成本。但在很多技术领域，存在一个生产效率和投入资源最佳的匹配点。在该平衡点下，会产生最高的单位生产效率，如图 6-9 所示。

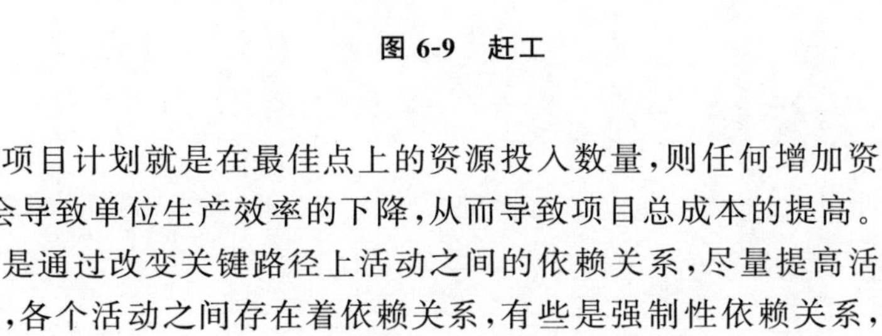

图 6-9 赶工

如果最初的项目计划就是在最佳点上的资源投入数量，则任何增加资源的活动虽然缩短了活动历时，都会导致单位生产效率的下降，从而导致项目总成本的提高。

“快速跟进”是通过改变关键路径上活动之间的依赖关系，尽量提高活动的并行性来缩短历时。我们知道，各个活动之间存在着依赖关系，有些是强制性依赖关系，有些是自由依赖关系。这些依赖关系使得活动之间存在着先后次序，我们可以打破这种先后次序，使得某些活动重叠进行。当然,我们应该首先去调整那些自由依赖关系的活动,然后再去考虑强制依赖关系的活动。

事实上,缩短项目进度的两种方法都会带来某种负面的影响,但这种结果也是可以理解的,因为原来的进度计划就是项目在各个要素之间最佳的平衡结果,打破这种平衡就会偏离最优。

(三)经验教训

有关项目进度控制方面的各种经验教训要形成文档,使之成为本项目后续阶段或其他类似项目可以利用的数据库的资料来源。这方面的内容主要包括:有关项目进度计划的变更及其原因说明,项目进度计划控制中采取的纠偏措施及其理由,项目进度计划失控造成的各种问题和损失,以及从中可以吸取的经验和教训等。

模块七　农业项目成本管理

知识目标

掌握农业项目成本管理的概念、项目成本的构成及影响因素；

了解农业项目成本管理的内容及主要任务；

掌握项目成本估算、项目成本预算、项目成本控制的概念及主要任务；

了解项目成本估算和项目成本预算的方法；

理解挣值分析法的三个关键参数和四个评价指标的含义及其内容。

能力目标

能够分析真实农业项目的成本构成及其影响因素；

能够把握项目成本估算的方法，进行简单农业项目的成本估算活动；

能够把握项目成本预算的方法，进行简单农业项目的成本预算活动；

能够正确运用挣值分析法分析农业项目的实际绩效。

在项目整体管理里进行项目选择的过程中，财务分析是一项重要的判断依据。要完成项目目标，就需要实施项目活动，项目中的每一项活动都需要物质投入。项目成本管理活动就是对项目的投入做出详细的计划，使其最有效率地被分配和使用。

【案例导入】

中关村软件园区的一家软件公司启动了一个项目，并且实施得非常顺利，但因为成本管理出了问题，最后的结果不是很令人满意。虽然这家公司的领导及董事都熟知并且更感兴趣的是财务术语，而不是信息技术方面的术语，但最终还是出现了成本管理问题，这是为什么呢？在后来对这个项目做评估时，这家公司的领导发现，在这个项目团队里，虽然项目管理专业人员不仅能够用技术术语，而且还能够用财务术语介绍和讨论项目的信息，比如净现值分析、投资回报率和投资回收率等，但最终还是缺少一份合理的资源计划表，这就最终导致项目成本管理出现问题。

从这家公司的情况我们得出一个结论，合理的资源计划是成功的项目成本管理所必需的。在我国，项目成本管理有许多不同的方法，每种方法都有自己的优点和缺点，都有自己的适用条件。但是在现代项目成本管理中，比较科学并能客观反映项目成本管理规律的，能够达到最大化节省资源的所有成本管理方法中，编制合理的资源计划都是必需的。

来源：伍春来、王振雨编著《项目管理》，经济管理出版社 2004 年 7 月版

任务1　了解农业项目成本管理

一、农业项目成本管理的概念

农业项目成本管理又被称为农业项目费用管理，是有关项目成本和项目价值两个方面的管理，是为保障以最小的成本实现最大的项目价值而开展的项目专项管理工作。

农业项目的成本管理活动有三个主要目的：第一，对项目所需要的资源作出正确的估计，供组织进行适当的评价和准备，这是成本估算过程。第二，为项目的资源使用作出预算安排，这是成本预算过程。第三，对项目实施当中资源的使用进行控制，这是成本控制过程。

二、项目成本构成及其影响因素

（一）项目成本的构成

项目成本是指项目形成过程中所耗费的各种费用的总和。根据发生的阶段和用途的不同，项目费用可分为以下几个部分。如图7-1所示。

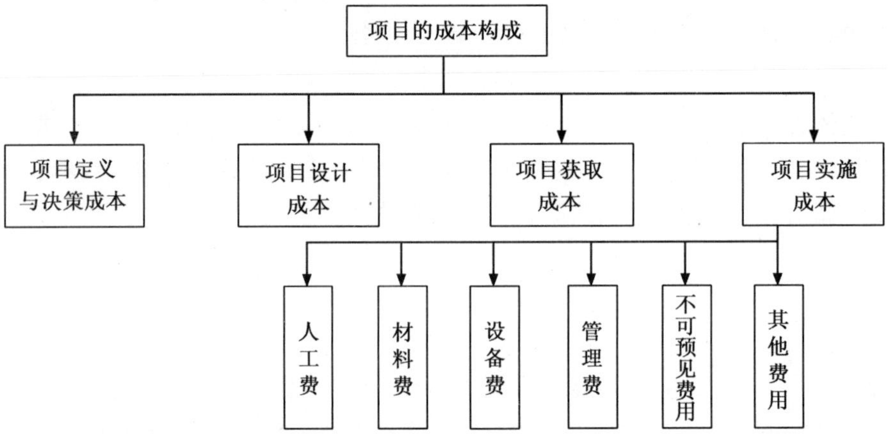

图7-1　项目成本构成图

（1）项目定义与决策成本。定义与决策是项目形成过程的第一个阶段。项目定义与决策的好坏对项目的设计与实施，以及建成后的经济效益和社会效益将会产生重要的影响。为了对项目进行准确的定义和科学的决策，在这一阶段要进行广泛的市场调查，收集和掌握翔实的资料，并对项目进行可行性研究。为完成这些工作所花费的成本就是项目的定义与决策成本。

（2）项目设计成本。一个项目通过可行性研究后，就需要对其进行设计。例如，一个工程建设项目需要进行规划设计、施工图设计；一个科研项目需要进行技术路线和实验方案的设计；一个营销项目需要进行营销方案的策划和设计。为完成设计工作所花费的成本就构成了项目设计成本。

(3)项目获取成本。为了获得项目,项目组织所开展的询价、供方选择、广告、招投标、承发包等工作所花费的成本称为项目获取成本。

(4)项目实施成本。在项目实施过程中,为了完成项目、获得项目产出物而耗用的各种资源所花费的成本称为项目实施成本。项目实施成本具体包括人工费、材料费、机械设备费用、管理费、不可预见费用和其他费用。

在上述费用当中,项目的实施成本一般占总成本的90%以上。因此,从这种意义上讲,项目成本管理实际上就是项目实施成本的管理。

(二)项目成本的影响因素

1.质量对成本的影响

质量总成本由质量故障成本和质量保证成本组成。质量越低,引起的质量不合格损失越大,故障成本越大,反之则故障成本越低。质量保证成本指为保证和提高质量而采取相关的保证措施所耗用的开支,如购置设备改善检测手段等。这类开支越大,质量越可靠,反之质量就越低。

2.工期对成本的影响

每个项目都有一种最佳施工组织,若工期紧急需要加大施工力量的投放,采用一定的赶工措施,如加班、高价进料、高价雇用劳务和租用设备,势必加大工程成本,进度安排少于必要工期时成本将明显增加。反过来,进度安排时间长于最佳安排时间,成本也要增加。这种最佳工期是最低成本下持续工作的时间,在计算最低成本时,一定要确定出实际的持续时间分布状态和最接近的可以实现的最低成本。

3.价格对成本的影响

在设计阶段对成本的影响主要反映在施工图预算上,而预算要取决于设计方案的价格,价格直接影响着工程造价。因此,在做施工图预算时,应做好价格预测,特别是估计准由于通货膨胀而造成的建材、设备及人工费的涨价率,以便较准确地把握成本水平。

4.管理水平对成本的影响

(1)对预算成本估算偏低,例如征地费用或拆迁费用大大超出计划而影响成本。

(2)由于资金供应紧张或材料、设备供应发生问题,从而影响工程进度,延长工期,造成建设成本增加。

(3)甲方决策失误造成损失。对商业项目而言,甲方的错误决策对项目成本影响更大。

(4)更改设计可能增加或减少成本开支,但又往往会影响施工进度,给成本控制带来不利影响。另外,影响商业类项目成本的重要因素包括项目消耗和占用资源的数量和价格、项目工期、项目质量、项目范围。

三、农业项目成本管理的内容

根据项目成本管理活动的目的,将项目成本管理分为四个主要内容:项目资源计划、成本估算、成本预算和成本控制。

(1)项目资源计划是指通过分析、识别和确定项目所需资源种类(人力、设备、材料、资金等)、多少和投入时间的一种项目管理活动,要确定出能够充分保证项目实施所需各种资源的清单和资源投入的计划安排。

(2)成本估算是估计项目的总成本,该活动大多在立项前后进行。成本估算便于干系人在前期对项目进行评价，并以此为基础决定最终批准项目实施的总预算。

(3)成本预算是将获得批准的总预算成本分配到每一个具体活动中，对项目的各项资源投入进行仔细计划，形成项目的成本基准计划。

成本估算和成本预算两个过程名称相似，但作用和目的并不相同。成本估算是为了获得项目的总成本，其目的是申请资源；成本预算则是根据被批准的总预算来详细分配资源到每一个活动中，并以此作为后续成本控制的基准。

(4)成本控制是根据项目成本基准计划监控项目的实际支出和预算计划之间的偏差，并及时采取纠偏措施。

项目的成本管理过程和管理会计的目的是类似的，主要是通过项目的预算过程建立计划，对实际的成本支出和预算计划之间进行偏差控制。图 7-2 显示了项目成本管理的过程。

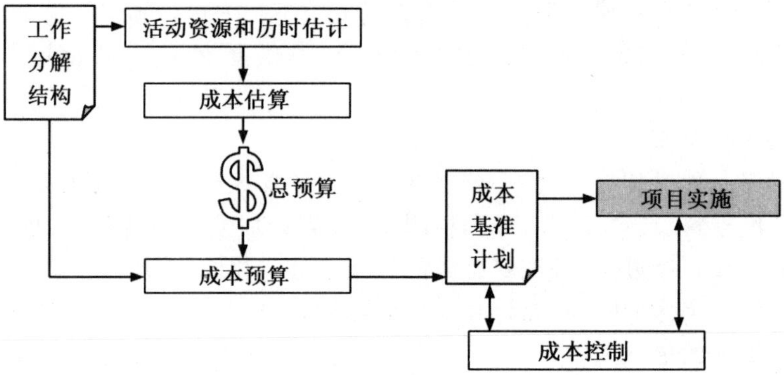

图 7-2　项目成本管理的过程

【实践训练】

农业项目成本调研

1. **实训要求**：找一个你熟悉的农业项目，进行深入调研、分析，了解该项目的成本构成情况及影响项目成本的主要因素。

2. **实训目的**：通过此次实训，加深对项目成本相关知识的理解，包括项目成本的构成、影响项目成本的因素等，具备一定的知识运用能力。

3. **实训组织**：全班同学按每组 3～5 人进行分组，要求每组查找详细的项目成本资料，进行充分的调研、考察。

4. **实训实施**：以每组学生为主体，在任课教师的指导下，展开该农业项目的成本调研活动。

5. **实训考核**：每组提交一份完整的项目成本调研报告，并进行详尽的介绍和解释。教师对提交成果和掌握资料、学习程度进行考核评定并给出成绩。

【典型案例】

山林生态循环山鸡特种养殖

一、项目简介

山林生态循环特种养殖项目以充分开发利用本地山林资源，发展美国七彩山鸡特种禽类生态循环养殖，促进农业经济循环发展。

本项目主要突出三大特点：

(1)养殖的产品纯天然，绿色无公害，采用放归自然的养殖方式，山鸡自由采食野菜、草籽、昆虫等天然饲料。

(2)养殖的品种富有特色，品质好。山鸡属于珍禽，肉质鲜嫩，野味浓郁，是高蛋白、低脂肪、低胆固醇的保健食品，且含有人体所需的氨基酸和多种微量元素，集食用、观赏、药用价值于一身。

(3)采用生态循环模式养殖。

二、项目背景

本项目位于荆门市漳河镇崔院村，所在村包括5个小组171户，总人口670人，占有耕地面积1 874.43亩，山林面积1 500多亩。

崔院村有发展此项目得天独厚的条件：

(1)自然条件优越。该地区属于丘陵地区，气候适宜，山水环绕，环境僻静，鱼塘毗邻漳河水库二干渠一支渠，水源充足，水质好，无污染。

(2)交通条件优越。该地区距漳河风景区约10千米，离荆宜高速公路约1千米，出行都是水泥路。

(3)资源条件也十分优越。该地区山林和水利资源丰富，本项目所在位置占地万余平方米，山林、鱼塘和田地连为一体，有利于发展循环养殖。

三、项目实施

本项目已经于2009年3月启动，已投入资金3万元，修建了80米^{2}的房舍(一间育雏室，一间厨房，两间寝室)，搭建了3间简易鸡棚，围网面积600米^2。为提高经济效益，该项目将进一步扩大养殖规模，计划增建围墙、鸡舍和鸡舍室外围网等基础设施，并购置配套养殖用具，开展两个批次的山鸡养殖。在5月中旬购进第一批鸡苗800只，9月出栏。

四、成本分析

1.养殖场建设资金投入明细表

名称	规格	材料/人工	数量	单价	金额/元	总金额/元
围墙	200米^2(高2米，长100米)	砖	14 000块	0.25元/块	3 500	4 640
		水泥	15包	20元/包	300	
		沙	0.5车	400元/车	200	
		修建围墙人工	2天×4人	80元/(天·人)	640	
鸡舍	280米^2(高2米，长70米，宽4米)	木材	40根	50元/根	2 000	3 000
		石棉瓦	100块	10元/块	1 000	
鸡舍室外围网	1 890米^2(长70米，宽27米)	钢丝网(每捆长20米，高2米)	12捆	200元/捆	2 400	3 400
		塑料网(40米^2/千克)	50千克	20元/千克	1 000	

2.养殖用具资金投入明细表

名称	型号	数量/个	单价/(元/个)	金额/元	总金额/元
饮水壶	小型号(每30只鸡配置一个)	60	1.5	90	420
	大型号(每30只鸡配置一个)	110	3.0	330	
饲料槽	小型号(每30只鸡配置一个)	60	1.5	90	530
	大型号(每30只鸡配置一个)	110	4.0	440	
育雏钢架笼	长1米,宽0.7米,高0.5米			800	800
总合计					1 750

3.养殖资金投入

(1)山鸡苗费用:4元/只×1 500只/批×2批=12 000元;

(2)防疫药品费用:1 500只/批×2批×0.4元/只=1 200元;

(3)饲料费用:1 500只/批×2批×12元/只=36 000元。

山鸡养殖资金按每2批一个周期循环,需要固定资金49 200元(山鸡苗费用12 000元+防疫药品费用1 200元+饲料费用36 000元=49 200元)。

任务2　项目资源计划

一、项目资源计划的概念

任何一个项目都要消耗资源。项目投入资源的种类、数量、质量和投入时间不但对项目成本的大小起主要的决定作用,也会对项目进度产生重要影响。做好资源计划,合理安排资源,对于避免由于资源配置不合理所造成的项目工期延误和项目成本超支有重要意义。

项目资源计划是指通过分析和识别项目的资源需求,确定项目所需资源的种类、数量、质量和投入时间,从而制订出科学、合理的项目资源供应计划的项目成本管理活动。

二、项目资源计划编制的依据

项目资源计划的编制只有同项目范围、项目质量和工期计划安排按照集成的思想进行考虑,才能够做到科学、合理、可行。

(1)工作分解结构。工作分解结构(WBS)是将项目自上而下逐级分解形成的产品树,是既定项目各项工作的结构图或说明。一个项目的工作分解结构列出了为完成该项目所要做的工作内容。每一项工作内容都需要消耗不同种类、数量和质量的资源。因此,工作分解结构是项目资源计划编制的主要依据之一。

(2)项目范围计划。项目范围计划包括对项目目标、项目产出物和项目工作范围等内容的全面说明和描述以及计划安排。这些内容对于项目所需资源的种类、数量和质量有重要影响。所以项目范围计划也是项目资源计划编制的依据之一。

(3)项目进度计划。项目进度计划是控制项目进程的最主要的纲领性文件,它规定了项目各项活动的开始和结束时间,因而也就决定了各种项目资源的投入时间、投入数量。所以资源计划必须以进度计划为依据来制订,以使项目组织能够适时地、有计划地安排合适的资源。

(4)项目资源描述。项目资源描述是对项目所需资源的种类、数量、质量的描述和说明。具体包括:项目需要哪些种类的资源;这些资源的特性和要求是什么;项目什么时候需要这些资源等。比如:一个科研项目需要哪些专业的科研人员,对他们的职称、教育背景和研究经验有什么要求等。要想制订一个科学合理的资源计划,必须考虑项目资源描述。

(5)历史资料。历史资料是指已经完成的同类项目的资源需求和使用情况,对于本项目的资源计划编制有重要参考作用。

(6)资源库信息。资源库是项目所拥有的可供使用的资源的描述集合。它既包括项目实施组织自身所拥有的资源,也包括整个社会能够为项目提供的各种资源。只有在掌握了这方面的信息以后,项目管理人员才能够做出切实可行的项目资源计划,否则制订的项目资源计划可能超过现实的条件,只能是纸上谈兵。

(7)组织方针和政策。组织的方针政策包括的内容很广。其中,组织在人力资源、设备和材料的选用、获得资源的手段和方式等方面的方针和政策,会对项目资源计划产生影响。例如:工程项目中劳务人员是用外包工还是本企业职工,设备是租赁还是购买,这些都会对资源计划产生影响。所以这些方针和政策也是制订项目资源计划的依据之一。

三、项目资源计划编制的方法

进行项目资源计划编制的方法有很多种,其中常用的有以下几种。

(1)专家判断法。这是项目资源计划编制最常用的方法。它是由项目成本管理专家根据经验去确定和编制项目资源计划的方法。其中最主要的是德尔菲法,这是由一名协调者通过组织专家进行资源需求估算,然后汇集专家意见,整理并编制项目资源计划的方法。为了消除不必要的迷信权威和相互影响,一般协调者只起联系、协调、分析和归纳结果的作用,专家们互不见面,互不通气,只与协调者发生联系,并做出自己的判断。

专家判断法的优点是:主要依靠专家判断,基本不需要历史信息资料,适合于全新的项目。它的缺点是:如果专家的水平不一,专家对于项目的理解不统一,就会造成项目资源计划出现问题。

(2)资料统计法。这是指使用历史项目的统计数据资料,计算和确定项目资源计划的方法。这种方法中使用的历史统计资料必须有足够的样本量,而且有具体的数量指标以反映项目资源的规模,质量、消耗速度等。通常这些指标又可以分为实物量指标、劳动量指标和价值量指标。实物量指标多数用来表明物质资源的需求数量,这类指标一般表现为绝对数指标。劳动量指标主要用于表明人力的使用,这类指标可以是绝对量也可以是相对量指标。价值量指标主要用于表示资源的货币价值,一般使用本国货币币值表示的活劳动或物化劳动的价值。利用资料统计法计算和确定项目资源计划能够得出比较准确合理和切实可行的项目资源计划。但是这种方法要求有详细的历史数据,并且要求这些历史数据要具有可比性,所以这种方法的推广和使用有一定难度。

(3)数学模型。为了使编制的资源计划具有科学性、可行性,在资源计划的编制过程中,往往需要借助某些数学模型,如资源均衡模型、资源分配模型等。

任务3　项目成本估算

项目成本估算是项目成本管理的一项核心工作，其实质是通过分析去估计和确定项目成本的工作，目的是申请资源。这项工作是确定项目成本预算和开展项目成本控制的基础和依据。

一、项目成本估算的概念

项目成本估算是指为了实现项目目标，完成项目的各项活动，预估完成项目各项工作所需资源（人、材料、设备等）费用的近似值。通过成本估计可以帮助项目干系人对完成项目所需要的投入有一个近似的了解，用以评价项目是否可行，并以此为基础批准所需资源。

项目有充足的资源保证是其成功的一个重要条件，而批准项目总预算的一个输入条件就是成本估算的结果。最初的成本估算大多是由项目实施者来进行的。既然是对未来进行估计，就存在高估或者低估的可能。对实施者来说，显然高估有利。这就使进行成本估算的基层管理者大多会有意过高估计工作所需的资源，来获得足够的风险缓冲。高层管理者通常也并不信任基层管理者汇报上来的估算结果，所以最终被批准的结果往往是上下级之间的一种平衡。

二、项目成本估算的依据

(1)工作分解结构。工作分解结构是编制资源计划的基础，它也可以用于费用估算并确保所有识别的工作已被估算。

(2)资源需求计划。资源需求计划界定了项目所需要资源的种类、数量和质量标准，是成本估算的主要依据。

(3)资源价格。为了计算各项工作费用，必须知道项目所需各种资源的单价（包括工时费、单位体积材料费等）。如果某种资源的实际价格不知道，应该对它的价格做出估计，以确保最后的整体估算有效。

(4)活动持续时间。活动的持续时间将直接影响分配给它的资源数量，因而会影响到项目费用的估算。

(5)历史信息。同类项目的历史信息是项目执行过程中可以参考的最有价值的资料，包括项目文件、共用的项目成本估计数据库以及项目工作组的知识等。

(6)会计表格。会计表格说明了各种费用信息项的代码结构，这有利于项目成本的估计与正确的会计科目相对应。

三、项目成本估算的方法

项目成本估算的过程或多或少和过去所积累的经验有关。这种经验可能来自个人、企业过去的积累，甚至是相关领域的业界。根据所依赖的数据来源不同，有四种常用的估算方法：类比估计法、参数模型法、自下而上估计法、计算工具辅助法。

1.类比估计法

类比估计法是同以往的、已执行的类似项目进行类比而得出的当前项目的成本估计。它实质上是一种专家判断法，是一种“自上而下的估计法”。基本操作步骤是：由项目的上层管理人员收集以往类似项目的有关历史资料；然后会同有关成本专家对当前项目的总成本进行估计；再将估计结果按照项目工作分解结构图的层次传递给紧邻的下层管理人员；在此基础上，下层管理人员对自己所负责的工作费用进行估计；最后继续向下一层管理人员传递他们的估计信息，直至项目基层。这种方法的优点是简单易行，花费少。通常当项目的详细资料难以得到时，这是一种估计项目总成本的行之有效的方法。但是这种方法也有局限性。由于项目具有独特性和一次性的特点，在实际中，不存在完全相同的两个项目，因此估算的准确性也较低。当估定的项目总成本沿工作分解结构图逐级向下分配时，可能会出现下层管理人员认为成本不足而难以完成任务的情况，但是碍于上级地位和权力的威严，他们可能不会及时、主动向上层管理者提出问题，以至于项目进行时出现困难。但是当以往的项目与目前的项目不仅在形式上而且在实质上相同时，类比估计法还是比较可靠和实用的。

2.参数模型法

参数模型法是利用项目的特性参数建立数学模型来估计项目成本的方法。它实质上是一组项目成本估计的经验关系式，通过这组关系式可以对项目总成本做出一个近似估计。由于参数模型法只对影响项目总成本变化程度最大的成本变量进行估计，而不考虑一些细节性费用因素，因此一些复杂的大型项目可以利用参数模型法中一定的经验公式做出简明估计。显然，建立的模型和一定的工程技术领域是高度相关的。采用这种估计方法时，要注意一定要建立一个合适的模型，这对于保证成本估计结果的准确性是至关重要的。为了保证项目成本模型的适用性，在建立成本模型时，要着重考虑以下几点：

- 保证建立参数模型时所参考的历史信息的准确性。
- 模型中的一些重要参数必须量化处理。
- 根据项目的实际情况，对参数模型可按适当的比例调整。

3.自下而上估计法

自下而上估计法是利用项目工作分解结构图，先由基层管理人员估计出每个工作单元的费用，再将各个工作单元的成本自下而上逐级累加，汇集给项目的高层管理者，最后由高层管理者进行汇总估计出项目的总成本。由于基层管理者是项目资源的直接使用者，用这种方法进行成本估计，得到的结果很详细，也较为准确。但实际操作起来十分耗时，成本估计工作本身也需要较多的经费支持。

4.计算工具辅助法

随着计算机技术和软件技术的不断发展，出现了很多项目管理软件。利用这些软件，人们直接输入项目成本的有关数据或者自定义项目成本函数，能够非常方便快捷地得到项目成本的估计结果。目前一些项目管理软件和电子表格软件被广泛用于辅助项目成本的估计。

总体来说，这四种估计方法都是通过某种形式来借用以前的经验的。

- 类比估计法：专家和项目管理者个人的经验。
- 参数模型法：业界的经验经过总结、归纳、建模得以应用。
- 自下而上估计法：实施者个体的经验。
- 计算工具辅助法：将模型通过计算机软件得以应用。

四、项目成本估算的结果

1. 项目成本估算文件

这是通过采用前述项目成本估算方法而获得的项目成本估算最终结果文件。项目成本估算文件是对完成项目所需费用的估计和计划安排，是项目管理文件中的一个重要组成部分。

2. 相关支持细节文件

这是对于项目成本估算文件的依据和考虑细节的说明文件。这类文件的主要内容包括：

(1)项目范围的描述。因为项目范围是直接影响项目成本的关键因素，所以这一文件通常与项目工作分解结构和项目成本估算文件一起提供。

(2)项目成本估算的基础和依据文件。这包括编制项目成本估算的各种依据性文件，各种成本计算或估算的方法说明，以及各种参照的国家规定等。

(3)项目成本估算各种假定条件的说明文件。这包括在项目成本估算中所假定的各种项目实施的效率、项目所需资源的价格水平、项目资源消耗的定额估计等假设条件的说明。

(4)项目成本估算可能出现的变动范围的说明。这主要是关于在各种项目成本估算假设条件和成本估算基础与依据发生变化后，项目成本可能会发生什么样的变化、多大的变化的说明。

3. 项目成本管理计划

这是关于如何管理和控制项目成本变动的说明文件，是项目管理文件的一个重要组成部分。项目成本管理计划文件可繁可简，具体取决于项目规模和项目管理主体的需要。一个项目开始实施后可能会发生各种无法预见的情况，从而危及项目成本目标的实现(如某些原材料的价格可能会高于最初估计的成本价格)。为了防止、预测或克服各种意外情况，就需要对项目实施过程中可能出现的成本变动，以及相应需要采取的措施进行详细的计划和安排。项目成本管理计划的核心内容就是这种计划和安排，以及有关项目不可预见费的使用管理规定等。

【典型案例】

阳光信息公司的项目成本管理

阳光信息公司主要致力于为国内教育提供信息化服务，公司创立13年来，通过不断加强和改进技术管理来完善产品和提升服务品质，已成为中国教育软件研发领域地位很重要的公司。

张凯是阳光公司的项目经理，2010年3月初刚接手某高校学生管理系统研发项目。完成项目需求调研后，小张开始制订详细的进度和成本计划。下表为小张做的项目成本估算，估算货币单位为元。

成本估算表

1	学生管理系统		
1.1	招生管理		50 000
1.1.1	招生录入	18 000	
1.1.2	招生审核	16 000	
1.1.3	招生查询	16 000	
1.2	分班管理		55 000
1.2.1	自动分班	30 000	
1.2.2	手动分班	25 000	
1.3	学生档案管理	30 000	30 000
1.4	学生成绩管理		78 000
1.4.1	考试信息管理	23 000	
1.4.2	考试成绩录入	30 000	
1.4.3	考试信息统计	25 000	

【实践训练】

农业项目成本估算

1.实训要求：找一个你熟悉的农业项目，进行深入调研、分析，了解该项目的成本构成情况，考虑影响项目成本的主要因素，在此基础上进行成本估算。

2.实训目的：通过此次实训，加深对项目成本估算相关知识的理解，能够采用合适的成本估算的方法，进行成本估算活动，并具备一定的知识运用能力。

3.实训组织：全班同学按每组3～5人进行分组，要求每组查找详细的项目成本资料，进行充分的调研、考察。

4.实训实施：以每组学生为主体，在任课教师的指导下，展开该农业项目的成本估算活动。

5.实训考核：每组提交一份合理的项目成本估算调研报告，得出成本估算数据，并进行详尽的介绍和解释。教师对提交成果和掌握资料、学习程度进行考核评定并给出成绩。

任务4 项目成本预算

一、项目成本预算的概念

“凡事预则立，不预则废。”预算最基本的一个作用就是对未来作规划，将有限的资源投在最关键的事情上。项目成本预算是指把项目估算成本分配给项目的各个工作单元(工作包)，建立成本基线并以此为依据度量和控制项目成本执行情况的项目管理工作。项目成本预算的主要内容包括：根据项目成本估算向项目各项具体工作与活动的分配预算定额和确定项目成本控制的基线(项目总预算),制订项目成本控制标准和规定项目不可预见费的划分与使用规则等。

二、项目成本预算的作用

综合来说,项目成本预算有三大作用:

第一,项目成本预算是按照计划对项目资源进行分配,用以保证项目各项工作能够获得所需的各种资源,提高资源的使用效率。

第二,项目成本预算也是一种控制机制。项目成本预算作为项目各项具体工作的全部成本定额,是度量项目各项工作在实际实施过程中资源使用数量和效率的标准,项目工作所花费的实际成本应该尽量在预算成本的限度以内。

第三,项目成本预算为项目管理者监控项目施工进度提供了一把标尺。项目费用总要和一定的施工进度相联系,在项目实施的任何时点上,都应该有确定的预算成本支出。将项目预算成本的完成情况和完成这些预算成本所消耗的实际工期,与完成同样的预算成本额的计划工期相比较,项目管理者可以及时掌握项目的进度情况。

三、项目成本预算的依据

(1)项目成本估算文件。这是项目成本估算所形成的结果文件,是项目成本预算的主要依据。

(2)项目工作分解结构。项目成本预算工作中要依据项目工作分解结构分析和确定项目各项工作与活动成本估算的合理性和预算定额。

(3)项目工期进度计划。项目工期进度计划是有关项目各项工作起始与终结时间的文件,依据这一文件可将成本分配到发生成本发生的时间段上。

四、编制成本预算的方法

编制项目预算的实质就是为 WBS 里面每一项活动分配资源。WBS 是一个树形结构,上层节点的工作范围是其下层节点范围之和,最底层的叶子节点代表了项目实施最基本的活动。实施这些活动都需要资源,而编制预算就是预先对这些资源作出计划和安排。可以采用自上而下和自下而上两种方式来进行预算编制工作。

所谓"自上而下",就是项目经理先将项目的总预算分配给下一级的工作单元,再由下一级细化到更下一级,如此循环直到每个活动都被分配了一定的预算。而"自下而上"则正好相反,先由一线人员估计出每个活动所需要的预算分配,然后逐级向上汇总,最终得到项目的总预算。

这两种预算制定方法各有利弊。"自上而下"的方法可以确保预先分配的总预算不会被"超支",但在分配上却可能"官僚化",产生计划和实际之间的偏差,从而使得一线执行人员得不到足够的资源完成计划。如果采用"自下而上"的方法,大多数一线人员由于过分担心不确定因素的影响,会"有意地"超额估计所需要的资源来缓冲风险,这就使由该方法所估计出的总预算往往会超出期望的"总预算"。

因此,大多数组织会混合采用"自上而下"和"自下而上"两种方法。一方面可以控制总预算不超支，另一方面也综合考虑来自一线人员的实际需求。无论怎样，制定预算的过程往往是参与各方进行利益博弈和均衡的过程。具体预算的内容，首先需要考虑的是项目的直接成本，例如完成项目活动所需要的物质资源、人力资源等；其次要考虑的是项目需要外购的产品或者服务的支出；再次则是需要被摊销的间接成本；最后是项目为了应付意外和风险所需要准备的风险准备金和风险储备金。

五、成本基准计划

把预算分配到 WBS 的每一项活动上，并且加入进度计划里面的时间因素，就可以得到一幅累计成本和进度之间的关系图，如图 7-3 所示。

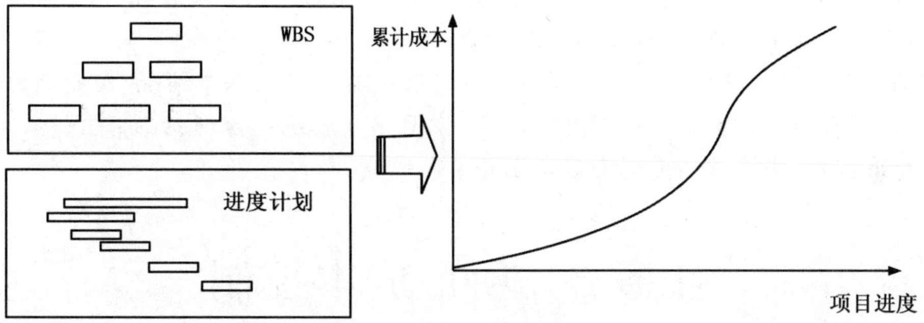

图 7-3　累计成本与进度

成本基准计划就是按时间分段的费用预算计划（费用线），可用来测量和监督项目成本的实际发生情况。成本基准计划能够很好地将成本与进度联系起来，是按时间对项目成本支出进行控制的重要依据。一般成本基准计划用 S 形曲线表示法（费用线），如图 7-4 所示。

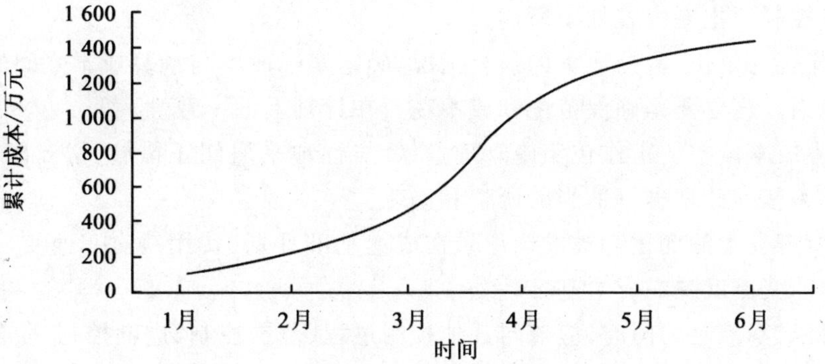

图 7-4　成本基准计划的 S 形曲线表示法

进一步说，项目的任何一项活动都需要资源支持，也就是说项目的工作范围和成本是有关系的。在理想的情况下，当我们把所有的预算都花费完了，就意味着我们完成了项目的所有工作，也应该产生了项目所有的最终交付物。从这个层面上看，衡量项目的成本花费就可以得到项目的范围进展信息。

【实践训练】

农业项目成本预算方法调研

1. **实训要求**：找一个你熟悉的农村经济管理者，与其进行访谈，了解该村现有的农业项目情况，重点了解这些农业项目资金预算采用的方法。

2. **实训目的**：通过此次实训，加深对项目成本预算相关知识的理解，将了解到的实际成本预算的方法和所学的成本预算的方法进行比较分析，判断该村农业项目实际成本预算的合理性。

3. **实训组织**：全班同学按每组3～5人进行分组，要求每组制订详尽的访谈计划。

4. **实训实施**：由学生自主联系或任课教师统一联系一名农村经济管理者，在任课教师的指导下，以每组学生为主体，展开具体的访谈活动。

5. **实训考核**：每组提交一份实训报告，内容包括农业项目的基本情况、农业项目的成本预算方法、预算结果与实际资金运用情况的比较、该预算方法是否合理、有何建议等。教师对提交成果和掌握资料、访谈计划进行考核评定并给出成绩。

任务5　项目成本控制

一、项目成本控制的概念

项目成本控制就是按照事先拟定的计划，将项目实施过程中发生的各种实际成本与预算成本进行对比、检查、监督和纠正，尽量使项目的实际成本控制在计划和预算范围内的管理过程。成本预算是成本控制的基础。

项目成本控制的主要内容如下所述：

(1)以工作包为单位，监控成本的执行情况，确定实际成本与预算成本之间的偏差，查找出产生偏差的原因。这主要是确保范围和成本花费在计划上的一致性。

(2)对发生成本偏差的工作包实施管理，有针对性地采取纠正措施，必要时可以根据实际情况对项目成本基准计划进行适当的调整和修改。

(3)确认所有发生的变化都被准确记录在成本基准计划(费用线)中，避免不正确的、不合适的或者无效的变更反映在成本基准计划中。

(4)在进行成本控制的同时，应该与其他控制过程(范围控制、进度控制、质量控制等)相协调，防止因不合适的单纯控制成本而引起项目范围、进度和质量方面的问题，甚至产生不可接受的项目风险。

二、项目成本控制的依据

(1)项目成本基线。项目成本基线是按时间分段的成本基准计划，可用来测量和监督项目费用的实际发生情况，是项目费用控制的基础。

(2)项目成本实效报告。这是指项目成本管理与控制的实际绩效评价报告，它反映了项目预算的实际执行情况，其中包括哪个阶段或哪项工作的成本超出了预算，哪些未超出预算，究竟问题出在什么地方等。实效报告可以提醒项目组织注意将来可能引起麻烦的问题。编制项目成本实效报告是一件细致而严肃的工作，要充分注意报告的准确性、及时性和适用性。这种项目成本实效报告是项目成本控制的主要依据之一。

(3)项目变更申请。项目变更申请是指项目干系人提出有关更改项目工作内容或成本的申请。任何项目的变更都会造成项目成本的变动，所以在项目实施过程中提出的任何变更都必须经过业主/客户同意。项目变更申请被批准后，项目组织要根据变更后的工作范围和成本预算来对项目进行成本管理和控制。

(4)项目成本管理计划。项目成本管理计划是关于如何管理好项目成本的文件，对于项目成本控制工作有重要指导意义。

三、项目成本控制的方法

项目成本控制是一个系统的过程，它包括费用变更控制、执行情况测量、补充计划编制等内容。项目费用控制的方法有很多种，我们主要介绍两大类。

(一)费用变更控制系统

项目费用变更控制系统是指通过建立项目变更控制体系，对项目费用进行有效控制的方法。它包括提出项目费用变更申请、批准变更申请和变更项目费用预算等一系列过程。项目费用变更控制系统如图 7-5 所示，它应和整体变更控制系统相结合，使费用变更结果与其他变更(范围变更、时间变更、质量变更)结果相一致。

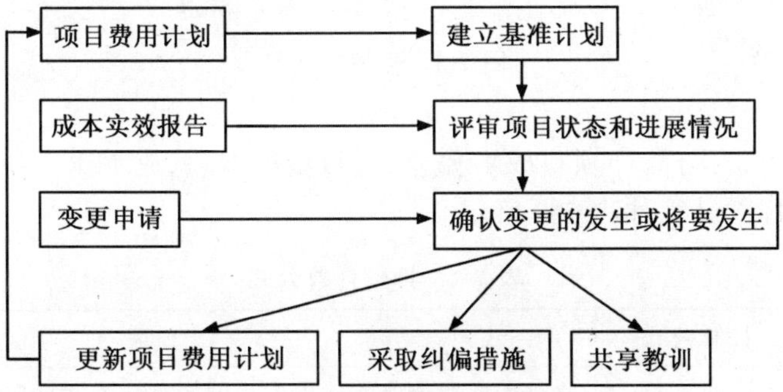

图 7-5　项目费用变更控制系统

(二)挣值分析法

在项目实施中，成本的花费和项目完成的工作范围是相关的，成本控制的关键是确保花费的资源完成了相应的工作，所以在项目控制上，很少单独讨论成本控制，而是和其他因素综合在一起考虑。也就是说，衡量项目成本是否在计划内，不仅要考察其实际发生值是否高于预算成本，而且要看其产生的项目实际绩效。

挣值分析法又称为“偏差分析法”，主要用来衡量目标实施与目标期望之间的差异，它是综合了项目范围、进度和成本这三个目标要素来测量项目绩效的一种方法。挣值分析法有三个关键参数，如表 7-1 所示。

表 7-1　挣值分析法的三个关键参数

参数	标识	描述
项目计划工作量的预算成本(planned value)	PV	它是在费用估算阶段就确定的与项目工作时间相关的成本累积值,在项目的进度时间-预算成本坐标中,随着项目的进展,PV 呈 S 形曲线不断增加,直到项目结束,达到最大值
项目已完成工作量的实际成本(actual cost)	AC	它是项目在实施过程中,实际完成工作量投入的成本累积总额。它同样也是随着项目的推进而不断增加
项目已完成工作量的预算成本(earned value)	EV	即“挣值”。它是项目在实施过程中实际完成工作量的预算成本总额。其计算公式为: EV=已完成工作量的百分比×PV

挣值分析法这一方法的核心思想是引入一个关键性参数——挣值。挣值的英文为 earned value,可以直译为“挣得了多少价值”。在项目管理中,挣值就是已完成工作量的预算成本。图 7-6 比较清晰地表明了“挣值”的含义,即已完成的工作量所对应的计划预算中的价值。

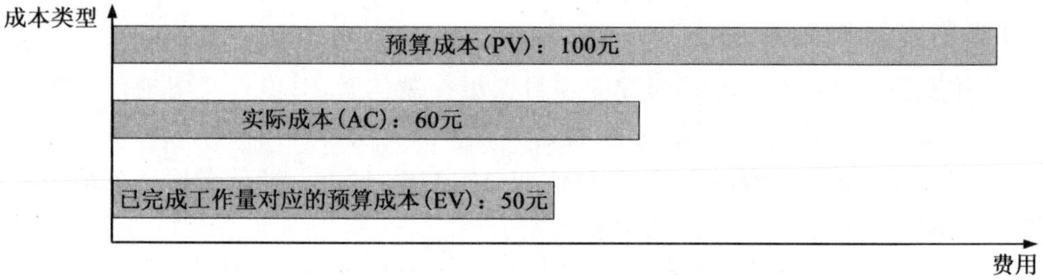

图 7-6　挣值的含义

挣值法有四个评价指标,即项目成本偏差、项目精度偏差、成本执行指标和进度执行指标。挣值法各个评价指标的计算如表 7-2 所示。

表 7-2　挣值计算公式

评价指标	标识	计算公式	描述
项目成本偏差	CV	CV=EV−AC	这个指标数值已完成工作量的预算成本与实际成本之间的绝对差异。 当 CV 大于零时,表明项目实施处于节支状态,完成某项工作所花费的实际成本低于预算成本; 当 CV 小于零时,表明项目执行效果不佳,处于超支状态,完成某项工作所花费的实际成本高于预算成本; 当 CV 等于零时,表明完成某项工作所花费的实际成本等于预算成本
项目进度偏差	SV	SV=EV−PV	这个指标的含义是截至某一时点,实际已完成工作量的预算成本同截至该时点计划完成工作量的预算成本之间的绝对差异。 当 SV 大于零时,表明项目进度提前; 当 SV 小于零时,表明项目进度延误; 当 SV 等于零时,表明实际进度与计划进度一致

续表 7-2

评价指标	标识	计算公式	描述
成本执行指标	CPI	CPI=EV/AC	这个指标的含义为已完成工作量的预算成本是已完成工作量的实际成本的多少倍，即用来衡量资金的使用效率。 当 CPI 大于 1 时，表明实际成本低于计划成本，资金使用效率较高； 当 CPI 小于 1 时，表明实际成本高于计划成本，资金使用效率较低； 当 CPI 等于 1 时，表明实际成本与预算成本相符
进度执行指标	SPI	SPI=EV/PV	这个指标的含义是以截至某一时点的预算成本的完成量为衡量标准，计算在该时点之前项目已完成工作量的预算成本占计划应完成工作量的预算成本的比例。 当 SPI 大于 1 时，表明进度提前，即项目实际进度比计划进度快； 当 SPI 小于 1 时，表明进度延误，即项目实际进度比计划进度慢； 当 SPI 等于 1 时，表明进度按计划进行，即项目实际进度等于计划进度

如果我们仔细分析这四个有关挣值管理的指标，会发现其中一些有趣的规律。求有关成本的指标都是用挣值（EV）和实际成本（AC）进行某种运算；求有关进度的指标都是用挣值（EV）和预算成本（PV）进行某种运算。前者比较好理解，但为什么成本之间的运算会反映进度信息呢？

实际上，在挣值管理的概念里有两个前提假设：第一，项目所完成的范围和成本之间存在着关联关系，这就是挣值所表示的概念；第二，项目的成本花费和进度呈现线性关系，也就是说项目成本按照相等的速率进行消耗。这就导致成本和进度之间存在了关联关系，如图 7-7 所示。

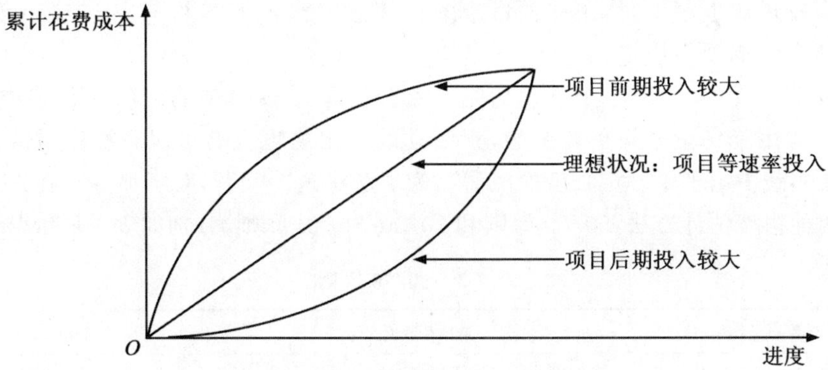

图 7-7 项目成本投入和进度的关系

从图 7-7 中可以看到，在最理想的情况下，项目成本的投入和进度之间呈现线性关系，但大多数项目却并不是这样。项目的成本投入可能在项目的不同阶段消耗速率并不一样，这个时候进度偏差和进度执行指数则只能反映一个较简单的信息，即“超前”还是“落后”。

下面来实际分析一条挣值评价曲线，如图 7-8 所示。图 7-8 中 PV 按 S 形曲线路径不断增加，直至项目结束时达到它的最大值。AC 同样是进度的时间参数，随项目推进而不断增加，也是 S 形曲线。利用挣值法评价曲线可以进行成本进度评价，当 CV<0，SV<0 时，表示项目执行效果不佳，即成本超支、进度延误，应采取相应的措施。

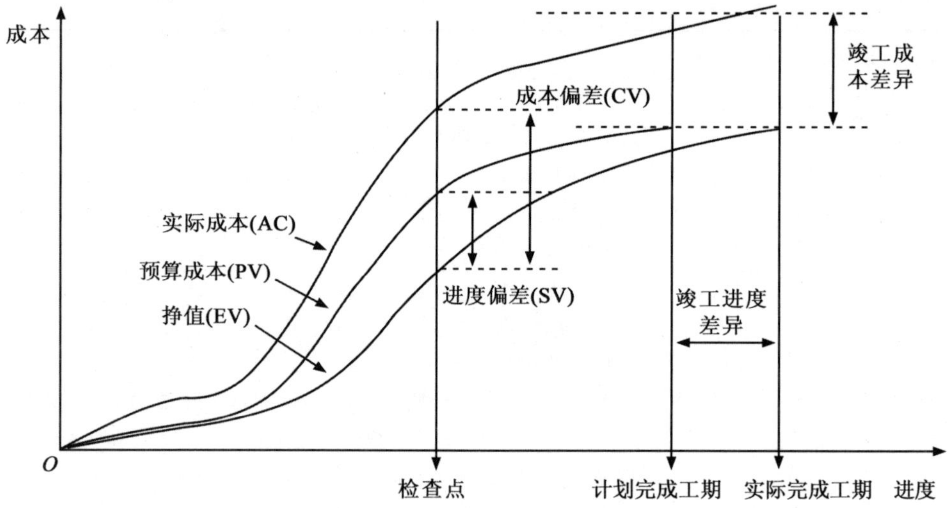

图 7-8　挣值评价曲线

在实际执行过程中，最理想的状态是 AC、PV、EV 三条曲线靠得很紧、平稳上升，这表示项目按预定计划目标前进。如果三条曲线离散度不断增加，则表示可能发生关系到项目成败的重大问题。经过评价分析，如果发现某一方面实际已经出现成本超支或预计最终将会出现成本超支，则应将它提出，做进一步的原因分析。

通常情况下压缩已经超支的成本，会影响其他目标的实现，因此只有当给出的措施比原先选定的措施更为有利时，成本才能降低。需要注意的是，不管采取什么措施都必须取得项目客户的同意。当发现成本超支时，某些项目企图在其他工作包上节约开支，这是十分有害的，因为这样做往往会影响项目质量。

在挣值管理活动中，判断一个活动的完成百分比是比较困难的。因为很多类型的项目的实际活动是不能用工作量来简单衡量的，其活动的产出物也没有可以直接度量的手段，这就使得挣值管理在实践中出现了一定程度的障碍。为了解决这个问题，对于那些正在进行的活动，我们可以采用两种粗略估计方法：50/50 原则和 30/30/30/10 原则，分别如表 7-3 和表 7-4 所示。

表 7-3　50/50 原则

设置点	活动描述	完成百分比
1	活动开始	50%
2	活动结束	100%

表 7-4　30/30/30/10 原则

设置点	活动描述	完成百分比
1	活动开始	30%
2	活动过半	60%
3	活动接近完成	90%
4	活动完成	100%

某一个正在进行的活动，虽然其当前完成的工作量很难估计，但是如果我们把已经完成的工作单元设成100%，把没有开工的工作单元设成0%，则可以得到较为准确的项目整体数据。这样我们就可以在了解项目状态和准确度之间进行平衡。挣值管理通过“成本花费”来度量项目所完成的工作量，从而反映“工作范围”的完成状况。对某些类型项目来说，完成的“工作范围”就等同于“产品范围”，如建筑工程类项目；但某些类型的项目，其“工作范围”并不一定能准确反映完成的“产品范围”，如产品研发类项目。

【案例分析】

阅读以下关于信息系统项目管理过程中挣值管理和项目成本管理方面问题的叙述，回答问题1～4。

财政基本建设管理信息系统是一套能够为财政服务，提供财政基本建设资金管理，财务监督、审核，为财政的基建科、预算科和国库科等相关部门提供数据互享的工程项目管理的应用系统。系统充分地体现财政部门对基本建设项目的管理，对国家预算安排的基本建设资金的使用的管理，反映财政部门对基本建设项目的管理，更好地实现财政的管理监督的职能作用。

张工是大型电子政务系统集成商希赛信息技术有限公司（CSAI）的项目经理，目前正作为项目经理负责CSAI为某地财政局开发的基本建设管理信息系统项目，项目组成员包括项目经理1人、系统分析师1人、高级程序员3人、程序员3人、软件界面美工1人、测试人员2人、客户方技术人员2人。由于财政年度等因素，项目的计划工期为40周，预算成本为50万元。根据该项目的需求和进度等要求，项目具有工期紧、技术要求高、业务复杂等特点。为顺利实现项目进度和质量等目标，CSAI项目管理部门和高层领导对该项目格外重视，要求项目组每周汇报进度状态。

在项目的实施过程中，第19周时张工向公司经理报告项目的进展状态，在状态报告中经理列出了前18周（包含第18周）的项目状态数据，详细情况如下：

（1）截至项目状态日期，项目实际已完成的工作量为50%。

（2）截至项目状态日期，项目已完成工作量的实际成本（AC）为28万元。

（3）截至项目状态日期，项目计划工作量的预算成本（PV）为26万元。

问题1. 试确定项目截止到项目状态日期已完成工作量的挣值EV。

问题2. 预测项目结束时的总成本EAC。

问题3. 请对该项目在费用控制方面的执行状况进行分析。

问题4. 项目经理在检查经费超支时发现，有一项任务F还没有开始实施，但为F任务购买设备的支票已经支付，其费用为4万元。另外，还有一张已经支付的支票，其费用为3万元，是作为整个H任务的硬件费用，但H任务在状态日期完成的工作量为40%；根据这一信息再预测项目结束时的总成本。

模块八　农业项目质量管理

知识目标

掌握项目质量和农业项目质量管理的概念；
了解农业项目质量管理的过程及其主要任务；
了解项目质量计划的概念及编制项目质量计划的方法；
理解质量审计和质量改进的概念及其内容；
掌握PDCA循环的主要内容及其特点；
了解项目质量改进的主要方法；
了解项目质量控制的过程及其方法。

能力目标

能够运用PDCA循环进行过程改进；
能够绘制并分析帕累托图和鱼骨图(因果图)，并利用其提出质量改进的措施。

项目质量、项目成本、项目时间是项目的三大目标，同时也是判断项目成功与否的关键。项目质量管理是项目管理的重要内容之一，是项目管理的灵魂。

【案例导入】

在深化加强基层建设年活动中，阜城县把61个帮扶村的主街道硬化工程作为重点建设项目，放在突出位置来抓，采取积极措施，强力组织推进。目前，该项目已完成投资1 510万元，开工率100%，新修水泥路33.18千米，砖路17.3千米，完成42个村，占全部硬化任务的68.9%，其他帮扶村的主街道硬化工作正在紧张施工当中。

街道硬化项目事关帮扶村村民的长远利益，需要最长的保质期。为了用好每一笔资金，发挥出最大的效用，该县在施工过程中严把质量关。一是成立质量监督小组。县交通局作为帮扶村街道硬化项目的牵头部门，充分发挥职能，明确监督人员，落实监督责任，确实把监督工作落到了实处。每个村选择2或3名有一定建筑或修路经验、热心公益事业、为人正直的村民作为质量监督员，和驻村工作组一起，对施工全过程进行监督。二是组织质量监管培训。为了提高质量监督员的监督水平，县交通局采取以会代训的方式对项目单位、施工单位和群众监督员进行业务培训，明确施工程序和施工要求，提高了监督人员的质量意识。三是聘请专业技术人员。部分有条件的驻村工作组还聘请了专业技术人员对工程的原材料、灰土和路面标准、养护过程等进行全面监督。河北师大驻祁庄村工作组、石钢公司驻杨小庄工作组坚持高标准、严要求硬化村内主要街道，力争把道路修成“样板路”。为确保工程质量，两个工作组分别从本单位工程部门请来专业技术人员组成技术组进驻帮扶村，对修路的整个过程进行全方位监督。四是严把“六道关口”。要求施工单位重视施工过程质量控制，抓好关键工序和关键部位的施工质量，严把设计文件审批关、开工审查关、施工队伍关、原材料进场关、施工工艺关和工程验收关。工程完工后，从工程款中扣除2万元作为质量保证金，一年以后如不出现质量问题再付给施工方，确保把街道硬化项目打造成民心工程。

来源：http://report.hebei.com.cn/system/2013/06/10/012822157.shtml

任务1　了解农业项目质量管理

一、什么是农业项目质量管理？

（一）什么是质量？

学习质量管理的第一个问题是：什么是质量？

我们在讨论项目目标的时候说过，质量目标就是完成的结果所应该达到的要求。在日常生活中，大多数人通常认为产品没有毛病，经久耐用就是质量好。国际标准化组织（ISO）对质量的定义是：反映实体（产品、过程或活动等）满足明确的或隐含的需求的能力特性总和。

显然，ISO所提出的这个定义比较形式化，但从这个定义中我们可以得出三个含义：

含义一：实体，承载质量属性的具体事物。这可以包括：产品，提供各种享用功能的有形实物；过程，带来某种享受服务；活动，在生产产品或提供服务中所开展的工作。

含义二：满足用户需求的能力特性总和，表明质量高低并不取决于“实体”的各种能力特性是否最好，而只要满足需求（明确的和隐含的）即可。

含义三：不同的实体，有关质量的实质内容不一样。例如：产品是指产品能够满足用户使用要求所具备的功能特性，服务是指服务满足顾客期望的程度，活动则是由工作结果来衡量。

回过头来看我们最初的定义，“结果所应达到的要求”可以说是ISO定义的通俗表示。不过，这里有两点需要引申的内容：第一，完成的结果不仅指有形的产品，而且指无形的服务产品；第二，应达到的要求不仅包括明确的、显性的需求，而且包括隐含的需求。

当我们去一家餐馆吃饭时，该如何理解这里面的质量概念呢？如果是狭义的质量概念，我们仅仅会关注到餐馆所提供的食物是否符合要求，但如果是广义的质量概念，我们很可能就会更在意餐馆的环境是否卫生、是否有情调，背景音乐是否听着舒服，服务是否周到等。如果从这一点上看，大家就可以理解为什么很多人认为麦当劳的汉堡包并不好吃，却不能阻止麦当劳成为最赚钱的“餐馆”。

关于质量的概念，还存在另外一个误解，即以技术指标等级（grade）来衡量质量。事实上，衡量质量的标准应该是对客户需求的满足，它是衡量相对性的指标，和绝对性的技术等级没有直接的关系。举一个简单的例子：4万元的小型车和40万元的中型车哪一个质量好呢？你可能会回答：当然是中型车了。其实你混淆了质量和等级之间的区别。4万元的车如果实现了4万元要求的所有技术指标，它就是高质量的；40万元的中型车如果只实现了38万元要求的技术指标，虽然每一项指标都比小型车高，但我们仍然认为中型车的质量不高。

（二）什么是项目质量？

项目的交付物是一种产品或服务。具体来讲，项目质量就是项目的固有特性满足项目相关方要求的程度。从本质上讲，项目质量与一般质量的概念没有区别。但是，由于项目兼具产品和服务两个方面的特性，同时还具有一次性、独特性与创新性等特点，所以项目质量的内涵具有自己的独特性。

(1)项目质量的双重性。这是指项目质量既有产品质量的特性，又有服务质量的特性。这是因为在同一个项目中会有许多项目产出物具有产品的有形性、可储存性和可预先评估性等特性，所以完全属于产品的范畴，而这一项目的另一些产出物具有无形性、不可储存性和无法预先评估等特性，所以完全属于服务的范畴。例如，对于一个房屋建设项目而言，最终形成的建筑物属于产品的范畴，但是在建房过程中的图纸设计、施工管理和顾问咨询等都属于服务的范畴。当然，不同项目的产出物不同，所以它们所包含的产品和服务的比例也不同。例如，一个婚礼的组织项目的产出物有很大比例属于服务的范畴，而一个专用车辆制造项目的产出物有很大比例属于产品的范畴。但是无论如何，一个项目的产出物都具有产品和服务两个方面的成分，因此项目的质量一定会具有产品质量和服务质量的双重特性。

(2)项目质量的过程特性。这是指一个项目的质量是由整个项目的全过程形成的，是受项目全过程的工作和活动质量直接和综合影响的。任何项目的质量不是由一个项目的某个阶段或某项活动形成的，而是由整个项目的全过程形成的。特别需要指出的是，项目质量的形成与产品和服务的质量形成都不相同。由于项目具有的一次性和独特性的特性，所以人们(包括项目业主和实施者)在项目的定义和决策阶段往往无法充分认识和界定自己“明确和隐含”的需求，所以项目的质量要求在许多情况下，一开始无法比较明确和完全地确定下来，它是在项目进行过程中通过不断修订和变更而最终形成的。尤其是一些带有探索性质的项目(像科研项目、产品开发项目、创新项目等)，它们的质量在很大程度上是在项目实施过程中通过各种各样的项目质量变更而不断地修订，最终在项目结束前才形成一个项目质量的明确要求与最终结果。甚至，就是一些很小的项目(像房屋内装修)也需要使用项目变更等手段去不断地修改对于项目质量的要求，直至最终项目结束才能完全确定对于项目质量的要求，并最终形成项目的质量。这与单纯的产品或服务质量的确定和形成过程相比要复杂和麻烦得多，所以项目在质量管理上所需的努力要比单纯的产品或服务(可以周而复始生产的产品或提供的服务)质量管理大很多。

项目质量与产品或服务质量的最大差别有两条。其一，周而复始生产的产品或提供的服务都能够在产品和服务的定义和设计阶段就确定下来，但是一个项目质量在绝大多数情况下只有项目全过程完成以后才能最终确定。即使是在项目定义和设计阶段人们可以对项目的质量提出基本的要求，但是几乎没有那个项目是完全按照项目定义和设计阶段确定的项目质量完成的，绝大多数的项目在实现过程中都会通过项目变更去修订和更新对于项目质量的要求和规定。其二，产品生产和服务提供因为是周而复始的(否则就属于项目了)，所以它们在不断循环的过程中都有持续改善和提高的余地与可能性。但是项目是一次性和独特性的，在项目实施过程中人们可以通过项目变更去不断改变项目的质量，但是一旦项目全过程结束就没有持续改善质量的机会或余地了，即使要改进也只有重新开展一个新项目。

(三)什么是项目的质量目标?

项目的质量目标包括对交付产品的质量要求和实施过程的质量要求两个方面。

1. 产品的质量要求

产品的质量要求是指那些衡量产品的质量属性，这一般和产品的工程技术领域高度相关，但是也可以从一般性的原则出发来考虑。主要包括以下几个方面：

● 功能性(capability):功能性反映了所开发的产品满足用户的需求程度,即用户要求的功能是否全部实现了。功能性之所以排在质量因素的第一位,是因为如果产品不满足用户需求,就会给用户造成不便甚至损失。

● 性能(performance):性能是在指定的条件下,用产品实现某种功能所需要消耗资源(包括时间)的有效程度。同时,性能也反映了在完成功能要求时有没有浪费资源。

● 易用性(usability):易用性是指对于一个产品,用户学习和操作所需要努力的程度。这里既包括使用产品的最终用户,也包括需要对产品进行维护的人员。

● 可靠性(reliability):可靠性是指在规定的时间和条件下,产品所能维持其性能水平的程度。它不仅反映产品满足用户需求正常运行的程度,而且反映了在故障发生时能继续运行的程度。从可靠性本身的概念来说,针对不同类型的产品,影响可靠性的根源不一样。可靠性的度量指标通常是指平均故障间隔时间(mean time between failure,MTBF)。

● 可维护性(maintainability):可维护性是指产品在运行时发生了错误,进行相应修改所做的努力程度。可维修性反映了用户需求改变或应用环境发生变更时,对产品进行相应修改的容易程度。可维护性通常是指平均故障修理时间(mean time to repair,MTTR)。

● 有效性(availability):相对可靠性来说,有效性的衡量指标更符合实际的状况。有效性可以用公式来表示:

$$\text{Availability} = \text{MTBF}/(\text{MTBF} + \text{MTTR})$$

可以看出,有效性是一个比值,它意味着在产品的生命周期中可以提供有效服务的概率。有时候,单纯提高 MTBF 是非常困难的,可以通过缩短 MTTR 达到同样的目标。

2. 实施过程的质量要求

实施过程的质量要求是指那些衡量项目过程的质量属性。当然,并不是所有组织都对实施过程提出了质量要求和目标。项目实施过程的质量要求主要包括以下几个方面:

● 生产效率(productivity):主要指单位人员、单位时间所完成的产品规模。

● 周期(cycle time):主要指完成某一过程活动所用的时间周期。

● 质量成本(cost of quality):主要指项目实施质量活动所花费的成本。一般来说,质量成本包括预防成本、评价成本、缺陷成本。

● 坏质量成本(cost of poor quality):主要是指项目在修复缺陷活动中所花费的成本。

● 变更代价(cost of change):主要指由于外部变更所花费的成本。这要特别区别于修复缺陷而花费的成本。

(四)什么是农业项目质量管理?

农业项目质量管理是指围绕农业项目质量所进行的指挥、协调、控制等活动。进行项目质量管理的目的是确保所有活动能够按照预期的质量及目标要求得以实施,从而使项目能够达到规定的要求。项目质量管理包括两个方面的内容,其一是项目工作质量的管理,其二是项目产出物的质量管理,因为任何项目产出物的质量都是靠项目的工作质量保证的。

根据项目质量管理的概念,可以归纳出以下几点:

(1)项目质量管理的客体是项目;

(2)项目质量管理的主体是项目各相关方;

(3)项目质量管理的目的是实现项目的质量目标,使项目的相关方都满意;

二、农业项目质量管理的过程

农业项目质量管理是为了保障项目的产出物能够满足项目业主、客户，以及项目各相关利益者的需要所开展的对于项目产出物质量和项目工作质量的全面管理工作。为了实现项目质量管理的目标，项目质量管理的过程主要包括项目质量计划编制、项目质量保证和项目质量控制。

(1)项目质量计划是确定项目质量应该达到的标准和如何达到这些标准的工作计划和安排。

(2)项目质量保证是为确保项目质量计划能够得以执行和完成，使项目能够最终满足项目质量要求的系统性工作。

(3)项目质量控制是对于项目质量计划实施情况的监督和管理。

【案例阅读】

鹤岗市萝北县严把工程质量　全力推进中小河流治理工作

萝北县2013年重点实施建设嘟噜河左堤苇场村段治理、左堤双河村段防洪及鸭蛋河防洪3项中小河流治理项目，工程总投资9 327.41万元，穿堤建筑物3座，排水涵闸2座，护坡总长20 130米，通过新建和完善堤防工程、河道清淤疏浚和整治、新建穿堤建筑物提高防洪标准，最大限度减少洪涝灾害。

当前，正值中小河流治理工程施工黄金季节，县水务局狠抓责任落实，由主要领导带队全面检查中小河流治理工作。加大工程监管力度，深入水利工程建设项目施工现场，对工程质量、进度、安全等方面进行全面督促检查，对发现的问题认真梳理，限期整改，确保施工规范、质量达标，有力推进项目建设顺利开展。工程完工后，可进一步提升萝北县水利设施基础保障能力，直接受惠村屯7个、人口1.14万人，保护农田10.1万亩。

目前，工程已按相关规定履行完招投标手续正式开工。

来源：http://www.hlj.gov.cn/zwdt/system/2013/06/13/010550130.shtml

【实践训练】

农业企业项目质量意识情况调研

1.**实训要求**：找一个你熟悉的农业企业，与其管理人员及基层工作人员进行座谈，了解该企业的基本情况及项目开展情况，了解各类人员对项目质量的理解及重视程度。

2.**实训目的**：通过此次实训，加深对项目质量的理解。

3.**实训组织**：全班同学按每组3～5人进行分组，要求每组制订切实可行的调研计划。

4.**实训实施**：由学生自主联系或任课教师联系一个农业企业，在任课教师的指导下，进行具体的调研活动。

5.**实训考核**：每组撰写一篇1 500字左右的调研报告，内容包括农业企业的基本情况、开展项目的基本情况、各类人员对项目质量的理解及重视程度等。任课教师对调研计划和调研报告并结合学生的参与情况、对知识的理解等进行考核评定并给出成绩。

任务2 项目质量计划编制

一、项目质量计划的概念

项目质量计划是指确定项目所要实现的质量标准，以及通过什么样的过程去实现这些标准的工作计划和安排。现代质量管理的基本宗旨是“质量出自计划，而非出自检查”。只有做出精准的质量计划，才能指导项目的实施、做好质量控制。

项目质量计划的内容应包括以下几个方面：

(1)项目和产品需要达到的质量目标。

(2)实施项目质量管理的各项资源分配，以及人员的职责和权限。

(3)为了达到质量目标，项目所应遵循的过程和规范。

(4)在相应的阶段对产品所实施的质量控制活动。

(5)确保过程和规范被遵循的质量审计活动。

(6)在项目的进程中所实施的质量改进活动和机制。

(7)达到质量目标的度量方法。

(8)为了达到质量目标必须采取的其他措施。

二、编制项目质量计划的依据

(1)项目质量方针。项目质量方针是项目组织和项目高级管理层规定的项目质量管理的大政方针，是项目组织将如何实现项目质量的正式描述和表达，是一个项目组织对待项目质量的指导思想和中心意图。任何一个项目组织都必须制定自己的项目质量方针，因为它是制订项目质量计划的根本出发点。

在项目的定义与决策阶段，项目经理和管理者就应该准确地认识项目目标，并根据项目最终要达到的目标，确定出项目质量管理的总方针。在项目的计划与设计阶段，还需要根据项目的设计和计划进一步明确项目的各种目标和修订项目的质量方针，使项目质量目标和质量方针具体化。

(2)项目范围的描述。项目范围的描述是指有关项目所涉及范围的说明，这包括项目目标的说明和项目任务范围的说明，它明确说明了为提交既定特色和功能的项目产出物而必须开展的工作和对于这些工作的要求，因此它同样是项目质量计划编制的主要依据文件之一。

(3)项目产出物的描述。项目产出物的描述是指对于项目产出物(产品)的全面与详细的说明，这种说明既包括对于项目产出物的特性和功能说明，也包括对于项目产出物有关技术细节的说明，以及其他可能影响制订项目质量计划的有关信息。项目产出物描述要比在项目范围描述中给出的项目产出物简要说明详细得多，因为这是一份专门对项目产出物进行描述和说明的文件，所以它更为详细和准确，而且有时还是项目合同规定的说明内容之一(当项目采用承发包或招投标的方式，使用承包商去实施时更是如此)。

(4)标准和规范。项目组织在制订项目质量计划时还必须充分考虑所有与项目质量相关领域的国家和行业标准、各种规范以及或政府规定等。当项目所属专业领域暂时没有相关的标准、规范以及规定时，项目组织应该组织有关人员根据项目的目的和目标制定项目的标准和规范。

(5)其他信息。其他信息是指除项目范围描述和项目产出物描述外，其他项目管理方面的要求以及与项目质量计划制订有关的信息。例如有关项目工作分解结构、项目进度计划、项目成本计划等方面的信息。

三、编制项目质量计划的方法

(1)成本-收益分析法。也叫经济质量法，就是利用质量经济性原则，分析质量的投入成本和所获收益之比，选择那些对项目最有价值的质量活动。项目质量成本是指开展项目质量管理活动所需的开支，包括为使产品或服务符合要求的所有工作以及返工的成本，项目质量收益是指开展项目质量活动带来的好处。项目质量成本-收益分析法的实质是通过运用这种方法编制出能够保障项目质量收益超过项目质量成本的项目质量管理计划。任何一个项目的质量管理都需要开展两个方面的工作，其一是项目质量的保障工作，这是防止有缺陷的项目产出物出现和形成的管理工作；其二是项目质量检验与质量恢复工作，这是通过检验发现质量问题，并采取各种方法恢复项目质量的工作。这两个方面的工作是项目质量成本具有了两种不同的成本：一种是项目质量保障成本，一种是项目质量纠偏成本，二者的关系是项目质量保障成本越高，项目质量的纠偏成本就会越低，反之亦然。项目的质量收益是通过努力降低这两种质量成本而获得的收益。项目质量的成本-收益法就是一种合理安排和计划项目的这两种质量成本，使项目的质量总成本相对最低而质量收益相对最高的一种项目质量计划的方法。

(2)质量标杆法。质量标杆法是指利用其他项目的实际的或计划质量结果或质量计划，作为新项目的质量比照目标，通过对照比较制订出新项目质量计划的方法，它是项目质量管理中常用的有效方法之一。这里所说的其他项目可以是项目组织自己以前完成的项目，也可以是其他组织完成的或正在进行的项目。通常的做法是以标杆项目的质量方针、质量标准和规范、质量管理计划、质量核检清单、质量工作说明文件、质量改进记录和原始质量凭证等文件为蓝本，运用相关技术和工具，结合新项目的特点来制订新项目的质量计划文件。使用这一方法时应充分注意标杆项目质量中所实际发生的质量问题及教训，在制订新项目质量计划文件时要考虑相应的这些质量问题的防范措施方案和应急计划，尽可能避免类似项目质量事故的发生。

(3)流程图法。流程图法是用于表达一个项目的工作过程和项目不同部分之间相互联系的方法，通常它也被用于分析和确定项目实施的过程和项目质量的形成过程，所以它也是编制项目质量计划的一种有效方法。一般的项目流程图包括项目的系统流程图、项目的实施过程流程图、项目的作业过程流程图等。还有许多用于分析项目质量的其他图表，如帕雷托图、鱼骨图等，也属于使用流程图法编制项目质量计划的工具和技术之列，因为这些工具和技术从不同的侧面给出了项目质量问题的各种原因和如何影响项目质量因素与后果等方面的信息。通过对项目流程中可能发生的质量问题、质量问题的原因分析和归类，人们能够编制出应对质量问题的对策和项目质量计划了。同时，编制项目流程图还有助于预测项目质量问题的发生环节，有助于分配项目质量管理的责任，有助于找出解决项目质量问题的措施，所以流程图法是一种编制项目质量计划的非常有效的方法。在编制流程图时要注意收集必要的信息和实际情况，要将所有的项目活动均考虑进去，尽量避免漏项，而且各个项目活动的时间顺序应可行。这种方法通常是参考其他类似项目使用过的或已编制出的各种流程图，先编制一个粗略的流程图，然后再逐步细化，最终得到新项目的质量计划。

(4)实验设计法。实验设计法是指在一些大型项目中，为了确定哪些因素会对质量产生影响，在确定质量计划之前进行某些实验活动，来识别和确认那些对质量产生影响的因素，以便于更好地制订质量计划。

四、编制项目质量计划的工作结果

项目质量计划编制的结果是生成一系列项目质量计划文件，这些项目质量计划文件主要包括以下几种：

(1)项目质量计划。项目质量计划是描述项目组织为实现其质量方针对项目质量管理工作的计划与安排。其内容包括实现项目质量目标所需的资源、质量保障的组织结构、质量管理的责任、质量管理的措施和方法等。在整个项目实现过程中，项目质量计划是整个项目质量管理的指导性文件，一个项目需要通过质量体系去执行项目质量计划来保证项目的质量。所以项目质量计划是一份非常重要的项目质量管理文件，是项目质量计划编制工作最重要结果之一。

(2)项目质量工作说明。项目质量工作说明是指对于项目质量管理工作的描述以及对于项目质量控制方法的具体说明。这一文件应做出如何检验项目质量计划的执行情况，如何确定项目质量控制规定等内容。通常这种项目质量计划文件是项目质量计划的辅助和支持文件，应该全面给出项目质量管理各方面的支持细节和具体说明。这包括执行项目质量计划中所需使用的具体方法、工具、图表、程序等各方面的规定和说明。

(3)质量核检清单。质量核检清单是一种结构化的质量管理工具，它可用于检查各个项目流程步骤的质量计划执行情况和质量控制的实际结果，它也是项目质量计划文件的组成部分之一。质量核检清单常见的形式是以分别开列的一系列需要检查核对的工作与对象的清单。质量核检清单通常可以由工作分解结构的细化和转换得到。随着项目种类和所属专业领域的不同，质量核检清单的内容也会有很大差别，所以在项目中计划编制要根据具体项目所属专业领域和项目本身的特性，确定出相应的质量核检清单，作为项目质量计划的重要内容之一。

(4)可用于项目其他方面管理的信息。这主要是指在制订项目质量计划的过程中，通过分析与识别而获得的有关项目其他方面管理所需的信息，这些信息对于项目的集成管理和项目的其他专项管理都是非常有用的。

任务 3　项目质量保证

一、项目质量保证的概念

质量保证是质量管理的一部分，是在执行项目质量计划过程中，经常性地对整个项目质量计划执行情况所进行的评估、核查与改进等工作。这是一项工作确保项目质量计划能够得以执行和完成，使项目质量能够最终满足项目质量要求的系统性工作。项目质量保障既包括项目工作本身的内部质量保障，也包括为项目业主/项目客户和其他项目利益相关主体提供的外部质量保障。

项目中的质量保证活动都是围绕着“项目执行过程”来进行的，主要包括两个方面的内容：

- 确保约定的过程被遵循，也就是质量审计。

● 在实施过程中，根据出现的问题寻找过程改进的机会，也就是质量改进。

二、质量审计

质量审计(quality audit)的目的是确保项目遵循约定的实施过程、规范和标准。项目质量审计可以定期进行，也可以随机抽查，大多由独立的质量保证人员来实施，可以由项目组织内部人员实施核查，也可由第三方(如质量监理组织、质量管理咨询公司等)或专业机构完成，但必须遵循独立的原则。然后将结果通知项目组织，以便开展项目质量的持续改进和提高工作。项目质量审计主要用于对于项目所用材料、半成品和配件的质量核查，对于项目各项工作质量的核查；对于项目最终或中间产出物的质量核查，对于项目质量控制方法和工作的核查，对于项目各种管理与技术文件的核查等方面。质量审计的流程如图 8-1 所示。

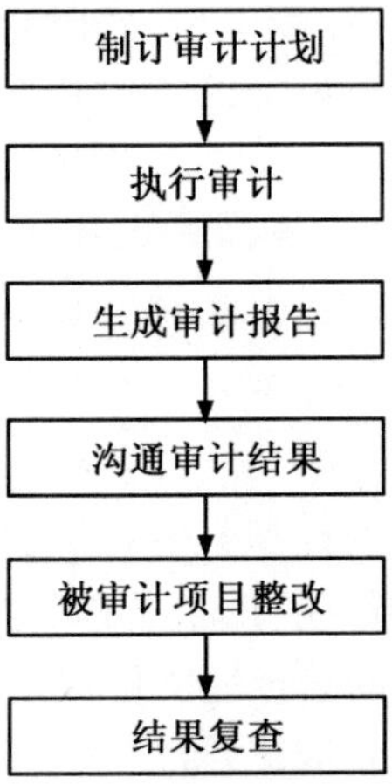

图 8-1　质量审计的流程

【扩展阅读】

质量体系标准 ISO 9000

ISO 9000 族标准是现代质量管理和质量保证的结晶，它提供了建立质量体系的基本要求，也是企业进行质量管理的基本要求。按照 ISO 9000 族标准建立的质量体系能发挥企业质量管理的实际功效，同时也为顾客和第三方认可打好基础。

国内引入 ISO 9000 族标准主要是从 1994 年版开始的。1995 年 ISO/TC176 开始策划进行 ISO 9000 族标准的第二次修订。这次修订是在了解质量管理体系标准使用者的实际需要，在世界范围内开展了广泛的调查，同时充分考虑了旧标准(1987 年版和 1994 年版)和现有同类管理体系的使用经验基础之上进行的。这次修订的一个重要内容就是明确提出了八项质量管理原则。

原则 1：以顾客为中心。组织依存于顾客，因此，组织应理解顾客当前的和未来的需求，满足顾客要求并争取超越顾客期望。顾客是每一个组织存在的基础，顾客的要求是第一位的，组织应调查和研究顾客的需求和期望，并把它转化为质量要求，采取有效措施使其实现。这个指导思想不仅领导要明确，而且要在全体职工中贯彻。

原则 2：领导作用。领导必须将本组织的宗旨、方向和内部环境统一起来，并创造使员工能够充分参与实现组织目标的环境。领导作为最高管理者，具有决策和领导一个组织的关键作用。为了营造一个良好的环境，最高管理者应建立质量方针和质量目标，确保关注顾客要求，确保建立和实施一个有效的质量管理体系，确保应用的资源，并随时将组织运行的结果与目标进行比较，根据情况决定实现质量方针、目标的措施，决定持续改进的措施。在领导作风上还要做到透明、务实和以身作则。

原则 3：全员参与。各级人员是组织之本，只有他们的充分参与，才能使他们的才干为组织带来最大的收益。全体职工是每个组织的基础，组织的质量管理不仅需要最高管理者的正确领导，而且有赖于全员的参与，所以要对职工进行质量意识、职业道德、以顾客为中心的意识和敬业精神的教育，激发他们的积极性和责任感。

原则 4：过程方法。将相关的资源和活动作为过程进行管理，可以更高效地得到期望的结果。过程方法的原则不仅适用于某些简单的过程，而且适用于由许多过程构成的过程网络。在应用于质量管理体系时，2000 年版 ISO 9000 族标准建立了一个过程模式。此模式把管理职责，资源管理，产品实现，测量、分析和改进作为体系的四大主要过程，描述其相互关系；并以顾客要求为输入、提供给顾客的产品为输出，通过信息反馈来测定顾客满意度，评价质量管理体系的业绩。

原则 5：管理的系统方法。针对设定的目标，识别、理解并管理一个由相互关联的过程所组成的体系，有助于提高组织的有效性和效率。这种建立和实施质量管理体系的方法，既可用于新建体系，也可用于现有体系的改进。此方法的实施可在三方面受益：一是提供对过程能力及产品可靠性的信任；二是为持续改进打好基础；三是使顾客满意，最终使组织获得成功。

原则 6：持续改进。持续改进是组织的一个永恒的目标。在质量管理体系中，改进是指产品质量、过程及体系有效性和效率的提高。持续改进包括：了解现状，建立目标，寻找、评价和实施解决办法，测量、验证和分析结果，把更改纳入文件等活动。

原则 7：基于事实的决策方法。对数据和信息的逻辑分析或直觉判断是有效决策的基础。以事实为依据做决策，可防止决策失误。在对信息和资料做科学分析时，统计技术是最重要的工具之一。统计技术可用来测量、分析和说明产品和过程的变异性，统计技术可以为持续改进的决策提供依据。

原则 8：互利的供方关系。通过互利的关系，增强组织及其供方创造价值的能力。供方提供的产品将对组织向顾客提供满意的产品产生重要影响，因此处理好与供方的关系，影响到组织能否持续稳定地提供顾客满意的产品。对供方不能只讲控制不讲合作互利，特别是对关键供方，更要建立互利关系，这对组织和供方都有利。

这 8 项原则对于深刻理解质量管理的内涵以及指导实际工作都有很重要的意义。而 ISO 9000 本身几乎成为“质量”的代名词，它也使得质量成为贯穿人们日常生活的必备要素。

三、质量改进

(一)什么是质量改进？

检查项目实施是否遵循流程的审计活动，其目的不是为了“揭短”，而是为了发现缺陷、寻找改进的机会。缺陷的预防是通过预定义的过程来实现的，但即便如此，通过质量控制活动仍然可以发现很多产品缺陷。这些缺陷的产生可能是由于两类原因：

- 预定义的过程是可以预防的，但是操作者没有遵守。
- 预定义的过程没有考虑到该类“缺陷”，也就是并没有对它进行预防。

对于前者，我们需要做的是对操作者进行更好的培训，或者对过程的遵循加强监督。后者则说明我们所制定的过程存在着改进的余地。

所有人都不喜欢犯错，但不犯错误的前提是掌握“正确的方法”，从而避免犯错误。有经验的人成功率高，是因为他们已经固化了正确的行为习惯。对于一个组织来说，它需要的是一个属于组织一级的能力。具体来说就是：组织通过定义的执行过程使得所有人都可以达到有经验人的执行结果和能力。这里并没有简单地把出现的缺陷当作一个负面影响来处理，而是把它看作一个可以被改进的机会。项目中的质量改进的流程如图 8-2 所示。

对出现的缺陷除了进行返工活动来修正外，还需要判断缺陷的来源。如果是实施的问题，则需要改进实施；如果是过程本身的问题，则需要进入过程改进的环节当中。

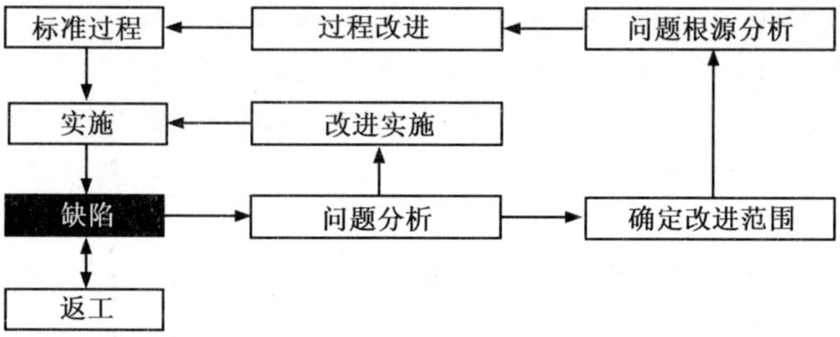

图 8-2 质量改进流程图

(二)如何进行质量改进?

1. 质量改进的典型模式

质量改进的过程本身是一个 PDCA 循环,即计划(plan)、实施(do)、检查(check)、处置(action)四个阶段,这一过程由戴明博士最早提出并大力推广使用,所以又叫戴明循环。PDCA 循环具体内容如下:

- P:计划,包括方针和目标的确定以及活动计划的制订。
- D:实施,就是具体运作,实现计划中的内容。
- C:检查,就是要总结执行计划的结果,分清哪些对了,哪些错了,明确效果,找出问题。
- A:处置,对总结检查的结果进行处理,成功的经验加以肯定,并予以标准化,或制定作业指导书,便于以后工作时遵循;对于失败的教训也要总结,以免重现,对于没有解决的问题,应提交给下一个 PDCA 循环去解决。

PDCA 循环有以下四个特点:

(1)周而复始。PDCA 循环的四个过程不是运行一次就完结,而是周而复始地进行。一个循环结束了,解决了一部分问题,可能还有问题没有解决,或者又出现了新的问题,再进行下一个 PDCA 循环,依此类推。

(2)大环带小环。一个公司或组织的整体运行的体系与其内部各子体系的关系,是大环带小环的有机逻辑组合体。

(3)阶梯式上升。PDCA 循环不是停留在一个水平上的循环,不断解决问题的过程就是水平逐步上升的过程。

(4)统计的工具。PDCA 循环应用了科学的统计观念和处理方法,可以作为推动工作、发现问题和解决问题的有效工具。

2. 质量改进的方法

项目质量改进的方法主要有帕累托图、鱼骨图、直方图、控制图等。

(1)帕累托图。影响项目质量的因素很多,但是每一个因素对项目质量的影响程度并不是均等的,其中总有一些对项目的质量产生着关键性的影响。因此,解决质量问题必须首先关注这些关键性的影响因素。帕累托图又称排列图,是一种寻找影响质量主次因素的方法,进而把有限的资源投到那些关键而重要的事情上,其回报投入比要高得多。

帕累托图的具体做法是,统计分类事件发生的频率分布,并且按照发生次数由高到低排列,这样可以看出哪些情况比较重要,如图 8-3 所示,左边纵轴表示某种因素发生的频数(次数),右边纵轴表示某种因素发生的累计频率(以百分数表示),横轴表示影响项目质量的各个因素。

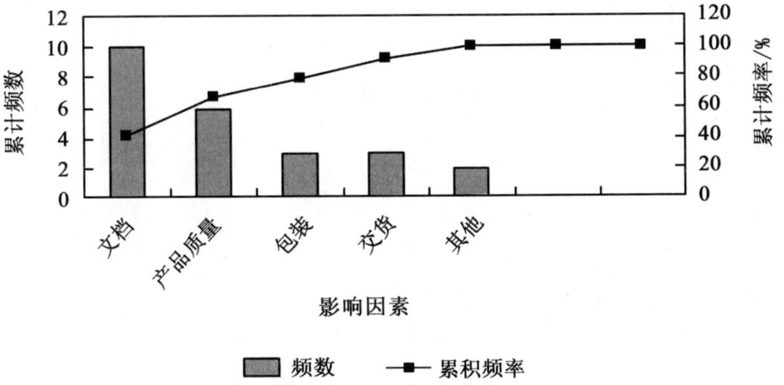

图 8-3 帕累托图

具体步骤如下：

①确定要统计的因素的分类依据。

②收集一定时间内影响项目质量的各因素的数据，统计各因素的频数，并计算其频率和累计频率。

③按照影响质量的各个因素发生的频率，从左向右依次排列在横轴上，各种影响因素在横轴上的宽度一致，以直方柱的高度表示各因素出现的频数。

④将计算的各因素的累计频率逐一标注在相应的坐标点上，并将各点连成累计频率曲线。

⑤一般将累计频率分为三类：累计频率在 0～80%为 A 类，此区间内的因素为主要影响因素；累计频率在 80%～90%的为 B 类，此区间内的影响因素为次要因素；累计频率在 90%～100%的为 C 类，此区间的因素为一般因素，不作为解决的重点。所以帕累托分析又被称为“ABC 分类法”。

(2)鱼骨图。也称为因果分析图(因果图)，又因其发明人石川馨而被称为“石川图”，用来罗列问题的原因。鱼骨图的目的是将原因和结果联系起来，并且对观点进行有效的分类。鱼骨图如图 8-4 所示。

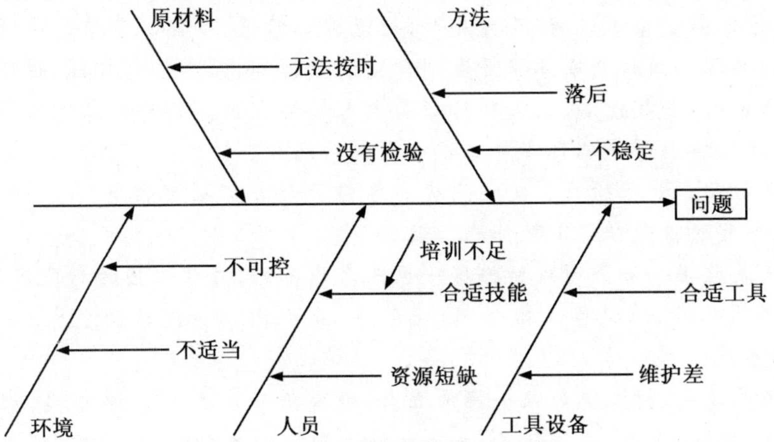

图 8-4 鱼骨图

一个经常采用的分析过程是以“人、机、料、法、环”五个因素为起点进行的“头脑风暴式”的原因查找：

- “人”，是指过程实施的人员。
- “机”，是指操作过程所需要的工具或者机器设备。
- “料”，是指原材料，也就是项目的输入。
- “法”，是指操作方法或者操作过程。
- “环”，是指实施活动所处的环境，既包括工作环境，也可以指管理、市场等外部因素。

这五个因素仅仅是帮助寻找问题根源的五个出发点，其目的是给出一个指引。

鱼骨图强调的是发散性思维。也就是说，不管这些是否就是主要因素，只要对问题的产生有影响，都可以在第一阶段中进行罗列。罗列的同时，也在进行分类。从五大类开始，利用类似鱼骨的形式，“大刺”上生“小刺”，逐步细分。鱼骨图强调的是“广”而“全”，在实际操作中，由于资源的有限性，这种广撒网的方式无法给出针对性的解决办法，所以在罗列完所有的可能性之后，还需要判断哪一类因素是最先需要解决的。然后就针对这类因素进行深入的根源挖掘，即先“广”后“深”。

(3)直方图。直方图法是从总体中随机抽取样本，将从样本中获得的数据进行整理，根据这些数据找出质量波动规律，预测工序质量好坏，估算工序不合格率的一种工具。

(4)控制图。控制图也叫休哈特图，休哈特于 1924 年提出来的，其目的是消除产品质量形成过程中异常波动。产品在制造过程中，质量波动是不可避免的，质量波动包括异常波动和正常波动，在质量改进过程中，控制图用来对过程状态进行监控，并可度量、诊断和改进过程状态。

【阅读与思考】

丰县“五方监管”确保农业综合开发项目工程质量

为保证农业开发项目工程质量，打造精品示范工程。2013 年，丰县创新开发监管机制，在农业综合开发高标准农田项目工程施工监管过程中试行“五方监督”机制，确保工程质量。

一是县局人员监督。每位分管领导带领一组，明确分工，责任到人，每天深入项目区，检查施工质量及专业监理履行职责情况，及时答复和解决各级监督人员提出的问题。

二是专业监理人员监理。市监理公司第一监理部专业监理人员必须常驻工地，全天候巡回施工现场，全方位监督施工过程，及时指导、规范施工情况，确保工程质量达标。

三是镇政府监理。镇政府成立了开发项目建设指挥部，镇长任总指挥，政协主任任副总指挥，镇开发办、派出所、农技中心、相关项目村有关人员为成员。领导和工作人员必须经常到项目村检查工作，及时协调解决项目实施过程中存在的问题。

四是村干部监理。要求项目村必须明确一名村干部专抓项目监督工作，指导村民代表跟班监督，并保证每天随时监督施工队作业。

五是村民代表监理。每个项目村推荐一至三名基础好、责任心强的村民代表，对本村施工项目实施全程跟班作业，杜绝偷工减料、简化程序、违规操作等现象的发生，发现问题及时上报，并责令整改。

项目镇村工作人员、村民代表统一挂牌上岗，负责项目区土方清障协调工作，认真记录每日施工现场人员、材料、设备、天气情况、施工环境上出现的各种情况；对桥、涵、闸、站等工程项目的重要部位、关键工序和隐蔽工程进行检查监督。

来源：http：//www. chinafx. gov. cn/Gov/Article. asp？ id＝11&ClassId＝6&articleid＝61248

思考：

1. 该案例中为确保农业综合开发工程项目质量采取了哪些具体的措施？

2. 结合项目的特点，你能提出什么可行的措施？

【实践训练】

农业项目质量保证情况调研

1. 实训要求：找一个你熟悉的农业企业，与其经营管理人员进行座谈，了解该企业在各个环节如何对项目的质量进行保证，采取了哪些具体措施。

2. 实训目的：通过此次实训，加深对项目质量保证的理解，能够正确认识并分析现实中的质量保证措施。

3. 实训组织：全班同学按每组3～5人进行分组，要求每组制订切实可行的调研计划。

4. 实训实施：由学生自主联系或任课教师联系一个农业企业，在任课教师的指导下，进行具体的调研活动。

5. 实训考核：每组撰写一篇1 500字左右的调研报告，内容包括农业企业的基本情况、开展项目的基本情况、组织在不同环节采取哪些措施进行质量保证，效果如何、存在问题及建议等。任课教师对调研计划和调研报告，并结合学生的参与情况、对知识的理解等进行考核评定并给出成绩。

任务4　项目质量控制

一、什么是项目质量控制？

（一）项目质量控制的概念和内容

质量控制活动主要是监督项目的实施结果，以判定它们是否符合相关的质量标准，及时纠正发现的不一致情况。质量控制的内容包括：

- 获得项目及项目产品质量的真实状态；
- 将质量实际值和质量标准进行比较；
- 识别项目的质量偏差并确认问题；
- 纠正偏差。

质量控制最主要的特征就是直接对产品进行检查，并且这种检查应该尽可能早地进行，以便最大限度地降低坏质量代价，所以检查活动需要贯穿整个生产过程。

但要做到这一点，需要有以下几个条件：

- 需要制定明确的质量目标，因为有目标才有检查的参照物；
- 最初的目标可能是针对最终产品的，但这只能支持最后一道的产品检验，不利于减少坏质量代价，所以我们还需要把这个质量目标分解到产品的构造过程中，以便于在早期发现并纠正缺陷；

● 错误被发现后，需要采取措施确保其被纠正。

综上所述，质量控制就是确保产品在构造过程中符合制定的规范和标准，及时发现和纠正不符合标准的地方。但需要强调的是，质量控制的实施重点在于把质量目标的检查分解到生产过程中去，如图 8-5 所示。

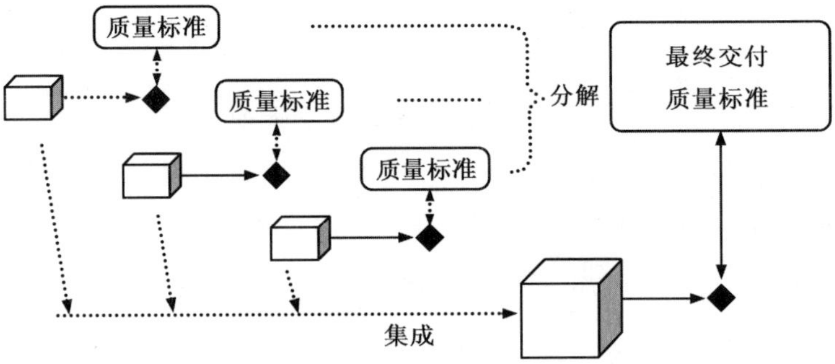

图 8-5　质量目标检查的分解

最终交付质量是否可以被有效地分解下去，通常有两种情况：

第一种情况类似于图 8-5，最终交付产品是子产品的集成。可以在子产品构造完成后就开始检验，所有产品集成后再进行整体检验，主要关注各个子产品的协同工作问题。一般来说，这种情况下的质量控制比较容易分解和实施。

第二种情况较为复杂，产品的构造过程不是产品本身的分解，而是过程的分解。

例如：软件产品要经过需求、分析、设计、编码等几个阶段。每个阶段都会有产出物，但都不是最终产品。质量控制可以对阶段产出物进行检验，效果则取决于对中间产品检验的有效性上。中间产品如果是最终产品的子产品，一般可以按照最终质量标准分解来直接测试。但大多数情况下，中间产品不是最终产品的子产品，因此需要通过"评审"来检验。评审的有效性对最终产品的质量影响很大。

很多项目的过程是上述两种情况的混合，但都普遍存在类似问题：检验中间产品远不如检验最终产品有效。

质量控制除了对生产过程的中间产品进行检验外，还要对发现的缺陷进行修复，也就是返工。返工有三个要点：

● 对发现的缺陷进行跟踪和记录；

● 对修复的结果进行检验；

● 通过检验来确保修复过程没有对产品其他部分产生影响。

简单来说，质量控制就是确保被发现的缺陷得到妥善修复。这一活动需要完善的管理制度来保障实施，如缺陷跟踪系统等。

（二）项目质量控制标准

1. 符合性质量与适用性质量

质量控制的主要目的是使质量达到要求，对于没有达到要求的质量进行纠正，但是这个判别是否达到"要求"的标准是什么呢？

任何一件产品，其本身必须有相应的标准和要求，产品应该符合预先规定的规范和标准，这一质量观点始于20世纪40年代。我们把这一阶段称作“质量管理”概念的早期阶段，即“符合性质量”阶段。其基本的观点是：质量以符合现行标准量的水平。要想达到这个要求，一个基本的条件就是必须首先定义出产品的规格标准，并且这些规格标准可以被有效地检查，以确定其产品的符合度。显然，“符合性质量”概念适合于标准化的产品，如商店里出售的各种货物。但这一观点也存在一定的问题，因为技术标准是由生产方定义的，可能存在符合技术要求且厂方满意而顾客却并不满意的产品。

从“符合性质量”到“适用性质量”，反映了人们在对质量的认识过程中，已经开始把顾客需求放在首要位置，这是伴随着世界经济和商业环境的变化而出现的转变。生产力的发展使人们逐渐从商品短缺的卖方市场时代，进入商品极大丰富的买方市场时代，市场的竞争促使商家思考如何更有效地吸引消费者。这个时候产品制造商发现，人们是由于某种需要而来到市场上购买某种可以满足他们需求的产品，而产品的制造商在开始的时候可能只关注了产品的规格。由于规格和客户的真正需要之间存在着某种鸿沟，于是，某些制造商为了更好地吸引客户，就会意识到需求和规格之间的差异，努力去填补这种差异。

“适用性质量”的概念注意到这样一个事实：客户的某种需要，转化成了产品的某种规格并显性表示出来，生产商按照该规格生产和制造出产品，反过来满足客户最初的需要。看起来这一过程是严格而准确地把顾客需要转化成了产品规格，但是否顾客需要就等同于产品的规格呢？这点恰恰就是“适用性质量”的关键点。“适用性质量”注意到，客户的需求并不能被完整地转化成规格定义，也就是说衡量产品最终的质量标准不能只是产品的规格，还应该包括客户“隐含”的期望和最终需要。比如家用电冰箱，其最终的客户需求是帮助保存新鲜食品。所以，冰箱的制造商就会用一些技术规格来约定产品的要求，如低温温度。但是不是温度越低越好呢？生产厂商如果把客户的原始需求——食品保鲜只转变成低温，那在某种程度上就会偏离客户的真正需要。

2.验证与确认

质量控制是为了在生产过程中检查产品质量是否符合要求的措施。针对“符合性质量”和“适用性质量”两种不同的质量观点，其参照的标准也会有所区别，从而表现为两种不同类型的质量控制活动：验证（verification）和确认（validation），简称V&V。

验证，即检查生产过程中是否正确地构造了产品。确认，即检查生产过程中是否构造了正确的产品。从它们的定义来看，两者的区别在于“正确”这个词的性质：前者是副词，修饰的是动词“构造”；后者是形容词，修饰的是名词“产品”。验证与确认都是为了质量控制，参照某一标准检查产品是否满足要求。但是，两者参照的标准并不一样，验证参照的是产品的规格，确认则参照产品本来的使用用途。显然，验证所参照的产品规格是显性的文档，确认则要复杂得多。

当客户有某种需要而产生产品需求时，开发人员会把需求转化成规格，这个规格就成为产品生产和制造过程中的参照基准。但问题是，所有的需要都能被真实而完整地转化成规格吗？显然这在很多情况下是不可能的。从需求开始，构造产品的每一个过程都会产生中间产品，都需要对其进行检查。参照定义的规格检查产品就是验证，看看产品是不是能满足预先期望的用途就是确认。

简单地说，验证所参照的基准是明确的规格和需求，其质量理念是“符合性质量”；确认所参照的基准是客户的期望，其质量理念是“适用性质量”。由于产品的最终期望是由客户确定的，所以确认过程的一个重要标志就是必须有客户参与。但是对于一个中间产品，作为非技术专家的客户如何进行确认呢？这恰恰就是确认工作的难点。很多情况下，确认工作由于工程活动的局限而无法实施。

二、项目质量控制过程

通过前文的叙述，我们知道了质量控制一般包括以下几个要点：

(1)明确质量目标，作为质量控制的参照基准。

(2)在产品构造过程中实施质量检验活动，包括两种类型：验证，即检查产品是否符合预先定义的质量规范；确认，即检查产品是否符合用户最终需要。

(3)对质量检验活动所发现的缺陷进行记录并跟踪修复。

(4)对修复的缺陷进行检验，并确保没有产生其他影响。

项目管理中的质量控制流程如图 8-6 所示。

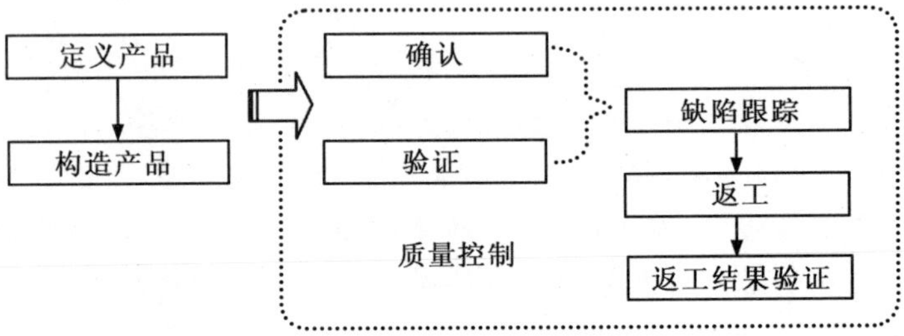

图 8-6　项目管理中的质量控制流程

项目的质量控制和交付的产品质量直接相关，很少被完全忽略，但可能会忽视以下几个环节：第一，确认。确认必须有客户参与，并且采取一定的方法使客户能够进行有效的检查来确保项目的交付目标和需求之间没有偏差。第二，缺陷跟踪。发现的问题如果没有一定的流程来跟踪处理极容易被遗忘，这一活动要一直持续到该缺陷经过验证之后被关闭为止。同时，有关缺陷产生的数据也有利于项目质量的趋势预测。第三，返工结果的验证。这一活动要求不仅要对已发现的缺陷的修补情况进行检查，而且需要检查这些修补工作是否带来其他方面的影响。后者经常被人们忽略，因修补而引发更大损失的例子不在少数。

质量控制还有一个实施效率的问题。提高效率并不是单纯减少质量控制的投入，而是如何使其更有效率地发现并解决缺陷，这依赖于工程领域的技术和手段。作为管理者，其主要责任在于为质量控制分配足够的资源，以确保其有效开展。如果管理者有深厚的工程领域经验，则非常有助于细化质量控制的具体手段，提高质量控制的有效性。但如果管理者没有经验，则必须借助相关资源，高度关注质量控制活动。

三、项目质量控制方法

项目质量控制的方法主要有核检清单法、质量检验法、控制图法、趋势分析法、帕累托图、流程图等。帕累托图和流程图在前面的内容中已经做了介绍和描述，因此，这里只对前四种方法进行介绍。

(1)核检清单法。核检清单法是项目质量控制中的一种独特的结构化质量控制方法。这种方法主要是使用一份开列有用于检查项目各个流程、各项活动和各个活动步骤中所需核对和检查的科目与任务清单,并对照这一清单,按照规定的核检事件和核检频率去检查项目的实施情况,并对照清单中给出的工作质量标准要求,确定项目质量是否失控,是否出现系统误差,是否需要采取纠偏措施,最终给出相关核查结果和相应的对策措施决策。

(2)质量检验法。质量检验法是指那些测量、检验和测试等用于保证工作结果与质量要求相一致的质量控制方法。质量检验法可在项目的任何阶段上使用。例如,可以检验项目的单个活动,也可以检验项目的最终产品。质量检验法也可以对项目的各方面工作使用。例如,对于项目工作质量的检验方法,对于项目资源质量的检验方法,对于项目产出物质量的检验方法等。其中,对于项目工作和项目产出物的质量检验方法又可分为自检(自己不断检验工作和工作结果的方法)、互检(团队成员相互检验工作和工作结果的方法)和专检(由专门质量检验和监督人员检验工作和工作结果的方法)这样三种不同的质量检验方法。对任何一个项目活动而言,在必需的检验及必要的检验文件未完成之前,和项目阶段成果未被认可、接收或批准之前,一般不应该开展后续工作。项目的质量检验要求每次严格记录检验结果,并由合格人员进行评定并决定接受与否。因为项目是不可重复的一次性工作,如果不能按照这种检验方法去做,不但会造成各种责任纠纷,而且会出现由于项目某个中间环节存在的质量问题使整个项目最终结果全部报废的严重后果。

(3)控制图法。控制图法是用于开展项目质量控制的一种图示方法。如图 8-7 所示,图中给出来关于控制界限、实际结果、实施过程的图示描述,可用来确认项目过程是否处于受控状态,图中上/下控制线表示变化的最终限度,当几个设定间隔内发生连续同一方向的变化时就应分析和确认项目是否存在系统误差并处于失控状态。当确认项目过程处于失控状态时就必须采取纠偏措施,调整和改进项目过程使项目过程回到受控状态。控制图法是建立在统计质量管理方法基础之上的,它利用有效数据建立控制界限,如果项目过程不受异常原因的影响,从项目运行中观察得到的数据将不会超出这一界限。

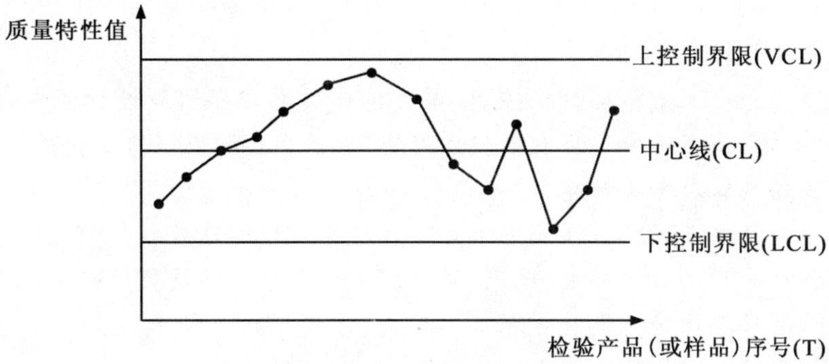

图 8-7 控制图法示意图

(4)趋势分析法。趋势分析法是指使用各种预测分析技术来预测项目质量未来发展趋势和结果的一种质量控制方法。这种质量控制方法所开展的预测都是基于项目前期历史数据做出的。趋势分析常用于项目质量的监控。这种方法的原理还是统计分析和预测的原理,包括回归分析、相关分析、趋势外推分析等一系列的统计分析预测原理和方法。

【案例分析】

阅读以下关于项目质量管理实践的案例资料，回答问题1～3。

某100万吨乙烯炼化一体化项目质量管理实践

某100万吨乙烯炼化一体化项目是中国石油化工集团公司“十一五”期间产业布局调整的重点项目之一。项目的投资规模大、涉及面广，大量的新技术、新工艺、新材料、新型设备被采用，项目的管理极其复杂，加强其质量管理非常重要，因此采取了一系列的相关措施。

一、质量管理网络与质量责任

建立健全组织机构，明确管理程序和相应的责任与权利，配置必要的资源是实施项目管理的基础条件。中石化某分公司依据自身人力资源条件成立了项目自主管理团队——某石化100万吨/年乙烯炼化一体化项目经理部。

(1)质量管理模式。项目工程质量控制分为五个层次。第一层次为项目经理部，实行宏观质量管理与控制，质量部为具体责任部门；第二层次为各项目分部的质量控制；第三层次为监理单位的全面质量控制；第四层次为各项目EPC总承包商的全过程质量控制；第五层次为勘察、设计单位和施工承包商、供应承包商内部的质量控制。

(2)质量管理组织网络。项目成立了以公司主要领导担任项目经理的项目经理部，下设控制、设计、物资供应、工程、质量、HSE、生产准备等职能部门和项目分部；建立了以项目质量部为宏观管理层、以项目分部为直接管理责任主体以及设计单位、供应商、施工单位质量保证体系为基础，监理单位施工过程控制为主体，质量监督为保证及生产作业部适时介入的全员、全过程、全方位的质量管理、控制与监督网络。

(3)质量责任。质量责任实行项目经理负责制，项目经理是项目管理的第一质量负责人。项目经理部设计部、物资供应部、质量部、工程部、生产准备部及各项目分部应遵照有关法令、法规、项目的管理规定和相关标准规范的要求，工程质量的把关实行全员参与，全过程、全方位的质量监督管理与控制。

二、质量控制的目标

强化设计、采购、施工、试车全过程控制，项目总体质量目标达到设计要求，符合合同中明确的技术规范的要求；保证建设项目有效投入使用，保证生产和安全符合使用功能的要求。

三、质量控制的内容及主要措施

(1)建立健全质量保证体系。贯彻执行《中华人民共和国建筑法》《建设工程质量管理条例》等法律法规及有关工程质量标准、规范，明确质量控制总目标及质量控制的内容，明确各级人员的质量责任，要求现场统一质量管理工作标准，形成包括建设单位、监理单位和施工单位在内的质量管理和质量检查、确认体系。

(2)实行质量目标责任制。层层落实质量目标责任制，做到各负其责。明确设计、采购、施工质量控制目标，将质量目标分解，细化、量化考核目标。签订质量责任目标责任书，落实到人，保证工作质量按法律、法规、规范、合同要求实施。

(3)加大设计审查、设备监造、施工方案的审查力度。对施工单位的施工组织设计/施工方案的质量控制措施、质量计划、施工工序的安排、投入的人力、机械设备、技术措施等经监理和项目分部以及相关部门认真审查，提出改进意见。

(4)做好工程施工各阶段的检查验收。对施工承包单位自控体系进行监督,严格“三检一评”制度,完善工序质量控制,对重要和复杂的施工工序设立质量控制点加强控制;设置工程施工质量“停检点”,严格执行质量控制点“共检”签证制度。

(5)适时组织施工质量检查。针对各参建单位技术管理与质量保证体系的运转情况、抵达现场的设备、材料质量和质量证明文件情况、施工过程的质量控制情况、工程实体的质量情况以及施工技术资料状况,质量部坚持每月组织一次工程质量大检查,每季度搞一次质量评比活动。

(6)加强对工程质量检测的管理和特殊过程的质量控制。在施工阶段对现场组焊设备质量、管道焊接质量、压力管道及其组成件的验证实施第三方无损检测,并严格审查第三方无损检测以外由施工单位检测部分的检测资质及现场检测人员的上岗资格,审核其技术方案、检测程序和操作过程。

(7)质量例会及报告制度。为了保证项目的施工质量保证体系的有效运行,达到掌握情况、沟通信息、交流经验的目的,质量部每月组织一次质量工作例会。质量部每周(月)发布上一周(月)的《质量周(月)报》。发生重大质量事故立即向项目经理部领导报告。

(8)工程项目的交工验收。装置的中交执行“三检一评”、“三查四定”和系统试压、清洗、吹扫、单机试运和联动试车以及工程验收前试生产考核等规定。所有施工质量的过程管理资料均应编入交工技术文件。

问题1.该项目质量控制的基本流程和主要内容是什么?

问题2.该项目质量控制的目标体系设计有何特点?

问题3.该项目对其他类型项目的质量控制有何借鉴意义?

模块九 农业项目人力资源管理

知识目标

掌握农业项目人力资源管理的概念及其过程；

了解项目组织计划的概念及编制程序；

了解项目团队组建的概念、人员获得及人员配备的方法；

了解项目团队建设的概念及主要内容；

能力目标

能够针对简单项目，编制人力资源使用计划；

能够分析现实项目团队建设中存在的问题，并提出一些可行性的建议和措施。

人力资源管理是20世纪70年代以来被广泛关注和使用的一种管理职能。这一管理将“人力资源”看成是企业或组织生存与发展的重要战略资源。人力资源管理要求一个组织通过不断地获得和提升人力资源，认识并开发他们的各种潜能，保持并激发他们对组织的忠诚和贡献，为实现组织目标服务。

【案例导入】

华为合作项目团队管理

华为合作项目团队管理的精髓可以总结为精细化管理与人性化管理相结合的双重效益。

一、精细化的管理

1.纪律严格，奖罚分明

华为是一个半军事化管理、纪律严明甚至有些苛刻的公司，它的项目管理制度包括了严格且明确的现场纪律要求条款，如严格规定上下班作息时间，办公桌面要求整齐清洁，下班后要求电脑和显示器关机、空调关闭、房间锁门，离开办公桌10分钟以上必须内部邮件通知，上班时间不得上与工作无关网站，等等。以上条款，都配有不同数量的违反扣分，每人每月可扣分总数为100分，当被扣至80分以下时需要罚款50元或100元，当被扣至60分以下时将可能被降薪或被项目组辞退，被罚款项一般用作项目组的零食专款或奖励专款；而连续3个月以上得满分100分者，可被项目组奖励100元。项目经理会从平时工作认真负责且全体成员认可度比较高的普通组员中分别选择任命1名纪律监督员和1名考勤员，纪律监督员负责不定期地突击检查员工的纪律情况并接受纪律举报，考勤员负责上下班考勤和纪律扣分登记并于月底汇总每人得分总数。

2.精细化的绩效考核

在华为的合作项目组里，对一个30～40人这么大的项目团队，如果说只有1个项目经理来完成这个团队的管理和工作运作的话，那可以说几乎是不可能的。一般情况下，一个需要承担具体技术工作的基层管理者可直接管理的员工数量不宜超过6人，所以管理的最小单位一般为5～6人，而华为合作项目组也被分为若干个这样的最小管理单位，一般称之为项目小组，比如×××项目组就分为开发一组、开发二组、开发三组、系统组、业务保障组和维护组等，每个小组均任命1名组长，而每个组长对项目经理负责，向项目经理汇报工作。

项目经理制订整个项目组较大层面的进度计划，并监督各小组对计划的执行情况，并根据小组的工作进展对小组长进行绩效考核。小组长对各自组员的计划进度安排就更细致了，在任务紧张时期几乎可以细到2～3小时这样粒度的工作量，每位组员的工作量编排得非常饱和；小组长几乎每天要对组员的工作进度（尤其是对开发人员）进行一次检查，以尽早发现问题，及时采取措施，防范潜在的风险，细粒度的工作监控也就很容易发现、跟踪到各个组员的表现状态和工作能力；另外，每个小组长一般也会有一份红黑事件记录表，专门记录小组中发生的一些红（表扬）事件和黑（批评）事件，红事件和黑事件都是作为绩效考核中加分和减分的依据。所以绩效考核的评分基本都是客观准确的，是有据可查的。精细客观的绩效考核方式无疑规范了项目组的绩效考核制度，增强了整个项目组的价值认同感。

3.全员参与管理，塑造普遍积极性

全员参与管理，这是在华为项目管理中比较独特的一种方式，除了前面所说的项目经理将管理工作分解到各小组长外，项目组中还会任命很多为项目管理服务的角色和职务，比如前面已提及的纪律监督员、考勤员，还有图书管理员、配置管理员（CMO）、培训管理员等。在一个大型项目组中，各种协调和基础性管理工作是非常多的，这些工作被整理并分解到不同的人员负责，并以责任分工界面方式明确下来，在项目组中的几乎所有成员都会参与到这样的管理工作中来，很好地提高了所有组员的主人翁意识和积极性；即使在每个小组中，小组长也会经常根据项目任务进展需要和组员的能力情况，分配一些专项主题工作由不同组员负责牵头，组员心理上常能感受到组长对自己能力的信任和认可，领命之后的组员一般都能感受到一种使命感而投入极大的热情负责这类工作，效果也常是非常明显的。全员参与管理，极大地塑造和提升了整个项目组的普遍积极性。

4.流动轮岗，培养和提高员工技能

在项目中，为了培养和全面提升员工的技能，经常会安排员工进行轮岗。比如开发组的员工有时会被安排到业务保障组参与一段时间的需求分析工作或被安排到维护组做一段时间的CMO，这对开发人员的成长和技能的全面提升有着直接的效果。

5.新员工导师制

任何进入华为合作项目中的新员工，在试用期期间都有专门的导师负责跟踪和指导其尽快完成角色转变和工作环境的适应。除了项目组安排对新员工关于项目组所用开发平台工具的集体培训外，导师需要安排新员工较为密集的学习和工作任务，一方面使其尽快能胜任所承担的工作，另一方面也使得他能够适应项目组节奏快的工作环境。导师需要每周提交导师周报至项目经理和部门经理，跟踪和监控新员工的表现状况并计划下周指导的重点和计划，最后导师需要对新员工的能力作出评价，新员工能否转正主要取决于导师的评价和新员工工作任务的完成情况。有了导师，新员工就有了方向感，既能够更快地适应新的工作环境和融入项目组的工作团队中，同时项目组也能更快更准确地发现和确认新员工是否具备真实的工作能力，是否可经受考验成为真正合格的员工。

二、人性化的管理

华为合作项目组在工作管理上，已是非常之精细和严格的，但同样特别之处就是华为在团队建设方面又处处体现人性化，精细化的管理与人性化的管理可谓珠联璧合，通过这种方式打造出来的华为合作项目团队的整体作战实力是非常强的。

1.团队建设与娱乐活动

华为合作项目组非常注重团队建设，定期搞一些娱乐活动，活跃团队氛围，密切项目组成员之间的感情，加深项目成员对项目组的认同感和归属感。

项目组鼓励大家参加一些对工作有益的认证考试，对于通过考试拿到认证资格证书者，项目组在民主生活会时会现场对其进行奖励，每个组员都感受到努力所带来的直接激励。

2.民主生活会，批评和自我批评

华为合作项目有一个非常优良的传统，这就是每月一次的民主生活会。民主生活会，既可以说是一个茶话会，因为开会现场会买来很多水果、零食之类的；也可以说是一个正式的工作会，因为在这个民主生活会上项目经理必定会对整个项目当月的工作情况进行总结和回顾，并部署和安排下一个月的工作计划和目标。民主生活会的最后一项议题也是很重要的，就是批评和自我批评，项目经理会要求各小组写出3条自身需要改进的方面和2条其他小组或项目经理需要改进的方面，并由其进行阐述。这样，每个小组既能自身检讨工作中的不足，又能帮助其他小组发现一些问题，使得自己和兄弟小组一起成长和提高；同时，通过这种坦诚布公的批评和自我批评的方式，也增进了各小组之间的兄弟友情，消除了误会，可改进今后合作配合的效率。

3.例行沟通与人性化关怀

华为合作项目中也带来了华为公司内部的一些人性化管理风格，比如例行沟通，就是项目经理会定期抽时间与各位组员做一次例行沟通。例行沟通涉及的内容主要是与沟通当事人一起回顾一下其前一段时间的总体工作表现，并肯定其所做出的努力和成绩；另外，更重要的是需要具体指出对方在某些方面的不足之处，并帮助他指明改进的方式和方法，对他提出殷切的期望。同时，例行沟通中也会问及组员自身存在什么样的困难和疑虑，需要项目组领导帮助解决的，或者对项目组制度方面存在什么样的想法和意见。一般通过这样的例行沟通，项目经理基本上可以较清楚地掌握每位组员的思想动态，也可以对其有针对性地进行帮助和教育，使其提高对组织的认同感，提高人员的稳定性和组织的凝聚力。

任务1　了解农业项目人力资源管理

一、什么是人力资源管理?

(一)人事管理的概念和特征

现代的人力资源管理来源于传统的人事管理。人事部门的产生起源于产业革命后所形成的工厂系统，其目的是为工厂主提供劳动力。由于工厂系统本身的性质以及科学管理思想和方法的推广与应用，工厂中每一个职位的工作范围和性质都是确定的，工作所产生的价值也是相当明确的。在这个阶段，人事部门最主要的工作目标就是如何在确定的工作目标和价值的基础上去降低实施劳动的人力成本，而传统人事管理活动也是围绕这一目标而展开的。传统人事管理活动的特点主要有以下两点：

- 以事为中心，要求人去适应事。
- 将人力较多地视为成本。

（二）人力资源管理的概念

随着社会的发展、经济特征的逐步转型，人在企业中的作用不仅局限于提供重复的“劳力”。在很多的新兴产业中，人的贡献越来越多地体现在一些创造性工作当中，而且越来越多的企业高度地依赖这种创造性的工作。这个时候的人力已经不是“成本”，而是“利润”的来源。与其去关注如何降低成本还不如激发“人力资源”来创造出更大的利润价值。人力资源理论就是将“人力”看作企业的“资本”，而不是“成本”，力图使其创造更高的价值。现代项目管理中的人力资源管理与近年来不断发展的人力资源管理原理和方法基本上一致。

人力资源管理与传统人事管理的区别主要表现在以下几个方面：

- 建立以人为本、以人为核心的管理理念。
- 把“人力”当成“资本”，当成能创造更多价值的资源。
- 把人力资源开发放到首位，提高人力资源品位，大力开发潜能。
- 人力资源被提高到组织战略高度，而不是当作事务性工作看待。
- 人力资源管理部门被视为生产与效益部门。

项目人力资源管理是指对于项目的人力资源所开展的规划、开发、合理配置、准确评估、适当激励、团队建设、资源能力提高等方面的管理工作。这种管理的根本目的是充分发挥项目组织各方面的主观能动性，以实现既定的项目目标和提高项目效益。

二、项目人力资源管理的过程

项目中的人力资源管理过程一方面是指“管事”，如对所需人力作出规划，获取资源，通过管理有效利用资源。这一管理思想忽视“人与人之间的差异性”，把人当作“一般性的可替代资源”“劳动力”来考虑。从这一点看，它传承了传统“人事管理”的思维。另一方面，是指通过“团队建设”等过程提倡和强调将“人力”作为“资源”来开发。在项目管理知识体系中，农业项目的人力资源管理过程包括以下几个方面。

(1)组织计划编制：项目的组织结构、人员角色和责任的分配、人力资源的使用计划。

(2)项目团队组建：获取所需要的人力资源，并将其分配到项目中去。

(3)项目团队建设：提高项目团队的工作绩效。

在整个项目管理过程活动中，组织计划编制和项目团队组建偏重“管事”的层面，而“项目团队建设”和“项目团队管理”则更关注“管人”的层面。组织计划编制和项目团队组建大多是在项目计划阶段完成的，其最终结果就是为项目配备相应的人力资源。项目团队建设是项目实施阶段的管理过程，前者通过一些主动性的团队建设活动提高人员绩效，后者则是建立一套客观的绩效体系，监测和控制团队绩效水平。

【案例分析】

阅读以下关于信息系统项目管理过程中人力资源管理方面问题的叙述，回答问题 1～3。

如何调动员工的积极性，一直是鼎盛软件公司项目经理赵明努力钻研的问题。

赵明认为提升某人的时候就是增加其责任的时候。下属如果心情好，经理人员要肯定他的成绩，同时又要鼓励他百尺竿头、更进一步。下属高兴的时候，就让他多做点事；下属心灰意懒的时候，则不要让他太难堪。如果一个下属因自己的失败而闷闷不乐，这时候经理人员再落井下石，就有严重伤害他的危险，他就不想再上进了。赵明还认为，一个经理人员如果能够调动另一个人的积极性，他的绩效就有很大的提升。要使一个团队能够正常顺利运转，一切都要靠调动积极性。经理人员可以完成两个人的工作，但经理人员不是两个人。经理人员应激励他的副手，使副手再激励他的部下，层层激励，就能焕发出极大的工作热情。赵明认为，经理人员要善于听取意见才能调动员工的积极性，一个普通的公司和一个出色的公司的区别就在这里。作为一个经理人员，最得意的事情就是看到被称为中等或平庸的人受到赏识，使他们感到自己的意见被采纳，并发挥作用。动员员工的最佳办法是让员工了解经理人员的行动，使他们个个成为其中的一部分。

问题 1. 请说明你对赵明的做法有什么看法。

问题 2. 请从项目团队建设和人力资源管理的角度，结合你本人的认识，说出从中你有何感悟。

问题 3. 请描述你通过这个案例，对人力资源管理有哪些更深的理解。

任务 2　项目组织计划编制

一、项目组织计划的概念和内容

项目人力资源管理的首要任务是项目组织计划的编制。项目组织计划是项目整体人力资源的计划和安排，是按照项目组织的目标，通过分析和预测，对给出的项目人力资源在数量上、质量上的明确要求、具体安排和打算。

对于大部分项目而言，项目组织计划的主要工作属于项目定义阶段工作的一部分。但是，这一部分的工作结果应该在整个项目人力资源各管理过程中不断地进行评价和改进，以确保项目组织的适应性。假如在项目开始阶段规划或设计的项目组织不能有效地工作，就应该及时地改进和完善项目组织的规划与设计。项目组织计划工作由于项目的一次性和项目组织的临时性，所以从内容上和方法上与一般运营组织的规划有所不同。

项目组织计划是项目整体人力资源的计划和安排，一般地，项目组织计划包括三个方面的内容：

①确定项目的组织结构；

②建立项目的责任分配矩阵；

③编制项目的人力资源使用计划。

不同领域的项目在组织计划的内容上有很大的差异，所以在这里没有办法给出一个通用的模板，仅以一个包含产品研发过程的工程实施项目为例来探讨组织计划编制的内容。

二、确定项目的组织结构

确定项目的组织结构主要是根据项目的具体任务需要，设计出项目终止的具体组织结构。选择合适的项目组织结构对于项目的开展、项目目标的实现具有非常重要的作用，关于如何选择项目的组织结构在模块一任务3中已经介绍，这里不再赘述。为了使问题简化明确，这里将以这个特定的工程实施项目为例介绍组织结构。

不同类型的项目，其组织结构会有很大的区别，但大体上可以分成项目管理人员和项目工程实施人员。为了保证监督的独立性，质量保证人员采用了双线汇报机制。组织结构图如图9-1所示。在具体的实践中需要把这张图逐步细化到每一个人上，所以可能会用多图分级绘制。

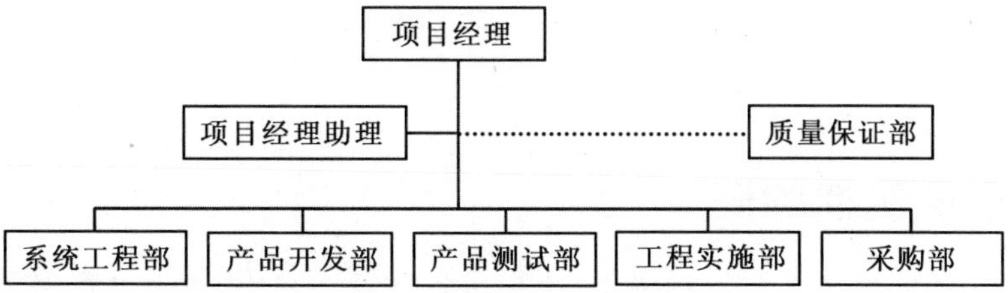

图 9-1　项目的组织结构图

三、建立项目的责任分配矩阵

项目的责任分配矩阵是用来使项目的主要工作职责和人力资源产生对应，即对项目团队成员进行分工，明确其角色与职责的有效工具，通过这样的关系矩阵，项目团队每个成员的角色，也就是谁做什么，以及他们的职责，也就是谁决定什么，得到了直观的反映。项目的每个具体任务都能落实到参与项目的团队成员身上，确保了项目的事有人做，人有事干。在本案例组织结构的基础上，建立的项目责任分配矩阵如表9-1所示。

表 9-1　项目责任分配矩阵示例

人员/部门	项目计划	系统工程	产品开发	产品测试	工程实施
项目经理	主导	参与	参与		参与
系统工程部	参与	主导	参与	参与	参与
产品开发部		参与	主导	参与	参与
产品测试部		参与		主导	
工程实施部				参与	主导
质量保证部	参与	参与	参与	参与	参与

四、编制项目人力资源的使用计划

项目人力资源使用计划（staffing plan）主要是为项目的人力资源使用在时间上做出计划。在上面项目的组织结构确定以及项目的责任分配矩阵建立的基础上，就可以对项目活动中不同时间段人力资源使用情况作出规划。如表 9-2 所示。

表 9-2　人力资源使用计划示例　　人

部门	第一个月	第二个月	第三个月	第四个月	第五个月
系统工程部	2	2	2	2	2
产品开发部	2	3	8	3	2
产品测试部	2	2	4	8	3
工程实施部	1	1	2	6	3

任务 3　项目团队组建

一、项目团队组建的概念

项目实施所需要的最重要资源就是人力，但是将一群人召集起来，并形成富有战斗力的团队需要一个建设过程。项目团队组建是指以项目组织计划编制为依据，将项目所需要的人员以各种形式招聘过来，并将其打造成一个高效团队的过程。

一个项目组织要想生存并完成项目就必须选拔和获得合格的人力资源去担负相应的项目工作，没有合格的人力资源，就无法保证项目目标的实现。同时，项目组织还必须赋予项目团队成员合适的工作，实现项目人员配备的科学与合理，确保使团队成员与团队工作相匹配、团队成员与项目组织相匹配。因此，项目团队组建主要包括两方面的内容，即项目人员的获得与项目人员的配备。

在项目团队的组建过程中需要注意以下几个要点：

①获取所需要的人员，主要通过组织内部调配和外部招聘。无论哪种情况，都需要仔细地选择，以期与工作任务和工作性质的要求尽可能匹配。

②将一群人打造成一个团队，需要遵循团队形成的规律。

③高绩效的团队需要各种角色的成员。

二、项目人员的获得

项目人员的获得是指项目人员的招聘工作，目的是为项目选择合适的成员，这是组建项目团队的首要任务。组织可以采取内部招聘和外部招聘的方式，运用各种各样的方法和手段获得足够的、高质量的人力资源。

(一)人员招聘

1.人员招聘的主要工作内容和程序

(1)招聘计划的制订与审批。招聘计划是整个招聘工作的依据，制订招聘计划的目的在于使项目组织的招聘工作合理化和科学化。项目组织的招聘计划是根据项目组织规划与设计中所确定的职务和岗位，以及项目各个职务或岗位的任职说明书等信息制订的。项目组织需要根据整个组织规划与设计的人力资源需要，从数量、质量和时间等方面做出详细的人力资源招聘计划。

(2)招聘信息的发布。以人力资源招聘计划为依据,根据项目组织所处的内部外部环境与条件,选择和确定发布招聘信息的时间、方式、渠道与范围。由于招聘方式、招聘的职务和岗位、每次招聘的数量和时间、招聘对象的来源和水平以及人员到位时间和招聘预算的不同,招聘信息的发布时间、方式、渠道与范围也不同。项目组织的多数人员是通过内部招聘或调配的方式获得的,项目组织有时也需要从外部招聘人员,所以需要使用内部和外部两种渠道发布各种招聘信息。

(3)应聘者提出申请。内部或外部的应聘者在获得招聘信息后,可向项目组织的招聘机构提出应聘申请。这种申请多数是书面的。应聘的主要资料包括:应聘申请表,个人简历,各种学历、技能和成果证明(证明自己的知识水平、能力水平和所取得的成就),各种身份证明(包括身份证、以前的聘书等)。

(4)人员选拔。人员选拔对项目组织来说是至关重要的,因为项目组织的生命周期相对较短,一旦招聘的人员存在问题或不能胜任工作,就会使整个项目的工作受到影响,项目组织一般较少有机会去改正人员选拔的问题。这就意味着在招聘人员时必须进行严格的人员选拔。通过人员选拔对应聘者进行辨别和甄选,挑出能力、知识和经验都符合项目招聘计划,同时又愿意为项目组织工作的优秀人才。

(5)人员录用。人员录用是整个人员招聘工作的最后一步,这项工作的全过程包括:项目组织与选拔出的应聘者首先要签订试用合同,然后安排录用的人员上岗试用,在试用到期并经评估合格后,即可签订正式合同录用。对于项目组织而言,特别是那些短、平、快的项目,有时是没有试用阶段的,多数是直接正式录用。

2.招聘的方式

根据招聘对象来源的不同,项目组织的人员招聘可以分为内部招聘与外部招聘两种方式,这两种招聘方式所采取的人员招聘方法是不同的。

(1)内部招聘。内部招聘是指从项目组织或团体的内部人员中招聘项目组织所需的人力资源的一种招聘方式。这种方式可以为组织现有员工提供发展的机会,从而调动公司内部员工的积极性。同时,与外部招聘相比,内部招聘也可以节约大量的费用,省去许多不必要的培训。由于项目组织对内部人员有充分的了解,所以内部招聘能够保证人员招聘的质量。内部招聘的主要做法有三种:其一是从组织内部提拔一些合适人员做项目经理和管理人员(因为通过提拔获得的项目经理和管理人员对企业或组织的情况了解,对项目工作环境适应比较快);其二是从组织内部人员中调配一部分人去做项目管理或实施的工作人员(这些人的职务或岗位、级别不变,只是从原有的工作岗位变动到项目团队的某个工作岗位或职务或岗位上);其三是内部人员的重新聘用(在内部招聘中要求被录用人员与原部门解除聘约,然后与项目组织签署聘用合约),这是一种介于内部和外部招聘之间的做法,人的来源虽然是内部的,但聘用合同方式与外部招聘相似。

(2)外部招聘。外部招聘是指从项目组织所在公司或团体以外招聘项目组织所需人力资源的一种招聘方式。这种方式与内部招聘相比,虽然需要花费较多的费用,但是人员选择的范围要比内部招聘宽许多,而且采用这种方式招聘的人员能够给项目组织带来许多创新思想。特别是通过外部招聘可以获得许多公司或组织内部没有的特殊人才。外部招聘的主要做法也有三种。其一是广告招聘,这种做法的特点是范围广、速度快、应聘人员数量大、项目组织选择的余地大。这种招聘广告的基本内容应包括：项目组织的基本情况；招聘的职位、数量和条件；招聘范围；薪资和待遇；报名时间、地点、方式及所需资料和其他有关注意事项。其二是就业中介，在这种方式中的就业中介机构承担着双重的角色，既为项目组织择人，也为前去求职的人择业，项目组织使用这种方式主要是获得那些大量需要的熟练工和短期聘用的人员。其三是信息网络招聘，通过信息网络传播项目组织招聘的信息，并且通过网络获得应聘者的各种信息。这种方式的招聘信息传播范围广、速度快、成本低，不受地域限制，因此现在已经获得了广泛的采用。

（二）人员选拔

人员选拔是指对应聘者的资格审查和挑选的工作过程。项目组织的人力资源部门需要采用初选、面试、笔试、体检、个人资料核实等方法选拔和筛选出合格的人员，以供项目组织聘用。人员选拔是人员招聘工作中十分关键的、技术性很强的一项工作。

1.人员选拔的意义

人员选拔对项目组织来说是至关重要的。不管是采用内部招聘还是采用外部招聘的方式，在各种应聘人员进入项目组织之前，必须经过一个识别、甄选的过程，从而挑出具有项目组织需要的相应能力、知识和经验，并乐意为项目组织工作的优秀人才。人员选拔具有的主要意义是：

(1)保证项目组织能够获得所需的人力资源。人员选拔的根本意义是保证项目组织能够获得所需的人力资源，因为如果没有人员选拔这项工作，项目组织仅仅凭着主观臆断和应聘者的自我介绍无法获得需要的、合适的和优秀的人力资源。

(2)人员的选拔可以为项目组织节省费用。人员选拔可以使项目组织挑选到优秀的人才，减少雇用不合格人员和不愿意为项目组织工作的人员，降低了项目组织的人员辞退与辞职比率，这可以为项目组织节约人力资源管理的成本。

(3)为应聘者提供一个公平竞争的机会。通过人员选拔的一系列面试、笔试和各种测试能够使每个应聘者有机会展示才能和条件，通过这种公平竞争还能很好地激励受聘者更加珍惜自己所获得的机会，努力地为项目组织工作。

2.人员选拔的过程和方法

人员选拔是一个复杂的过程，这一工作的好坏取决于整个工作过程中每一个环节是否有效。因此，必须采用恰当的人员选拔方法，以实现人员招聘的预期目标。

(1)资格审查与初选。资格审查是对应聘者是否符合项目组织的职务或岗位说明与任职要求的一种初步审查。初选是项目人力资源管理者对所有通过了审阅的应聘者所进行的首次筛选。资格审查和初选的任务就是从应聘者中选出参加下一步选拔测试的人员。在初选中一般需要做两件事情，其一是体检，其二是申请材料的核实。体检并不仅仅是一般的身体健康检查，项目组织的人员有时还必须具备一些特定的身体能力，如登高的能力等。资料核实是对应聘者提供的证明自己的教育状况、工作经历、工作能力等方面的材料所进行的必要核实和调查。

(2)测试。在项目组织的人员招聘中，通常对通过了资格审查和初选的应聘人员，在面试之前还要进一步进行一系列的测试，这是全面了解应聘者各方面情况的一种重要手段。这类测试可以分成心理测试和智能测试。心理测试主要是对应聘者进行职业能力倾向测试、个性测试、价值观测试、职业兴趣测试、情商测试等。一般情况下，项目组织在人员选拔中最为注重的是有关合作精神、价值观和个性方面的测试，因为这是建设一个项目团队所需要的。智能测试主要对应聘者的智力、技能和专业知识方面的测试，通常在项目组织人员选拔中更为注重技能和专业知识方面的测试。

(3)面试。由于人员资格审查、初选和测试都不能全面反映应聘者的思想深层的信息，因此在人员选拔中还需要进行面试，以便项目组织对应聘者能够有更深层次的了解。特别是对于选拔项目经理和管理人员，面试是一种很重要的手段。面试通常分成以下几类：从面试的目的可分成初步面试(由项目组织的人力资源管理人员对应聘者进行面谈的过程，侧重于应聘者对书面申请材料的补充说明和项目组织对应聘者的动机了解与情况介绍)和最终面试(由项目组织高层管理人员对已通过初步面试的应聘者所做的一种面谈，侧重于对应聘者思想和能力的深层次了解)；从参与面试人员多少可以划分为个别面试(一对一的面试，这有利于双方深入地相互了解，但结果容易受面试人员主观因素干扰)、小组面试(由两三个项目人力资源管理人员组成小组对各应聘者分别进行面试，可以从多种角度对应聘者进行考察和克服个人偏见)和成组面试(由面试小组对若干应聘者同时进行面试)；从面试的方法上分又有结构化面试(对所有的应聘者提问相同的问题)和非结构化面试(对不同的应聘者提问不同的问题)等。

(4)全面评估。在面试结束以后，项目人力资源管理人员还需要对应聘人员进行一次全面的评价。这种全面评价可采用评语的方式或者评分的方式给出。评语式全面评估的特点是可以对应聘者的不同侧面进行全面而深入的评估，能够反映出每个应聘者的特征，但是不便于进行横向比较。评分式全面评估则可以对每个应聘者的单项评价和综合评价以得分的方式给出，这样不但能够综合全面地评价每一个应聘者，而且可以按照每个应聘者的评价得分，对全部应聘者进行全面的比较。通常在项目组织的人员选拔中，多数是按照两种方法结合的办法进行全面评估，因为项目管理和实施所需的人力资源多数是一些特殊专业和有特殊要求的人，所以需要结合两种方法去进行全面评估。

(5)人员甄选。人员甄选是项目组织人员招聘人员选拔工作最后一个步骤，同时它也是最为重要的环节。通常，在人员甄选工作中首先要确定人员甄选的标准。这是衡量应聘者能否被项目组织选中的标尺，是以职务或岗位描述和职务或岗位说明书为依据而确定的一些具体的甄选条件和标准。然后，项目组织需要根据标准做出人员甄选的决策。通常有两种人员甄选的决策模式，其一是以单项评价为主的甄选决策模式，其二是以综合评价为主的甄选决策模式。其中，单项评价为主的甄选决策模式主要适用于对特殊专业管理或技术人员的选择，是从众多应聘者中为某一职位或某类性质相似的岗位甄选一个或多个任职者的决策模式；综合评价为主的甄选决策模式主要用于对一般项目管理人员和非专业技术人员的选择。

(三)人员的录用

项目组织人员招聘的最后一项工作是人员录用，即各项最终录用的手续和工作。人员录用的工作过程包括签订试用合同、安排员工试用和正式录用三个步骤。

(1)签订试用合同。签订试用合同是指由项目组织人力资源管理部门与合格的应聘者之间签订试用一定时期的合同的工作。签订试用合同对应聘者与项目组织双方都有好处，都有约束力和保障。

(2)安排员工试用。签订试用合同后，员工就可以在合同规定的时间进入项目组织开展工作了，此时项目组织要为试用人员安排相应的职务或岗位。一般来说，在试用期间，员工应负的责任和义务均是按照人员招聘中项目组织提出的应聘要求和应聘者明确表示的意愿来安排的。员工试用实际上是对招聘来的员工，从实际能力与潜在能力、个性品质与心理素质等方面所进行的进一步考核和审验。对项目组织而言，试用还有一个很重要的作用就是验证招聘的项目团队成员（试用者）能否相互合作，能否构成一个和谐而努力奋斗的项目团队。

(3)正式录用。项目组织成员的正式录用就是通常所说的"转正"，这是指将那些试用合格的应聘者转为项目组织的正式成员的过程。项目组织成员能否被正式录用，关键在于试用过程中对其考核的结果如何。项目组织对试用的应聘者应该坚持公平、公正的原则进行录用。在正式录用过程中，项目人力资源部门应完成以下主要工作：试用期的工作考核鉴定；正式录用的决策；签订正式录用合同；提供相应的待遇；提供必要的帮助与咨询并安排他们正式进入角色和岗位等。需要注意的是，在项目组织或项目团队中会有相当一部分人员是不用通过试用而直接正式录用的，因为当项目的周期很短时是无法试用的。

(四)招聘评估

招聘评估是项目组织对于人员招聘全过程和全部工作所进行的一种评价。其目的是审视项目组织的人员招聘工作，分析招聘工作中的经验和教训，以便为未来的项目组织人员招聘工作提供经验和信息。招聘评估的主要内容包括人员招聘工作的成本效益评估、录用人员的数量评估、录用人员的质量评估等。其中，人员招聘工作的成本效益评估主要是对人员招聘的成本和效用、人员招聘的收益与成本比率等方面所进行的评估；录用人员数量评估主要对录用比率、人员招聘任务计划完成比率和应聘比率等方面所做的评估；录用人员质量评估主要是对已被录用人员的能力、素质等进行的全面评估。对于招聘方法的评估主要包括人员招聘方法的信度评估和招聘方法的效度评估。

三、项目人员配备

在人员招聘工作结束以后，需要对项目组织的人力资源进行合理的配备，这对于项目组织而言也非常重要。因为合理配备人力资源不但有利于项目目标的实现，也有利于充分挖掘人力资源的潜力，降低人力资源的成本，和不断地改进与完善项目组织的结构，提高项目团队的合作与协调能力。

1.人力资源配备的原则

为了做好人力资源配备工作，在项目人力资源配备工作中应遵循以下原则：

(1)人员配备必须以实现项目目标为中心。项目组织人员配备的第一原则是必须以实现项目目标为中心，即项目组织一切人员配备都必须为实现项目目标而服务。因为项目组织的根本目标就是成功地完成项目，所以项目组织只需要考虑项目的目标即可。

(2)人员配置必须精简、高效、节约。项目组织在人员配备方面必须实现精简、高效和节约的目标，即必须以先进合理的定额和定员标准为依据，确定项目组织的人员配备。在项目组织中特别提倡兼职，因为一个项目团队中的职能工作种类可能很多，但是每项职能工作的工作量可能较小，所以需要兼职。另外，在人员配备中还需要提倡简化各种职能业务工作的手续，减少项目组织层次，精简项目组织机构，从而降低配备的人员数量，达到精简、高效和节约的目标。

(3)人员配备应合理安排各类人员的比例。项目组织人员配备的另一个原则是要合理安排各类人员的比例关系，包括项目直接工作人员和辅助工作人员的比例，尽量减少辅助工作人员的比重；项目管理人员和项目实施人员之间的比例关系，努力降低项目管理人员的比重。另外，对于一些特殊项目还需要合理地安排不同专业或工种的人员和不同管理人员的比例关系，从而使各个专业或工种之间的人员能力实现合理的平衡，减少和消除窝工和人力资源浪费的现象。

2.人力资源配备的方法

项目组织人力资源配备的方法包括项目人力资源的需求预测、项目人力资源的供给预测和项目人力资源的综合平衡三个方面。这些方面的具体内容如下：

(1)项目人力资源的需求预测。项目人力资源的需求预测是根据项目所需完成的任务、项目任务所需的组织结构、项目组织所需的各类职务和岗位等，最终预测得出项目的人力资源需求。项目人力资源需求的预测方法与一般运营组织的人力资源需求预测相比要简单一些(仅对小项目而言)，除了像三峡工程这样的特大项目以外，项目人力资源的需求预测不用像一般运营组织的人力资源需求预测那样需要对人员的补充、提升、教育、退休、人才储备等各个方面都做出预测，因为项目组织是临时性的，所以它主要涉及的是当前项目人力资源需求的预测。

(2)项目人力资源的供给预测。项目人力资源的供给预测主要涉及两个方面的预测，其一是项目组织内部的人力资源供给能力的预测，其二是外部环境为项目供给人力资源能力的预测。前者是关于现有企业或组织能够提供多少人项目团队成员的确定性预测，后者是有关外部环境人力资源供给方面的不确定性预测。这些预测最主要的方法是趋势外推法，即根据历史数据找出这两种人力资源来源的供给发展趋势，然后推断出项目需要的人力资源供给能力即可。同样，由于项目组织的临时性，它并不需要像一般运营组织那样去做未来生产工艺技术的发展预测和各类人员的长期供给能力预测等复杂的趋势预测。

(3)项目人力资源的综合平衡。项目人力资源的综合平衡是指关于项目人力资源需求与供给的综合平衡。这种综合平衡的方法主要包括总量综合平衡的方法和结构综合平衡的方法。其中，总量综合平衡的方法用于从总体数量上综合平衡项目人力资源的供给和需求，但是不考虑项目管理人员与实施人员的平衡、不同专业或工种人员的综合平衡以及直接工作人员与辅助工作人员的平衡等人力资源构成结构方面的综合平衡。在总量综合平衡的基础上，人们就需要考虑使用结构综合平衡的方法使项目组织各项工作的人力资源实现局部的结构性的综合平衡。

四、项目团队形成的规律

通过招聘形式获得项目所需要的人力资源，并将其进行合理的配置之后，组织还需要将这一群人打造成一个高绩效团队。这一过程的实现需要遵循项目团队形成的规律。团队的形成要经过一系列的阶段和过程，如图 9-2 所示。

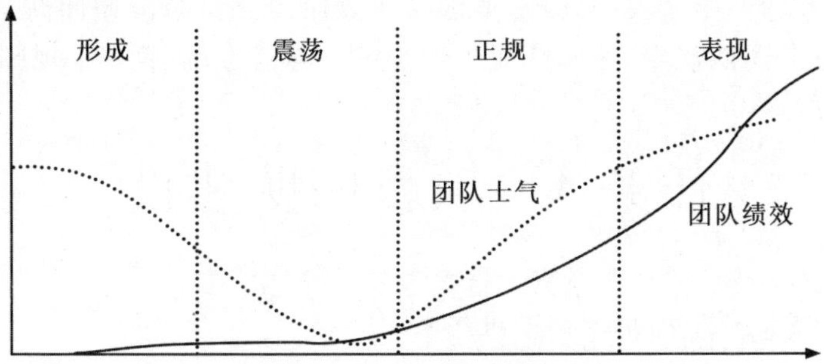

图 9-2 团队形成规律

一般来说,团队从建立到产生绩效需要经历四个不同的阶段,即形成阶段、震荡阶段、正规阶段和表现阶段。

1. 形成阶段

团队成员带着一个共有的目标聚集在一起,每个人怀着既兴奋又紧张的心情憧憬未来,渴望有美好的前景;但也同样会有很多的疑问:我们的目的是什么?其他团队成员的技术、人品怎么样?自己能否被其他成员接受?

在这个阶段,团队有很高的士气,团队成员也抱有很高的期望。虽然大部分可能是没有合作过的,但相互之间仍然充满了信任,迫切希望及早投入工作当中。

实际上,只要一开始工作,团队很可能进入一个危险的震荡阶段,这是一般项目团队必须经历的时期。

2. 震荡阶段

尽管所有人都热情高涨,但是理想总要被现实打破。团队成员之间的技术水平、工作习惯的差异,对目标诉求的不同,都会在工作中表现出来。团队成员内部的矛盾和冲突会日渐凸显。高涨的团队士气会迅速地降低,抱怨、不信任、推卸责任和难以协作等情绪和现象滋生,有些人甚至会选择离开团队。这是一个理想被现实打破的阶段。

震荡阶段几乎是不可避免的,这个阶段处理得不好会导致团队最终瓦解。能不能渡过这一难关,正规阶段的作用十分重要。

3. 正规阶段

正规阶段最主要的目的是建立团队规则(team charter)。团队规则的内容包括团队的任务目标、工作流程、任务分配和职责等。经历震荡阶段的团队士气低落,人与人之间充满了不信任,职责不清导致互相推诿或推脱责任。但是这种情况也有好的一面,因为这正是建立团队规则最好的时机。要让大家明确,只有建立人人能遵守的规则和制度才能实现有效协作,维护团队的一致性。

在团队规则的指引下,团队成员明确自己的任务和责任,也懂得如何和他人进行有效的协作。经过一段时间的磨合,逐步形成默契。渐渐地,团队的绩效有所体现,团队士气也有所恢复,从而达到正规阶段最主要的目的。

4. 表现阶段

进入表现阶段的团队是一个基于明确规则高效运行的团队。这个时候的团队目标就是完成任务,实现绩效。大多数团队在完成初期的几个阶段之后进入表现阶段,意味着一个富有战斗力的团队形成了。

从上面的分析可以看出,整个团队形成的过程是团队的核心聚集力从一股热情转移到团队规则上的过程。在这四个阶段中,最重要的是正规阶段。该阶段使团队从崩溃的边缘回到正常的轨道,并建立起团队规则,使团队成员逐步树立起信心,形成基于规则的默契协作。

任务4 项目团队建设

一、项目团队建设的概念和内容

一个项目因需要而产生,项目团队的成员因项目而聚集。在这样一个团队里,项目成员大多来自于各职能部门，项目团队组建之后一般不能马上形成有效的管理能力，中间要有一个熟悉、适应和磨合的过程。因此，团队建设在项目管理中显得格外重要。

项目团队建设是在项目团队组建以后所开展的项目团队各种建设与开发工作，是项目经理根据人力资源管理的思想、原则和做法将项目团队变成一个具有战斗力和凝聚力的集体，圆满完成项目的各项任务、满足各相关方的期望和需求。

项目团队建设的主要内容包括员工培训、项目团队精神建设、项目团队绩效提高、员工激励、项目团队工作纠纷与冲突的处理和解决以及项目团队沟通和协调等。项目团队沟通和协调将在模块十“农业项目沟通管理”中具体阐述。

二、员工培训

员工的发展是现代人力资源管理中的一项重要职能，它使得员工在一个组织职务或岗位上不但能够拥有必要的技能与知识的，同时还能够得到不断发展、从而实现自己的职业生涯规划目标，并获得工作的满足感。项目组织虽然是临时性的，但是它与一般运营组织一样，同样需要制定一系列措施、政策和方法，以便使自己项目团队的成员获得发展。

项目组织的员工发展（或叫开发）工作的首要任务是员工培训。这种培训多数是短期的和针对性很强的专业培训。

1. 员工培训的含义与作用

项目组织中的员工培训是给项目团队成员传授项目工作和任务所需基本技能与素质的过程，它是项目人力资源开发的基础性工作之一。项目员工的培训包含“基本技能培训”和“基本素质教育”两方面。具体地说，项目组织开展员工培训的作用有以下几个方面：

（1）提高项目团队综合素质。通过对员工的培训，可使项目团队成员的能力有所提高，使他们的综合素质得到加强，以便在以后的项目工作中使整个项目团队能够更好地合作和努力。

（2）提高项目团队工作技能和绩效。通过对员工的培训，可使项目团队成员的工作技能和专业技术水平得到提高，从而使每个人的工作绩效得到提高，这会使整个团队创造出更高的工作绩效。

（3）提高项目团队成员工作满意度。通过培训可以提高项目团队成员对于工作的满意度，并降低项目成员的流失率。成功的员工培训能够提高员工的知识、技能和素质，这可以有效地减少心理压力，同时调动员工的主动性与积极性。这样可以使员工留恋那些能够学习和成长的项目工作岗位，从而减少人员的流动性。

2. 项目员工培训的形式

项目员工的培训与一般运营组织的员工培训不但内容上不同，而且在方式上也不同。项目员工培训主要是一些短期的培训，很少有长期的、使用正规教育体系的培训。项目员工培训的主要形式有两种，一种是岗前培训，一种是在岗培训。

三、培养项目团队精神

项目团队文化是指项目团队在发展过程中形成的、为项目团队成员所共有的思想作风、价值观念和行为规范，它是一种具有项目团队个性的信念和行为方式。项目团队文化能对整个项目组织和每个成员的价值取向及行为起引导作用，使之符合项目组织的发展需要。当一种价值观被团队成员共同认可之后，就会成为一种黏合剂，从而产生一种巨大的向心力和凝聚力。项目团队文化还可以使项目团队成员从内心产生一种高昂的情绪和奋发进取的精神，激励每个项目团队成员自觉产生为项目团队效劳的献身精神。同时，项目团队文化对每个团队成员的思想、心理和行为具有约束和规范的作用，能造成强大的使个体产生从众行为的心理压力和动力，促使个体对自己的行为进行自我控制。项目团队文化一旦形成比较固定的模式，不仅会在项目团队内发挥作用，激发团队成员的责任感和归属感，还会通过各种渠道对社会产生影响，塑造项目团队的形象。项目团队文化主要包括团队价值观、团队精神、团队道德、团队目标和团队文化礼仪。下面主要介绍如何培养项目团队精神。

(1)提高项目团队凝聚力。项目团队凝聚力是项目团队对其成员的吸引力和成员之间的相互吸引力，包括向心力和内部团结两层含义。当这种吸引力达到一定程度，而且项目团队成员对个人和对项目团队都具有一定价值时，就可以说这是一个具有高凝聚力的项目团队。

高凝聚力项目团队的特征有：团队成员归属感强，愿意参加项目团队活动，承担项目团队工作中的相关责任，维护项目团队的利益和荣誉，成员之间信息沟通快，互相了解比较深刻，关系和谐，并具有民主气氛。

项目团队凝聚力是维持项目团队存在的必要条件。增强项目团队凝聚力的关键是要鼓励有利于团结的项目团队行为，抑制不利于团结的项目团队行为。项目团队行为的根本原则是鼓励所有的成员都开诚布公地表达自己的想法，鼓励所有的成员都能充分发挥创新和冒险精神，勇于提出难题。

(2)鼓励项目团队成员全心投入到项目团队的工作中去。只有项目团队成员贡献自己的智慧和力量，全心投入到项目团队工作中去，并秉持对项目团队的承诺，才能让项目团队运作成功。要让项目团队成员愿意贡献自己的专业技术和能力，愿意去了解顾客的需求，并对顾客负责，承诺保持整个项目团队运作的持续性，改善学习过程，并且有高品质结果的产出。因此，必须使项目团队成员愿意担负起相应的责任，共同完成项目团队目标；使项目团队成员始终保持活力与热情，才能使项目团队成员相处愉快，并享受成为项目团队一员的乐趣；鼓励项目团队成员不断追求改善与进步，在项目团队工作中实现自我成长，全身心投入高品质结果的学习过程。

(3)在项目团队中培养民主气氛。一个民主的项目团队意味着团队具有开放、坦诚的沟通氛围。团队成员感到可以充分沟通意见，能经常从项目团队中得到反馈，愿意倾听和接纳其他团队成员的意见，尤其要能够接受来自团队外的批评，愿意倾听顾客的意见。

民主气氛可以通过多种途径培养，例如，使所有项目团队成员都能获得充分的信息，对一切均有所了解；所有项目团队成员有同等发言权；只要有可能，所有项目团队成员共同决策；在项目团队内部形成尊重他人观点的风尚；认可项目团队内部不同的动机、价值观和意见等。通过培养民主气氛，可以使项目团队成员之间的关系更加融洽，从而更好地开展项目团队工作。

(4)帮助项目团队成员事业发展。事业发展是指个人为达到事业目标作出相应的决策和付诸实践的过程。事业规划是指个人对职业、组织和发展前途的选择。事业发展与规划是一个不断地寻求工作与生活质量满意的动态平衡过程。对项目团队领导来说，要想办法帮助团队成员规划和发展他们的事业，并帮助他们取得成功。

要帮助项目团队成员事业发展，项目经理应该帮助项目团队成员找到适合自己的位置，扮演好自己的角色；努力创造平等参与的机会，使项目团队成员能充分发挥个人才能；鼓励项目团队成员不断上进，不断充实和提高自己；同时及时反馈团队的工作绩效，让项目团队成员知道自己哪里表现良好,哪里表现不好,并协助他们从错误中学习和成长。

四、项目团队绩效管理

项目团队的绩效管理是依据项目团队成员和他们的项目负责人之间达成的协议,来实施一个双向式互动的沟通过程。该协议对成员的工作职责、工作绩效如何衡量,员工和负责人之间应如何共同努力以维持、完善和提高成员的工作绩效,成员的工作对项目目标实现的影响,找出影响绩效的障碍并排除等问题做出了明确的要求和规定。

(一)项目团队绩效管理的主要内容

(1)绩效计划。绩效计划是绩效管理过程的起点。绩效计划是团队成员与项目经理共同研究以确定成员在一段时期内该做什么工作、定义绩效评定方法、分析并计划克服工作障碍,并就工作达成共识的过程。

(2)绩效沟通。持续的绩效沟通是一个双方追踪进展情况、找到影响绩效的障碍以及得到使双方成功所需信息的过程。作为激励手段的绩效管理应该遵循人性化的原则,不管成员等级的高低,年龄资历的大小,组织团队成员都是平等的,是一种服务和支持的关系。持续的绩效沟通能保证项目经理和成员共同努力,及时处理出现的问题,修订工作职责,上下级在平等的交往中相互获取信息、增进了解、联络感情等。

(3)收集数据并分析问题。必须依靠数据进行必要的决策,才能达到绩效管理期望的效果。项目团队进行数据收集和分析的目的是为了解决问题,随时满足管理的需要。这些信息包括数据、项目经理的观察以及与单个员工就绩效问题的讨论记录等。通过收集的数据和记录的文档,可以为决策提供有关绩效的记录,及时发现潜在的问题,对出色的员工进行表扬,提高员工的积极性。

(4)绩效考核和评价。绩效考核是通过一套明确的目标评价体系,考核项目团队成员实际完成绩效情况的过程。一般包括工作结果考核和工作行为考核两个方面,有时候有涉及工作态度的考核。任务类型不同,对考核点的选择也不一样。绩效考评是项目人力资源管理的一项重工作,因此,关于绩效考评的详细内容下面有专门介绍。

(5)薪酬管理。薪酬管理制度应该具有激励性。项目团队的薪酬管理应该与项目团队成员的工作绩效密切联系。项目经理可以通过手中掌握的财权,通过报酬,对工作出色的成员进行奖励。公平的报酬将是项目团队成员取得更高绩效的潜在动力。

(6)人事决策与调整。通过前几个阶段的工作可以发现绩效管理工作有哪些成绩,哪些优势需要继续保持和发扬,哪些不足和失误需要改进,要进行认真总结和分析,然后对现有的政策进行修订,对成员的工作进行调整。项目经理可以通过调整项目团队成员的工作来达到激励成员的目的。

(二)绩效考评

1.项目绩效考评的定义

项目组织的绩效考评是按照一定的标准,采用科学方法,检查和评定项目员工对职务或岗位所规定职责的履行程度,以确定其工作成绩的一种管理方法。绩效考评是以项目员工的工作业绩为考评对象,通过对项目员工工作的评价,判断其是否称职,并以此作为采取激励措施的依据和项目人力资源管理活动的基本依据。这一工作的主要目的是切实保证项目员工的报酬、奖励、惩罚、辞退等项工作的科学性。由于绩效考评是对员工工作绩效的考评，考评的依据和标准应该是职务或岗位说明书所给定的工作业绩要求，考核应该全面地反映员工工作业绩、实际能力以及对某种职务或岗位的适应程度。

2. 项目绩效考评的作用

项目员工绩效考评对项目人力资源管理工作的作用具体表现在三个方面。

第一，绩效考评是项目组织编制和修订项目工作计划与员工培训计划的主要依据，只有通过绩效考评，项目组织才能对员工的情况和项目的情况有了比较全面和深入的了解，因而可以根据员工实际绩效去编制和修订项目工作计划和培训计划，解决薄弱环节和有针对地对员工进行培训。

第二，绩效考评是合理确定工作报酬与奖励的基础，通过绩效考评可以制定或修订工资报酬办法和奖励政策，进一步修订项目员工绩效标准以使它们更加符合实际。

第三，绩效考评是判断员工是否称职，以及惩罚、调配或辞退的重要依据，通过绩效考评对员工实际表现做出客观反映和评价，并以此为基础做出提职、惩罚、调配或辞退等方面的决定。

3. 项目绩效考评的原则

为了充分发挥绩效考评的作用，达到绩效评估的目的，在绩效考评中必须遵循以下三项原则。

第一，公开原则。项目组织要公开绩效考评的目标、标准、方法、程序和结果，并应该接受来自各方面人员的参与和监督，绩效考评结束之后，项目人力资源管理部门应把评价的结果通报给每一位被考评的项目员工，这有利于项目人员认清问题和差距，找到目标和方向，以便改进工作和提高素质。

第二，客观与公正原则。即在制定绩效考评标准时应该客观和公正，通过定量和定性相结合的方法，建立科学的绩效考评标准体系，以减少矛盾和维护项目团队的团结，否则会引发被评价者对于评价结果的怀疑和被评价者之间、被评价者与人力资源管理部门之间的矛盾。

第三，多渠道、多层次和全方位考评的原则。因为员工在不同时间和场合往往有不同的表现，因此在进行绩效考评时，应该多收集信息，建立多渠道、多层次、全方位考评体系。

4. 项目绩效考评的内容

一般绩效考评的基本内容包括三个方面。其一是工作业绩考评，这是员工绩效考评的核心，其结果反映了员工对项目的贡献大小。工作业绩考评主要的内容有工作量的大小、工作效果的好坏、对部下的领导作用(管理者)以及在通过改进与提高而获得的创造性成果。其二是工作能力评价，这一评价的结果反映了员工完成项目工作的能力。工作能力评价包括基本能力、业务能力和素质的评价，其中素质评价主要是对员工适应性的考察和评价。其三是工作态度评价，这一评价的结果反映了员工对项目工作的认真程度和积极性，其内容主要包括工作积极性、遵纪守法自觉性、对待本职工作态度和对项目组织与其他成员的热情、责任感等几个方面。

5. 项目绩效考评的工作程序与方法

(1)项目绩效考评的程序。一般来讲，项目组织的绩效考评工作大致需要按照以下程序进行：首先要制订考评工作计划(根据考评目的和要求计划安排好被考评的对象、考评的内容、考核的时间和考核方法等)，其次要制定评价标准和评价方法，再需要进行数据资料的收集，然后要开展分析与评价(根据评价的目的、标准和方法，对收集的数据资料进行分析、处理和综合以及相应的绩效考评客观评价并给出结果），最后是公告和运用绩效考评的结果。

（2）项目绩效考评的方法。项目组织绩效考评的方法有很多，不同方法的侧重点不同，所适用的考核目标和考核对象也不同。主要的绩效考评方法有四种。

第一种是评分表法，这种方法用一系列工作绩效的构成指标以及工作绩效的评价等级，在绩效考评时针对每一位员工的工作实际情况对每项考评指标进行打分，然后将得到的所有分数相加，最终得到工作绩效的考评结果。

第二种是工作标准法，这种方法把员工的工作与项目组织制定的工作标准相对照，从而评价并确定出员工的绩效。所以工作标准法需要先有标准，然后才能够对照标准进行绩效考评。

第三种是排序法，这种方法把一定范围内的同类员工，按照一定的标准进行评价，然后将评价结果采用由高到低或者由低到高进行排序的方法给出项目绩效考评结果。

第四种是描述法，这是一种使用一篇简短的书面鉴定给出绩效考评结果的方法，这一方法的考评结果描述从内容、格式、篇幅、重点上是多种多样的，绩效考评者需根据情况予以确定。

（三）影响团队绩效的主要因素

当一个项目团队缺乏团队精神时，就会直接影响到团队的绩效和项目的成功。除了团队精神以外，还有一些影响团队绩效的因素，主要包括以下几个方面。

（1）项目经理领导不力。如果项目经理不能够充分运用职权和个人权力去影响团队成员的行为，带领和指挥项目团队为实现项目目标而奋斗，那将会严重影响到项目团队的绩效，甚至导致整个项目的失败。因此，作为项目经理，要不时地检讨自己的领导工作和领导效果，征询项目管理人员和团队成员对自己工作的意见，努力改进和做好项目团队的领导工作。

（2）项目团队的目标不明。如果项目经理、项目团队成员不能充分了解项目的各项目标，以及项目的工作范围、质量标准、预算和进度计划等信息，也会影响到项目团队绩效。项目经理不但要清楚项目的目标，而且要向团队成员宣传项目的目标和计划，向他们描述项目的未来远景及带来的好处。项目经理不但需要在各种项目会议上讲述上述内容，而且要认真回答项目团队成员提出的各种疑问，如有可能还要把这些情况以书面形式提供给项目团队中的每个成员。

（3）项目团队成员的职责不清。如果项目团队成员对自己的角色和责任认识含糊不清，或者存在团队成员职责重复、角色冲突的问题，同样会影响项目团队绩效。项目经理在项目开始时就应该使项目团队的每位成员明确自己的角色和职责，明确每个成员与其他团队成员之间的角色联系和职责关系。项目团队成员也可以积极要求项目经理界定和解决团队成员职责不清的地方和问题。

（4）项目团队缺乏沟通。如果项目团队成员对项目工作中发生的事情缺乏足够的了解，项目团队内部和团队与外部之间的信息交流严重不足，不但会影响到项目团队的绩效，而且会造成项目决策失误和项目的失败。项目经理必须采用各种信息沟通手段，使项目团队成员及时地了解项目的各种情况，使项目团队与外界的沟通保持畅通和有效。

（5）项目团队激励不足。如果项目经理所采用的各种激励措施不当或力度不够，使得项目团队缺乏激励机制，会使项目团队成员出现消极思想和情绪，从而影响一个团队的绩效。激励不足会使项目团队成员对项目目标的追求力度不够，对项目工作不够投入。要解决这一问题，项目经理需要积极采取各种激励措施，包括目标激励、工作挑战性激励、薪酬激励、个人职业生涯激励等措施，并创造出一个具有激励机制的环境。

(6)规章不全和约束无力。没有合适的规章制度去规范和约束项目团队及其成员的行为,同样是造成项目绩效低下的因素之一。一个项目在开始时,项目经理要制定基本的管理规章制度,这些规章制度及其制定的理由都要向全体团队成员作出解释和说明,并把规章制度以书面形式传达给团队所有成员。同时,还要以规章制度约束团队成员的行为。

五、员工激励

激励是项目人力资源管理的一项重要工作,它是调动项目员工积极性和创造性最有效的手段之一。

(一)项目员工激励的概念

激励是运用有关行为科学的理论和方法,对项目员工的需要予以满足或限制,从而激发员工的行为动机,激发员工去充分发挥自己的潜能,为实现项目目标服务。从心理学角度看,激励就是激发人的行为动机。这是一个将外部一定的刺激(诱因)转化为内部心理动力,使人的动机系统激活,从而产生强大的推动力,去为实现目标而行动的心理过程。从管理学角度看,员工激励就是管理者通过采用各种满足员工需要的措施和手段,去激发员工工作的动机,调动员工潜在的能力和创造性,从而高效地实现项目组织目标的过程。

(二)项目员工激励的作用

激励在项目人力资源管理中的作用有三个方面。一方面,激励可以提高项目员工的工作效率,使项目员工的潜能得到最大程度的发挥,调动起员工的积极性,从而更好、更快地完成工作任务,提高项目工作的绩效。另一方面,激励有助于项目整体目标的实现,因为激励可以协调项目员工个人目标和项目组织的目标,这可以提高员工工作的目的性、主观能动性和创造性,更自觉地完成工作任务和实现项目目标。还有一个方面,激励有助于提高项目员工的素质,通过激励措施可以提高员工素质和改变员工的行为,这种改变是一种真正的学习和提高的过程,是一种项目员工提高自身素质的有效措施。

(三)项目员工激励的原则

在项目组织的激励工作中必须坚持一定的基本原则,具体的激励原则主要有如下几个方面:第一是目标原则。激励是为了鼓励项目员工为实现组织目标而做出更大努力的一种管理手段,如果激励措施不当反而会引起员工相反的行为,危及项目组织目标的实现。第二是公平原则。项目员工常把个人报酬与个人贡献的比率同他人的报酬与他人贡献的比率相比较,判断是否受到公平的待遇,激励中必须坚持公平原则,坚持按照贡献大小予以激励的原则。第三是按需激励原则。激励的关键在于满足项目员工的实际需要,通过满足员工的主导需求使项目实施绩效获得提高。第四是因人而异原则。项目员工的情况千差万别而且主导需求各不相同,每个员工对各种激励措施的反应程度也不一致,因此采取激励措施必须要充分考虑员工各自的情况,区别对待,力争通过激励提高每个项目员工的积极性。

(四)项目员工激励的方式与手段

在开展项目员工激励时,通常采用的激励手段有以下几种:

(1)物质激励与荣誉奖励。这是项目组织最基本的激励手段,也是项目组织采用最多的一种激励手段。物质激励手段包括工资和奖金等。荣誉奖励是众人或组织对个体或群体的高度评价,是满足人们自尊需要,激发人们奋力进取的重要手段。

(2)参与激励与制度激励。这是指尊重员工、信任员工,让他们了解项目组织的真实情况,使其在不同层次和深度上参与决策,从而激发主人翁的精神。同时,项目组织的各项规章制度,一般都是与物质利益相联系,因此对员工消极行为也是个约束。但另一方面,规章制度又为员工提供了行为规范和评价的标准。员工遵守规章制度的情况,还与自我肯定、组织舆论等相联系,所以其激励作用是综合的。

(3)目标激励与环境激励。目标激励是项目组织凝聚力的核心,它体现了员工工作的意义,能够在理想和信念的层次上激励全体团队员工。另外,创造一个良好的工作和生活环境,一方面直接满足了员工的某些需要,另一方面良好的环境可以形成一定的压力,这对推动员工努力工作,也具有很强的压力和激励作用。

(4)榜样激励与感情激励。榜样激励是通过满足项目员工的模仿和学习的需要,引导其行为达到项目组织目标所期望的方向。而感情激励是利用感情因素对人的工作积极性造成重大影响。感情激励就是加强与员工的沟通、尊重员工、关心员工、与员工建立平等和亲切的感情。

六、冲突管理

(一)项目冲突的概念和内容

所谓冲突,就是组织团队或成员为了限制或阻止另一部分组织团队或成员达到其预期目的而采取的行为和措施。所有项目中都存在冲突,这是一种相当普遍的现象。冲突可能会阻碍组织或个人目标的实现,但也可能给决策带来新信息、产生新方法,促进项目工作的开展。

冲突主要发生在各个干系人之间,既可能在项目团队内部,也可能在项目合作方之间。项目约束冲突、优先级冲突、技术冲突、管理程序冲突以及人际冲突等都是主要的冲突源。

- 项目约束冲突:项目的四个目标同时也是相互制约的约束条件,满足某一方面的目标意味着牺牲另一目标。例如,压缩进度和成本,常常需要小心地平衡质量的取舍。
- 优先级冲突:项目的参加者因对实现项目目标应该执行的工作活动和任务次序意见不同而产生的冲突。优先级冲突的直接影响因素就是对资源分配的不同观点。
- 技术冲突:在技术质量、技术性能要求、技术权衡以及实现性问题上产生的冲突。
- 管理程序冲突:指围绕项目管理问题而产生的冲突,包括项目经理的报告关系定义、责任定义、项目工作范围、运行要求、实施计划、与其他组织协商的支持程序等方面的冲突。
- 人际冲突:指项目成员的价值观、事物判断标准以及个性之间的冲突。

传统上认为冲突是项目团队协作上的阻碍,降低了团队运行效率,一般来说都是想办法压制和避免。但仔细分析来看,冲突本身意味着项目各干系人对某一个项目出现了观点上的不一致。这种不一致既然存在,就必须解决。单纯压制并不会消除这种不一致,大多数只会拖延解决的时机。当这种矛盾最终被积累而爆发出来的时候,反而会产生更大的破坏力。

(二)项目冲突管理的方法和模式

1.项目冲突管理的方法

项目冲突管理要求去创造性地处理冲突,其作用是引导这些冲突的结果向积极的、协作的而非破坏性的方向发展。预见到冲突的出现、减少冲突的负面影响,需要把项目冲突和项目的生命期结合起来,了解冲突的性质,寻找解决冲突的途径。

尽管引发冲突的因素多种多样，但解决冲突的途径却有基本模式可循。虽然引发冲突的原因大多是一件具体的“事”，但由于各方利益的代表者都是“人”，因此处理的过程中，同样需要关注“事”和“人”两个方面。我们采取处理冲突的方法时有两个诉求方向：

- 客观地解决问题本身。既然存在冲突，那就意味着需要解决两个不可调和的矛盾。
- 由于一方的“吃亏”，可能会损坏人际关系，所以解决冲突的同时需要避免人际关系的恶化。

2. 项目冲突管理的模式

按照处理冲突时关注的是解决问题还是人际关系这两个不同的维度，可以归纳出五种解决冲突的模式，如图 9-3 所示。回避，即一方主动放弃，避免争端；强制，即一方采取强制措施来达到目的，这主要是利用权力来解决问题。“回避”和“强制”这两种模式都仅仅关注解决问题本身。在这种情况下，冲突双方都面临着非赢即输的局面，这也被称为“零和博弈”：无论哪一方赢，都意味着另一方输，总和仍然为“零”。这两种情况都会导致某一方处于“让步”的情形，特别是采用“强制”手段获得的短期利益，其结果并没有得到双方真实而一致的认可，在执行上就可能出现偏差，或者有意识的“反弹”，其根基并不牢固。

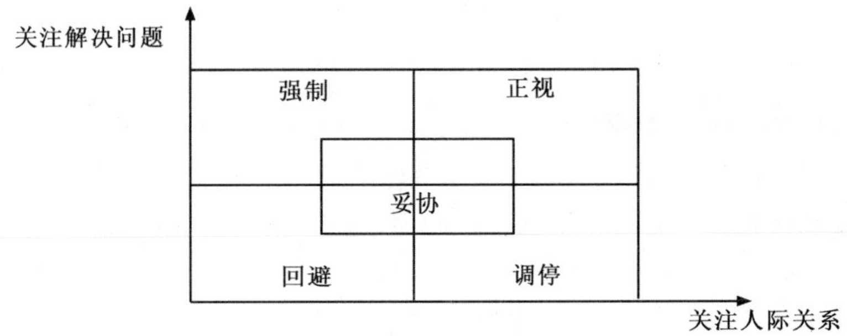

图 9-3　冲突解决的模式

“调停”和“正视”这两种模式主要关注如何避免人际关系的冲突，同时寻求一种双方都可接受的解决方案。“调停”的实质是“求同存异”，尽可能在冲突中强调意见一致，弱化差异。这一模式的实施关键就是冲突双方始终维持良好关系，避免直接的冲突和对立。但如果双方能够主动去寻找一个更好的解决办法，实现“共赢局面”(win-win situation)，这就是“正视”。所以“正视”是“调停”的高级阶段。

除了以上四种模式外，还有第五种模式——“妥协”。它似乎处于一种中间状态，冲突各方都作出一定的让步，最终结果是在各方得失之中达到一种平衡，推动项目不受阻碍继续发展。当冲突发生在对等实体之间时经常采用“妥协”这种模式。

冲突是项目管理人员经常要面对并解决的情况之一。很多冲突背后都伴随着各自的利益得失，所以冲突虽然来源于一个具体的事情，但其解决过程往往不自觉地卷入“人情”要素。我们虽然强调“对事不对人”的职业精神，但对于冲突解决中“吃亏”的一方来说，这一点很难完全做到，所以冲突解决的关键钥匙掌握在冲突中客观上“占理”的一方。如果这一方强化优势地位，高举高打，虽然可能取得对本方有利的冲突解决方法，但必然引起另一方的不满，可能会导致日后的反弹心态。反之，如果“有理”的一方在强调对本方有利的解决方法的同时照顾对方情面，则会产生相当积极的反馈。所以，冲突解决的过程不完全依赖理性和客观，在很多情况下“注重人际关系维护”会带来相当好的促进作用。

七、项目团队建设需要解决的问题

下面从项目经理的角度探讨项目团队建设中需要解决的几个要点。

(一)规划团队建设

(1)项目的目标必须明确。由于团队目标是建立在明确的项目目标基础之上的,因此,项目经理必须在项目计划中,清晰地列出项目总体目标以及项目工作范围、工作分解结构、预算要求以及进度计划等。同时,由于团队成员在加入项目时往往会有自己的个人目标,因此,项目经理在制定项目分目标时应充分考虑个人目标的因素,与项目成员个人目标有机结合起来,可以在今后项目开展过程中得到团队成员的极大支持。

(2)工作的流程必须清晰。项目经理应该规划好一个流程组,不仅包括项目的实施流程,如网络图等,而且应包括成员间的沟通、汇报流程,问题发现与解决的流程,召开会议的流程等。在各个流程中,项目经理应设法穿插团队建设方面的环节,使团队建设融入项目的工作流程中去。

(3)成员的职责必须分明。项目经理应充分利用如工作分解结构、职责矩阵等工具明确划分每个成员的工作任务,并对每个成员的工作范围、内容进行详细的描述。如果项目团队成员的角色和职责含糊不清或者出现了重复,很容易在项目的实施过程中出现互相推诿或发生冲突的局面,从而严重影响团队工作的协作性和效率。

(二)选择项目团队成员

如果团队成员经常变化,新人员不断被分配到项目中,原有人员因其他项目的缘故经常缺勤,这种过于频繁的人员流动不利于团队凝聚力的培养。一个有长期任务并且成员比较稳定的团队,肯定比任务期短而且成员流动性较大的团队更有效率。因此,项目经理应尽量选择较为稳定的项目组成员。

然而,项目经理往往不能如愿以偿。即使在一个纯项目式的组织中,项目经理也可能没有充分的权力来挑选成员,一些新聘的成员也可能不能达到预期的要求。而在一个矩阵式组织结构中,这个问题就会变得更加复杂。项目经理到职能部门去甄选成员时,往往不能得到职能部门经理的支持。因此,为了挑选到所需成员并建设一个出色的团队,项目经理必须充分运用个人的影响力,去争取那些最合适的人选加入到项目组中来。

(三)召开启动会议

项目启动会议标志着项目正式开始运作。在项目启动会议上,项目组的全体成员第一次聚集在一起。对于每个成员来说,面对一个新的团队,多数会有种种顾虑。对于项目经理来说,要尽可能在启动会议上消除成员的这些顾虑。

项目启动会议既是成员间的第一次碰面,也是一次非常好的交流沟通的机会。项目经理应该充分利用启动会议的机会,为成员间的第一次聚会创造良好的沟通氛围。项目经理应让各成员进行充分的自我介绍,并引导成员相互交流、讨论,增进了解。

启动会议结束后,项目经理要把会议上已经明确的内容以书面形式提供给项目团队中每个成员,使他们可以各司其职,各尽其责。并且,项目经理还要把启动会议上项目成员提出探讨的问题进行汇总,并与有关成员一起讨论或单独交流,使项目成员感受到自己的意见会受到重视,从而愿意在项目中提供更多的付出。在项目一开始就营造出自由的项目氛围,让成员能自由交流,发表见解,对项目今后的团队建设会起到至关重要的作用。

(四)赢得团队承诺

每个成员在加入项目时,都会有自己的个人目标,并且对项目总目标会有各自不同的理解和看法。特别是在项目开展的初期,由于项目进展成果的不确定性,他们并不愿意较早地作出承诺,他们倾向于等待,等到他们确信自己会继续为此项目付出努力时,才会对承诺真正有所考虑。并且,即使他们认同项目的目标,在项目的重要性、优先执行方面也会有不同的理解。因此,项目经理获取团队的共同承诺需要一个过程,这个过程往往是缓慢推进的。项目经理必须理解这样一个过程,并尽可能加快这个过程的进程。只有在项目成员取得了共识,有了共同的承诺和共同的目标后,项目组成员的凝聚力才会不断加强,项目的工作效率才会大大提高。获取团队承诺一个行之有效的措施是,项目经理在项目实施初期就创造条件让尽可能多的项目成员参与到项目中来。

(五)丰富沟通渠道

如果没有建立一个良好的沟通渠道,就会阻碍项目成员间的交流,不能促使成员彼此尽快熟知,也不能创建一个良好协作的团队。项目经理必须确保尽早建立一个完善的沟通网络。

在一个有效的沟通网络里,沟通并不仅仅意味着信息的单向传递,而是接收者能够理解信息的真正含义,也就是说,项目经理要在建立起的沟通渠道中尽量创造机会促使双向沟通,通过有效的双向沟通,增进成员间的了解和友谊,培养起团队协作的精神。

为加强双向沟通和团队磨合的方式有很多,其中最常用、也最有效的一种沟通方式就是召开会议。一个协作的项目团队往往是建立在一个有效的会议制度上的。然而,一次组织不力的会议,不仅不能取得团队成员的共识,还会打击成员参与的积极性和工作热情。因此,项目经理必须对召开的会议进行周密的策划,制定一个良好的会议议程,以达到促进团队共同努力的目的。

(六)规范冲突管理

项目工作中冲突是不可避免的。在项目实施期间,冲突可能来自于各个方面。它可能涉及项目经理、项目成员甚至是客户等项目干系人,工作内容、工作流程、进度安排、资源分配、人员调度、费用计划等都有可能成为冲突的来源。冲突如果处理恰当,可以激发讨论,澄清观念,发掘思路,促进团队建设。然而,如果处理不当,它将会影响成员沟通,阻碍成员协作,降低彼此信任,对项目团队产生很不利的影响。因此,项目经理必须对冲突的发生有充分的思想准备。事先制定一个冲突管理流程,明确冲突发生后的解决途径,有助于引导冲突向有利于团队建设的方向发展。

(七)建立激励系统

在项目开展过程中,团队建设离不开激励系统的建立。只有项目组成员愿意在该项目中投入足够的时间和精力,才会有较好的团队协作。因此,建立一个完善的激励系统,对项目成员工作积极性的提高、团队协作的加强都会有很大的推动作用。

向团队成员强调项目的重要性是非常有效的激励手段。每位项目成员都希望自己能参与到一个非常重要的项目开发工作中,通过实践,丰富资历,实现自我价值。经验表明,当一个项目团队面临一项非常重要的工作时,该项目的团队建设往往会变得非常成功。然而不是每个项目都有举足轻重的地位。在这种情况下,项目经理就要善于挖掘项目的独特之处,引导项目组成员对项目关注。

【扩展阅读】

项目团队建设和激励理论

项目团队建设过程是项目管理里唯一体现“管人”概念的过程。对“人力”这一特殊资源有两种看法：一种看法认为人力只是所需资源的某一类，只关注数量而忽视人本身的独特性；另一种看法是伴随着人力资源管理理论的发展而发展的，它强调人的本性和人与人之间社会联系的独特性，提倡充分挖掘人的才能。这两种看法并不对立，一般来说，前者广泛应用在宏观层面。在高层管理中，领导者无法仔细甄别每一个具体个体的特征，只能依赖群体特征制定政策和制度。而在微观层面，更多关注个体及个体差异，采取不同策略来影响和利用员工的工作动机，效果会更显著。

影响和利用员工的工作动机，目的是激发员工努力工作。驱动人工作的要素，最直接的输入条件就是工资。某些管理学的研究方向也曾把组织系统想象成一条生产线，把人看成生产线上的一个环节，只要提供工作动力（工资），就可以使人重复而稳定地工作。这种假设在某些领域例如制造业是个不错的简化模型，但在一些较多依赖智力活动的行业，则必须考虑“感情”因素对工作绩效的影响。实际上，驱动人努力工作的动力要比我们的简单假设复杂得多。人力资源管理理论中有很大一部分是探讨影响人们工作动机的因素，主要有以下几个方面：

- 讨论“基本人性”的麦格雷戈 X 理论-Y 理论；
- 需求层次理论，包括马斯洛的需求层次理论；
- 激励-保健因素理论，包括赫茨伯格的双因素理论；
- 行为理论，包括斯金纳强化理论。

一、麦格雷戈 X 理论-Y 理论

麦格雷戈认为，基于人性的理论存在两种截然相反的假设基础，分别被定义为 X 理论和 Y 理论。

X 理论主要体现了集权型领导者对人性的基本判断，这种假设认为：

- 一般人天性好逸恶劳，只要有可能就会逃避工作。
- 人生来就以自我为中心，漠视组织的要求。
- 人缺乏进取心，逃避责任，甘愿听从指挥，安于现状，没有创造性。
- 人通常容易受骗，易受人煽动。
- 人天生反对改革。

基于 X 理论对人的认识，持这种观点的领导者认为：在领导工作中必须对员工采用强制、惩罚、解雇等手段来迫使他们工作，对员工应当严格监督和控制，在领导行为上应当实行高度控制和集中管理，在领导模式上应采取集权的领导方式。

Y 理论对人性的假设与 X 理论的假设完全相反，主要观点是：

- 一般人天生并不是好逸恶劳的，他们热爱工作，从工作中获得满足感和成就感。
- 外来的控制和处罚不是促使人们为组织实现目标的有效方法，下属能够自我确定目标、自我指挥和自我控制。
- 在适当的条件下，人们愿意主动承担责任。
- 大多数人具有一定的想象力和创造力。
- 在现代社会中，人的智慧和潜能只是部分得到发挥。

基于Y理论对人的认识，领导者应该对职工采取民主和放任自由的领导方式，在领导行为上必须遵循以人为中心的、宽容的、放权的领导原则，将下属目标和组织目标很好地结合起来，为人的智慧和能力的发挥创造有利的条件。

二、需求层次理论

需求层次理论是研究人的需求结构的一种理论，由美国心理学家马斯洛首创。他在1943年发表的《人类动机理论》一书中提出了该理论。马斯洛的需求层次理论可以说是研究组织激励时应用得最广泛的理论。这个理论的构成根据三个基本假设：

- 人要生存，他的需求能够影响他的行为。只有未满足的需求能够影响行为，满足了的需求不能充当激励工具。
- 人的需求按重要性和层次性排成一定的次序，从基本的需求（如食物和住房）到复杂的需求（如自我实现）。
- 当人的某一级需求得到最低限度满足后，才会追求高一级的需求，如此逐级上升，成为推动继续努力的内在动力。

基于此，马斯洛把人的需求由较低层次到较高层次依次分成生存需求、安全需求、社会需求、自尊需求和自我实现需求五类。

(1)生存需求。即寻求生存的基本要求。这类需求的级别最低，人们在转向较高层次的需求之前，总是尽力满足这类需求。一个人在饥饿时不会对其他任何事物感兴趣，他的主要动力是“活着”。管理者应该明白，如果员工还在为生存而忙碌时，他们所关心的问题就与他们所做的工作无关。员工是为报酬而工作，只关心收入、工作的环境条件等，所以可以采用的激励手段包括：增加工资，改善劳动条件，给予更多的业余时间和工间休息，提高福利待遇等。

(2)安全需求。这里的“安全”一词更多的是指生存的稳定性和对意外伤害的规避。例如：当一个人找到一份可以满足基本生存需求的工作后，他会进一步想到工作是否稳定，是否有足够的福利来保障稳定的生活、抗御外来意外的伤害。安全需求没有被满足的员工，一般较少冒险，更愿意承担把握性大的工作，对工作本身并不挑剔。

(3)社会需求。这是与前两者截然不同的一个需求层次，人们寻求被接纳的社会环境，工作被视为寻找和建立和谐人际关系的机会。在这种需求下，员工十分希望在工作场所和同事之间有“家”一样的感觉。管理者此时可以采取一些强调集体氛围之类的团队建设活动，以增强员工的集体感和主人意识。

(4)自尊需求。员工关注他人对自己的认可与尊重，这是他们在被接纳成为团队一员（社会需求）之后的进一步要求。有尊重需求的人希望别人认可他们的实际能力，按照自我评估的要求接纳他们。他们关心的是成就、声誉、地位和晋升机会，需要得到别人的认可，当需求得不到满足时，他们会变得沮丧。因此，在激励有自尊需求的员工时，宜采取公开奖励和表扬等方式。布置工作时要特别强调工作的艰巨性和完成任务所需要的高超技巧等，以提高员工对自己工作的自豪感。

(5)自我实现需求。自我实现需求的目标是自我实现，也称发挥潜能。达到自我实现境界的人，接受自己也接受他人。这类人有较强的解决问题的能力，自觉性高，善于独立处事。他们可能已在某个时刻部分地满足了其他的需求，希望能够更充分地显示自己的才华。当然，他们可能会由于过分关注这种最高层次的需求的满足，而自觉不自觉地放弃较低层次的需求。自我实现需求占支配地位的人，在受到激励后，会在工作中运用最富于创造性和建设性的技巧。他们认为，无论哪种工作都可以进行创新，创造性并非管理人员独有，而是每个人都期望拥有的。

三、激励-保健因素理论

激励-保健因素理论是美国行为科学家弗雷德里克·赫茨伯格(Fredrick Herzberg)提出的，又称为双因素理论。

20世纪50年代末期，赫茨伯格和他的助手们在美国匹兹堡地区对200名工程师、会计师进行了调查访问。访问主要围绕两个问题：在工作中，哪些事项是让他们感到满意的，并估计这种积极情绪持续多长时间；哪些事项是让他们感到不满意的，并估计这种消极情绪持续多长时间。赫茨伯格以受访者对这些问题的回答为材料，着手去研究哪些事情使人们在工作中快乐和满足，哪些事情造成不愉快和不满足。结果他发现，使职工感到满意的都是属于工作本身或工作内容方面的因素；使职工感到不满的，都是属于工作环境或工作关系方面的因素。他把前者称作激励因素，后者称作保健因素。

激励因素是指那些能满足个人自我实现需要的因素，包括成就、被赏识、挑战性的工作、更多的工作责任以及成长和发展的机会。这些因素能对人们产生更大的激励。

从这个意义出发，赫茨伯格认为传统的激励假设，如工资刺激、人际关系的改善、良好的工作条件等，它们能消除不满意，防止产生问题，但不会产生更大的激励。按照赫茨伯格的意见，管理者应该认识到保健因素是必需的，不过它一旦消除不满意因素以后，就不能产生更积极的效果，只有“激励因素”才能使人们有更好的工作成绩。

赫茨伯格及其同事之后又对各种专业性和非专业性的工业组织进行了多次调查，他们发现，由于调查对象和条件的不同，各种因素的归属有些差别。但总体来看，激励因素基本上归属于工作本身或工作内容，保健因素基本上归属于工作环境和工作关系。赫茨伯格也注意到，激励因素和保健因素会发生若干重叠，如赏识属于激励因素，起积极作用；但当没有受到赏识时，又可能产生消极作用，这时又表现为保健因素。工资是保健因素，但有时也能产生使职工满意的结果。

赫茨伯格的双因素理论同马斯洛的需求层次理论有相似之处。他提出的保健因素相当于马斯洛提出的生存需求、安全需求、社会需求等较低层次的需求；激励因素则相当于自尊需求、自我实现需求等较高层次的需求。当然，他们的具体分析和解释是不同的。但是，这两种理论都没有把“个人需求的满足”同“组织目标的实现”这两点联系起来。

双因素理论使企业管理人员注意到了工作内容因素的重要性，因此是有积极意义的。赫茨伯格告诉我们，满足各种需要所应用的激励手段和产生的效果是不一样的。物质需求的满足是必要的，没有它会导致不满，但它的作用往往又是有限的、不能持久的。要调动人的积极性，不仅要注重物质利益和工作条件等外部因素，而且要注重人在精神层面的需要，如合理的工作安排、合适的发展机会等。随着物质需求的逐步满足，这种内在激励的重要性越来越明显。

四、斯金纳的强化理论

强化理论由美国心理学家和行为科学家斯金纳提出。斯金纳在心理学的学术观点上属于极端的行为主义者，其目标在于预测和控制人的行为而不去推测人的内部心理过程和状态。他提出了“操作条件反射”理论，认为人或动物为了达到某种目的会采取一定的行为作用于环境，当行为后果对其有利时，这种行为就会在以后重复出现；不利时，这种行为就会减弱或消失。人们可以用正强化或负强化的办法影响行为的后果，从而修正其行为。这就是强化理论，也叫做行为修正理论。

在管理上，正强化就是奖励那些组织上需要的行为，从而加强这种行为；负强化就是惩罚那些与组织不相容的行为，从而削弱这种行为。正强化的方法包括发奖金、对成绩的认可、表扬、改善工作环境和人际关系、提升、安排担任挑战性的工作、给予学习和成长的机会等。负强化的方法包括批评、处分、降级等，有时不给予奖励或少给奖励也是一种负强化。

斯金纳的强化理论和佛罗姆的期望理论都强调行为同其后果之间的重要关系，但佛罗姆的期望理论较多地涉及主观判断等内部心理过程，而强化理论只讨论刺激和行为的关系。

强化理论具体应用的一些行为原则如下所述：

● 经过强化的行为趋向于重复发生。例如当某种行为的后果是受人称赞时就增加了这种行为重复发生的可能性。

● 要依照强化对象的不同采取不同的强化措施。人们的年龄、性别、职业、学历、经历不同，需求也会不同，强化方式也应不一样。如有的人重视物质奖励，而有的人更看重精神鼓励，就应区分情况采用不同的强化措施。

● 小步子前进，分阶段设立目标，并对目标予以明确规定和表述。对于人的激励首先要设立一个明确而又切实可行的目标，这样才能进行评估和采取适当的强化措施。其次要将目标进行分解，细分为许多小目标，这样不仅有利于目标的实现，而且能提高目标的新颖性并增加目标的持续性，达到充分调动人的积极性的目的。

● 及时反馈。要通过某种形式和途径，及时将工作结果告诉行动者。要取得最好的激励效果应在行为发生后尽快采取适当的强化方法。员工在实施了某种行为以后，即使是领导者表示“已注意到这种行为”这样简单的反馈也能起到正强化的作用。如果领导者对这种行为不予注意，行为重复发生的可能性就会减少以至消失。可见，及时反馈对有效实施强化手段有着积极的作用。

● 正强化比负强化更有效，所以在强化手段的运用上，应以正强化为主。

强化理论只讨论外部因素或环境刺激对行为的影响，忽略人的内在因素和主观能动性对环境的反作用，具有机械论的色彩。但是许多行为科学家认为，强化理论有助于对人们行为的理解和引导。因为一种行为必然会有后果，而这些后果在一定程度上会决定这种行为在将来是否重复发生。如果能在事前通过理论分析使后果按预期发生，不仅有利于管理，而且也为职工能在有利于发挥才干的备选方案中进行选择提供良好的条件。因而，强化理论已被广泛地应用在激励和行为的改造上。

【实践训练】

项目团队建设情况调研

1. **实训要求：**找一个你熟悉的农业组织，进行深入调研、分析，了解该组织在项目团队建设方面的情况。

2. **实训目的：**通过此次实训，加深对项目团队建设相关知识的理解，能够运用所学知识思考、分析、解决现实中的团队建设方面存在的问题。

3. **实训组织：**全班同学按每组 3～5 人进行分组，要求每组查找详细的团队建设相关的资料，制订切实可行的调研计划。

4. **实训实施：**学生自己联系农业组织或任课教师统一联系，以每组学生为主体，在任课教师的指导下，进行实地调研。

5. **实训考核：**每组提交一份 2 000 字左右的项目团队建设调研报告，内容主要包括项目团队的基本情况、员工培训、绩效考核、员工激励、冲突解决等方面的具体办法和措施，是否存在问题，提出可行建议。教师对调研报告、调研计划和掌握资料、学习程度进行考核评定并给出成绩。

模块十　农业项目沟通管理

知识目标

了解项目沟通的概念、内容及形式；

掌握农业项目沟通管理的概念、特点及主要内容；

了解项目沟通计划的概念及内容；

了解信息沟通的方式；

了解绩效报告的概念、过程及绩效报告的编写原则；

了解管理干系人的概念及主要渠道。

能力目标

能够根据具体情况选择正确的沟通方式；

能够根据需求编制简单的项目沟通计划；

能够配合项目经理，选择合适的渠道进行干系人管理活动，具备一定的管理干系人的能力。

项目沟通管理是指对于项目过程中各种不同方式和不同内容的沟通活动的管理，目标是保证有关项目的信息能够适时并以合理的方式产生、收集、处理、贮藏和交流。在项目管理中，沟通不可忽视，项目沟通管理在项目成功所必需的因素——人、想法和信息之间建立了一个关键连接。要科学地组织、指挥、协调和控制项目的实施过程，就必须进行项目的信息沟通。良好的信息沟通对项目的发展和人际关系的改善都有促进作用。

【案例导入】

一个到日本去谈判的美国商务代表团，碰到这样一件尴尬的事：直到他们要打道回府前，才知道贸易业务遇到了障碍，没有达成协议的希望。

这是什么原因造成的呢？原来是他们在沟通的过程中出现了语言障碍。过程是这样的：美国代表与日本代表在谈判过程中，一开始就价格的确定上没有得到统一，谈判快要告一段落时，美方在价格上稍微做了点让步，这时，日本方面的回答是："Hi(是)!"结束后，美方就如释重负地准备"打道回府"。但结果其实并非如此，因为日本人说"Hi(是)"，意味着"是，我理解你的意思"，而美国人将这个词当作同意的表示了。

从这个案例可以看出：什么样的沟通是恰当的，在很大程度上取决于如何消除沟通中存在的障碍。如果不认识沟通中存在的障碍，如果说话者无法让听众理解，就会导致沟通过程中出现误解和不愉快，甚至造成巨大的损失。

来源：伍春来、王振雨编著《项目管理》，经济管理出版社 2004 年 7 月版

任务1　了解农业项目沟通管理

一、什么是农业项目沟通管理?

(一)什么是沟通?

1. 沟通的概念

沟通就是在两个或多个人之间进行的思想、意见和情感等方面的交流。沟通在管理尤其是人力资源管理中发挥着重要作用。在任何一个组织中,管理人员所处理的每件事都涉及沟通,并以沟通的信息作为决策依据,而且在决策之后仍然需要沟通。没有沟通,即使是再好的决策、再完善的计划也发挥不了作用。

2. 沟通模型

沟通可以被简化成一个信息传递的过程。沟通模型如图10-1所示。

图10-1　沟通模型

由沟通模型可以看出,沟通包括以下四个方面的含义。

(1)沟通要有信息发送者和接收者。沟通是双方的行为,是一方将信息传递到另一方。沟通的双方可以是个人,也可以是群体或组织。

(2)沟通需要经历编码和解码两个程序。信息发送者需要先把信息进行编码,转换成可以在通道中传递的形式,然后接收者经过解码后获得信息。

(3)沟通要有通道。即沟通渠道,例如最常用的口头沟通和书面沟通等。

(4)沟通要有效。信息经过传递之后,接收者感知到的信息与发送者发出的信息完全一致时,沟通过程才是有效的。

我们举一个例子来说明信息传递的过程。当你外出游玩归来的时候,家人会问游玩的情形。这个时候所有有关游玩的信息都像一幅幅图像映在脑子里,但是你无法直接把这些图像转递给家人。你不得不将它们用语言描述出来,这个时候实际上你是在进行编码过程。因为原始的信息是图像,经过编码后的信息变成了文字。文字可以通过语言、书面等各种形式传递给接收者。你的家人在接收这些文字后,就开始根据文字所传递的信息来想象你游玩时的情景。

3. 沟通的过程

根据沟通的概念以及沟通模型,可以看出沟通包括以下过程。

(1)确定想法。沟通过程中的信息发送者首先要确定要沟通的信息内容和思想想法,这些是沟通过程中要努力使对方接受和理解的东西,是实际要发出的信息或思想的核心内容。但是这些真实的想法和信息并不是直接发送出去的,它们是原材料,还需要经过编码进行加工处理。

(2)编码。编码(encoding)是指由信息发送者要根据信息接收者的个性、知识水平和理解能力等因素,努力设法找到一种信息接收方能够理解的语言和表达方式,将自己要发送的信息或想法进行加工处理的工作。只有完成了编码工作以后,信息发送者才能够把自己的信息或思想发送或传递出去。

(3)选择渠道。信息发送者在完成信息编码以后还需要选择合适的沟通渠道(或叫信息传递渠道),以便将信息通过该渠道传递给信息接收者手中。沟通渠道要根据所传递信息的特性、信息接收者的具体情况和沟通渠道的噪声干扰等情况来确定。特别是要考虑信息渠道是否畅通、是否噪声干扰过大、是否有利于信息反馈等方面的因素。

(4)传送信息。在选定沟通渠道以后就可以使用选定的渠道将信息传送给信息接收者了。信息的传送过程有时是由机器设备来完成的,有时是人们面对面谈话实现的。一般情况下,电子型信息的传送靠各种信息网络,书面型信息的传送可以通过邮局或快递公司,而思想型信息的传送多数是以面谈的形式完成的。

(5)接收信息。此时,信息从发送者手中转到了信息接收者一方,并被信息接收者所接受。在这一步骤中,信息的接收者必须全面关注并认真接收对方送来的信息,特别是在面对面的沟通过程中,仔细倾听对方的讲述,全面接收对方用口头语言和肢体语言传递的信息是非常重要的。

(6)解码。解码是指信息的接收者对已经接收到的信息进行从初始形式转化为可以理解形式的一项信息加工工作。比如,将各种机器码转换成自然语言的过程,将外语翻译成中文的过程,将方言或者暗语、手势转化成能够理解的语言的过程都属于解码的过程。

(7)理解。理解是指通过汇总、整理和推理的过程,全面理解那些已经完成解码的信息或数据所表示的思想和要求。例如,全面认识一件事物的特性(信息传递),真正知道对方的意图和想法(交换思想),完全明白对方的想法和感情(感情交流)等。

(8)反馈。反馈是指信息接收者在对信息发送者提供的信息有疑问、有不清楚的地方有回应或者是为了回应对方而做出的回馈,这是一种反向的信息沟通过程。反馈是沟通过程中必不可少的一个环节,因为它有助于人们的相互理解,而只有相互理解才能够使沟通继续下去。

(二)什么是项目沟通?

1.项目沟通的概念和分类

项目沟通是项目团队之间、各部门之间利用各种方式和技巧所进行的信息的双向、互动的反馈和理解过程。

项目中的沟通活动根据目的和作用不同,可分为以下两种类型:

(1)人际沟通。人际沟通的主要作用是维持人际关系,促进人与人之间的协作,以及人员的激励、矛盾的调和等。该类型活动的最终目的是为了提高人力资源的使用效率。项目人力资源管理过程很多是以人际沟通活动的形式来进行的,且一般采用非正式沟通形式。

(2)组织沟通。组织沟通是指项目内部或者项目组织之间的正式信息传递。其主要目的是促进项目各方的协作,获得真实而准确的项目实施状态的信息,以便及早采取正确的对策。项目沟通过程主要是指组织沟通活动。

2.项目沟通的主要内容

项目沟通的内容主要包括以下几个方面。

(1)提供项目信息。项目的完成需要所有人的共同努力和协调一致。信息是把所有成员凝聚在一起的纽带。项目信息主要包括帮助项目团队作出决定的信息、帮助项目团队解决问题的信息、项目团队中分工授权的信息、启发和激励项目团队成员的信息、向项目经理报告工作进展情况的信息、对项目经理或成员的建议作出反馈的信息等。

(2)作出项目指示。项目经理给项目团队成员就某个子项目或任务作出指示,以便让项目团队成员清楚自己的职责和工作。

(3)获取项目执行的真实状态、对项目状态进行汇总报告、向干系人汇报项目状态。

(4)说服。为了使项目团队成员理解自己所需进行的任务或工作,项目经理就要为了说服的目的进行沟通。

(5)反馈。沟通的目的之一就是为了从项目团队成员那里得到反馈信息。只有能够得到清晰的反馈,沟通才是有效的。

所有这些活动都依赖于信息传递的准确性和有效程度。项目沟通管理就是帮助实现这一目标。

3. 项目沟通的形式

项目沟通的形式多种多样,而且往往交织在一起,共同发挥作用。根据不同的情况,需要采用不同的沟通形式。表 10-1 为常用的沟通形式。

4. 项目沟通中的障碍

信息发送者希望接收者能够准确无误地接收到全部信息,进而实现有效的沟通。但在实际沟通过程中,有许多沟通障碍会影响沟通的有效性,甚至对项目成败产生严重后果。

(1)项目沟通的主要障碍。

①沟通时机选择不当。选择有利的沟通时机对有效的沟通来说很重要。在进行沟通之前要计划好沟通的时间和机会,这包括发送信息、预计对方接收的时间和机会。因为时机选择不当可能使沟通没有效果或产生不利后果。例如,项目经理在团队成员为某个急需解决的问题而大伤脑筋时沟通会碰壁。

②信息不完备。除了沟通时机以外,在很多情况下信息不完备是直接威胁到沟通的效果主要障碍之一。虽然过多的信息冗余并不会产生好的沟通效果,但是信息不完备是最大障碍,所以在沟通之前必须明确沟通内容和目的,努力提供全面、准确、完整的信息。

③噪声干扰。噪声指的是信息传递过程中的各种干扰因素。典型的噪声包括难以辨认的字迹、电话中的静电干扰、接收者的注意转移,沟通过程中的背景噪声等。所有对理解造成干扰的因素,无论是内部的还是外部的噪声都是项目沟通的障碍,因为它们会造成信息失真。

④虚饰。虚饰是指故意操纵信息,使信息显得对接收者更为有利。例如,如果下级只告诉项目经理他想听的东西就是在虚饰。虚饰的程度与组织层级和组织文化等因素有关。在组织中纵向层次越多,虚饰的机会也越多,在组织文化中鼓励或抑制虚饰行为会使虚饰行为增多或减少。

⑤语言与词汇问题。同样的语言和词汇对于不同的人来说含义是不一样的,不同的年龄、教育和文化背景会影响对词汇和语言的理解。一个项目组织中的专业技术人员、管理人员和熟练工在专业术语和词汇的理解上会有很大不同,这些都会成为项目沟通的障碍。

表 10-1　沟通的形式

分类方式	沟通类型	描　　述
参与形式	一对一	两个人之间的单独交流，最常用的形式
	一对多	大多用于单项的信息传播过程，如信息发布、通知、培训等
	多对多	多用于集体发散性思维过程，如讨论形式的会议
信息传递途径	书面沟通	用书面形式进行的信息传递和交流，如通知、文件、包括、备忘录等。优点是可以作为资料长期保存，反复查阅
	口头沟通	运用口头表达进行的信息交流活动，如谈话、游说、演讲等。优点是比较灵活、速度快，双方可以自由交换意见，传递信息准确
沟通的正规性	正式沟通	通过项目组织明文规定的渠道进行的信息传递与交流，如组织规定的汇报制度、例会制度、报告制度及组织与其他组织的公函来往。优点是沟通效果好、有较强的约束力；缺点是沟通速度较慢
	非正式沟通	正式沟通渠道之外进行的信息传递和交流，如员工之间的私下交谈、小道消息等。优点是沟通方便、速度快，能提供一些正式沟通中难以获得的信息，缺点是信息容易失真
沟通方向	上行	下级的意见向上级反映，即自下而上的沟通。只有上行沟通渠道畅通，项目经理才能全面掌握情况，作出符合实际的决策
	下行	自上而下的沟通，是领导者向被领导者发布命令和指示的过程
	平行	组织中各平行部门之间的信息交流
沟通的交互性	单向沟通	信息发送者和接收者之间的角色不变，一方只发送信息，另一方只接收信息。双方无论在情感上还是语言上都不需要信息反馈，如做报告、发布指令等。优点是信息传递速度快；缺点是准确性较差，容易使接收者产生抗拒心理
	双向沟通	信息发送者和接收者之间角色不断交换，且信息发送者是以协商和讨论姿态面对接收者。信息发出以后还需及时听取反馈意见，必要时双方可进行重复商谈，直到双方共同明确和满意为止，如交谈、协商等。优点是沟通信息准确性高，接收者有反馈的机会，产生平等感和参与感，增加自信心和责任心，有助于建立双方的感情；缺点是对发送者来说，在沟通时随时会受到接收者的质询、批评和挑剔，因而心理压力较大，信息传递速度较慢
信息传递方式	言语沟通	利用语言、文字、图画、表格等形式进行的信息传递和交流。优点是简单明了，通俗易懂
	肢体语言沟通	利用动作、表情、姿态等非语言方式进行的信息传递和交流。优点是一个动作、一个表情、一个姿势都可以向对方传递某种信息，缺点是信息表达的范围比较有限

⑥非言语信号的问题。非言语沟通几乎总是与口头沟通相伴的，当二者协调一致会彼此强化，但是当二者不一致时会使信息接收者感到迷茫和迷惑。例如，如果项目经理告诉你他真心想知道你的困难，而当你告诉他情况时他却在浏览自己的信件，这种相互冲突的信号会形成沟通障碍。

(2)克服项目沟通障碍的方法。对于上述项目沟通障碍，项目管理者必须设法努力去克服。克服沟通障碍的方法很多，但是对项目管理者最为有用的方法有如下几种。

①充分运用反馈。很多项目沟通问题是由于误解造成的,如果项目管理者在沟通过程中正确地使用反馈则会减少沟通障碍的发生。反馈可以是言语的,也可以使非言语的。反馈不仅仅包括回应还包括直接提问和对信息进行概括等,有时行动比语言提供的反馈更为明确。例如,当面对一群人发布信息时通过观察听众眼神和其他非言语信号,可以了解他们是否在接收信息。

②驾驭语言与词汇。由于语言和词汇可能成为沟通障碍,因此项目管理者在编码和组织信息时应该适当地选择语言和措辞,以使信息清楚明确和易于理解。有效的沟通不仅是信息发送和接收,而且需要对信息的充分理解,所以项目管理者要很好地驾驭语言,并注意使用与接收者接受能力一致的词汇,以提高理解效果。要使用所有项目团队成员都能理解的话以克服沟通障碍。

③积极使用非言语提示。研究沟通管理的学者认为,非语言沟通比语言沟通更重要,因为在沟通过程中人们很注意你的行动和表情。所以在项目沟通中要积极使用非语言沟通的提示,并要确保它们和语言相匹配,以起到强化语言沟通的作用。项目管理者必须克服因情绪驱使造成非语言提示与所要传递的信息不一致的问题,因为这会造成信息的失真或沟通受阻。

(三)什么是农业项目沟通管理?

1.农业项目沟通管理的含义及特点

项目沟通管理是指对项目过程中各种不同方式和不同内容的沟通活动的管理,是为了确保项目信息合理收集和传输以及最终处理所需实施的一系列过程。农业项目沟通管理的目标是保证有关项目的信息能够适时、以合理的方式产生、收集、处理、储存和交流。农业项目沟通管理具有以下特点:

(1)复杂性。每个项目都会涉及客户、供应商、政府机构等多个方面,并且大部分项目组织和团队都是为了特定项目而建立的,具有临时性和不确定性。因此,项目沟通管理必须协调好各部门以及部门与外部环境之间的关系,确保项目顺利实施。

(2)系统性。项目是一个开放的复杂系统,其确立涉及社会经济、政治、文化等多个方面,也对这些方面产生影响。这就决定了项目沟通管理应该从整体利益出发,运用系统的思维和分析方法,进行全面有效的管理。

2.农业项目沟通管理的主要内容

农业项目沟通管理主要包括四部分内容:沟通计划编制、信息发送、绩效报告和管理干系人。

(1)沟通计划编制:制订项目沟通活动的计划。

(2)信息发送:将项目的相关信息进行传递和发送。

(3)绩效报告:收集和获取项目的绩效信息并产生报告。

(4)管理干系人:和干系人沟通项目进展,管理干系人对项目的需求,并与干系人一起解决问题。

项目沟通管理的过程如图 10-2 所示。

项目沟通管理中,沟通计划编制过程属于计划过程组;信息发送过程属于实施过程组,因为它是在项目进行当中,通过实施管理活动来帮助项目更有效地进行;绩效报告的目的是收集项目的实施绩效信息,然后通过和计划进行对比,决定是否采取进一步的纠偏措施,所以它属

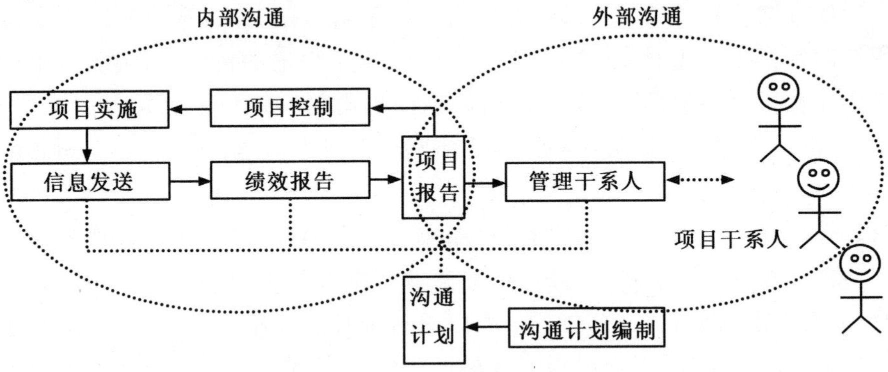

图 10-2 项目沟通管理的过程

于控制过程组。

项目沟通包括内部沟通和外部沟通。项目内部需要进行沟通的信息主要是有关项目本身的信息，这些信息产生于项目的实施过程中，经过收集和整理，产生反映当前项目状态的报告，一方面可以和计划进行对比来对项目实施控制；另一方面可以通过事先约定的机制把相关信息发送给干系人。

二、有效沟通的方法

沟通是否成功，取决于信息发送者想要表达的意思与收信者通过理解而获得的意思是否一致。事实上，沟通属于高度个人化的"软技能"，需要实践者自身不断总结经验、提高水平。

(1)以听者的思路说话。由于人与人的教育背景、经历、所处的环境都不尽相同，所以沟通双方可能会在信息的理解上产生很大的差异。信息发送者最重要的目的不是把信息发送出去，而是要让信息接收者得到正确的信息，所以确保信息被准确传递的关键在于发送者。一个好的方法就是发送者以接收者容易理解的语言来讲话。从沟通模型中看，就是发送者选择和接收者同样的编、解码方式来进行沟通。

(2)建立共同语言。信息沟通的载体是文字和符号。沟通双方使用同一个符号集合，即建立共同语言，能使沟通变得准确、快捷和有效。学习项目管理知识的一个显著好处就是约束和规范项目干系人在进行项目沟通时使用共同语言。

(3)描述整体背景。沟通时注重交代整体背景，会给信息接收者一个由远及近的自然过渡，增进对信息发送者所传递的信息含义的理解，有助于达成沟通。

(4)重视双向沟通。在沟通过程中重视反馈过程，使信息发送者能及时了解信息接收者对信息的理解是否正确，有助于信息发送者调整沟通的思路，提高沟通的效果。

(5)多种信息表示方式并用。使用最多的信息表示方式是语言和文字，但这并不是说在每一次沟通中语言和文字都是最佳的表达手段。一项研究表明：人类大概只有40%的信息可以由文字准确地表达，其余的信息内容则需要借助图表、声音和图像等其他形式。所以我们在选择信息表示方式时，应根据信息所要传递的内容选择最佳的表达方式。

如前所述，沟通能力属于一种"软技能"，这种技能的提高需要长期实践和培养，在某种意义上还与天生的"人格"因素有关。好的沟通能力是一个管理者必备的技能，因为他大部分的管理活动必须借助"沟通"来完成。

【实践训练】

农业项目团队沟通技能情况调研

1.**实训要求**：找一个你熟悉的农业组织，针对其设计一份沟通技能测试的调查问卷，分发给团队中的不同人员，了解项目团队的沟通技能情况。

2.**实训目的**：通过此次实训，加深对项目团队沟通相关知识的理解，能够运用所学知识思考、分析、解决现实中的团队沟通方面存在的问题。

3.**实训组织**：全班同学按每组3～5人进行分组，要求每组设计合理、科学的调查问卷，制订切实可行的调研计划。

4.**实训实施**：学生自己联系农业组织或任课教师统一联系，以每组学生为主体，在任课教师的指导下，严格按照调查问卷的组织要求和过程进行实地调研，并对调研结果进行统计、分析。

5.**实训考核**：每组提交一份项目团队沟通技能情况调研报告，内容主要包括调研步骤说明、调研数据的统计、调研结果的确定、存在问题及可行性建议等。教师对调研报告、调研计划和掌握资料、学习程度进行考核评定并给出成绩。

任务2　项目沟通计划编制

一、项目沟通计划的概念

编制项目沟通计划就是确定、记录并分析项目干系人所需要的信息和沟通需求，其结果就是确定出谁需要信息、需要何种信息、何时需要以及如何将信息有效地进行传递。虽然每个项目都需要充分地进行交流，但信息的需求和分发方式却大不相同。项目沟通计划就是规定未来项目进行沟通管理的文件，它一般是在项目的初期制订的，但为了提高沟通的有效性，也应该根据项目实施中的具体情况和沟通计划的适用性来定期检查和修改，所以项目沟通计划管理工作是贯穿于项目全过程的一项工作。项目沟通计划涉及对于项目全过程的沟通工作、沟通方法、沟通渠道等各个方面的计划与安排。

二、编制项目沟通计划前的准备工作

在编制项目沟通计划之前，首先要完成收集信息和加工处理信息的工作。

(一)收集信息

信息收集是编制项目沟通计划的第一步，也是进行项目沟通管理决策的前提条件。没有相关的信息就无法进行项目沟通计划的编制工作。因此，在编制项目沟通计划之前应该首先收集有关的各种信息。这主要包括：

(1)项目沟通内容方面的信息。这是通过对项目相关利益者的信息需求调查而获得的一类信息。从项目组织的角度而言，这包括项目团队内部“上情下达”和“下情上达”两个方面的信息需求；项目团队与外部环境及其他项目相关利益者之间的“外情内达”和“内情外达”两个方面的信息需求；以及项目团队内部各个职能组织和群体之间的“左情右达”和“右情左达”两个方面的信息需求。在编制项目沟通计划之前必须全面收集这些方面的信息，以便项目沟通计划能够满足项目组织的信息需求。

(2)项目沟通所需方法和手段的信息。在收集项目沟通信息需求的同时还需要收集有关项目沟通方式、方法、手段和渠道等方面的信息。这包括：哪些信息需求需要使用口头沟通的方式去满足，哪些需要使用书面沟通的方式去满足，哪些需要使用面谈或会议的方法，哪些需要使用书面报告和报表的方法，哪些需要使用电子信息工具，以及需要哪些信息沟通渠道和媒介等。这些信息必须收集齐全才能够制订出可行的项目沟通计划。

(3)项目沟通时间和频率方面的信息。在明确了项目组织的信息需求和沟通手段要求之后，还必须确定信息沟通的具体时间要求和频率。其中，沟通时间要求是指一次沟通持续的时间长短(如一次会议开多长时间)，沟通频率则是指同一种沟通多长时间间隔进行一次(如各种报表是一季度一次还是一个月一次)。因为信息都是有时效性，所以这方面的信息对于制订沟通计划同样是十分必要的，没有时间和频率的安排，项目沟通计划不能成为计划。

(4)项目信息来源与最终用户的信息。项目沟通计划的编制还需要有各种项目信息来源和最终用户方面的信息。这是有关谁是信息生成者，谁是信息发布者，以及谁是信息的接收者等方面的信息。对于项目沟通计划而言，必须清楚地知道项目信息来源与最终用户方面的信息，因为信息来源涉及的是信息生成者和发布者的责任，而信息最终用户所涉及的是信息接收者的责任，包括接收、理解和使用信息的责任以及信息保密的责任等。

项目组织要收集到上述这些有用的信息为编制项目沟通计划服务，首先要努力提高项目信息管理者的信息收集和处理能力的水平，建立一支可靠的信息收集队伍。另外，要开辟尽可能多的信息来源和渠道，力求收集的信息完整齐备。

(二)所获信息的加工处理

对收集到的信息进行加工和处理也是编制项目沟通计划的重要一环，而且只有经过加工处理后的信息才能作为编制项目沟通计划的有效信息使用。这种信息的加工处理需要遵循准确、系统和可靠的原则与要求。在对收集的各种信息进行加工处理时，要采用归纳、整理、汇总和其他必要的信息处理工作。同时，在信息加工与处理中如果发现有信息缺口或各种信息之间出现矛盾时，还要进一步追加调查和信息收集，以填补信息缺口。这是确保项目沟通计划编制所需信息准确性的一条可靠途径。这种追加的信息收集工作多数是双向的，即信息收集人员或项目沟通计划编制人员要双向沟通和共同合作去进一步收集有关的信息，同时项目各种信息最终用户(如项目经理和管理人员)也要积极提供信息、要求和反馈意见。

三、项目沟通需求的确定

项目沟通需求的确定是在信息收集与加工处理的基础上，对于项目组织的信息需求做出的全面决策。项目沟通需求是项目全部相关利益者在项目实现过程中的信息需求。这包括项目业主/客户、项目团队、项目经理、项目供应商、项目所在社区等各方面需要了解项目的工期、进度、成本造价、环境影响、资源需求、预算控制、经费结算等各个方面的各种信息的全面需求。

这种项目沟通需求的确定涉及对于所需信息内容、格式、类型、传递方式、更新频率、信息来源等方面的决策。例如，项目业主究竟需要哪些信息，这些信息是以报表还是以报告的形式提供，这些信息是数值型还是字符型的；这些信息中哪些需要通过面谈传递，哪些通过会议或电子邮件传递；这些报告或报表多长时间报告一次；这些信息是由项目经理报告还是有项目财务主管或项目技术主管报告；等等。项目沟通需求确定所涉及的内容包括：

(1)项目组织管理方面的信息需求。这是有关项目团队组织、项目团队的上级组织和项目全部相关利益者关系等方面的组织信息需求。这包括有关组织结构、相互关系、主要责任与权利、主要的规章制度、主要的人力资源情况等方面的信息需求。

(2)项目内部管理方面的信息需求。这是有关项目团队内部开展管理中所需的各个方面信息，包括项目团队内部各种职能管理、各种资源的管理、各种工作过程的管理等方面的信息需求。

(3)项目技术方面的信息需求。这是有关项目技术工作及技术资料方面的信息需求。这包括：整个项目产出物的技术信息和资料，项目工作技术信息和资料，以及项目核心技术信息与资料等方面的技术信息需求。

(4)项目实施方面的信息需求。项目实施方面的信息是有关整个项目工期进度计划及其完成情况方面的信息需求，整个项目实际产出物质量和工作质量方面的信息需求，整个项目的资金与预算控制方面的信息需求等有关项目实施的情况的统计信息需求。

(5)项目与公众关系的信息需求。这包括两个方面的信息需求，一个是项目组织所需的各种公众信息(包括国家、地区、当地社区的政治、经济、社会、风俗、文化等方面的信息)，另一个是社会公众需要了解的项目信息(包括环保、项目带来的好处、项目的重要性等)。

在所有这些项目沟通需求的确定中，对项目团队的信息需求进行仔细、全面、客观的分析和确定，因为这关系到项目的成败。对于项目客户的信息需求进行全面的分析和确定，以掌握和了解他们的信息需求和动机，因为项目就是为满足他们的需求和期望才开展的。

四、项目沟通方式与方法的确定

在项目沟通中，不同信息的沟通需要采取不同的沟通方式和方法，因此在编制项目沟通计划过程中还必须明确各种信息需求的沟通方式和方法。不同的沟通方式和方法会直接影响到项目信息传递的准确性、可靠性、及时性和完整性。究竟项目组织需要采用哪种沟通方式与方法需要根据项目实际需求和客观条件决定。一般来讲，影响项目选择沟通方式方法的因素主要有以下几个方面：

(1)沟通需求的紧迫程度。项目的成功必须依靠大量的、不断更新的信息沟通，但是有些沟通要求时间紧迫，而有些可以暂缓。所以在确定沟通方式与方法是要充分考虑这一因素，对于急迫的信息沟通需求要选用更为快捷的沟通方式。

(2)沟通方式方法的有效性。采用什么样的方式方法最有助于满足项目沟通需要是确定项目沟通方式的关键因素之一。例如，会议沟通方式适合于研究和集体决策，公告的沟通方式适合于规章制度的发布或各种项目事务的通告。

(3)项目相关人员的能力和习惯。沟通方式方法的选择还必须充分考虑项目参与者的经历、知识水平、接收与理解能力和在沟通方面的习惯做法。这包括现有的能力和习惯以及需要进行广泛的学习和培训提高和改进的能力与习惯。

(4)项目本身的规模。如果项目的规模小、工作量不大、生命周期很短,一般可以选用现有人们习惯的和便于实施的沟通方式与方法;如果项目规模大、生命周期长就不能如此了,就需要采取一些先进而有效的项目沟通方式和方法了。

五、项目沟通计划编制

在完成了上述项目沟通需求信息收集、加工处理和项目沟通需求确定并选定了项目沟通方式方法以后就可以编制项目沟通计划了。项目沟通计划与一般计划有许多不同之处,如项目沟通工作的责任多数是兼管的,项目沟通的资源和预算很难确定和控制等。一般而言,项目沟通计划编制的结果是一份项目沟通计划书。项目沟通计划书的内容除表10-2中所示外,一般还应该包括:

表10-2　项目沟通计划书的主要内容

条目	描述	举例
干系人	确定具有沟通需求的干系人	客户、发起人、合作方等
沟通需求	描述干系人具有什么样的沟通需求	项目进度状况、风险水平、成本信息等
信息收集方式	采用何种方法、何时、从何处收集什么信息	每周从例会中获取项目进度、成本及风险信息
信息记录方式	说明信息如何记录和保存,如何查阅	项目报告所使用的模板、报告所存放的位置
信息发送方式	说明通过何种方式将信息发送给干系人	通过电子邮件定期将信息发给各个干系人,或者定期在网站上公布
信息发送频度	说明什么时候进行信息发布	定期,例如每周或每月特定时间,或者在每个阶段结束的时候发布最新的项目状态报告

(1)信息的收集和归档格式的规定。项目沟通计划书中要规定采用何种方法收集和存储沟通所需不同类型的信息,已经发布的信息经过更新和更正后如何进行反馈和传播,以及这些工作的程序等。

(2)信息发布格式与权限的规定。项目沟通计划书中还要注明各种信息的流向、信息的最终用户和信息发布与使用权限,以及各种不同类型信息的发布方式等。项目信息发布格式和权限的要求与项目组织结构图所表述的权限、责任和汇报关系要一致。

(3)对所发布信息的规定和描述。项目沟通计划书中还要对所发布信息进行必要的规定和描述,这包括所发布信息的格式、内容、详尽程度、信息的来源、信息生成时参考的文献、信息相关术语的定义、获得信息的方法、信息储存的要求等。

(4)更新或修订项目沟通管理计划的规定。项目沟通计划书中还需要注明对更新与修订该计划书的规定,这包括根据项目需要更新项目沟通计划书的周期和内容;项目沟通计划书与项目集成计划的同步更新要求,以及更新和修订项目沟通计划的方法和程序。

(5)约束条件与假设前提条件。前者是在编制项目沟通计划时限制项目沟通的各种因素,后者是那些开展项目沟通的假定实际存在并作为制订计划依据的前提条件。通常在这些条件发生变化时应该修订和更新项目沟通计划。

【实践训练】

编制项目沟通计划

1. **实训要求**：找一个你熟悉的农业经营管理者，与其进行座谈，尽量全面了解其在项目沟通管理方面的需求，编制一份项目沟通计划。

2. **实训目的**：通过此次实训，加深对项目沟通管理，尤其是项目沟通计划相关知识的理解，具备一定的知识运用能力。

3. **实训组织**：全班同学按每组 3～5 人进行分组，要求每组制订切实可行的调研计划。

4. **实训实施**：学生自己联系或任课教师统一联系一个农业经营管理者，以每组学生为主体，在任课教师的指导下，进行访谈活动。

5. **实训考核**：每组编制一份完整、规范的项目沟通计划书。教师对项目沟通计划、调研计划和掌握资料、学习程度进行考核评定并给出成绩。

任务 3　信 息 发 送

一、信息发送的概念和作用

信息发送就是以有用的格式及时地向项目利益相关者提供其所需要的信息。信息发送一方面需要满足沟通管理计划的要求，另一方面也需要对未列入沟通管理计划的临时信息需求做出应对。

信息发送是项目中沟通活动的主要实施过程。根据目的的不同，它可以分为两类活动：获取项目的实施状态信息和分发项目的实施绩效报告。

通过信息发送，一方面可以有效地促进项目内部各方协作；另一方面可以让管理者及项目干系人真实而准确地了解项目实施状态，判断项目是否处于正常的轨道，以便及早发现和解决问题。

二、选择信息沟通方式

在具体实施当中，根据信息发送的内容、目的和发送对象的不同，可以选择不同的沟通方式。虽然项目沟通可以以正式的和非正式的两种方式进行，但沟通管理计划中的预定活动几乎都是正式的沟通模式，其中又以书面沟通和多对多的会议沟通为主。

(一)正式沟通的模式

正式沟通是指项目成员为了完成项目工作，在明确规定的组织系统内部进行的沟通和协调工作。在这个过程中，信息发送者和接收者并不一定直接交流，中间可能要经过某些人的转发，这就形成了一定的沟通渠道和沟通网络。正式沟通的模式有链式、轮式、环式、倒 Y 式、全通道式等，如表 10-3 所示。不同的沟通模式对沟通的效率有不同的影响。

表 10-3　正式沟通的模式

类型	描述	图示
链式	信息可以自上而下或自下而上地交流	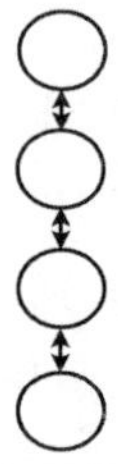
轮式	主管人员分别同下属部门发生联系，是信息汇集和传递的中心。这种情况下处于领导地位的主管可以了解全面情况，下属部门之间没有沟通联系，只分别掌握本部门的情况	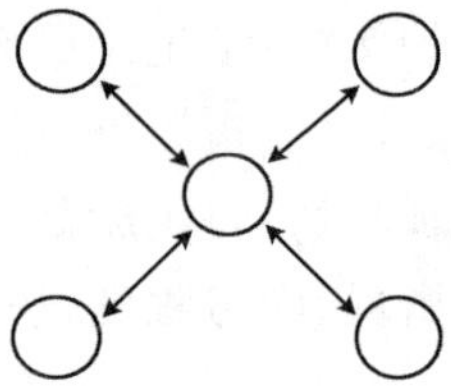
环式	组织内部不同成员之间依次联络沟通	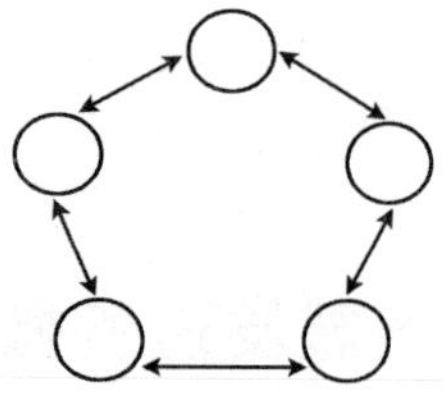
倒 Y 式	最普遍、最常用的沟通形式，它强调了沟通的集中性和层次性。位于沟通网络中间的人物的重要性很突出	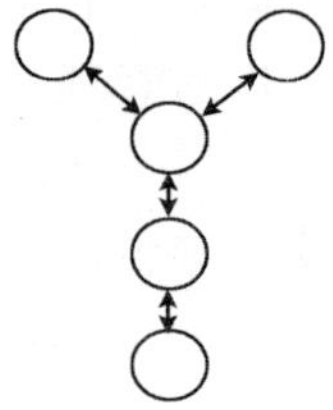
全通道式	一种开放式的信息沟通模式，每一位成员之间都有一定的联系，民主气氛浓厚	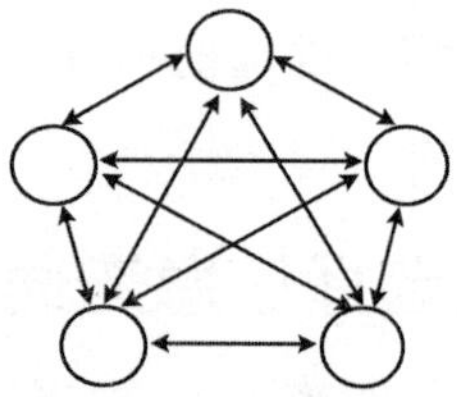

（1）正式的书面沟通。项目沟通中广泛存在的沟通形式是项目实施过程中产生的各种文档。这既包括有关产品工程活动的结果，如产品规格、设计文档等；也包括项目管理活动产生的文档，如项目章程、项目计划、反映项目实施状态的绩效报告等。使用这些文档的目的之一就是传递某种信息，我们之所以把它们定义为正式的书面文档，是因为它们还代表着某种约定和承诺，也可以说担负了“某些管理职能”。

在项目中使用文档进行书面的沟通活动时，应该注意以下几点：

第一，必须事先约定统一的“符号系统”，这里具体指“项目管理的语言”。这样就使得沟通双方在提供和获取信息的表示形式上达成一致的理解，避免信息传递偏差。

第二，使用事先约定的文档模板。模板的作用除了使得文档看起来统一、美观外，其更重要的是使沟通双方在沟通前对要沟通的内容和展现形式达成一致的约定。这将非常有助于提高后续沟通活动的有效性和实施效率。

第三，表述上应该使用简练而准确的语言和文字，避免传递"非字面因素"以外的信息。因为后者非常容易产生理解上的差异，从而在项目中造成混乱，引起不必要的麻烦。

正式的书面沟通主要用于项目中的约定、承诺和可预测的信息发布，采取的实施方式通常表现为文档，如利用 MS Office 系列的 Word、Excel 和 PowerPoint 所产生的书面文档。我们还需要事先约定这些文档存放的地点和更新的过程，因为它们体现了某种管理作用，必须方便项目团队获取和使用。这一点就是项目整体管理里面所提到的配置管理的作用。

随着信息技术的渗透，也有很多组织采用基于 Web 的信息创建和发布。例如，建立组织内部统一的项目管理信息系统(Project Management Information System，PMIS)，所有需要的信息都可以从 Web 上获取，信息的录入也是通过 Web。这样做会大大降低项目管理的成本，同时又创造了管理效益，提高了项目管理的投资回报率。

(2)会议沟通。在项目实施过程中，通常会利用会议的形式来使项目团队就一个特定主题进行充分的沟通和交流。从沟通原理上来说，这种形式大多表现为一对多或者多对多的沟通。根据会议目的的不同，通常有三种不同的会议沟通类型：项目状态评审会议、项目问题解决会议、项目技术评审会议。根据会议参与方的不同，主要有项目内部会议和项目干系人会议两种。项目内部会议是一种内部的集体决策或者交流，干系人会议的沟通目的则更多地体现在调和干系人之间的不同诉求和矛盾之上。

(二)非正式沟通活动

除了正式的沟通活动外，项目中还存在着大量的非正式沟通活动。这些非正式沟通活动并不局限于某种传播形式，它们既可以通过口头形式，也可以通过书面形式，但有着共同的特点：

(1)没有事先的计划，经常属于突发性的需求，且大多是一方产生的需求。

(2)双方在沟通前并没有就沟通的范围、内容和所使用的"共同语言"达成一致，经常会产生理解上的"偏差"，导致沟通效率不高。

(3)传播的内容可能非常广泛，也不具有正式沟通中所体现的"约定"和"承诺"，所以其产生的作用也不可预测。

(4)往往伴随着协调人际关系的目的，所以也经常用于和人力资源管理相关的活动，例如激励、领导者关心下属的活动等。

非正式沟通活动所产生的作用可能是有利的，也可能是不利的。有利的非正式沟通可以有效地补充正式沟通活动，同时它还有以下一些作用：

第一，它是项目内部进行协作所必需的辅助性活动，有助于提高项目中各个活动之间的协作效率，减少不必要的内部损耗。

第二，它有助于隐性知识的传播。隐性知识具有不易表达、不易传递等特征，但它又是很多以智力活动为主的项目最宝贵的财富。在正式的沟通渠道中，由于形式上的限制，约束了隐性知识可以表达的方式。通过相对宽松、密切而频繁的非正式沟通，隐性知识可以在团队中进行传播，从而发挥巨大的作用。

第三，领导者在进行"关心人"的活动中，大多借助于非正式的沟通活动。非正式的沟通形式，没有正式沟通所产生的严肃气氛，会让管理者和被管理者之间的距离拉近，有利于双方进行平等而开放的交流，有利于被管理者感受到来自管理者的期望和鼓励，从而产生激励作用。

第四，有利于激发头脑风暴，产生创造性结果。严谨而刻板的正式沟通追求的是准确性和效率，非正式沟通则没有过多的限制条件，非常有利于打破“常规”而产生出“创造性的结果”。

戴维斯(Keith Davis)通过研究发现，信息有四种非正式的传播方式，如表 10-4 所示。

表 10-4　信息的非正式传播方式

类型	描述	图示
单线式	信息由某人通过一连串的人依次传播给最终的接收者	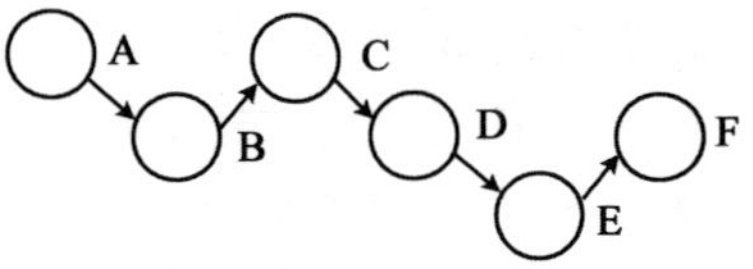
流言式	又称作闲谈传播式。信息由一个人主动地传播给其他人	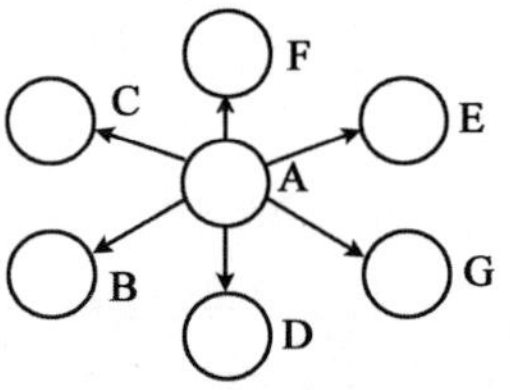
偶然式	又称作机遇传播式。信息由某人利用偶然的机会传播给他人，他人又在偶然机会传播，并无一定的路线	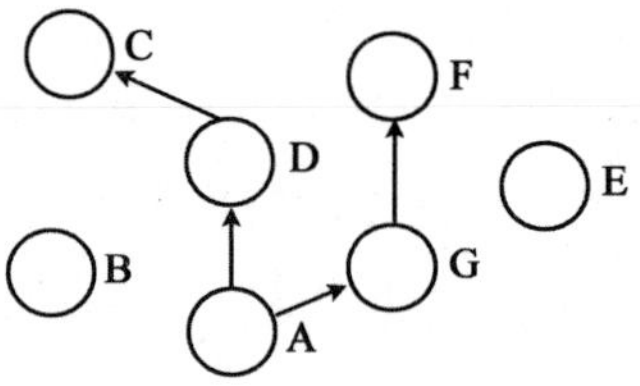
集束式	又称作群集传播式。信息由某人有选择地告诉自己的朋友或有关的人，有关的人也照此传递信息	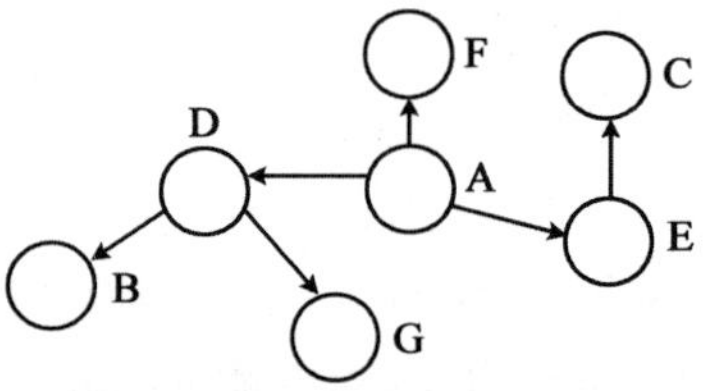

不利的非正式沟通之所以存在，大都是由于某些被期望得到的信息无法通过正规渠道获得，从而引发了猜疑并推动其在非正规渠道内广泛传播。显然，要想消除不利的、非正式渠道传播的信息，最好的方式就是加强正规渠道的信息发布，使组织的运行和决策透明化。

【案例分析】

阅读以下关于信息系统项目管理过程中沟通管理方面问题的叙述，回答问题 1～3。

一个周一的早上，希赛信息技术有限公司(CSAI)开发部项目经理李强来到公司时看到一群程序员正三三两两聚在一起激烈地讨论着，当他们看到李强走进来，立即停止了交谈。这种突然的沉默和冰冷的注视，使李强明白自己正是谈论的主题，而且看来他们所说的不像是赞赏之辞。

李强来到自己的办公室，半分钟后他的助手老赵走了进来。老赵在公司工作多年，和李强关系一直不错，所以说话总是很直率。老赵直言不讳地说："李经理，上周你发出的那些信对人们的打击太大了，它使每个人都心烦意乱。"

"发生了什么事？"李强问道，"在主管会议上大家都一致同意向每个人通报我们公司财务预算的困难以及裁员的可能性。我所做的只不过是执行这项决议。"

"可你都说了些什么？"老赵显然很失望，"我们需要为程序员们的生计着想。我们当主管的以为你会直接找程序员们谈话，告诉他们目前的困难，谨慎地透露这个坏消息，并允许他们提出疑问，那样的话，可以在很大程度上减少打击。而你却寄给他们这种形式的信，并且寄到他们的家里，天哪！李经理，周五他们收到信后，整个周末都处于极度焦虑之中。他们打电话告诉自己的朋友和同事，现在传言四起，我们处于一种近于骚乱的局势中，我从没见过员工的士气如此低沉。"对此，李强感到很震惊，同时他也陷入了沉思。

问题 1. 请说明你认为李强的做法有问题吗？

问题 2. 李强的做法如果有错误，那么他错在哪里？如果没有，请说明你的理由。

问题 3. 请说明从这个案例你能得到什么启示。

【实践训练】

农业项目团队沟通方式情况调研

1. **实训要求**：找一个你熟悉的农业企业经营管理者，以访谈的形式了解其项目团队的沟通方式情况。

2. **实训目的**：通过此次实训，加深对项目团队沟通方式相关知识的理解，能够运用所学知识思考、分析、解决现实中的团队沟通方式方面存在的问题。

3. **实训组织**：全班同学按每组 3～5 人进行分组，要求每组制订切实可行的访谈计划。

4. **实训实施**：学生自己联系一个农业企业经营管理者或任课教师统一联系，以每组学生为主体，在任课教师的指导下，进行访谈活动。

5. **实训考核**：每组提交一份项目团队沟通方式情况调研报告，内容主要包括项目采用的沟通方式、沟通效果、存在问题及可行性建议等。教师对调研报告、调研计划和掌握资料、学习程度进行考核评定并给出成绩。

任务 4　绩效报告

一、什么是绩效报告？

（一）绩效报告的概念和过程

项目的实际实施状态信息需要被定期收集和分析，以帮助项目干系人真实地了解项目的状况，这就是项目的绩效报告活动。

绩效报告活动过程如图 10-3 所示。

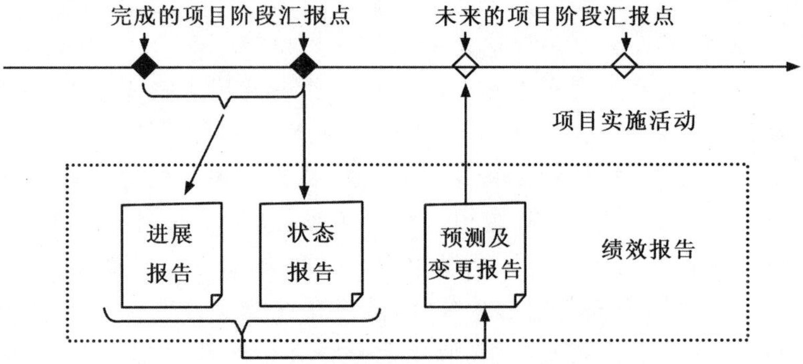

图 10-3 绩效报告活动的过程

通过项目绩效报告,干系人可以了解以下几方面的信息:

- 截止到产生报告的那个阶段点上,项目工作和目标的完成程度。
- 从上一次汇报到本次汇报之间的这个阶段,项目的工作和目标都产生了哪些进展。
- 根据当前完成的状况和项目进展来预测项目未来的目标完成情况,如可以实现既定目标或者需要进行目标变更。

由此我们知道,完成项目绩效报告活动的结果包括三个方面:状态报告、进展报告和未来的预测及可能的变更申请。

状况报告:描述项目当前的状况;

进展报告:描述项目小组已完成的工作;

预测及变更报告:对未来项目的状况和进展做出预计。

(二)项目绩效报告的结果

1. 状态报告

状态报告可以被理解为是项目在某一点上的"快照"(snapshot)。项目状态报告应该包括以下内容:

(1)范围目标的完成状况。这可以通过跟踪工作分解结构获取相关信息。我们可以简单地判断有多少个工作包被完成,还有多少任务没有完成。

(2)质量目标完成状况。这可以从对产品的质量控制活动中获取结果,既可以检查每个工作包在完成后的质量控制输出,也可以从质量保证活动的工作结果来间接反映和推测项目的质量目标。

(3)进度目标完成状况和成本目标完成状况。进度和成本状态信息是反映项目实施"效率"的评价因素,它和反映项目"效果"的范围目标与质量目标有关联。单独评价进度和成本状态信息没有意义,我们需要综合考虑上述四个要素,才能够获得项目的真实状态信息。

2. 进展报告

进展报告主要是反映项目在两个阶段点之间的"变化"。这种"变化"的内容包括:增加的项目范围目标完成状况及其花费的进度和成本。对进展报告来说,最主要反映的信息是"生产率"信息,即反映投入资源产生效益的效率状况,从而帮助项目决策人对项目的未来做出预测。

3. 预测及变更报告

根据项目的状态和前一段时间的进展,项目组需要判断当前项目的实施状况持续下去是否能够保证项目目标的完成。如果不能完成，就需要采取有关的对策，或者是改进执行措施，或者是变更项目计划。如果是后者，则需要进入项目的整体变更过程。

二、绩效报告的编写

项目绩效报告不是项目活动过程的描述报告，而是项目进展情况和结果的汇总报告。在准备绩效报告时都需要考虑下列原则，以便提供有用和有价值的项目信息：

(1)报告要简明。不要试图以报告长度来打动报告接收者，报告的长短不等于项目进展或完成的好坏，而且报告简明才会有更大的被阅读的机会，因此应尽量使各种项目报告简洁明了。

(2)报告内容和形式要保持一致。要保证报告内容与形式保持一致，就需要根据报告内容选用报告的格式和语言。在报告中要突出重点，要尽量使用短句和容易理解的句子，要使用简单的语言，让各类收听或阅读报告的人都能懂得。另外，口头报告时要有声有色，书面报告时要易读易懂。

(3)借助图表进行简要和充分的表达。图表是项目管理的工程语言，在绩效报告中要充分使用，因为许多事物是用一般语言很难描述清楚的，或者至少是效果不佳。但是图表却可以很好地说明问题，但是图表也不能弄得太繁琐，每张图表最好只讨论一个概念或问题。

(4)报告方式与报告接收者要相符。绩效报告有对内的有对外的，有为项目团队使用的，有为项目业主/客户服务的，因为报告接收者不同，所以报告的方式也要求有所不同，并且要求与报告接收者相符合。公开的报告应该是开放的、吸引人的，并以一种接收者容易理解的方式组织和报告。

任务 5　管理干系人

一、什么是管理干系人？

1.管理干系人的概念

在项目沟通管理中，管理干系人是指和干系人沟通项目进展，管理干系人对项目的需求，并与干系人一起解决问题。由于项目的目标来源于干系人的需要与期望，所以干系人更关心目标的达成。目标实现的进程和所有影响这一目标实现的问题和变化，都需要得到干系人的认可。其中包括：

● 项目中出现了重大问题，威胁到项目目标的实现，而这一问题又可能无法在项目内部解决，需要提交到项目干系人层面进行分析和协商，提出相应的解决措施和办法。

● 由于项目实施活动的原因，使得预先约定的项目目标无法达成，从而导致项目变更。最常见的是进度拖延、费用超支。这些变更必须得到干系人的认可和批准。

● 项目干系人由于某种原因需要对预定的项目目标提出新的要求，导致项目变更。项目组需要对变更的可行性及影响进行评估，提出新的项目计划供干系人进行最终决策。

2.管理干系人的作用

对项目干系人，尤其是项目的客户方进行积极的管理，有助于双方建立互信，有利于项目的推进和目标的实现。项目组和项目干系人之间必须有某种约定的固定渠道，以便于双方通过沟通共同应对项目实施过程中的各种情况。

二、管理干系人的渠道

在实际操作中，项目组可以定期召开项目评审会，作为双方进行情况交流和问题处理的固定渠道。而对一些重大的突发事件，可召开项目问题解决会议，邀请相关的干系人参与决策。在一些项目中，相关干系人也会要求对关键性的技术问题进行评审。不同干系人对项目有不同诉求，这些诉求有时甚至是相互矛盾和冲突的，其最终结果往往是矛盾之间的一种平衡。

（一）项目状态评审会议

项目状态评审会议定期地对项目当前的实施状态进行汇报，分析和总结当前项目的状态是否正常，引入高层管理者和干系人来了解项目的真实情况并帮助解决部分问题。这种会议的形式很多，会根据汇报的内容和层次选择不同的参与者和实施周期，并且事前就做好详细的会议计划。会议大都采用一对多的沟通形式，追求实施效率。一般而言，项目组内部的状态评审可以每周进行，这就是通常所说的“周例会”。“周例会”的内容主要包括：

- 上阶段原计划工作的完成情况。
- 工作中出现的偏差、导致偏差产生的原因以及应对策略。
- 评估风险状况，识别新出现的风险。
- 综合考虑当前状态，预测项目工作的发展趋势，判断是否需要变更。
- 下阶段的工作计划。

对项目的高层领导而言，则可能每月进行一次较正规的项目评审会，主要内容包括：

- 项目总体目标的完成情况。
- 和项目的基准计划之间存在的偏差，以及偏差产生的原因和解决办法。
- 对项目工作未来的发展进行预测。
- 项目遇到的问题和风险。
- 需要干系人提供的支持。

每个组织应该为这种会议准备好通用的会议模板。

（二）项目问题解决会议

当项目出现严重影响进度或危害实现预定目标的问题时，需要立即召开问题分析和解决会议。这种会议大都是由事件驱动的，并根据问题的大小和严重程度，有选择地邀请所涉及的干系人。一般在会议前几天才发出会议通知和会议的详细进程安排。为了保证会议的有效进行，需要在会议前就把项目所出现问题的相关信息通知会议参与者，以便他们可以事先做些准备。一般情况下，这种类型的会议有如下内容和进度安排：

- 描述和说明项目存在的问题。
- 分析问题产生的根源。
- 提出可行的问题解决方案。
- 制订详细的问题解决、实施计划，并明确责任人和进度要求。
- 判断是否出现项目变更要求。

项目问题解决会议在问题分析和寻找解决方案的过程中，经常会采用“头脑风暴法”来寻找答案，所以它是一种典型的多对多的沟通形式。会议的组织者需要承担协调和组织作用，避免因“思维过度发散”导致讨论“偏离主题”，降低会议的效率。

(三)项目技术评审会议

项目中存在着大量需要集体讨论和决策的技术问题，可以通过技术评审会议来完成。同时技术评审也是实施产品质量控制的一种有效手段。在大多数情况下，技术评审会议是一种事先计划好的、有明确目标的会议。会议主要针对产品的某一技术文档进行评审。由于技术文档本身的内容具有一定的深度，需要参与者保持较好的精神状态才能有效地实施所要求的“脑力劳动”，所以技术评审会议非常注重会议过程的控制。

第一，组织者要提前将技术文档发给参与者，这样参与者可以有充足的时间来了解有关的背景知识。例如，技术文档的作者可以举行一个小型的介绍会议，以帮助参与者更快速而准确地理解文档，提高效率。如果仅仅在会议进行过程中才开始逐步理解文档的内容则效率会较低，而且也不会产生好的效果。

第二，在会议进行过程中要特别注意控制会议的实施进程。因为技术评审会议需要大量的“脑力活动”，这种活动实施的效果和精神状态有着直接的关系。研究表明，人脑保持精神集中的持续时间在一个小时左右，所以一般建议一个会议不超过一个小时，必要的话可将其分解成多个小型的会议来进行。

第三，会议会对被评审的技术文档提出大量的修改建议，这些建议必须被有效地记录，以便后续跟踪。

模块十一　农业项目风险管理

知识目标

掌握风险、项目风险的概念及种类；

掌握项目风险管理的概念、目的、原则及内容；

了解项目风险管理计划的主要内容；

了解项目风险识别的概念及主要技术；

了解项目风险评估的概念及主要内容；

掌握风险缓解的四种策略；

掌握项目风险监控的概念、目标、内容及步骤。

能力目标

能够识别项目不同阶段的风险；

能够对简单项目进行风险定性分析，能够用决策树法进行风险定量分析；

能够制定可行的风险应对策略。

在项目的实现过程中存在着各种各样的风险，如果不能很好地管理这些风险，就会造成各种各样的损失，因此在项目管理中必须充分识别和控制项目的风险。项目风险管理应贯穿于项目始终。

【案例导入】

我国某工程联合体（某央企＋某省公司）在承建非洲某公路项目时，由于风险管理不当，造成工程严重拖期，亏损严重，同时也影响了中国承包商的声誉。该项目业主是该非洲国家政府工程和能源部，出资方为非洲开发银行和该国政府，项目监理是英国某监理公司。在项目实施的四年多时间里，中方遇到了极大的困难，尽管投入了大量的人力、物力，但由于种种原因，合同于 2005 年 7 月到期后，实物工程量只完成了 35％。2005 年 8 月，项目业主和监理工程师不顾中方的反对，单方面启动了延期罚款，金额每天高达 5 000 美元。为了防止国有资产的进一步流失，维护国家和企业的利益，中方承包商在我国驻该国大使馆和经商处的指导和支持下，积极开展外交活动。2006 年 2 月，业主致函我方承包商同意延长 3 年工期，不再进行工期罚款，条件是中方必须出具由当地银行开具的约 1 145 万美元的无条件履约保函。由于保函金额过大，又无任何合同依据，且业主未对涉及工程实施的重大问题做出回复，为了保证公司资金安全，维护我方利益，中方不同意出具该保函，而用中国银行出具的 400 万美元的保函来代替。但是，由于政府对该项目的干预往往得不到项目业主的认可，2006 年 3 月，业主在监理工程师和律师的怂恿下，不顾政府高层的调解，无视中方对继续实施本合同所做出的种种努力，以中方不能提供所要求的1 145万美元履约保函的名义，致函终止了与中方公司的合同。针对这种情况，中方公司积极采取措施并委托律师，争取安全、妥善、有秩序地处理好善后事宜，力争把损失降至最低，但无论如何，这是一个失败的项目。

任务1 了解农业项目风险管理

一、什么是风险？

（一）风险的概念

在字典中，风险被定义为“损失或损害的可能性”。这里面有两个关键点：第一，它强调了风险是一种可能性，也就是说，未来可能发生，也可能不发生；第二，它说明了如果发生，将会带来负面的影响。从这点来说，大多数风险都是指一种需要规避的因素。事实上，风险虽然会打破原来的预期，危害到原有计划的执行，看起来是一种损害，但同时也往往孕育着新的机会。PMBOK在定义项目风险的时候注意到这一点，它把项目风险定义为：一种不确定的事件或情况，发生后会对项目的目标产生某种正面的或者负面的影响。从定义中我们注意到，风险有两个基本特征，即风险发生的可能性和风险发生后的影响，这两个要素决定了我们该怎样对待风险。

（1）风险发生的可能性。无论风险发生的可能性是多少，都不能意味着它一定会发生。任何风险的发生都有其内在根源和诱因，从项目本身的范围来看，一定是项目目前不可掌控的因素影响着风险的发生。认识到这一点非常重要，因为它决定了人们对待风险的态度。风险意识强的人能清醒地意识到未来的可控和不可控因素，正视那些不可控因素可能产生的负面影响，积极地做好事前准备；风险意识弱的人则只会单纯地期望外部环境按照其主观期望的方向发展，当结果相反时只会归结于运气不佳。

（2）风险发生后所造成的影响。只要我们确定了一个风险，其影响程度就可以得知。所以在现实中，往往是先考虑哪些情况会使项目产生风险，然后再考虑其发生的可能性。

（二）风险的分类

我们按照对风险已知信息的多少，可以将风险分为以下三类：

- 第一类风险被称为“已知—已知”(known-known)，即该类风险可以被预测到，且其发生的根源是可知的，我们可以推算出其发生的可能性和危害等所有信息。
- 第二类风险被称为“已知—未知”(known-unknown)，即该类风险可以被预测到，但与该风险有关的信息却无法全面获知，如其发生的可能性未知、危害程度未知。
- 第三类风险被称为“未知—未知”(unknown-unknown)，我们无法预测到这一类风险，也无法获取其相关信息。

二、什么是项目风险？

（一）项目风险的概念及其分类

依据风险的概念，项目风险是指可能导致项目损失的不确定性，美国项目管理大师马克思·怀德曼将其定义为某一事件发生给项目目标带来不利影响的可能性。我们一般认为，项目风险是一种不确定的事件或条件，一旦发生，会对项目目标产生某种正面或负面的影响。

对项目可能产生的风险，无论其影响好坏，都应当被分类识别。

(1)按风险结果的得失区分，项目风险可以分为商业风险和纯风险。

商业风险是指那些商业运作中获得或者丧失机会的风险。纯风险是指那些只能引起丧失机会的风险。

现代项目管理认为，在项目中应当努力管理商业风险，对于纯风险，如果可以保险，就不必花费努力去管理它，保险也是风险转移的一种方法。

(2)按风险是否被识别，项目风险可以分为已知的风险和未知的风险。

已知的风险是指那些已经识别和分析的风险。对于已知风险，进行相应计划是可能的。

未知的风险是指无法想象其存在的风险，项目经理们可以依据以往类似项目的经验，采取一般的应急措施处理未知风险，但未知风险是无法管理的。

(3)按风险属性区分，项目风险可以分为技术风险(如依赖未被证实的复杂的技术)、管理风险(如项目管理原则使用不当)、组织风险(如资金中断)、外部风险(如法律和法规环境的变化)。

对于不可抗力，如地震、洪水、国家的不稳定等，一般来讲需要的是灾难防御，而不是风险管理。

(二)项目不同阶段的风险

随着项目的进展，风险与机会都逐渐减少，得失量逐渐升高，由风险发生最高的时期向风险影响的最高时期过渡，当项目从实施阶段至即将收尾、收尾阶段开始时，风险影响达到最大，如图 11-1 所示。

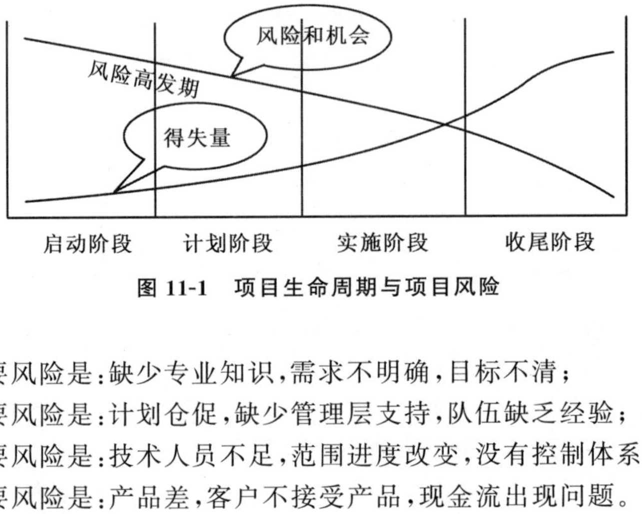

图 11-1 项目生命周期与项目风险

启动阶段的主要风险是：缺少专业知识，需求不明确，目标不清；

计划阶段的主要风险是：计划仓促，缺少管理层支持，队伍缺乏经验；

实施阶段的主要风险是：技术人员不足，范围进度改变，没有控制体系，环境改变；

收尾阶段的主要风险是：产品差，客户不接受产品，现金流出现问题。

三、什么是项目风险管理？

(一)项目风险管理的概念

项目的风险管理指通过风险识别、风险界定和风险评价去认识项目的风险，并以此为基础合理地使用各种风险应对措施、管理方法、技术和手段对项目的风险实行有效的控制，妥善处理风险事故所造成的不利结果，以最少的成本保证项目总体目标实现的管理工作。

项目的一次性性质使其不确定性要比其他一些经济活动大得多。因为重复性的生产和业务活动若出了问题，常常可以在以后得到机会补偿，而项目一旦出了问题，则很难补救。每个项目都有具体的风险，而且每个项目阶段也会有不同的风险。一般来说，项目早期不确定因素较多，风险要高于以后各阶段的风险，而随着项目的实施，项目的风险也会逐步降低。

（二）农业项目风险管理的目的

项目风险实际上就来源于项目所遇到的不确定性，这些不确定性可能会对项目目标的实现产生影响，需要预见这些因素并进行相应的处理。总体来说，我们可以用五个问题来阐述项目风险管理的意图：

- 什么因素会产生不确定性？
- 这些因素发生的可能性有多大？
- 这些因素发生后对项目的影响有多大？
- 我们做些什么可以缓解风险的影响？
- 我们如何应对风险发生后的情形？

项目风险管理就是通过对上述五个问题的解答，主动地把项目的不确定性因素转变成“相对确定性”的因素，以采取对策。这是一种“主动出击”的策略，但在现实中，采用怎样的策略应对风险是由人的某种“心理倾向”决定的。这里面有两种极端情况。一种是不愿意变化，或者抵制变化，这在传统工程师行业中比较多。他们直接的倾向就是会有意无意地忽视风险的客观存在，喜欢一切都按照计划进行，对于可能发生的变化会在心理上期望其不会发生。另一种则是喜爱变化，不喜欢一成不变的事情，认为意外的事情会带来机会。很多有商业头脑的人都具备在变化中寻求机会的感觉。但是这两种倾向都会导致对风险因素采取相对“被动”的应对策略。前一种会忽视存在，后一种是寄希望于发生之后可以“从容”应付。

（三）项目风险管理原则

项目风险管理的目标是控制并处理项目风险，防止和减少损失，保障项目的顺利进行。因此，进行项目风险管理主要遵循以下几个原则。

(1)经济性原则。风险管理人员在制订风险管理计划时要考虑成本，以最合理、经济的处置方式把控制损失的费用降到最低，通过尽可能低的成本达到项目的安全保障目标。这就要求风险管理人员对各种效益和费用进行科学的分析和严格核算。

(2)满意性原则。不管采用什么方法，投入多少资源，项目的不确定性是绝对的，确定是相对的。因此，在风险管理过程中要允许一定的不确定性，只要能达到要求、令人满意就行了。

(3)全面性原则。遵循全面性原则就是要用系统的、动态的方法进行风险控制，以减少项目过程中的不确定性，主要体现在：①项目全过程的风险管理。也就是在项目的设计、可行性研究、实施等各阶段都要进行风险的识别、衡量和控制。②对全部风险的管理。在每一阶段进行风险管理都要罗列各种可能的风险作为管理对象，不能有遗漏和疏忽。③全方位的管理。对风险分析要考虑它对项目各方面(如工期、成本、施工过程、合同、技术、计划)的影响；采用的对策措施也必须考虑综合手段，从合同、经济、组织、技术、管理等各个方面确定解决方法。④全面的组织措施。在组织上全面落实风险控制责任，建立风险控制体系，把风险管理作为项目各层次管理人员的任务之一。

四、农业项目风险管理活动

农业项目风险管理活动的内容包括进行风险识别、风险分析、制订风险应对计划以及风险监控等，具体流程及关系如图 11-2 所示。

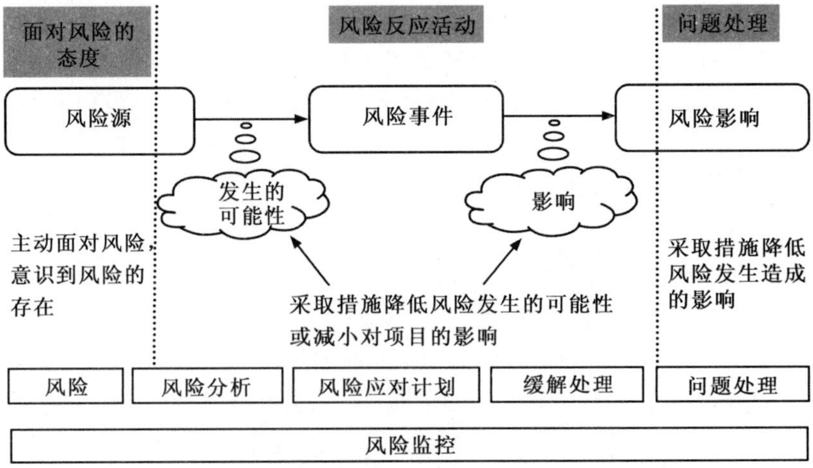

图 11-2　农业项目风险管理活动

在进行风险管理活动时，应把握好以下几个要点：

第一，对待风险的态度。我们应该正视风险的存在，主动识别出那些可能对项目产生不利影响的风险事件。

第二，我们需要采取积极主动的策略和反应活动来消除不确定性所造成的影响。这个活动包括对风险进行分析，以及制订旨在降低风险影响的行动计划。主要应该关注那些对项目影响大的风险，这是风险分析活动的目的。

第三，即使采取某些应对活动，风险仍然可能发生，这时我们应该采取措施来消除危害。这被称为问题处理。

第四，风险的特征会随着某些因素发生变化。风险的特征之所以会变化，一方面是由于采取的应对活动改变了风险的特征因素；另一方面是由于项目所在的外部商业环境发生了改变。这些变化都会使风险对项目产生的影响发生变化，我们需要监控这些变化，因为它可能会使得这些风险对项目影响程度的优先级顺序发生改变。

综上所述，风险监控活动是伴随着项目进展而持续不断、周而复始地进行的，因此又被称作持续性风险管理活动(图 11-3)。

我们在进行风险管理活动时，需要明确以下几点内容：

- 项目需要进行哪些风险管理活动？
- 谁是这些活动的执行者和责任者？
- 为这些活动分配相应的资源。

其中分配相应的资源就是要为处理风险的相关活动准备预算。按照风险类别的不同，这些预算的名称也不一样，如表 11-1 所示。

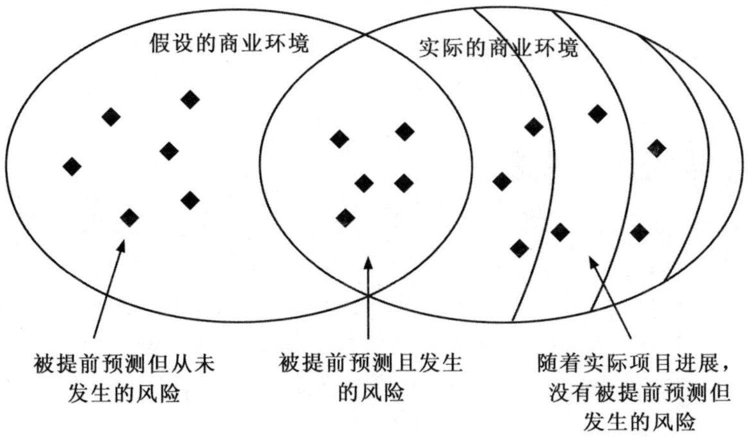

图 11-3　持续性风险管理

表 11-1　风险类别和预算分配

风险类别	预算名称	说明
已知—已知	预算	由于风险特征已知，将风险应对活动安排在项目活动当中实施
已知—未知	应急储备金	由于风险特征未知，用于处理已知—未知风险发生后的影响
未知—未知	管理储备金	由于风险本身未知，用于处理未知—未知风险发生后的影响

在项目管理知识体系里面，项目风险管理被定义为六个基本过程，即风险管理计划编制、风险识别、风险定性分析、风险定量分析、风险应对计划、风险监控。一个完整的、普遍性的项目风险管理过程如图 11-4 所示。

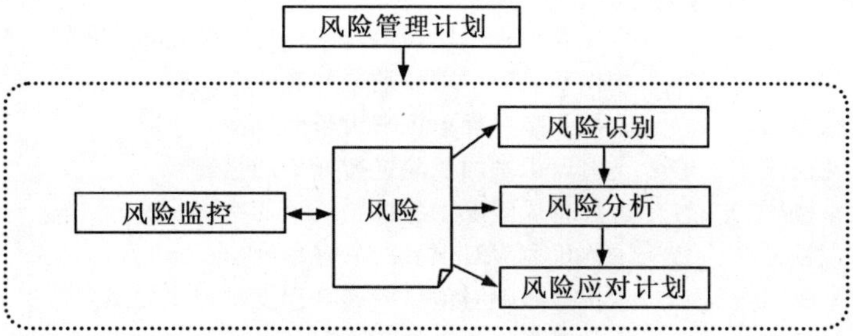

图 11-4　项目风险管理过程

任务 2　项目风险管理计划编制

一、项目风险管理计划的概念

项目风险管理计划的目的是定义项目的风险管理过程，确定项目风险管理活动所用的方法和标准，为各项活动分配相应的资源，以及明确各项活动的人员角色和责任。项目风险管理计划是项目实施风险管理活动的指导性文件。一般来说，它往往融合在项目的整体管理计划当中。

二、项目风险管理计划的内容

风险管理计划的内容包括两大部分，一部分是项目风险管理的过程计划，也就是约定项目如何实施风险管理活动；另一部分是针对具体的项目风险所做的分析、应对和监控活动的内容。如果项目所处的环境变化很快，风险管理的内容也会根据需要经常更新和变化。我们建议两个部分采用各自独立的文档，第一部分是相对稳定的风险管理计划，第二部分是记录和跟踪项目风险内容，是需要经常更新的文档。风险管理计划的具体内容如表 11-2 所示。

表 11-2　风险管理计划

章	节	内容描述
总体	项目背景	介绍本项目的背景情况
	组织结构	介绍本项目的组织结构情况、项目干系人
	项目风险管理过程	约定本项目的风险管理活动及人员角色和职责
	预算	为项目风险管理活动所分配的资源
风险管理过程	风险识别	定义本项目采取什么样的方法来进行风险识别，风险识别活动进行的周期，风险的分类，活动的结果记录在何处
	风险分析	定义本项目采取什么方法进行风险分析，风险发生的识别标准，风险影响程度的识别标准，进行风险排序的规则
	风险应对	定义本项目采取什么方法来制订风险应对计划，包括可以采用的风险应对策略
	风险监控	定义本项目采取什么方法进行风险监控，风险监控活动进行的周期
风险记录表		主要记录所识别出来的风险，可以是独立的文档以便于更新，也可以和风险管理计划合并成一个文档
	风险标识	用于唯一标识识别出来的风险
	风险描述	对所识别的风险进行详细的描述
	发生概率	评价风险发生的概率
	危害程度	评价风险对项目的危害程度
	优先级别	按照风险对项目的影响程度排列优先级
	应对计划	针对高优先级的风险制订相应的应对计划
	责任人	实施应对计划的责任人，对风险进行监控

任务 3　项目风险识别

一、什么是项目风险识别？

项目风险识别是指识别出项目究竟存在哪些风险，这些风险可能带来哪些不良后果的项目风险管理工作。风险识别的主要任务是找出项目风险的所在，识别引起风险的主要因素，对风险事件与风险特征进行详尽的描述，并对项目风险后果作出估计。风险识别是风险管理的基础。从客观上来说，风险识别也是风险管理中最难的一部分。因为风险是未来潜在的危害，它并不会在现在对项目产生影响，这会让大多数人期望它不发生。事实上很多实施了风险管理活动的项目，仍然会出现较大的意外而导致项目失败，其根源就在于没有真正识别出那些会对项目产生危害的风险。

一般而言，风险识别的参与者尽可能地包括以下人员：项目队伍、风险管理小组、来自执行组织其他部门的某一问题的专家、客户、最终使用者、其他项目的项目经理、项目干系人、外界的专家等。风险识别是一种持续性和系统性的工作，由于项目在实施过程中，各种条件都在不断变化之中，项目的风险也在不断变化，这就要求风险管理者要持续不断地去识别风险，密切注意风险的变化，并不断识别新的风险，因此，风险识别贯穿于项目整个过程的始终，项目开始阶段、项目执行过程中和项目主要变更批准之前，都需要进行项目的风险识别。

有经验的项目经理，可以提早发现这种潜在的危害而提前处理，但是这种风险识别的能力是一种“软技能”。现实中不存在一种结构化的方法，能识别出所有可能会对项目造成危害的风险。风险识别活动有两个主要的过程：寻找潜在的风险，对每个风险特征进行描述。

二、风险识别技术

对风险进行识别，要从源头找起。风险产生的根源可以分为两大类：内部风险和外部风险。前者是指由于项目本身的工作可能没有达到要求而导致问题，后者是指外部的某些因素可能会对项目产生危害。

由于项目管理最基本的原则就是通过项目活动实现项目的最终目标，所以识别风险的活动可以从项目计划开始进行。一个简单而基本的原则就是“我们可以对任何一项活动及其结果提出疑问”。这种疑问包括：

- 该活动是否可以顺利完成进度要求、成本要求、质量要求、范围要求这些既定的目标？
- 保证该活动完成的资源是否满足基本的要求？
- 该活动的顺利完成是否存在一定的假设和前提条件？这些因素是否会变化？
- 该活动是否存在一定的外部依赖关系？这些依赖条件是否一定能满足要求？
- 是否存在导致该活动不能顺利完成的其他外部因素？

这些问题给出了发现和识别风险的方法，但却是低效的。因为我们可以假设所有的活动都可能不如“我们预期的”那样顺利，“怀疑一切”的眼光可能会导致那些可能性并不高的风险掩盖了真正的“风险”，这对项目来说具有同样甚至更大的危害。

上面的方法虽然对于发现内部风险给出了一定的识别范围，但依然需要经验来高效率地过滤掉不必要的“担心”。而对于可能会对项目产生影响的外部风险，则需要依赖“发散性思维”，因为项目所处的外部环境范围是相对模糊的。总体来说，在实践中所采取的风险识别技术大都是基于“发散性思维”的。

(1)头脑风暴法。头脑风暴法(brain storming)也被称作集体思考法，是以专家的创造性思维来获取未来信息的一种直观预测和识别方法。此法由美国人奥斯本于1939年首创，自20世纪50年代起得到了广泛应用。头脑风暴法一般在一个专家小组内进行。通过专家会议，发挥专家的创造性思维来获取未来信息。头脑风暴法要求主持专家会议的人在会议开始时的发言中能激起专家们的思维“灵感”，促使专家们感到急需回答会议提出的问题，通过专家之间的信息交流和相互启发，从而诱发他们产生“思维共振”，以达到互相补充并产生“组合效应”，获取更多的未来信息，使预测和识别的结果更准确。

事实上，头脑风暴法不仅仅用于风险识别，只要是需要大家的经验和意见的情况，都可以用头脑风暴的方法来达到目标。

(2)访谈。与项目组内部和外部的资深专家进行关于风险的谈话有助于找出那些在常规计划中没有被识别的风险。在访谈前，负责风险识别的人员(通常是项目经理)选择合适的访谈人员，事先向他们提供项目的有关背景知识、简要的项目情况介绍和其他一些必要的信息，如项目计划、项目范围和项目的一些约束条件等。在访谈过程中，被访谈的人员在这些信息的基础上，利用他们的背景知识、丰富的项目经验挖掘出一些以前未被发现的风险。

(3)检查表。前两种方法都把“风险识别”看作是一种高度依赖个人经验的技能，通过某种方法让有经验的人提供帮助。检查表则是一个项目可能会遇到的风险列表，其结果不过分依赖于操作者的经验。检查表最初是由组织中最有经验的人员创建的。风险识别人员只需要对照检查表的每一项进行判断，逐个进行检查即可。当然，检查表是需要不断维护和更新的，因为一个项目即使继承了过去全部的经验也不能保证它不会遇到新的危机。

任务4　项目风险评估

一、什么是项目风险评估？

项目风险评估是指对项目风险和项目风险的后果及其相互作用进行评估的项目风险管理工作。项目风险评估的任务是对项目风险发生的可能性大小及项目风险后果的严重程度进行评价。

项目风险评估一般有定性和定量两种方法。在项目管理实践中，将专家和项目管理人员的估计与有限数据相结合，成为项目风险评估中运用较多的方法。在项目风险评估中，采用何种方法，取决于项目风险的来源、发生的概率、风险的影响程度和管理者对风险的态度。

二、风险定性分析

风险的分析活动就是对风险发生的“概率”和风险发生后对项目产生的“影响”这两项内容进行评价。在项目运作过程中，通常是运用风险定性分析进行判别，这是一种主观性的活动。

(一)风险概率

风险概率(risk probability)是指风险发生的可能性，一般可以分为极高、高、中等、低、极低五个等级。对风险概率的描述有三种方式：百分比、自然语言、数字等级。

“百分比”描述相对比较精确，如某风险发生的概率是30%或者80%。一般来说，风险概率必须大于0,否则风险不可能发生;同时必须小于100%,否则就是一个既定事实,不是风险。

“自然语言”则是用简洁平实的语言对风险概率进行描述,如极不可能、不太可能、可能、非常可能、几乎肯定等。

“数字等级”则采用连续的整数对风险从极低到极高进行进一步的细分。如“1级”代表概率最低,“5级”代表概率最高,或者相反也可以,只要预先定义好即可。

表11-3同时列出了风险概率描述的三种方式。

表11-3 风险概率描述方式

概率范围	自然语言	数字等级
1%～20%	极不可能	1
21%～40%	不太可能	2
41%～60%	可能	3
61%～80%	非常可能	4
81%～99%	几乎肯定	5

(二)风险影响

风险影响(risk impact)是指风险一旦发生后对项目产生的负面后果或带来的损失,它反映的是一种严重程度。对风险影响的描述可以采用数字等级排序(1～10)或者自然语言排序(极低、低、中、高、极高)。一般通过一个“转换表”,把风险的后果描述和风险影响数值排序进行对应关联。风险影响程度的定性分析如表11-4所示。

表11-4 风险影响程度的定性分析举例

影响级别	风险损失
1	小于1 000元
2	1 000～5 000元
3	5 000～7 000元
4	7 000～10 000元
5	大于10 000元

除了财务上能够准确度量的风险后果外,项目的其他一些因素如成本、人力资源、进度、质量、技术等也可以作为风险影响估计的参照,并制定出相关的“转换表”。如表11-5就是一个综合的风险影响排序的例子。

表11-5 风险影响排序示例

级别	项目进度	产品质量	额外的开发成本
极低(1)	延误小于1周	Bug数小于5个	小于1万元
低(2)	延误1～2周	Bug数5～10个	1万～2万元
中(3)	延误2～3周	Bug数10～20个	2万～3万元
高(4)	延误3周到1个月	Bug数20～30个	3万～4万元
极高(5)	延误大于1个月	Bug数大于30个	大于5万元

我们通过评价风险的“发生概率”和“影响”，就可以确定需要关注哪些风险，是关注“那些发生概率高的”还是关注那些“影响程度大的”。一般情况下，需要将这二者综合考虑计算出风险值：

$$风险值=概率\times影响$$

风险值是对风险进行排序的主要依据，即风险值高的风险，被列为优先考虑的风险，反之亦然。

在经过了充分的风险识别和风险分析之后，项目组可以获取一个经过排序的风险清单，称为“风险排序表”。风险排序表通常包括风险的优先顺序（以风险值从高到低排序）、风险描述、风险概率、风险影响和风险值。风险排序表是一个需要动态维护的表，即随着项目进展阶段的不同（计划、执行、监控和收尾等），根据最新情况随时进行更新。

表 11-6 是一个风险排序表的例子，列举的是排在软件开发项目前 10 位的风险清单。

表 11-6　风险排序表示例

优先级	风险描述	概率	影响	风险值
1	需求发生变化，尤其是开发后期的需求发生变化	5	5	25
2	开发计划执行受到严重影响	5	5	25
3	人员流动，关键项目成员流失	5	4	20
4	开发目标不明确或摇摆不定	4	4	16
5	项目经费超支或不足	4	4	16
6	产品定位错误，包括市场定位和技术定位	3	5	15
7	开发环境及过程管理混乱	3	5	15
8	产品质量存在较多缺陷	3	4	12
9	项目管理经验不足	3	3	9
10	技术方案有缺陷，系统架构有问题	2	4	8

三、风险定量分析

风险定量分析是在定性分析的基础上作进一步的量化，所以常常在风险定性分析之后进行，但也可以是一个独立而并行操作的过程。考虑到实施定量分析的复杂度和代价，很多项目可能只对风险进行定性分析。常用的风险定量分析技术是决策树分析。

决策树（decision tree）是一种图形方法，可以帮助选择在未来结果不确定的情况下的最好行动路径。和决策树分析相关联的一个概念是期望货币值。期望货币值（expected monetary value，EMV）是风险事件发生概率和用货币值表示的风险事件收益的乘积。

下面用一个例子来说明：项目如果选择采用一项新的技术，则会显著地缩短项目进度，但这一项新的技术也存在一定程度的失败的风险。为了保险起见，项目也可以选择采用过去成熟的技术。我们考虑各种可能性和每一种选择的收益（损失），如表 11-7 所示。

表 11-7　期望货币值计算示例

判断分支		可能性	收益(损失)	EMV
采用新技术	成功	60%	500 万元	500×60%＋(－200)×40%＝220
	失败	40%	－200 万元	
采用原有技术	成功	90%	200 万元	200×90%＋(－100)×10%＝170
	失败	10%	－100 万元	

最后我们可以看到，即使考虑失败的风险因素，选择“采用新技术”也会带来相对好的收益。事实上，决策树分析是一种考虑风险因素的决策技术，它并不代表最后的收益结果。

【实践训练】

农业项目风险评估调研

1. **实训要求**：依据任课教师提供的项目资料，或者尽量去参与一个真实农业项目，在项目风险识别的基础上，进行项目风险评估。

2. **实训目的**：通过此次实训，加深学生对项目风险识别及风险评估相关知识的理解，能够运用所学知识、技术思考、识别现实项目中存在的风险，并学会进行项目风险评估，强化知识运用能力。

3. **实训组织**：全班同学按每组 3～5 人进行分组，要求每组制订切实可行的调研计划，并进行合理的任务分工。

4. **实训实施**：任课教师提供项目资料，或者学生参与真实的项目活动，以每组学生为主体，在任课教师的指导下，进行项目风险评估活动。

5. **实训考核**：每组提交一份项目风险评估情况调研报告，内容主要包括项目基本情况介绍、项目存在哪些风险、风险发生的原因、风险的影响后果等。教师对调研报告、调研计划和掌握资料、学习程度进行考核评定并给出成绩。

任务 5　项目风险应对

一、什么是项目风险应对?

在项目风险被识别、评价以及风险量被确定之后，就要考虑各种风险的应对措施。制定分析应对措施是计划和安排对于项目风险的控制和管理活动。

二、风险应对计划编制

风险分析活动的最终目的就是帮助我们详细了解和比较项目所遇到的风险，判断哪些风险对项目会产生更大的影响。对这些风险我们可以采取相应的活动来避免损失，但这些活动都需要消耗一定的资源和成本，所以我们必须为风险来排定优先级别，优先处理那些“高级别”的风险，这称为风险的应对计划。风险应对计划可以从两个方面着手：在风险发生之前采取缓解措施；在风险发生之后根据需要进行应急处理。

风险应对计划的内容应该包括下面的一些因素：

- 风险标识，用于唯一标识风险；
- 风险描述；
- 风险概率和影响；
- 风险责任人及其职责；
- 风险缓解措施，包括规避、转移、缓解或接受，执行缓解措施所采取的具体行动描述，所需要的预算和资源；
- 应急处理，执行应急措施所采取的具体行动描述，所需要的预算和资源。

三、风险缓解

风险缓解活动是指在风险发生之前采取措施来降低风险对项目可能产生的危害和负面影响。根据方法和手段的不同，有四种不同的应对策略：规避、转移、减轻和接受。其中接受是指不做任何事前缓解活动，只是做好事后应急处理方案。

（一）规避

规避风险不是“躲”着风险，而是通过改变项目范围或者项目计划使项目不再受到风险的负面影响。规避风险的方法主要用在项目前期，针对初期所遇到的不确定性因素采取措施使之明朗化。具体的措施有以下几个方面：

- 针对项目初期需求的不确定性，项目组利用需求挖掘、需求确认等手段使需求逐步清晰化。
- 加强前期项目人员技能培训，避免实施上的操作失误，尽量采用成熟的方法开发项目。
- 建立正式而有效的沟通机制和渠道，使信息传递顺畅、准确。
- 准备好项目后备资源，以备应急之需。
- 如果项目需要和分包商合作，尽量避免和不熟悉的分包商合作，对分包商要进行严格的资格认证。

（二）转移

“转移”就是把风险迁移给第三方，从而降低风险对项目的影响。需要特别注意的是，转移风险不是简单地“推卸或者转嫁风险”，接受风险转移的第三方必须具备降低或者规避风险的能力，否则这种风险并没有被真正地消除，而仅仅是从项目组的“视线”里暂时消失。如果第三方不能对该风险进行根除或控制，风险发生后同样会对项目造成危害。尽管它不是发生在项目组内部，但只要是项目内容的一部分，这个结果都是负面的。所以我们在选择第三方转移风险的时候，大都是指这个风险对本项目组来说是“风险”，但对第三方来说就不是“风险”，这种情况下的转移才真正有意义。

为什么会出现这种情况呢？因为每个组织都有其最擅长的业务范围，在这个范围之内的任务风险最低、效率最高、最有优势。通过把项目中自己不擅长的部分转包给擅长的第三方，风险就得以化解。“转包”实际上是最常用的风险转移方式，它通常有以下几种具体形式。

- 和第三方签订合同，由第三方执行部分项目活动；

● 购买组件，而不是自建；

● 外购服务。

除此之外，也可以采用购买保险的形式。但这只是避免了损失，却无法实现预防。转移风险往往会产生费用，即需要向接受风险的一方支付承担风险的费用。这类费用主要有履行合同所需的保证金、购买费用、担保和保证费用、保险费用、其他一些需要支付的费用。

（三）减轻

减轻风险是指想方设法将风险发生的概率或者风险发生后的影响降低到可以接受的程度。风险减轻计划包含了提前预防风险以及将影响或结果降低到可接受等级的行动或工作。风险减轻与风险规避不同，风险减轻关注风险预防和风险最小化，风险规避则试图改变项目的范围，从而移除可能带来风险的活动。

风险减轻也需要一定的费用，相对风险发生带来的损失，其需要的费用一般是合算的。为了减少风险发生的概率，一般可以采用如下方法：

● 进行更多的试验或者更充分细致的测试；

● 采用更稳定的技术或解决方案；

● 挑选更有经验的工程师；

● 尽量考虑更多的冗余度和容灾性。

四、应急处理

虽然事前采取了一些风险缓解措施，但仍然无法完全避免风险发生。而且，有一些风险也并不能通过有效预防或调整措施来解决，此时项目团队可以简单地选择接受风险。

当风险发生时，项目团队需要开始实施有准备的“应急处理”过程。这种“应急处理”需要事先制订一个风险应急计划(contingency plan)，该计划约定，如果一个预知的风险发生，项目应采取怎样的措施来紧急处理，以最大限度地降低危害。通常情况下，提前制订风险应急计划可以大大减少风险发生时应对风险的费用。

由于风险应急措施的实施需要各种资源，项目应该为应急计划建立“应急储备”。“应急储备”主要考虑应急情况发生的时候所需要紧急调用的各种资源和费用等。

【实践训练】

制订农业项目风险应对方案

1.实训要求：在任务4风险评估实践训练完成结果的基础上，针对农业项目中的各种风险制订可行的项目风险应对方案。

2.实训目的：通过此次实训，加深对项目风险应对相关知识的理解，学会运用所学知识和技术思考、分析现实中的项目风险问题，并提出应对方案，具备一定的知识运用能力。

3.实训组织：全班同学按每组3～5人进行分组，要求每组制订切实可行的调研计划，并进行合理的任务分工。

4.实训实施：依据任课教师提供的项目资料，或者学生进一步参与真实的项目活动，以每组学生为主体，在任课教师的指导下，制订项目风险应对方案。

5. **实训考核**:每组提交一份项目风险应对方案,内容主要包括对识别出的项目风险排定优先级别(说明原因)、每一风险的处理建议等,并说明处理原因。教师对应对方案、调研计划和掌握资料、学习程度进行考核评定并给出成绩。

任务 6 项目风险监控

一、什么是项目风险监控?

(一)项目风险监控的概念

项目的风险特征并不是一成不变的,它会随着项目采取的相关应对措施或项目以外因素的变化而变化。这就需要项目持续地关注这些风险特征的变化,及时调整相应措施。项目风险监控是通过对风险规划、识别、评价、应对全过程的监视和控制,从而保证风险管理能达到预期的目标,它是项目实施过程中的一项重要工作。监控风险实际上是监视项目的进展和项目环境,即项目情况的变化,其目的是核对风险管理策略和措施的实际效果是否与预见的相同;寻找机会改善和细化风险应对计划,获取反馈信息以便将来的决策更符合实际。

项目风险监控的内容主要包括:持续开展项目风险的识别与度量,监控项目潜在风险的发展,追踪项目风险发生的征兆,采取各种风险防范措施,应对和处理发生的风险事件,消除和缩小项目风险事件的后果,管理和使用项目的不可预见性,实施项目风险管理计划等。

(二)项目风险监控的目标

(1)努力及早识别项目的风险。项目风险监控的首要目标是通过开展持续的项目风险识别和度量工作,及早发现项目所存在的各种风险,以及项目风险的各方面的特性,因为这是开展项目风险监控的前提。

(2)努力避免项目风险事件的发生。项目风险监控的第二个目标是在识别出项目风险以后,要采取各种风险应对措施,积极避免项目风险的实际发生,从而确保不给项目造成不必要的损失。

(3)积极消除项目风险事件的消极后果。项目的风险并不是都可以避免其发生的,有许多项目风险会由于各种原因最终还是发生了。对于这种情况,项目风险监控的目标是要积极采取行动,努力消减这些风险事件的消极后果。

(三)项目风险监控的依据

项目风险监控的依据主要有以下几个方面。

(1)项目风险管理计划。这是项目风险监控最根本的依据。通常项目风险监控活动都是依据这一计划开展的,只有新发现或识别的项目风险监控例外。但是,在识别出项目新的风险以后,需要立即更新项目风险管理计划,所以可以说所有的项目风险监控工作都是依据项目风险管理计划开展的。

(2)实际项目风险发展变化情况。一些项目风险事件是要发生的(风险概率达到了 1),而其他的可能不会发生(风险概率变成了 0)。那些发生的项目风险的发展变化情况也是项目风险控制工作的依据之一。

(3)潜在风险识别和分析。随着项目的进展,在对项目风险进行评估时,可能会发现以前未曾识别的潜在风险事件。应对这些风险继续执行风险识别、估计、量化和制订应对计划。

二、如何进行项目风险监控?

项目风险监控的步骤与内容见图 11-5。

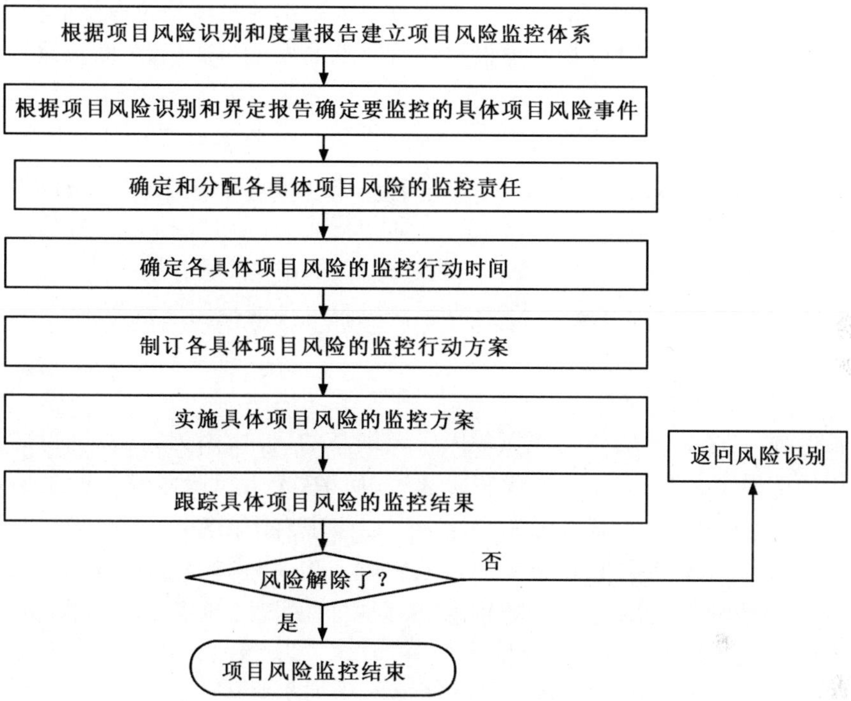

图 11-5　项目风险监控流程

(1)建立项目风险监控体系。建立项目风险监控体系就是要根据项目风险识别和度量报告所给出的项目风险的信息,制订出整个项目的风险监控的方针、项目风险控制的程序以及项目风险控制的管理体制。这包括项目风险责任制度、项目风险信息报告制度、项目风险控制决策制度、项目风险控制的沟通程序等。

(2)确定要监控的具体项目风险。这一步是根据项目风险识别与界定报告所列出的各种具体项目风险,确定出对哪些项目风险要进行监控,而对哪些风险可以容忍并放弃对它们的监控。通常这要按照项目具体风险后果严重性的大小和风险的发生概率以及项目组织的风险监控资源情况去确定。

(3)确定项目风险的监控责任。这是分配和落实项目具体风险监控责任的工作。所有需要监控的项目风险都必须落实负责监控的具体人员,同时要规定他们所负的具体责任。

(4)确定项目风险监控的行动时间。这是指对项目风险的监控也要制订相应的时间计划和安排,计划和规定出解决项目风险问题的时间表与时间限制,因为没有时间安排与限制,多数项目风险问题是不能有效加以监控的。许多由于项目风险失控所造成的损失都是因为错过了风险监控的时机造成的。所以必须制订严格的项目风险监控时间计划。

(5)制定各具体项目风险的监控方案。这一步由负责具体项目风险监控的人员，根据风险的特性和时间计划，制订出各具体项目风险的控制方案。在这一步中要找出能够监控项目风险的各种备选方案，然后要对方案做必要的可行性分析，以验证各个风险监控备选方案的效果，最终选定要采用的风险监控方案。这一步还要针对风险事件的不同阶段，制订出在不同阶段使用的风险事件控制方案。

(6)实施具体项目风险监控方案。这一步要按照确定出的具体项目风险监控方案，开展项目风险监控的活动。在具体实施时，必须根据项目风险的发展与变化，不断地修订项目风险监控方案与办法。

(7)跟踪具体项目风险的监控结果。这一步的目的是要收集风险事件监控工作的信息并给出反馈，即利用跟踪去确认所采取的项目风险监控活动是否有效，项目风险的发展是否有新的变化等。这样就可以不断地提供反馈信息，从而指导项目风险监控方案的具体实施。这一步是与实施具体项目风险方案同步进行的。通过跟踪给出项目风险监控工作信息，根据这些信息去改进具体项目风险监控方案的实施，直到对风险事件的控制完结为止。

三、项目风险监控的工具

风险监控的原则是，需要特别关注那些优先级别高的风险，因为它们对项目的影响最大。一个经常采用的工具就是"项目十大风险跟踪表"。所谓"十大风险跟踪"，就是始终关注风险值最高的十个风险，进行全程监督和控制。这样可以集中有限的项目资源，解决项目中最主要的风险，最大限度地降低风险给项目带来的负面影响。但是不是只关心前十大风险呢？这里我们需要注意，十大风险只是一个相对的概念，根据项目的规模和特征，这个数值会有所不同。

十大风险跟踪的具体方法如下所述：

- 根据风险识别和分析的结果，列出风险值最高的十个风险。
- 为每个风险制订详细的风险应对计划，其中包括应对措施及责任人，并执行。
- 跟踪风险应对的执行情况，定期评审和审计计划的执行情况。
- 追踪风险变化的趋势，随时调整每个风险的风险值，并更新"十大风险跟踪表"。

风险控制活动是在风险发生后根据风险应急计划来进行相应的危机处理。风险控制主要包括下面四个方面的内容：

- 执行某一个应急计划。
- 针对某一个风险，采取纠正措施。
- 选择备用的方案。
- 重新制订项目计划。

风险状态报告是对风险管理计划、应对计划的执行情况进行定期的审计后的主要输出文档，是风险监控活动的结果。这份报告应该为每个风险考虑可能的四个风险管理方面的情况：

- 风险被解决，风险应对计划完成，跟踪结束。
- 风险管理和应对行动与计划一致，这种情况下风险管理工作还将继续。
- 风险管理和应对行动与计划不一致，这种情况下应该纠正执行方法。
- 风险发生了显著变化，这种情况下要进行风险再分析并重新制订风险应对计划。

风险状态报告的目的是使项目相关成员了解当前项目风险应对的状态。它的内容包括以下一些主要的信息：项目名称，风险描述，风险分类（项目领域），识别阶段的概率、影响和曝光量，当前的概率、影响和曝光量，识别阶段的风险等级，当前的风险等级，风险应对计划的完成进度（已完成的工作），风险应对措施的具体描述和工作总结，风险所有者，风险变化的趋势。

模块十二　农业项目采购管理

知识目标

掌握项目采购、农业项目采购管理的概念；

了解农业项目采购管理的过程及任务；

掌握项目采购计划的含义、采购计划编制的方法和步骤；

了解项目询价计划编制的方法及输出结果；

了解合同管理、合同收尾的概念及方法。

能力目标

能够编制简单的农业项目采购计划；

能够编写报价邀请函；

能够识别合同中存在的问题并提出完善建议。

【案例导入】

一家建筑公司在施工过程中，由于把某供货商的一份合同遗失，在与此供货商的多次交涉过程中，此供货商始终不承认与该建筑公司有过供货的合同书。后来，虽然此建筑公司把供货商告上了法庭，但由于建筑公司缺少证据，最后法庭宣布供货商不承担任何赔偿费用。同时，法庭还提出让建筑公司赔偿给供货商造成的误工损失，并承担一切法律费用。事后，此建筑公司经过核算，因为采购合同遗失给公司造成的损失达数百万元。那么，怎样才能科学地进行项目采购过程中的合同管理呢？

来源：伍春来、王振雨编著《项目管理》，经济管理出版社 2004 年 7 月版

项目的执行除了需要必备的人力资源之外，还必须具备相应的设备、设施、原材料、零件、服务和其他物质资源，离开了这些物质资源，再高明的项目经理也不可能按要求完成项目的任务，在市场经济条件下，这些产品和服务是通过采购活动来实现的。从执行组织以外通过采购取得项目所需要的产品或服务，就是所谓的项目的采购管理。而这些资源的获取又是需要花费一定的项目资金的，如何合理而有效地使用这些项目资金，如何使一笔有限的资金发挥其最大的效用，是在项目的采购管理中所应该关注的问题之一。

任务1　了解农业项目采购管理

一、什么是农业项目采购管理?

(一)什么是项目采购?

1.项目采购的概念

任何一个项目都免不了从外界获得各种资源。无论是大项目(如大型农田水利建设项目)还是小项目(小型的种植业项目)都离不开采购。采购包含两个意思,一是从多个可供选择的对象中进行选择;二是购买,即通过交易手段把所选定的商品或服务从对方手中转移到自己手中。项目采购是指从外界多个可供选择的对象中选择购买项目所需的各种资源的过程。

项目所需资源主要有两种:商品和劳务。对于一般项目而言,商品包括各种原材料、设备、工具、机器、仪器、能源等实物,劳务则包括各种项目实施、项目管理、专家咨询、中介活动等。劳务还可能包括项目承包商委托给分包商承担的部分项目实施任务。

2.项目采购活动的主体

项目采购活动主要涉及四个方面的利益主体,他们分别是采购活动中的买主和卖主。

(1)项目发起人/业主/客户。项目发起人是项目的出资者,业主是项目的所有者,客户是项目的使用者。不管他们自己承担采购工作,还是委托承包商或项目团队进行采购,严格地讲,他们是所采购的各种资源的真正购买者。

(2)项目实施组织。项目实施组织是指承包商或项目团队,他们是项目业主或客户的代理人和劳务提供者。他们可以受业主或客户委托为其采购商品和劳务(如BOT项目中的承包商一般都负责设备和材料采购),也可以直接作为卖主出售劳务(如IT项目中的软件公司向企业用户出售软件)。

(3)供应商。供应商是为项目提供所需的各种商品和劳务的卖主。他们可以直接将商品和劳务卖给项目发起人/业主/客户,也可以将商品和劳务直接卖给承包商或项目团队。

(4)项目分包商和专家。项目分包商和专家是专门从事某方面专业服务的组织或个人。他们可以直接向承包商或项目团队提供服务,也可以为项目业主/客户提供服务。

项目采购活动主体的关系如图12-1所示。图12-1中的实箭线表示“委托—代理”关系的方向和资金的流向,虚箭线表示商品或劳务的流向。

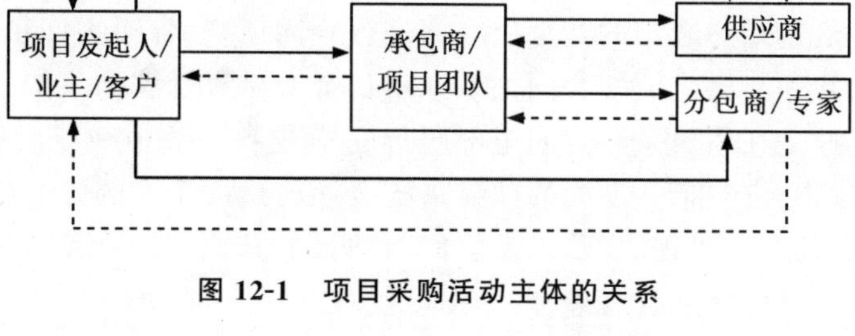

图12-1　项目采购活动主体的关系

3. 项目采购的原则

为了能够完成项目采购的目标，为项目提供所需的各种有形的商品和无形的劳务，并合理利用项目的资金，在进行项目采购时，应遵循以下原则。

(1)适时原则。项目采购计划的制订要非常准确。采购活动过早或过迟地实施，都会给项目带来不利后果。

(2)适价原则。项目所需各种资源的费用在项目成本中占有很大比重，是构成项目成本的主要成分。较低的采购价格可以降低项目的成本，提高项目的经济性，但采购价格并非越低越好。价格过低，供应商(承包商)为了自身的利益，就会偷工减料，或者拖延交货时间，反而给买方造成更大的损失。

(3)适质原则。采购的各种资源的质量是决定项目质量的重要因素。劣质的资源会导致低劣的项目质量，给业主带来损失。过高的质量要求又会导致成本的上升。因此，应该综合考虑资料的适用性和成本，按照适质原则进行采购。

(4)适量原则。采购量过大会造成过高的存货储备，令资金积压，成本上升。采购量过小又会导致采购成本的提高。所以，适当的采购量(即适量)是非常必要的。

(5)竞争原则。为了能够采购到价格合理、品质优良的商品和劳务，必须在完善的市场环境中，通过公平竞争选择合适的供应商。

(二)什么是农业项目采购管理?

农业项目的采购管理指的是在整个项目过程中有关项目组织从外部寻求和采购各种项目所需资源的管理过程。

根据美国项目管理学会(PMI)所编制的 PMBOK(2000 年版)，项目采购管理的主要过程包括采购计划编制、询价计划编制、询价、供应商选择、合同管理和合同收尾等过程。

(1)制订采购计划。为了满足项目实施的需要，应该根据项目的集成计划和资源计划，考虑项目是否采购、怎样采购、采购什么、采购多少及何时采购，并据此编制出详细可行的项目采购计划。

(2)制订询价计划。为了保证能够按时、按质、按量获得外部资源，必须制订出项目的询价计划，所谓的询价计划就是何时开始询价、订货、签订合同，以确保采购的各种资源能够在需要的时候到位。这实际上是一种有关采购工作的作业计划。

(3)询价。这是项目组织为采购外部资源所开展的一项具体工作，是采购工作中搜寻市场行情、获得投标报价或者供应商的报价单、投标申请书等文件的工作。

(4)供应商选择。这是在询价工作完成，获得了多个供应商或分包商所提供的报价之后，按照一定的评价标准，从潜在的供应商或分包商中选择一个或多个，并准备购买其产品或劳务的管理工作。

(5)合同管理。这包括与选定的各个供应商进行合同谈判、合同签订和合同履行的管理过程，也就是项目组织管理与供应商的合同关系和项目资源供应管理的工作。

(6)合同收尾。这是在项目采购合同全部履行完毕或者因故中断以后所开展的各种采购结算和交接决算的过程，它包括一系列的项目采购合同已达成条款的验证、审计和完结的管理工作。项目采购管理的上述过程之间，以及它们与项目的其他管理过程之间有着相互作用、相互依存的关系，需要项目团队综合考虑。

(三)农业项目采购管理的重要性

农业项目采购管理对项目的重要性可以概括为以下四个方面。

(1)能否经济而有效地进行采购,直接影响到能否降低项目成本,也关系着项目未来的经济收益水平。采购计划周密,工作做得好,不但采购时可以降低成本,购买到合适的货物,或签订合适的服务合同,而且在货物制造、交货以及服务提供的过程中,可以尽可能地避免各种纠纷。

(2)健全的采购管理工作,要求采购前对市场情况进行充分、认真的调查分析,准确掌握市场的变化趋势,因而制订的采购计划是切合实际的,预算也既符合市场情况,又留有一定余地。签订合同后,双方对如何支付货款或劳务费用方面应权责分明。即使可能发生价格调整或不可预见的费用,也都已在合同中作了明确的规定。

(3)好的采购工作,应通过招标,在招标文件中对所采购的货物或服务的技术规格、交货等方面做出具体规定。供货商或承包商在制订标书的过程中要充分考虑自己供货或承包服务的能力;招标后签订的合同要明确规定双方的权利与责任关系,不应模糊推诿;还要规定履约保证及违约赔偿的办法,以保证合同的实施,因而可以保证按要求如期交货、提供服务,使项目按计划实施。

(4)项目采购工作涉及资金相对较大,同时也涉及复杂的横向关系,如果没有一套严密而周到的程序和良好有效的内部牵制制度,难免会出现贪污、浪费的现象。周密的采购程序和有效的内部牵制制度,比如在承包商的选择上,采用比较规范的公开招标,公平竞争的招标程序和严谨的支付办法,可以从制度上最大限度地防止贪污、浪费等腐败现象的发生。

【实践训练】

农业项目采购管理情况调研

1.实训要求:找一个你熟悉的农业企业,了解其在项目采购管理方面的情况。

2.实训目的:通过此次实训,加深对项目采购管理相关知识的理解,运用所学知识和技术思考、认识现实项目采购中存在的问题,强化知识运用能力。

3.实训组织:全班同学按每组3～5人进行分组,要求每组制订切实可行的调研计划,并进行合理的任务分工。

4.实训实施:学生自主联系或任课教师统一联系一个农业企业,以每组学生为主体,在任课教师的指导下,进行采购管理情况的调研。

5.实训考核:每组提交一份项目采购管理情况调研报告,内容主要包括项目基本情况介绍、需要采购的主要物资、采购多少、如何采购、有无询价计划、供货商选择情况、供货是否及时、物资有无积压、合同管理等。教师对调研报告、调研计划和掌握资料、学习程度进行考核评定并给出成绩。

任务2　采购计划编制

一、项目采购计划的含义

采购计划是确定哪一项目需求可通过采购项目组织之外的商品和劳务来满足的过程,包括是否采购，怎样采购，采购什么，采购多少，什么时候采购等过程。

当项目需要执行组织之外的商品和劳务时，对每一产品和劳务都将执行一次询价计划流程。签订合同和采购时，项目管理小组将寻求专家们的支持。

当项目不需要从外界获取产品和服务时，询价计划流程就不必要执行。这种情形一般出现在研究开发项目，因为执行组织不愿同别人分享项目技术；或者发现和管理外部资源所花的成本可能超过潜在收入的许多小规模室内项目。

采购管理也包括潜在子合同因素，特别是买方希望对子合同签订决策施加影响的时候。

二、编制项目采购计划

采购计划编制是一个项目的管理过程，它确定项目的哪些需求通过采用组织以外的产品或服务可以得到更好的满足。这一过程主要有三个步骤：

第一步，确定项目中的某一部分是否需要从外部采购。

第二步，确定采用哪种方式进行采购。

第三步，确定需要采购的产品或服务的具体内容、采购数量以及何时进行采购。

这些决定的结果构成了完整的项目采购计划。图 12-2 列出了项目采购计划编制过程中的各个步骤以及所采用的方法和工具。

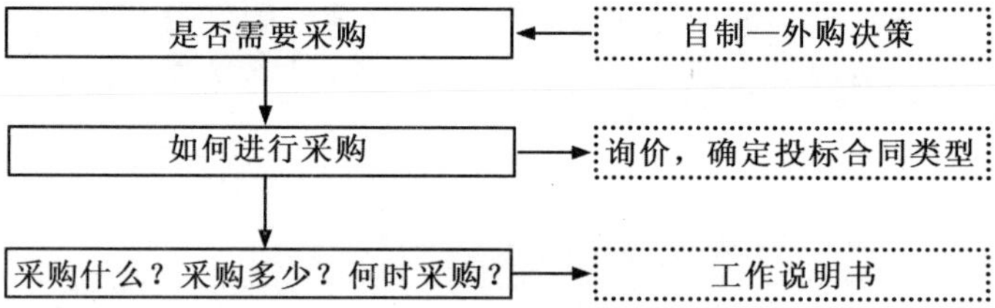

图 12-2 项目采购计划编制过程

（一）项目采购计划编制应考虑的因素

在进行项目采购计划的编制时应考虑以下几个方面的因素：

（1）范围说明书。描述项目范围界限，能够提供采购计划编制过程中必须要考虑的项目需求与战略方面的信息。

（2）产品描述。提供有关项目产品的一些技术信息。在此，要注意产品描述和工作说明的区别。

（3）项目自制采购分析。项目的“自制—采购分析”决定了项目要采购什么。

（4）合同类型。根据项目和需要采购的产品或服务的具体情况，选择适宜的合同类型。

（5）项目采购资源。执行组织中现有支持项目采购活动的一系列资源和有关合同方面的专家。

（6）市场情况。在采购计划编制时，要考虑所购产品的市场情况，如是否能买到、在哪里能买到以及在什么条件下才能买到等。

（7）项目其他专项计划。编制采购计划时，必须要考虑诸如成本、进度、质量、现金流、WBS、风险、人员等各个方面的内容。

(8)限制条件。即限制买方选择的一些因素。最常见的限制因素有资金问题、组织政策等。

(9)假设前提。为了编制项目采购计划,应假设一些被认为正确、属实、肯定的因素。

(二)项目采购计划编制工具和方法

1.自制和外购分析

此法可用来分析某种产品由执行组织生产是否成本更低,这是很普通的管理工具。自制或是外购分析都包括间接成本和直接成本。例如,在外购分析时,应包括采购产品的成本和管理购买过程的间接费用。自制和外购分析必须反映执行组织的观点和项目的直接需求。例如,采购一项资本性支出项目(从建筑吊车到个人电脑的任何项目)与租赁这一项目相比较,在成本上一般是不合算的,然而如执行组织对某一项目有持续需求,那么结入项目的购货成本可能比租赁来得低。

2.专家意见

在采购计划的工具和方法中,往往需要专家意见来作为评估管理的依据。这种专家意见可由具有专门知识、来自于多种渠道的团体和个人提供。

3.合同类型选择

不同类型的采购应采用适合其特点的合同。合同一般分成三大类:

(1)固定价格合同。这类合同对一个明确定义的产品采用一个固定总价格,如果该产品没有明确定义,卖方和买方都会面临风险——买方可能得不到想要的产品,卖方为了提供产品可能花费额外的成本。固定价格合同也包括对达到或超过既定项目目标(例如进度目标等)的奖励。

(2)成本补偿合同。这类合同包括支付给卖方实际成本。成本分为直接成本和间接成本。直接成本指工程项目单独花费的成本(例如全职员工的薪水)。间接成本指由执行组织划分到项目的管理费用(例如公司董事的薪水)。间接成本一般按直接成本的一定百分比计算。成本补偿合同也常常包括对达到或超过既定的项目目标(例如进度目标等)的奖励。

(3)单价合同。卖方按预先设定的单价支付一定金额,合同的总金额是完成项目的工作量的函数。

(三)采购计划编制的结果

1.采购管理计划

采购管理计划应规定采购过程将怎样被管理。例如,采用什么类型的合同?如果采用独立估计作为评估标准,由谁准备?什么时候准备?如果需要标准采购单证,在哪里可找到?怎样管理多家供应商?采购如何同项目的其他部分例如进度和执行报告协调?

一个采购管理计划可以是正式的或非正式的,详细的或框架性的,具体采用什么形式要根据项目的需要。

2.工作说明书

工作说明书是清晰的规定项目采购细节的文档,目的是让潜在的卖方确定他们是否有能力提供所需的产品或服务。工作说明书的详细程度随项目的性质、买方的需求或合同形式的不同而不同。工作说明书应尽可能的明确、完整和简练。一个简单的工作说明书的模板如表12-1所示。

表 12-1 工作说明书模板

项目背景	介绍总体项目的背景资料
工作范围	详细地描述所要完成的工作
进度要求	详细说明工作的预计进度要求
可交付成果时间表	详细列出所要求的可交付成果,以及每一项可交付成果的具体描述和交付时间要求
适用标准	详细说明与执行该工作有关的行业规则的标准
验收标准	描述买方组织如何确定工作是否能被接受
特殊要求	详细说明可能需要的其他要求

在采购流程中,工作说明书可能需要修订,例如一个潜在的卖主可能建议一个更有效的解决方案或者成本更低的产品。每一个采购项目都需要一个独立的工作说明书,然而多项产品和劳务可能用一个工作说明书集成一个采购项目。

工作说明书应尽可能清楚、完整和简洁。它应包括任何所必需的附带劳务描述,例如,执行报告或前项目对采购项目的操作支持,在一些应用领域需具备工作说明书的特定内容和格式。

【实践训练】

编制项目采购管理计划

1. **实训要求**:找一个你熟悉的农业企业,针对其某一项目进行充分的调研,了解其采购管理方面的需求,帮其制订项目采购管理计划。

2. **实训目的**:通过此次实训,加深对项目采购计划相关知识的理解,初步学会编制项目采购管理计划,强化知识运用能力。

3. **实训组织**:全班同学按每组 3～5 人进行分组,要求每组制订切实可行的调研计划,并进行合理的任务分工。

4. **实训实施**:学生自主联系或任课教师统一联系一个农业企业,以每组学生为主体,在任课教师的指导下,针对其某一项目进行调研,主要了解其项目采购管理方面的情况。

5. **实训考核**:每组提交一份项目采购管理计划,内容以一般采购管理计划为标准结合该项目的具体情况进行设定。教师对调研报告、调研计划和掌握资料、学习程度进行考核评定并给出成绩。

任务 3 询价计划编制

一、项目询价计划的含义

项目的采购计划编制工作完成以后,接下来开展的工作是询价计划编制。所谓的询价计划编制,就是准备支持询价过程的所有文件。询价计划编制的主要目的就是制作采购文件和确定评价标准。

二、项目询价编制计划的工具和方法

(1)标准表格。标准表格可包括标准合同、标准采购项目说明、全部或部分标准投标文件。进行大量采购的组织应使大部分单证文件标准化。

(2)专家意见。专家意见和本模块任务 2 部分相同。

三、询价计划的输出结果

(一)采购单证文件

采购单证文件被用来引诱潜在的卖方提出建议。术语"标书"和"报价单"一般用在渠道选择采用价格导向时候,如商业采购。至于术语"意见"一般用在技术或方法等非资金因素最重要的时候,如购买专业服务。然而这些术语经常在使用中互换,因而不要想当然地认为术语按其暗含的意思使用。

不同采购单证文件的通用名称包括投标邀请函、意见请求书、报价单请求书、磋商邀请函和合同方回函等。

一般地,询价文件的形式根据所需外购的是"产品"还是"服务",有两种不同的类型,即报价邀请书和建议邀请书。

(1)报价邀请书。主要用于在市场上可以购买到的"标准产品"。由于是标准产品,项目组可以准确地定义出所需要的产品规格、数量和预计交货时间,仅需要供应商提供这些产品的报价即可。在这种情况下,价格是相对重要的因素,但我们还需要考虑这些产品在运行和使用过程中的维护和保修等相关服务内容,将所有这些综合考虑作为最后选择供应商的完整依据。由于除了价格以外,其他因素很难通过一些简单的手段迅速做出准确的评价,所以很多大的公司都会首先在公司层面确定一个被认可的供应商名单,然后根据供应商的市场口碑和实际表现来做调整。

很多公司为了避免陷入仅仅依赖价格进行竞争的不利局面,都试图创造一种难以被模仿的"独特性",来形成一种"独一无二的垄断"。如果这些产生"差异"的"独特性"恰恰是项目所寻求的,将会使供应商具有极大的优势,并同时获得较高的利润。

(2)建议邀请书。主要用于需要"外包"的工作或服务。由于没有类似的成熟产品可供参考,项目组可能无法提供准确的产品规格,而只能提供产品需求。项目组甚至可能不知道如何构建产品,所以寻求的是解决方案的建议书。项目组实际上外购的是供应商"按照客户需求定制和构造产品的工作和服务"。由于产品是要"将被制造出来"的,所以成本固然是一个重要的考虑因素,但更重要的是产品质量。因为不具有"标准产品"在业界的一个可对比性,所以如何在达到质量要求的前提下使成本最低是一个相当难以确定的问题。很多时候可能会由于低估了达到"质量要求"所需要的代价,造成更大的损失。

(二)评估标准

评估标准用以给建议评价和打分。标准可是主观的,例如项目经理应具有项目管理专业证书;或客观的,例如项目经理应具有管理相似项目的经验。评估标准往往是采购单证文件的一部分。

如果采购项目已经存在于一些可接受的渠道中，评估标准可限于采购价格（采购价格包括采购项目的成本和采购费用）。如采购项目还不存在，那么应制定其他标准以形成一个完整的评价制度。例如：

（1）对需求的理解——可由卖方建议看出。

（2）总周期成本或生命周期成本——选出的卖方是否能以最低成本生产出合适的产品（采购成本加上经营成本）？

（3）技术水平——卖方是否具有，或是否有理由相信卖方能获得需要的技术和知识？

（4）管理方式——卖方是否拥有，或是否有理由相信卖方拥有一套确保项目成功的管理程序？

（5）资金——卖方是否拥有，或是否有理由相信卖方能获得所需资金。

（三）工作明细表的修订

工作明细表参见本模块任务 2。一份或多份工作明细表的修订应在询价计划期间确定。

【案例资料】

报价邀请书范本

××水务局对水质化验相关设备进行询价采购，诚邀合格的供应商参与报价。现将有关事项通知如下：

一、项目编号：××采购办函〔2012〕50 号。

二、项目内容：水质化验设备规格、数量及限价见下表：

货物名称	规格及要求	设备类别（项）	控制预算总金额（万元）	交货地点
水质化验设备	见后	34	40	××水务局

三、采购方式：询价采购。

四、资格条件（下述有效的证明文件请在询价会审查资质时出示原件）：

1. 符合《中华人民共和国政府采购法》第二十二条的规定；

2. 在中华人民共和国境内注册的企业法人（或者分支机构），注册资本为 30 万元人民币以上（含 30 万元）；

3. 具备有效的《工商营业执照》、《税务登记证》（含国税和地税）、《组织机构代码证》；

4. 具备生产、经营水质化验设备资质的公司、企业。

5. 异地注册的企业在××市必须设有分公司及常驻维修机构，须具有××市工商行政管理局核发的分公司营业执照。

五、报名及领取询价文件时间和地点：报名时间为 2012 年 7 月 7 日 9:00 至 2012 年 7 月 13 日 17:30，询价文件领取地点在××水务局，询价文件工本费每份 100.00 元。

六、报价文件递交始、止时间及报价时间和地点：报价文件递交时间为 2012 年 7 月 14 日 14:30 至 15:00。报价地点在××水务局。

七、报价保证金：供应商必须在递交报价文件时向××水务局缴纳报价保证金人民币5 000元，保证金需用信封密封好并加盖单位公章。在供应商不违反采购规定的情况下，未成交供应商的保证金于询价结束后现场退还。成交供应商的报价保证金转为履约保证金，按时、按质交货验收合格后无息退还履约保证金；否则，履约保证金不退，并承担相应的经济损失和法律责任。

八、××水务局联系方式

联 系 人：

联系电话：

传真电话：

××水务局

二〇一二年七月六日

水质监测设备名称

序号	商品名称	规格型号	数量
1	原子吸收分光光度计	TAS-986	1
2	原子荧光光度计	PF6-2	1
3	紫外可见分光光度计	T6 新世纪	1
4	超纯水器	GWA-UN1-10	1
5	电子天平	FA2004	1
6	电热恒温水浴锅	双列六孔	1
7	电导率仪	DDS-12D	1
8	生化培养箱	LPH-150	1
9	精密 pH 计	PHS-3CW	1
10	洁净工作台	SW-CJ-1D	1
11	蒸汽灭菌器	YX-280D	1
12	除湿机	182B	11
13	电热恒温培养箱	DHP-9082	1
14	光栅分光光度计	722	1
15	显微镜	FL-102A-1600	1
16	数显式浊度仪	BZ-1	1
17	余氯比色计	YL-1	1
18	鼓风干燥箱	101-1A	1
19	耗氧量测定仪	QCOD-2E	1
20	电炉	1 KW	1
21	箱式电阻炉	CJ-4-10	1
22	电热板	DB-1	1

续表

序号	商品名称	规格型号	数量
23	保险柜	E730c	1
24	溶解氧测定仪	LC-JPB-607	1
25	深水采样器	ETC-2	1
26	污水采样器	MWYHC2301	1
27	干湿温度计		11
28	冰箱	160 L	1
29	稳压器	1 kVA	1
30	细菌消毒柜	100 L	1
31	乙炔	带气瓶	1
32	氩气	带气瓶	1
33	BOD	870 型	1
34	电脑		1
合计	最高限价:40 万元(肆拾万元整)		

【实践训练】

编写报价邀请函

1. **实训要求:**在任务 2 实践训练(编制项目采购计划)完成结果的基础上,针对需要外购的物资,编写报价邀请函。

2. **实训目的:**通过此次实训,初步学会编写报价邀请函,强化知识运用能力。

3. **实训组织:**全班同学按每组 3～5 人进行分组,了解需要外购物资的具体情况,并进行合理的任务分工。

4. **实训实施:**以每组学生为主体,在任课教师的指导下,充分了解项目关于外购物资的各项要求,并进行适当的市场调研,编写报价邀请函。

5. **实训考核:**每组提交一份完整的报价邀请函,内容以一般报价邀请函的格式、要求为标准,结合该项目的具体情况进行设定。教师对调研报告、调研计划和掌握资料、学习程度进行考核评定并给出成绩。

任务 4　项目询价

一、项目询价的含义

询价是根据项目采购计划和询价计划等采购工作文件所开展的寻找供应商,并向可能的供应商发出询价信,以及项目具体所需资源的要求说明文件,邀请可能的供应商给出报价的过程。询价就是从潜在的卖方那里获得建议书或报价书。项目任何一种商品的采购都必须首先进行询价，以便能够“货比三家”，最终以最优的条件与选定的供应商签约。

二、项目询价的工具和方法

(1)投标者会议。投标者会议指在提出建议前与潜在卖方的碰头会，投标者会议确保所有潜在卖方对采购有一个清晰、共同的理解(技术要求、合同要求等)。对问题的答复有可能作为修订条款包含到采购单证文件里去。

(2)广告。现有的潜在卖方名单常常通过在普通出版物如报纸或专门出版物如专业刊物上做广告而得到扩充。在一些国家某些类型的采购项目要求公开向大众做广告，在大多数国家要求政府合同下的子合同公开向大众做广告。

三、询价的结果

建议书是询价过程的一个结果。建议书是卖方准备的文件，说明卖方提供所需产品的能力和意愿。建议书应该同相关的采购单证文件一致。

任务 5　供应商选择

一、供应商选择的含义

供应商选择是指买方在接收了潜在卖方所提供的标书或建议书之后，使用评估标准对供应商进行评估、选择，并最终选择最佳的卖方进行合同谈判并签订合同。这个过程很少直线前进。从众多的潜在卖方中选择一个最佳的合作伙伴需要全面、综合的评价。

在选择过程中应注意到：价格也许是主要决定因素，但是如果卖方不能及时供货，最低的价格也许不是最低的成本；建议书可分成技术(方案)部分和商业(价格)部分，各部分应独立评估；对关键性产品应采用多渠道。

二、渠道选择的工具和方法

(1)合同磋商。合同磋商是合同签订前的步骤，包括对合同结构和要求的澄清和合意。最终的合同文本应反映所有已达成的合意。合同的内容涵盖(但不局限于)责任和权利，适用的条款和法律，技术和商业管理方案，合同融资以及价格。

对于复杂的采购条款，合同磋商应是一个独立的过程，该过程有自己的依据(例如一个问题或公开项目表)和结果(例如备忘录)。

合同磋商是称为“磋商”的通用管理技巧的一个特例。磋商工具技巧和方式在通用管理类书籍里被广泛讨论，并可以应用到合同磋商过程。

(2)加权法。加权法是对定性数据的定量分析，以尽量减小渠道选择中的人为偏见影响。方法包括：

①给每一评估标准设定一权重；

②按每一标准为卖方打分；

③计算权重和分数之积；

④把所有的乘积求和得到一个总分数。

(3)筛选法。筛选法包括为一个或几个评估标准确定最低要求。

(4)独立评估。对很多采购项目，采购组织要自己评估价格。如果评估有明显的差别可能意味着工作明细表不充分，也可能意味着卖方误解或者没能完全答复工作明细表。

三、供应商选择的结果

合同是有约束力的合意。卖方有提供指定商品的义务，买方有支付价款的义务。合同是可由法庭救济的法律关系。合同可以简单或复杂，常常(并不总是)由产品的简单或复杂决定。在众多名称中，合同也称为协议、子合同、采购单、备忘录。大多数组织有成文的政策和程序，规定由谁代表组织签订合同。

虽然所有项目文件都按照审查和批准的形式，但是合同的法律约束性本质通常意味着合同将采用更广泛的批准过程。在所有情况下，审查和批准程序最注重的地方就是要确保合同文本定义的产品或劳务符合规定的要求。在由公共部门执行项目的情况下，审查程序还包括公众对合同的审查。

【案例资料】

原材料采购合同范本

甲方：

乙方：

经甲、乙双方友好协商，本着平等互利的原则，根据《中华人民共和国合同法》及相关法律法规的规定，现就乙方向甲方供应生产物资事宜，达成一致意见，为明确双方权利和义务，特订立本合同：

一、订购产品名称：

二、订购产品数量：

三、质量标准：

1. 甲方授权乙方供应符合国家质量标准和甲方生产要求的货物。乙方的货物必须符合规定的标准和随货文件要求。

2. ____________________。

四、产品规格及价格：

1. ____________________。

2. ____________________。

五、付款方式：双方选择以下第__________种方式支付货款。

(1)翻单结算。即第二批货物到甲方厂区指定地点后，甲方向乙方支付第一批货款。以后依次类推下次送货结算上次货款。

(2)留质保金结算。即乙方前一期货物送达且验收合格后，留下__________元作为质量保证金，其余款项货到后当月内付清。合同期限届满，货物没有发生质量问题，质量保证金全部退还乙方。

(3)货物运到甲方后，经检验合格，卸货后__________日内付款。

六、产品包装要求及规格：(包装费用已包含在货物价格内)____________________。

七、交货地点：____________________。运费由乙方负担。运输过程中货物毁损、灭失等各种风险均由乙方承担责任。

八、供货时间：

1. 乙方在收到甲方首批传真订单(或电话、短信通知)__________个工作日内将货物送至合同指定地点。重复订单，__________个工作日内将货物送至合同指定地点。

2. ____________________。

九、双方的权利和义务：

1. 如果供应的货物行情有较大幅度的变化，经双方协商可根据市场价格对供货产品的价格做出必要的调整。协商不成，仍按原条款执行。

2. 如乙方提供的货物包装或产品规格不符合要求，甲方有权拒收货物。如甲方拒收，乙方必须按照本合同的约定另行提供符合要求的货物，且由此造成的各种损失均由乙方承担责任。

3. 乙方必须向甲方提供生产企业资质证明、营业执照及相关的手续。其提供的产品，必须符合相关的国家、行业或企业标准，并随货附带生产许可证、产品合格证、化验报告等手续。

4. 甲方应在乙方所送的货物到达后及时进行质量检测，如发现质量问题，乙方须立即现场处理善后事宜。因此给甲方造成损失的，乙方应承担甲方为此支付的所有费用(包括但不限于赔偿的费用、必要的律师费、罚款等)。

5. 因乙方产品内在质量问题，引发甲方生产或质量事故，造成甲方损失的，乙方应赔偿甲方为此支付的所有费用(包括但不限于赔偿的费用、必要的律师费、罚款等)，此责任不因甲方已进行质量监测而免除。

6. 如乙方未按照本合同第八条规定的时间送货、送货迟延或货物的数量与合同约定不符，应赔偿甲方违约金__________元。

7. 双方都应保守对方的商业机密。

十、补充协议：____________________。

十一、特别声明条款：____________________。

十二、合同有效期：2011 年______月______日起至 20______年______月______日止。

十三、本合同一式两份，甲乙双方各持一份，具有同等法律效力，双方签字盖章后生效。双方发生争议时，协商解决，协商不成任何一方均有权向甲方所在地人民法院提起诉讼。

十四、合同签订地：

甲方(盖章)：　　　　　　　　乙方(盖章)：

法人代表：　　　　　　　　　法人代表：

任务 6　合 同 管 理

一、合同管理的含义

合同管理是确保卖方的执行符合合同要求的过程。对于需要多个产品和劳务供应商的大型项目，合同管理的主要方面就是管理不同供应商的界面。执行组织管理合同时要采取一系列行动。合同关系的法律本质性使得执行组织在管理合同时必须准确地理解行动的法律内涵。

合同管理包括将适当的项目管理过程和方法应用到合同关系中，以及把这些管理过程的成果集成到总体的项目管理之中，当项目涉及多个供应商或多个产品时，这种集成管理和协调通常会发生在项目管理的多个层面和环节上。合同管理所涉及的项目管理过程包括：

(1)项目计划实施，在恰当的时间批准分包商的工作；

(2)绩效报告，监控分包商在成本、进度和技术方面的绩效；

(3)质量控制，检验、确认分包商产品的质量；

(4)变更控制，保证变更申请的恰当处理，并通知相关人员。

合同管理还包括资金管理部分。支付条款应在合同中规定。支付条款中，价款的支付应与取得的进展联系在一起。

二、合同管理的依据

(1)合同。

(2)工作结果。卖方的工作结果——子项目是否完成，符合质量标准的程度，花费的成本等都作为项目计划执行的一部分收集起来。

(3)变更申请。变更申请包括对合同条款的修订及对产品和劳务说明的修订。如果卖方工作不令人满意，那么终止合同的决定也作为变更申请处理。卖方和项目管理小组不能就变更的补偿达成一致的变更是争议性变更，称之为权力主张、争端或诉讼。

(4)卖方发票。卖方应不断开出发票要求清偿已做的工作。开具发票的要求，包括必要的文件资料附具，通常在合同中加以规定。

三、合同管理的工具和方法

(1)合同变更控制系统。合同变更控制系统定义可以变更合同的程序，包括书面工作、跟踪系统、争端解决程序和变更的批准级别。合同变更控制系统应被包括在总体的变更控制系统中。

(2)执行报告。执行报告向管理方提供卖方是否有效地完成合同目标的信息。合同执行报告应同整个项目的执行报告合并在一起。

(3)支付系统。对卖方的支付通常由执行组织的应付账款系统处理。对于有多种或复杂的采购需求的大项目，项目应设立自己的支付系统。不管哪一种情况，支付系统都应包括项目管理小组的适当的审查和批准过程。

四、合同管理的结果

(1)信函。合同条款和条件常常要求买方/卖方在某些方面的沟通以书面文件进行。例如，对执行令人不满意的合同的警告，合同变更或条款的澄清。

(2)合同变更。合同变更(同意的或不同意的)是项目计划和项目采购过程的反馈。项目计划和相关的文件应做适当的更新。

(3)支付请求。支付请求假定项目采用外部支付系统，如项目有自己的支付系统，在这里的输出为“支付”。

【案例分析】

阅读以下信息系统项目采购管理中关于合同履行问题的叙述,回答问题1～4。

A方,某印刷集团公司;B方,某品牌电脑公司;C方,某货运公司。

A方在报纸上看到B方发布的"某型号电脑推广月买一送一活动"广告:在推广月期间,每订购某型号电脑1台,均赠送价值400元的喷墨打印机1台;不愿受赠者,返还现金300元。

经过电话协商,A方向B方订购某型号电脑100台,B方向A方赠送喷墨打印机50台,另外在设备款中减免15 000元。双方以信件方式签订合同,约定在A方所在地交货,B方负责托运,A方支付运费。C方作为承运人负责该批电脑设备的运输。

电脑设备到达A方所在地之后,经B、C方同意,A方开箱检验,发现了以下问题:

(1)少量电脑显示器破损。

(2)随机预装软件虽有软件著作权人出具的最终用户许可协议(EULA),且给出了有效的下载地址,但无原版的软件光盘,怀疑为盗版软件。

(3)B方误按"买一送一"的配置发货,共发来电脑100台、喷墨打印机100台,发货单与所发货物相符,但与合同不符。

为此,A方发传真通知B方,并要求B方:

(1)更换或修好破损的电脑显示器。

(2)提供随机预装软件的原版光盘。

但A方并未将多收50台喷墨打印机的事通知B方。收到A方传真之后,B方回电称:

(1)A、C两方均未就电脑设备包装问题做特殊要求,公司采用了通用的电脑设备包装方式,C方作为承运人应当对运输过程中电脑显示器的破损承担损害赔偿责任。待C方赔偿之后,公司再更换或修好破损的显示器。

(2)正版软件有多种形式,该型号电脑所配的OEM随机预装软件是"授权下载"的无光盘正版软件。

几个月后,B方查账时发现多发了50台喷墨打印机,此时A方已将全部打印机开箱使用。B方要求A方返还合同中减免的15 000元设备款。

问题1. B方应如何处理电脑显示器的破损问题?

问题2. B方所提供的随机预装软件是不是正版软件?

问题3. A方是否应该返还合同中减免的15 000元设备款?

问题4. 认真阅读该案例,分析其合同存在问题,帮其拟定一份规范、严格的采购合同。

任务7 合同收尾

一、合同收尾的含义

在合同双方当事人按照合同的规定履行完各自的义务后,应该进行合同收尾工作。合同收尾与行政总结类似,合同收尾包括产品核实和行政收尾两部分内容。产品核实是指核实所有的工作是否都已正确圆满地完成;行政收尾是指根据最终情况更新所有的记录,并进行归档,以备日后使用。合同收尾的具体程序在合同条款中有相应的描述。合同提前终止是合同收尾的一种特殊情形。

二、合同收尾的依据

合同收尾的依据是各种合同文件资料。合同文件资料包括合同本身以及支持进度,请求和批准的合同变更,卖方编制的技术资料,卖方执行报告,金融证件(例如发票和支付记录)和与合同有关的检验结果。

三、合同收尾的工具和方法

一般通过采购审计来进行合同收尾。采购审计是从采购计划到合同管理的采购过程的一种结构性复查。审查的依据是有关法律和合同条款。审查的目的是确认采购管理活动的成功之处与不足之处,以便总结经验教训,供组织内的其他采购过程借鉴。项目的采购审计工作不能由项目团队自己进行,一般由独立于项目之外的专业审计机构进行。

四、合同收尾的结果

(1)合同文卷档案。应准备一完整的索引记录设备,以容纳最终项目记录。

(2)正式接收和合同终止。负责合同管理的个人或组织提供给卖方合同已完成的正式书面通知。正式接收和合同终止的要求常常在合同中规定。

模块十三　农业项目验收与交接管理

知识目标

掌握农业项目验收、农业项目交接的概念；

了解农业项目验收的作用和分类；

了解农业项目质量验收不同阶段的验收范围和内容；

了解农业项目文件验收的内容；

了解农业项目验收的标准、依据、组织及流程；

了解农业项目交接的依据、范围及程序。

能力目标

能够协助项目经理进行农业项目验收及交接工作。

【案例导入】

连云港市完成2012年度国家农业综合开发项目市级检查验收

2013年6月，连云港市农业资源开发局、市财政局组成的验收小组，对全市2012年度国家农业综合开发项目进行检查验收。验收组采取听取汇报、查阅工程和财务档案、实地核查等方式，先后对全市农业综合开发土地治理项目和产业化经营项目进行了全面检查验收，验收组认为连云港市2012年度农业综合开发项目执行计划严格、工程质量符合标准、资金运行正常、档案管理规范，全面完成年度建设任务。

2012年度农业综合开发项目涉及赣榆、东海、灌云、灌南、新浦等5县区21个项目乡镇5个农民专业合作社、21个农业产业化龙头企业。完成建设任务15.19万亩，总投资20 941.76万元，其中财政资金17 453万元。通过项目实施，项目区农业生产条件及生态环境得到明显改善，抵御自然灾害能力明显增强，农产品品种进一步优化，产业优势进一步凸现，农业标准化生产和社会化服务体系得到加强和提高，基地建设与龙头企业带动机制得到进一步改善，项目建设为连云港市发展高效农业规模化注入新的活力，增强了发展后劲。

来源：http://www.lyg.gov.cn/art/2013/6/20/art_1752_516434.html

没有农业项目的验收，业主就不能正式地使用农业项目，就不能达到生产产品或提供服务的目的，也不能获得其预期的收益(或效用)。对一些时效性非常强的产品和服务，很可能由于验收的延误而造成农业项目成果的失效，失去农业项目存在的意义。

任务1 了解农业项目验收

一、什么是农业项目验收？

农业项目验收是指农业项目结束或农业项目阶段结束时，农业项目团队将其成果交付给使用者之前，农业项目接收方会同农业项目团队、农业项目监理等有关方面对农业项目的工作成果进行审查，查核农业项目计划规定范围内的各项工作或活动是否已经完成，应交付的成果是否令人满意。若检查合格，将农业项目成果由农业项目接收方及时接收，实现投资转入生产或使用。同时，总结经验教训，为后续农业项目做准备。

对提前结束的农业项目或非正常结束的农业项目，通过验收查明哪些工作已经完成，完成到什么程度，哪些原因造成农业项目不能正常结束，并将核查结果记录在案，形成文件。

二、农业项目验收的作用

(1)农业项目的验收标志着农业项目的结束(或阶段性结束)。没有农业项目的验收，业主就不能正式地使用农业项目，就不能达到生产产品或提供服务的目的，也不能获得其预期的收益(或效用)。对一些时效性非常强的产品和服务，很可能由于验收的延误而造成农业项目成果的失效，失去农业项目存在的意义。

(2)若农业项目顺利地通过验收，农业项目的当事人就可以终止各自的义务和责任，从而获得相应的权益。同时，也意味着农业项目团队的全部或部分任务的完成，农业项目团队可以总结经验，接受新的农业项目任务；农业项目成员可以回到各自之前的工作岗位或重新安排合适的工作。

(3)农业项目的竣工验收，是保证合同任务完成，提高质量水平的最后关口。通过竣工验收，全面考查工程质量，保证交工农业项目符合设计标准、规范等规定的质量标准要求，并能及时发现和解决一些影响正常生产使用的问题，确保农业项目能按设计要求的技术、经济指标正常地投入生产并交付使用。

(4)对于基本建设农业项目和投资农业项目，通过竣工验收，促进投资农业项目及时投入生产和交付使用，将基本建设投资及时转入固定资产，发挥投资效益。避免基建农业项目由于拖期不能投入使用而造成的资金、时间价值的损失。

(5)通过农业项目竣工验收，整理档案资料，可为投产企业的经营管理、生产技术和固定资产的保养、维修提供全面系统的技术经济文件、资料和图样。

三、农业项目验收的分类

农业项目的特点不同，验收的类别也不同，一般有如下几类验收。

(1)按农业项目的生命周期分类，可分为合同期验收、中间验收和竣工验收。

①合同期验收是指农业项目团队依据农业项目目标、农业项目范围、农业项目资源等编制出农业项目进度计划、农业项目质量标准、成本预算等农业项目目标文件后，农业项目业主针对目标文件进行论证验收，签订具有法律效力的合同，以此作为农业项目启动的依据和农业项

目完成后进行评价的标准。

②中间验收是在农业项目实施过程中，由业主、农业项目团队、监理部门等根据农业项目的进度情况对农业项目进行适时的跟踪检查，以保证能在规定时间内，按预算成本达到农业项目目标。尤其对在实施过程中遇到困难、有较大变动的农业项目，对其进行中间验收，可以使各方当事人进一步了解农业项目情况，以保证农业项目顺利完成。

我国在投资农业项目建设中，也特别强调中间验收的必要性。随着我国经济与世界经济的融合，农业项目建设与国际惯例接轨，中间验收更显重要。

③竣工验收是指农业项目基本完成，在农业项目成功正式交付使用前，由农业项目业主会同农业项目团队、农业项目监理等有关方面对农业项目的工作成果进行审查和接收，是农业项目质量检查的最后关口，也是对农业项目的总体验收。

(2)按农业项目验收的范围分类，可分为部分验收和全部验收，或称为单项工程验收和整体工程验收。

①部分验收是指农业项目取得阶段性成果后，农业项目接收方对阶段性成果进行检验，如果成果合格，可提前投入使用，获得一定的效益。对那些明显地分出阶段性成果的农业项目，进行部分验收，可充分有效地利用资源。通过部分验收还可为后续的全部验收奠定基础，做好准备。对工程建设农业项目，部分验收多数为单项工程验收，指投资农业项目全部验收前，承包商完成其承建的单项工程施工任务以后向建设单位(或业主)交工，接受建设单位验收的过程。

②全部验收指农业项目全部完成后，对取得的成果进行全面、综合的考核，以便为农业项目的终结做出合理的结论。所有的农业项目都必须有全部验收的过程。对于大型综合农业项目，可通过综合各个子农业项目的部分验收，来完成全部验收；对于小型农业项目，可不必进行部分验收，而仅进行全部验收。建设农业项目的全部验收，又称整体工程验收或动用验收，简称竣工验收，指建设单位(农业项目业主)在建设农业项目按批准的设计文件规定的内容全部建成后，向国家交工、接受验收的过程。它是在第一阶段交工验收的基础上进行的全部建设农业项目的竣工验收。

(3)按农业项目的特点分类，可分为投资建设农业项目验收、生产性农业项目验收、R&D农业项目验收、系统开发农业项目验收和服务农业项目验收等。

(4)按农业项目验收的内容分类，可分为质量验收和文件验收。质量验收和文件验收是一般农业项目验收的两大部分，也是比较全面、准确地把握农业项目验收的基础。

任务2 如何进行农业项目验收？

一、农业项目验收的范围

农业项目验收范围是指农业项目验收的对象中所包含的内容和方面，即在农业项目验收时，对哪些子项进行验收和对农业项目的哪些方面、哪些内容进行验收。

农业项目验收的范围，从农业项目层次来看，原则上一切完整的子项目或单元都应列入农业项目验收的范围，只是依农业项目的业主方不同，农业项目性质不同，其验收的形式也不同。

但所有列入固定资产投资计划的建设农业项目或单项工程，只要已按国家批准的设计文件所规定的内容建成；或工业投资农业项目经负荷试车考核，试生产期间能够正常生产出合格产品；或非工业投资农业项目符合设计要求，能够正常使用的，不论是属于哪种建设性质，都应及时组织验收，办理固定资产移交。

从农业项目验收的内容划分，农业项目验收范围通常包括工程质量验收和文件资料验收。

(一)农业项目质量验收

农业项目质量永远是考查和评价农业项目成功与否的重要方面。一个农业项目的最终目的是满足客户的需求，这种需求是以质量保证为前提的。特别对于投资的基本建设农业项目，保证质量更有十分重要的意义。基本建设是百年大计，但是在我国基本建设领域工程出现重大质量问题却屡见不鲜，甚至出现“豆腐渣”工程，所以必须从农业项目计划、农业项目控制、农业项目验收等不同环节严把质量关。工程质量验收尤其是关键，只有搞好质量验收，农业项目才能圆满移交。

1.什么是农业项目质量验收？

农业项目质量验收是依据质量计划中的范围划分、指标要求和采购合同中的质量条款，遵循相关的质量评定标准，对农业项目的质量进行认可评定和办理验收交接手续的过程。质量验收是控制农业项目最终质量的重要手段，也是农业项目验收的重要内容。农业项目质量验收是质量的全过程验收，在农业项目的规划、农业项目的实施、农业项目的竣工等不同时期对农业项目的质量都要进行验收，以保证最终获得一个合格的农业项目。

2.农业项目质量验收的范围

农业项目质量验收的范围包括：农业项目概念阶段的质量验收，农业项目规划阶段的质量验收，农业项目实施阶段的质量验收，农业项目收尾阶段的质量验收。

(1)农业项目概念阶段的质量验收。概念阶段是农业项目整个生命周期的起始阶段，这一阶段的工作好坏直接影响到农业项目后期的实施问题。同时，农业项目概念阶段的质量目标决策是农业项目规划、设计阶段质量验收范围与标准设计的依据和前提。

对农业项目概念阶段的质量验收，是整个农业项目质量验收的开端，可以说是对农业项目是否具有可行性的把关。这个阶段的质量验收，主要是检查农业项目进行可行性研究和机会研究时是否收集到足够多的和准确的信息，使用的方法是否合理，农业项目评估是否科学，评估的内容是否全面，是否考虑了农业项目的进度、成本与质量三者之间的制约关系，对客户的需求是否有科学、可行、量化的描述，对农业项目的质量目标与要求是否做出整体性、原则性的规定和决策。

农业项目概念阶段的工作质量关系到农业项目判断是否科学和真实，是决定农业项目能否向下进行的关键，因而，这一阶段的质量验收非常重要。质量验收工作做得好，就为农业项目的实施把好关、开好头，否则，有可能对一个不可行的农业项目投资建设，造成资源浪费，形成进退两难的“半截子工程”，也有可能使一个非常好的农业项目错过发展的时机。因而，对农业项目概念阶段的质量验收要给予足够的重视。

(2)农业项目规划阶段的质量验收。规划阶段作为农业项目实施的前期准备阶段，是对农业项目的实施过程进行全面、系统的描述和安排。规划阶段的主要工作包括：农业项目背景描述、目标确定、范围规划、范围定义、工作分解、关系排序、工作延续时间估计、进度安排、资源计划、费用估计、费用预算、质量计划及质量保证等。

这一阶段的质量验收主要检验设计文件的质量，包括：

• 检验农业项目目标定位是否准确。

• 目标描述是否清晰。

• 范围规划是否全面，使用的工具和技术是否科学。对这一阶段的工作要逐件进行检查。

• 工作分解是否细致，使用的方法和工具是否科学，结果能否达到目的。

• 工作排序是否符合逻辑性和最优化思想，工具和方法是否科学。

• 工作延续时间估计是否准确，考虑影响工作延续的可能因素是否全面。

• 进度安排是否合理，使用的方法和工具是否科学，是否考虑到资源的相互制约。

• 资源计划涉及的内容是否考虑全面，费用估计的依据是否可信，使用的方法和工具是否科学。

• 费用预算是否精确，系数选择是否合理。

• 质量计划是如何安排的，质量计划的标准和规划是否实际可行，制约质量计划的方法和技术是否科学。

• 质量保证是否完善，是否切实可行，质量保证的依据是否真实，使用的工具和方法是否科学等。

另外，在这一阶段要检验农业项目的全部质量标准及验收依据是否完成，因为规划阶段的质量验收也是对质量验收评定标准与依据的合理性、完备性和可操作性的检验。

农业项目规划阶段质量验收的标准与依据是根据概念阶段决策的质量目标进行分解，并在相应的设计文件上指出达到质量目标的途径和方法。

由于农业项目规划阶段已经对农业项目的具体实施方案、农业项目的预期成果有了一个较明确的计划，因而，这一阶段在规划中，必须指明农业项目竣工验收时质量验收评定的范围、标准与依据以及质量事故处理程序和奖惩措施等。农业项目规划阶段给出的质量验收范围与适用标准是农业项目实施阶段每个工序实体质量控制和评定的依据。

(3)农业项目实施阶段的质量验收。农业项目实施阶段是农业项目质量管理、质量控制的具体执行，它占据了农业项目生命周期的大部分时间，涉及的工作内容最多、时间最长，耗费大量资源，是农业项目能否取得成功的关键所在。农业项目实施阶段的质量验收要根据范围规划、工作分解和质量规划对每一道工序进行单个评定和验收。

农业项目实施阶段的主要管理工作包括：采购规划、招标采购的实施，合同管理基础，合同履行和收尾，实施计划，安全计划，农业项目进展报告，进度控制，费用控制，质量控制，安全控制，范围变更控制，生产要素管理及现场管理与环境保护等。农业项目实施阶段的验收，既要对上述主要工作的过程进行检验，又要对工作结果进行验收。

农业项目实施阶段，对单个工序依据规划阶段对质量验收评定的标准、范围和依据进行验收，对验收结果进行汇总、统计，形成上道工序的质量结果(合格率或优良率)，以检验农业项目质量的等级，依此类推，最终形成全部农业项目质量的验收结果。

如上所述农业项目实施阶段质量验收的标准和依据是农业项目规划阶段制定的质量评定的范围、标准与依据。

农业项目实施阶段对质量的验收将形成质量的四个等级：不合格、合格、良好、优。

(4)农业项目收尾阶段的质量验收。农业项目收尾阶段是整个农业项目生命周期的最后阶段，是农业项目质量的最后把关，关系到农业项目能否顺利交接及能否进入正常使用阶段。

这个时期的质量验收如果不严格检验，将有可能使不合格的成果进入到后期使用中，会造成许多麻烦和不良影响。因而这阶段的质量验收，无论对农业项目团队还是对农业项目接收方都是非常重要的。

对于大型、复杂农业项目的质量验收，可对农业项目实施阶段中每个工序的质量验收结果进行汇总、统计、澄清，得出农业项目最终的、整体的质量验收结果；对于比较简单的农业项目和特殊要求的农业项目(如系统软件等)，收尾阶段的质量验收要依据验收标准，彻底进行检验，以保证农业项目质量。

收尾阶段的质量验收要以农业项目规划阶段制定的“农业项目竣工质量验收评定的范围、标准与依据”为准。收尾阶段农业项目验收的结果将产生质量验收评定报告。

3. 农业项目质量验收的方法

农业项目质量验收的方法依农业项目阶段的不同、农业项目类型的不同而不同，如在农业项目概念、规划等阶段，质量验收多采用审阅的方法，主要是对农业项目的文件进行审阅。对于一般农业项目通常采用文件审阅、实物观测、性能测试或进行特殊试验等方法。对于大型投资建设农业项目，除采用一般农业项目的验收方法外，还要进行试生产等验收。

4. 农业项目质量验收的结果

农业项目质量验收的结果将产生质量验收评定报告和农业项目技术资料。

农业项目质量验收评定报告包括的主要内容为：详细评定农业项目各组成部分的质量等级；综合农业项目不同时期的质量检验结果；对农业项目质量给出最终的评价；对于验收不合格的农业项目，提出问题所在并限定达标的期限及组织再验收的规定；对合格的农业项目，质量等级一般分为“合格”和“优良”两级。

在农业项目的不同阶段验收中，都形成验收评定报告，这些报告翔实记录了农业项目进程中各时期的工作状况，将这些资料汇总，就形成相应的验收技术资料。这些技术资料既是前期工作的记录，也是后期工作评定的依据，是农业项目资料的重要组成内容。对农业项目技术资料，要按《中华人民共和国技术档案法》妥善保管，以备在农业项目引进、农业项目评估和农业项目后评价中查阅使用。同时，这些技术资料也可以为将来新农业项目提供有价值的参考。

(二)农业项目文件验收

1. 什么是农业项目文件验收?

农业项目文件是农业项目整个生命周期的详细记录，是农业项目成果的重要展示形式。农业项目文件既作为农业项目评价和验收的标准，也是农业项目交接、维护和后评价的重要原始凭证。因而，农业项目文件在农业项目验收工作中起着十分重要的作用。

在农业项目验收过程中，农业项目团队必须将整理好的、真实的农业项目资料交给农业项目验收方，农业项目验收方只有在对资料验收合格后，才能开始农业项目竣工验收工作。由此可见，农业项目资料验收是农业项目竣工验收的前提。

农业项目验收合格后，接收方应将农业项目成果及农业项目文件一同接收，并将其妥善保管，以备查阅和参考。

2. 农业项目文件验收的范围与内容

在农业项目的不同阶段，形成文件的范围与内容也不同。

(1)农业项目概念阶段应验收、移交、归档的文件主要为：

- 农业项目机会研究报告及相关附件；

- 农业项目初步可行性研究报告及相关附件；
- 农业项目详细可行性研究报告及相关附件；
- 农业项目方案及论证报告；
- 农业项目评估与决策报告。

(2)农业项目规划阶段应验收、移交、归档的文件主要为：

- 农业项目背景概况；
- 农业项目目标文件；
- 农业项目范围规划说明书(包括农业项目成果简要描述、可交付成果清单)；
- 农业项目范围管理计划；
- 农业项目工作结构分解图；
- 农业项目计划资料(包括完整的农业项目进度计划、质量计划、费用计划和资源计划)。

(3)农业项目实施阶段应验收、移交、归档的文件主要为：

- 全部农业项目的采购计划及工程说明；
- 全部农业项目采购合同的招标书和投标书(含未中标的标书)；
- 全部合格供应商资料；
- 完整的合同文件；
- 全部合同变更文件、现场签证和设计变更等；
- 农业项目实施计划、农业项目安全计划等；
- 完整的农业项目进度报告；
- 农业项目质量记录、会议记录、备忘录、各类通知等；
- 进度、质量、费用、安全、范围等变更申请及签证；
- 现场环境报告；
- 质量事故、安全事故调查资料和处理报告等；
- 第三方所做的各类试验、检验证明、报告等。

(4)农业项目收尾阶段应验收、移交、归档的文件主要为：

- 农业项目竣工图；
- 农业项目竣工报告；
- 农业项目质量验收报告；
- 农业项目后评价资料；
- 农业项目审计报告；
- 农业项目交接报告。

农业项目文件验收的依据主要为：合同中有关资料的条款要求，国家关于农业项目资料档案的法规及政策性规定和要求，国际惯例等。

3. 农业项目文件验收的程序

农业项目团队依据农业项目进行的不同时期，按合同条款有关资料验收的范围及清单，准备完整的农业项目文件。文件准备完毕后，由农业项目经理组织农业项目团队进行自检和预验收。合格后将文件装订成册，按文档管理方式妥善保管，并送交农业项目验收方进行验收。

农业项目验收班子在收到农业项目团队送交的验收申请报告和所有相关的农业项目文件后，应组织人员按合同资料清单或档案法规的要求，对农业项目文件进行验收、清点。对验收合格的农业项目文件立卷、归档；对验收不合格或有缺损的文件，要通知农业项目团队采取措施进行修改或补充。只有农业项目文件验收完全合格后，才能进行农业项目的整体验收。

当所有的农业项目文件全部验收合格时，农业项目团队与农业项目接收方对农业项目文件验收报告进行确认和签证，形成农业项目文件验收结果。

4. 农业项目文件验收的结果

农业项目文件验收结果一般包括农业项目文件档案和农业项目文件验收报告。

农业项目文件档案既是农业项目文件的卷宗，也是农业项目文件的结果。一套完整的农业项目文件档案，就是一个农业项目的历史。归档有三个目的：第一，提供项目的文件以备与客户有后期的争议；第二，为未来相似的项目提供表格和模板；第三，提供预算与实际出入的统计，用于提高对后续项目的估算精度。

归档文件需要硬拷贝和电子版。无论什么形式，索引项目都应该排放在文档前面。索引表指示了项目的种类和文档的内容。如表 13-1 所示。

表 13-1　××农业项目检查验收文档索引表

<table>
<tr><td colspan="5">项目文档：检查表和索引表</td></tr>
<tr><td colspan="5">项目：</td></tr>
<tr><td colspan="5">客户：</td></tr>
<tr><td colspan="5">项目文档检查表(包括以下内容)</td></tr>
<tr><td colspan="2">项目建议书</td><td></td><td>项目问题日志</td><td></td></tr>
<tr><td colspan="2">项目合同和所有修正</td><td></td><td>法律文件</td><td></td></tr>
<tr><td colspan="2">项目计划，包括所有修订</td><td></td><td>正式接收文件</td><td></td></tr>
<tr><td colspan="2">项目变更申请</td><td></td><td>经验教训总结</td><td></td></tr>
<tr><td colspan="2">项目状态报告</td><td></td><td></td><td></td></tr>
<tr><td colspan="5">项目索引表</td></tr>
<tr><td>客户产业</td><td colspan="4">销售 □　　制造 □
政府 □　　公共事业 □
其他：　　零售 □</td></tr>
<tr><td>项目类型</td><td colspan="4">开发 □　　增强 □
改造 □　　升级 □
巩固 □　　系统整合 □
其他：</td></tr>
<tr><td>应用领域</td><td colspan="4">销售 □　　基础设施 □
金融 □　　产品供应 □
其他：</td></tr>
<tr><td>技术领域</td><td colspan="4">客户机/服务器 □　　主框架 □
中间件 □　　因特网 □
其他：</td></tr>
</table>

农业项目文件验收报告，表明了对农业项目文件质量的客观评价，也构成了农业项目验收的主要内容。对于某些咨询类、策划类的农业项目，农业项目文件验收就是农业项目的成果验收，因而合格的农业项目文件验收结果非常重要。

二、农业项目验收的方法

农业项目验收可根据农业项目的特点不同而灵活地采用不同的方法，在实际验收中采用观测的方法非常普遍。对于生产性农业项目，可采用试生产的方法，检验生产设备是否能达到设计要求；对于系统开发农业项目，可采用试运行方式检验农业项目成果的性能；对 R&D 农业项目，可通过测试成果的各项物理、化学、生化等性能指标来检验；对服务性农业项目，一般通过考核其经济效益或社会效益来验收。为了核实农业项目或农业项目阶段是否已按规定完成，往往验收需要进行必要的测量、考察和试验等活动。

三、农业项目验收的标准和依据

(一)农业项目验收的标准

农业项目验收标准是判断农业项目成果是否达到目标要求的依据，因而应具有科学性和权威性。只有制定科学的标准，才能有效地验收农业项目结果。农业项目验收的标准，一般选用农业项目合同书、国家标准、行业标准和相关的政策法规、国际惯例等。

农业项目合同书规定了在农业项目实施过程中各项工作应遵守的标准、农业项目要达到的目标、农业项目成果的形式以及对农业项目成果的要求等，它是农业项目实施管理、跟踪与控制的首要依据，具有法律效力。因而，在对农业项目进行验收时，最基本的标准就是农业项目合同书。

国家标准、行业标准和相关的政策法规，是比较科学的、被普遍接受的标准。农业项目验收时，如无特殊的规定，可参照国家标准、行业标准以及相关的政策法规进行验收。

国际惯例是针对一些常识性的内容而言的，如无特殊说明，可参照国际惯例进行验收。

1. 投资建设农业项目竣工验收的一般标准

进行投资建设农业项目验收时，由于建设农业项目所在行业不同，验收标准也不完全相同，一般情况下必须符合以下要求方可认为符合标准：

(1)生产性农业项目和辅助性公用设施，已按设计要求完成，能满足生产使用。

(2)主要工艺设备配套设施经联动负荷试车合格，形成生产能力，能够生产出设计文件所规定的产品。

(3)必要的生活设施，已按设计要求及规定的质量标准建成。

(4)生产准备工作能适应投产的需要。

(5)环境保护设施、劳动安全卫生设施、消防设施已按设计要求与主体工程同时建成使用。

若投资建设农业项目或单项工程已形成部分生产能力，或部分工程已经投入生产中使用，近期不能按原设计规模续建的，应从实际情况出发缩小规模，报主管部门(公司)批准后。对已完成的工程和设备，应尽快组织验收，移交固定资产。

国外引进设备农业项目，须按照合同规定，在完成负荷调试、设备考核合格后，进行竣工验收。其他类型农业项目在验收前是否需要安排试生产阶段，可按照各个行业的规定执行。

按照我国有关规定，已具备竣工验收条件的农业项目(工程)，在规定的期限内不办理验收投产和移交固定资产手续的，取消企业和主管部门（或地方）的基建试车收入分成，由银行监督全部上缴财政。如在规定期限内办理竣工验收确有困难，经验收主管部门批准，可以适当延长期限。

2. 生产性投资农业项目土建、安装、管道等工程的验收标准

生产性投资农业项目，如工程农业项目，一般土建工程、安装工程、人防工程、管道工程、通信工程等，其施工和竣工验收，必须按国家批准的国家标准《××工程施工及验收规范》和主管部门批准的行业标准《××工程施工及验收规范》执行。

（二）农业项目验收的依据

在对农业项目进行验收时，主要依据农业项目的工作成果和成果文档。工作成果是农业项目实施后的结果，农业项目结束应当提供出一个令人满意的工作成果。因此，农业项目验收重点是针对工作成果进行检验和接收。工作成果验收合格，农业项目实施才可能最终完结。同时在进行农业项目验收时，农业项目团队必须向接收方出示说明农业项目（或农业项目阶段）成果的文档，如农业项目计划、技术要求说明书、技术文件、图样等，以供审查。对不同类型的农业项目，成果文档包含的文件不同。

四、农业项目验收的组织及流程

（一）农业项目验收的组织及其职责

农业项目验收的组织是指对农业项目成果进行验收的组成人员及组织，一般由农业项目接收方、农业项目团队和农业项目监理人员构成。但由于农业项目性质的不同，农业项目验收的组织构成差异较大，如对一般小型服务性农业项目，只由农业项目接收人员验收即可；甚至对内部农业项目，仅由农业项目经理就可验收。

关于投资建设农业项目的竣工验收组织，按国家发改委、建委关于《建设农业项目（工程）竣工验收办法》的规定组成。大、中型和限额以上基本建设和技术改造农业项目（工程），由国家发改委或由国家发改委委托农业项目主管部门、地方政府部门组织验收。小型和限额以下基本建设和技术改造农业项目（工程），由农业项目（工程）主管部门或地方政府部门组织验收。竣工验收要根据工程规模大小、复杂程度组成验收委员会或验收组。验收委员会或验收组，应由投资方、银行、环保、劳动、消防及其他有关部门的人员组成。接管单位、施工单位、勘察设计单位应参加验收工作。

验收委员会或验收组的主要职责是：

（1）审查预验收情况报告和移交生产准备情况报告。

（2）审查各种技术资料，如农业项目可行性研究报告、设计文件的重要会议记录，以及各种合同、协议、工程技术经济档案等。

（3）对农业项目主要生产设备和公用设施进行复验和技术鉴定，审查试车规格，检查试车准备工作，监督检查生产系统的全部带负荷运转，评定工程质量。

（4）处理交接验收过程中出现的有关问题。

（5）核定移交工程清单，签订交工验收证书。

（6）提交竣工验收工作的总结报告和国家验收鉴定书。

（二）农业项目验收的程序

农业项目验收依农业项目的大小、性质、特点的不同其程序也不尽相同，对大型建设农业

项目而言，由于验收环节较多、内容繁杂，因而验收的程序也相对复杂。对一般程序设计、软件开发或咨询等小型农业项目，验收也相对简单一些。但农业项目验收一般应由下面这些过程组成。

1. 前期准备工作

(1)做好农业项目的收尾工作。当农业项目接近尾声时，大量复杂的工作已经完成，但还有部分剩余工作需要细致耐心地处理。一般情况下，遗留的工作大多是分散的、零星的、工作量小的棘手工作。这些工作看似较轻，但如果处理不好，将直接影响农业项目的进行。同时，临近农业项目的结束，农业项目团队成员通常有松懈的心理，因而，对农业项目工作的热情不如农业项目开始时高涨。这些现象是很正常的。这就要求农业项目负责人把握全局，正确处理好团队成员的工作情绪，保质保量地将收尾工作做好，做到农业项目的善始善终。

(2)准备农业项目验收材料。农业项目验收的重要依据之一是农业项目的成果材料，因而，农业项目团队在农业项目的实施过程中，就应不间断地做好各种农业项目文件的收集工作、编制必要的图样、说明书、合格验收证、测试材料(包括相关的论文、研究报告等)。当农业项目准备验收时，再将分阶段、分部分的材料汇总、整理、装订入档，形成一整套完整的验收材料。准备一套清新、完整、客观的农业项目材料是农业项目验收的前提，也是顺利通过农业项目验收的必要保证。

(3)自检。农业项目负责人应组织农业项目团队，在农业项目成果交付验收之前，进行必要的自检自查工作，找出问题和漏洞以尽快解决。

(4)提出验收申请，报送验收材料。农业项目自检合格后，农业项目团队应向农业项目接收方提交申请验收的请求报告，并同时附送验收的相关材料，以备农业项目接收方组织人员进行验收。

2. 验收工作

(1)组成验收工作组或验收委员会。农业项目业主(接收方)应会同农业项目监理人员、政府相关人员，如有必要还可吸收注册会计师、律师、审计师、行业专家等人员，组成验收工作组或验收委员会。农业项目验收班子成员应坚持公正、公平、科学、客观、负责的态度对农业项目进行全面验收。

(2)农业项目材料验收。农业项目验收班子对农业项目团队送交的验收材料进行审查，如有缺项、不全、不合格的材料立即通知农业项目团队，令其限期补交，以保证农业项目验收的顺利进行。

(3)现场(实物)初步验收。农业项目验收班子根据农业项目团队送交的验收申请报告，可组织人员对农业项目成果现场或农业项目成果进行初步检查，大体上对农业项目成果有个把握，如果检查不符合农业项目目标要求，应通知农业项目团队尽快整改。

(4)正式验收。农业项目验收班子在对农业项目验收材料和农业项目初审合格的基础上，组织人员对农业项目进行全面、细致的正式验收，正式验收还可依据农业项目的特点，实行单项工程验收、整体工程验收，或部分验收、全面验收等。如果验收合格，签署验收报告；如果验收不合格，通知农业项目团队进行整改后再作验收。如在验收中发现较严重的问题，双方难以协商解决，可诉诸法律。

(5)签发农业项目验收合格文件。对验收合格的农业项目，验收班子签发农业项目验收合格文件，标志农业项目团队的工作圆满结束，农业项目由接收方使用，投入下一阶段的生产运营中去。

(6)办理固定资产形成和增列手续。对于投资性农业项目，当农业项目验收合格后，应立即办理农业项目移交，对形成的固定资产和增列办理固定资产手续。

五、农业项目验收的结果

农业项目验收完成后，如果验收的成果符合农业项目目标规定的标准和相关的合同条款及法律法规，参加验收的农业项目团队和农业项目接收方人员应在事先准备好的文件上签字，表示接收方已正式认可并验收全部或部分阶段性成果。一般情况下，这种认可和验收可以附有条件，如软件开发农业项目在移交和验收时，可规定若在使用中发现软件有问题，软件使用者仍可以要求该软件农业项目开发人员协助解决。

对于投资建设农业项目，农业项目验收合格要签署竣工验收鉴定书。竣工验收鉴定书是表示建设农业项目已经竣工并交付使用的重要文件，它是全部固定资产交付使用和建设农业项目正式动用的依据，也是承包商对建设农业项目消除法律责任的证件。竣工验收鉴定书一般应包括工程名称、地点、验收委员会成员、工程总说明、工程据以修建的设计文件、竣工工程是否与设计相符合、全部工程质量鉴定、总的预算造价和实际造价、结论以及验收委员会对工程动用时的意见和要求等主要内容。同时，竣工验收鉴定书应附有下列文件：

(1)验收委员会进行检查性试车的记录。

(2)验收委员会认为可以允许的建筑安装工程和设备偏差一览表。

(3)建筑安装工程质量评定表。

(4)动用的固定资产一览表等。

验收委员会在进行正式全部验收工作后签署意见。有关负责人须在竣工验收鉴定书中签署姓名和意见。竣工验收鉴定书如表 13-2 所示。

表 13-2　竣工验收鉴定书

<table>
<tr><td colspan="2">工程名称</td><td colspan="2"></td><td colspan="2">工程地点</td><td></td></tr>
<tr><td colspan="2">工程范围</td><td colspan="2"></td><td colspan="2">建筑面积</td><td></td></tr>
<tr><td colspan="2">工程造价</td><td colspan="5"></td></tr>
<tr><td colspan="2">开工日期
日历工作天</td><td colspan="2"></td><td colspan="2">竣工日期
实际工作天</td><td></td></tr>
<tr><td colspan="2">验收意见</td><td colspan="5"></td></tr>
<tr><td colspan="2">建设单位</td><td colspan="5"></td></tr>
<tr><td colspan="2">验收人</td><td colspan="5"></td></tr>
<tr><td>建设
单位</td><td colspan="2">(公章)
年　月　日</td><td>监理
单位</td><td>(公章)
年　月　日</td><td>施工
单位</td><td>工程负责人:______(公章)
公司负责人:______(公章)
年　月　日</td></tr>
</table>

【实践训练】

农业项目验收前期准备

1. **实训要求**：参与一个农业项目的验收工作，或者依据任课教师提供的项目资料，做好农业项目验收前的各种准备工作。

2. **实训目的**：通过此次实训，加深对农业项目验收相关知识的理解，尤其是掌握农业项目验收前的准备工作，具备一定的知识运用能力。

3. **实训组织**：全班同学按每组 3～5 人进行分组，要求每组根据项目的特点进行合理、详细的工作分工，制订分工计划。

4. **实训实施**：学生参与一个农业项目的验收工作，或者任课教师提供详尽的相关项目资料，以每组学生为主体，在任课教师的指导下，进行项目验收前的各项准备工作。

5. **实训考核**：每组提交一份项目验收准备工作方案，内容主要包括对该农业项目剩余工作的安排（计划）、该农业项目验收材料清单、自检自查的工作安排（计划）以及拟定验收申请等。教师对工作方案、分工计划和掌握资料、学习程度进行考核评定并给出成绩。

任务 3　如何进行农业项目交接？

一、什么是农业项目交接？

农业项目交接是指全部合同收尾后，在政府农业项目监管部门或社会第三方中介组织协助下，农业项目业主与全部农业项目参与方之间进行农业项目所有权移交的过程。

农业项目能否顺利交接取决于农业项目是否顺利通过了竣工验收。在农业项目收尾阶段，主要工作由农业项目竣工、农业项目竣工验收和农业项目交接等三项组成。三者之间紧密联系，但三者又是不同的概念和过程。

农业项目竣工是对农业项目团队而言的，它表示农业项目团队按合同完成了任务；农业项目团队组织人员对农业项目的有关质量和资料等内容进行了自检；农业项目的工期、进度、质量、费用等均已满足合同的要求。

农业项目竣工验收是指农业项目团队与农业项目承接方、农业项目监理和与农业项目有关的人员组成的验收班子，对竣工的农业项目进行验收、检查的过程。只有当农业项目质量和资料等农业项目成果完全符合农业项目验收标准，达到要求，才能通过验收。

当农业项目通过验收后，农业项目团队将农业项目成果的所有权交给农业项目接收方，这个过程就是农业项目的交接。农业项目交接完毕，农业项目接收方有责任对整个农业项目进行管理，有权力对农业项目成果进行使用。这时，农业项目团队与农业项目业主的农业项目合同关系基本结束，农业项目团队的任务转入对农业项目的保修阶段。

由此可见，农业项目竣工验收是农业项目交接的前提，交接是农业项目收尾的最后工作内容，是农业项目管理的完结。农业项目竣工、农业项目竣工验收与农业项目交接三者的关系如图 13-1 所示。

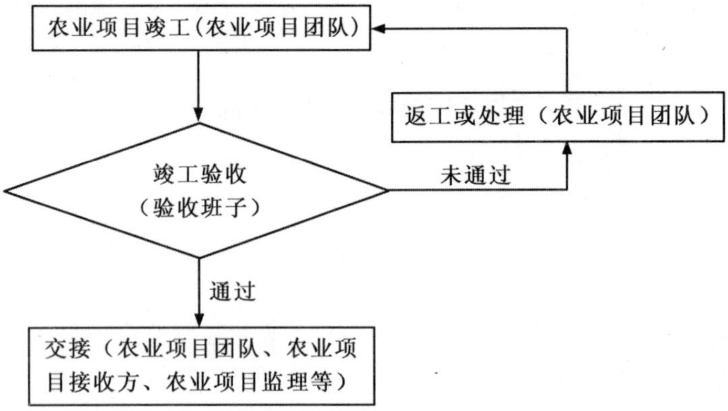

图 13-1 农业项目竣工、验收、交接关系图

二、农业项目交接的范围与依据

对于不同行业的、不同类型的农业项目,国家或相应的行业主管部门出台了各类农业项目交接的规程或规范。下面依投资主体的不同,分别就个人投资农业项目、企(事)业投资农业项目和国家投资农业项目的交接范围与依据进行讨论,并且这些讨论以投资建设农业项目为主。

1. 个人投资农业项目交接的范围与依据

对于个人投资农业项目(如外商投资的农业项目),一旦验收完毕,应由农业项目团队与农业项目业主按合同进行交接。交接的范围是合同规定的农业项目成果、完整的农业项目文件、农业项目合格证书、农业项目产权证书等。

2. 企(事)业投资农业项目交接的范围与依据

对于企(事)业单位投资农业项目,如企业利用自有资金进行的技术改造农业项目,企(事)业为农业项目业主,应由企(事)业的法人代表出面代表农业项目业主进行农业项目交接。交接的依据是农业项目合同。交接的范围是合同规定的农业项目成果、完整的农业项目文件、农业项目合格证书、农业项目产权证书等。

3. 国家投资农业项目交接的范围与依据

对于国家投资农业项目,投资主体是国家,但却是通过国有资产的代表实施投资行为。一般来说,对中、小型农业项目,是地方政府的某个部门担任业主的角色,例如,可能是某城市的建委、城建局或其他单位作为业主。对大型农业项目,通常是委托地方政府的某个部门担任建设单位(农业项目业主)的角色,但建成后的所有权属于国家(中央)。对国家投资农业项目,因为农业项目建成后,农业项目的使用者(业主)与农业项目的所有者(国家)不是一体的,因而,竣工验收和交接要分两个层次进行。

(1)农业项目团队向农业项目业主进行农业项目验收和交接。一般是农业项目已竣工并通过验收班子的竣工验收之后,由监理工程师协助农业项目团队向农业项目业主进行农业项目所有权的交接。

(2)农业项目业主向国家进行验收与交接。由国家有关部委组成验收工作小组,在农业项目竣工验收试运行一年左右时间后进驻农业项目现场,在全面检查农业项目的质量、档案、环保、财务、预算、安全及农业项目实际运行的性能指标、参数等情况之后,进行农业项目交接手续。交接在农业项目法人与国家有关部委或国有资产授权代表之间进行。

三、农业项目交接的程序及结果

工程农业项目经竣工验收合格后，便可办理工程交接手续。即将农业项目的所有权交接给建设单位。农业项目的交接包括农业项目实体移交和农业项目文件移交两部分。以工程农业项目移交为例，移交的内容如下：

(1)工程实体移交，即建(构)筑物实体和工程农业项目内所包括的各种设备实件的移交。工程实体移交的繁简程度随工程农业项目承发包模式的不同及工程农业项目本身的具体情况不同而不同。在工业建筑工程农业项目中，一些设备还带有备品和安装调试用的专用工机具。在实施单位负责设备订货和交接工作时，凡是合同上规定属于用户在生产过程中使用的备品备件及专用工机具，均应由农业项目团队向农业项目接收方移交。

(2)工程技术档案文件移交。移交时要编制"工程档案资料移交清单"，详见表13-3。农业项目团队和业主按清单查阅清楚并认可后，双方在移交清单上签字盖章。移交清单一式两份，双方各自保存一份，以备查对。

表13-3　工程档案资料移交清单

编号	专业	档案资料内容	人员数	备注
(农业项目团队)签章 经办人：		(接收单位)签章 接收人：	说明：	

(3)在办理工程农业项目交接前，农业项目团队要编制竣工结算书，以此作为向农业项目业主结算最终拨付的工程价款。而竣工结算书通过监理工程师审核、确认并签证后，才能通知银行与农业项目团队办理工程价款的拨付手续。

当农业项目的实体移交、文件资料移交和农业项目款项结清后，农业项目团队和农业项目接收方将在农业项目移交报告上签字，形成农业项目交接报告。农业项目交接报告即构成农业项目交接的结果。

四、农业项目交接后的回访与保修

(一)回访的目的和意义

农业项目验收、交接后，按采购合同的条款要求和国家有关规定，在预约的期限内由农业项目经理部组织原农业项目人员主动对交付使用的竣工农业项目进行回访，听取农业项目业主对农业项目质量、功能的意见和建议。一方面，对农业项目运行中出现的质量问题，在农业项目质量回访报告中进行登记，及时采取措施加以解决；另一方面，对于农业项目实施过程中采用的新思想、新工艺、新材料、新技术、新设备等，经运行证明其性能和效果达到预期目标的，要予以总结、确认，为进一步完善、推广积累数据创造条件。

农业项目回访、保修的意义在于：

(1)有利于农业项目团队重视管理，供优质工程的良好作风。

(2)有利于及时听取用户意见，总结经验，提高农业项目管理水平，增强责任心，保证工程质量，不留隐患，树立向用户提发现问题，找到工程质量的薄弱环节，不断改进工艺。

(3)有利于加强农业项目团队同用户的联系和沟通，增强农业项目用户对农业项目团队的信任感，提高农业项目团队的信誉。

(二)农业项目回访的方式

农业项目交接后，农业项目团队应定期向用户进行回访，特别在保修期内，至少应回访一次。如保修期为一年时，可在半年左右进行第一次回访，一年到期时进行第二次回访，并填写回访卡。

对不同的农业项目，回访的方式不同。以常见的工程农业项目为例，回访的方式一般有三种：一是季节性回访，大多数是雨季回访屋面、墙面的防水情况，冬季回访锅炉房及采暖系统的情况，发现问题采取有效措施，及时加以解决。二是技术性的回访，主要了解在工程施工过程中所采用的新材料、新技术、新工艺、新设备等的技术性能和使用后的效果，发现问题及时加以补救和解决，同时也便于总结经验，获取科学依据，不断改进与完善，并为进一步推广创造条件。这种回访既可定期进行，也可以不定期进行。三是保修期满前的回访，一般在保修即将届满之前进行，既可以解决出现的问题，又标志着保修期即将结束，使建设单位注意建筑的维护和使用。

回访可采取农业项目团队人员到现场查询的方法，观察建筑物的状况和机器运转情况；也可采用召集有关人员开座谈会的方法，听取各方面对农业项目的意见。回访时，态度必须认真，能够真正了解问题并给予满意的答复，并做详细的回访记录，写出回访纪要作为技术档案归档。

(三)农业项目保修

农业项目合同中一般都规定缺陷保修期，并对这段时间内所发生的质量问题以合同条款的形式规定出预先处理方式，农业项目团队可以按照合同要求进行保修。

在保修期内，用户发现了问题，一般有如下处理方法：

(1)确因农业项目团队施工质量原因造成的问题，应由农业项目团队无偿进行保修。

(2)如因设计原因造成使用问题，则可由用户提出修改方案或由原设计单位提出修改方案，经用户向农业项目团队提出委托，进行处理或返修，费用原则上由用户负担。

(3)如因用户在使用后有新的要求或用户使用不当需进行局部处理和返修，由双方另行协商解决，如由原农业项目团队进行处理或施工时，费用由用户负担。

(4)对无法协商解决的农业项目质量及其他问题，可请法律部门调解，也可提交有关仲裁部门仲裁解决。

农业项目保修要有保修记录，作为农业项目团队技术资料之一应归入技术档案，以备日后查阅。

【实践训练】

农业项目回访与保修情况调研

1. **实训要求**：找一个你熟悉的项目经理，向其了解组织已交接的农业项目的回访与保修情况。

2. **实训目的**：通过此次实训，加深对农业项目回访与保修相关知识的理解，具备一定的知识运用能力。

3. **实训组织**：全班同学按每组 3～5 人进行分组，要求每组制订合理、详细的调研计划。

4. **实训实施**：学生自主联系或者任课教师统一联系一名项目经理，以每组学生为主体，在任课教师的指导下，进行农业项目回访与保修情况的调研活动。

5. **实训考核**：每组提交一份农业项目回访与保修情况调研报告，内容主要包括农业项目的基本情况、农业项目的回访方式、回访方法以及农业项目保修方法等。教师对调研报告、调研计划和掌握资料、学习程度进行考核评定并给出成绩。

参考文献

[1] 侯军岐,贠晓哲.项目管理理论与农业项目管理.北京:经济科学出版社,2007.
[2] 李涛.项目管理实务.北京:中国人民大学出版社,2011.
[3] 戚安邦.现代项目管理.北京:对外经济贸易大学出版社,2001.
[4] 中央农业广播电视学校.农业投资项目管理.北京:中国农业大学出版社,2002.
[5] 杨秋林.农业项目投资评估.2 版.北京:中国农业出版社,1999.
[6] 王靖.农业项目评估与分析.北京:中国金融出版社,1992.
[7] 朱希刚.农业区域开发项目管理.北京:农业出版社,1992.
[8] 蒋景楠,陆雷,火方华.项目管理理论与实务.上海:华东理工大学出版社,2012.
[9] 张胜强.中文版 Project 2007 实用教程.北京:清华大学出版社,2011.
[10] 高懿.项目管理教程.北京:清华大学出版社,2010.
[11] 夏立明.项目管理概论.天津:天津大学出版社,2008.
[12] 沈志渔.项目管理——理论　实务　案例.北京:经济管理出版社,2007.
[13] 王维才,戴淑芬,肖玉新.投资项目可行性分析与项目管理.北京:冶金工业出版社,2012.
[14] 隋斌.农业建设项目管理.北京:中国农业出版社,2011.
[15] 程正中.项目管理实训教程.北京:清华大学出版社,2012.